# DEMOCRACIA, VIOLÊNCIA E INJUSTIÇA

## O Não-Estado de Direito na América Latina

Tradução de:

Ana Luiza Pinheiro

(com excecão do capítulo de autoria de
Guillermo O'Donnell traduzido por Otacilio Nunes)

# DEMOCRACIA, VIOLÊNCIA E INJUSTIÇA

O Não-Estado de Direito na América Latina

Organizadores:

JUAN E. MÉNDEZ
GUILLERMO O'DONNELL
PAULO SÉRGIO PINHEIRO

PAZ E TERRA

© by Juan E. Méndez,
Guillermo O'Donnell e
Paulo Sérgio Pinheiro

CIP-Brasil. Catalogação-na-fonte
Sindicato Nacional dos Editores de Livros, RJ.

D45

Democracia, violência e injustiça : o Não-Estado de direito
na América Latina / organizadores, Juan E. Méndez,
Guillermo O'Donnell, Paulo Sérgio Pinheiro ; [tradução
de, Ana Luiza Pinheiro, com exceção do capítulo de
autoria de Guillermo O'Donnell traduzido por
Octacilio Nunes]. — São Paulo : Paz e Terra, 2000

Tradução de: The rule of law and
the inderprivileged in Latin America
ISBN 85-219-0368-5

1. Minorias – América Latina. 2. Direito – América.
3. Discriminação na justiça – América Latina. 4. Acesso
à justica – América Latina. I. Méndez, Juan e. II. O'Donnell,
Guillermo A. III. Pinheiro, Paulo Sérgio de M. S.

00-1099                                      CDD-980
                                             CDU-98

                                             009423

EDITORA PAZ E TERRA S/A
Rua do Triunfo, 177
Santa Ifigênia, São Paulo, SP — CEP 01212-010
Tel.: (011) 223-6522
E-mail:vendas@pazeterra.com.br
Home Page:www.pazeterra.com.br

2000
Impresso no *Brasil / Printed in Brazil*

# SUMÁRIO

COLABORADORES . . . . . . . . . . . . . . . . . . . . . . . . . . . . . 7

INTRODUÇÃO: O Estado de Direito e os não-privilegiados
na América Latina . . . . . . . . . . . . . . . . . . . 11

## PARTE I

PROBLEMAS DA VIOLÊNCIA ILEGAL . . . . . . . . . . . . . . 31
1. Problemas da Violência Ilegal: Introdução . . . . . . . . . . . . 33
2. Tortura e Condições de Detenção na America Latina . . . . . 39
3. Comentários sobre Rodley . . . . . . . . . . . . . . . . . . . . . . . 57
4. Definindo o Papel da Polícia na América Latina . . . . . . . . 65
5. Comentário sobre Chevigny . . . . . . . . . . . . . . . . . . . . . . 89
6. O Estado de Direito e os Não-privilegiados na América
Latina: Uma Perspectiva Rural . . . . . . . . . . . . . . . . . . . 105

## PARTE II

SUPERANDO A DISCRIMINAÇÃO . . . . . . . . . . . . . . . . . 125
7. Superando a Discriminação: Introdução . . . . . . . . . . . . . 127
8. Povos Indígenas e Estado de Direito na América Latina:
Eles Têm alguma Chance? . . . . . . . . . . . . . . . . . . . . . . 135
9. Comentários sobre Dandler . . . . . . . . . . . . . . . . . . . . . 171
10. Superando a Discriminação de Mulheres no México:
Uma Tarefa para Sísifo . . . . . . . . . . . . . . . . . . . . . . . . . 179

11. Comentários sobre Acosta ......................... 201
12. Cor e Estado de Direito no Brasil .................. 207
13. Comentário sobre Peter Fry ....................... 233

## PARTE III

### REFORMA INSTITUCIONAL, INCLUSIVE ACESSO À JUSTIÇA ......................................... 241

14. Reforma Institucional, inclusive Acesso à Justiça:
   Introdução ...................................... 243
15. Aspectos Internacionais dos Atuais Esforços da Reforma do Judiciário: A Justiça Arruinada do Haiti .............. 249
16. Comentários sobre Brody e uma Discussão sobre os Esforços de Reforma Internacional .................. 267
17. Reformas Judiciárias na América Latina: Boas Notícias para os Não-privilegiados ............................. 281
18. Acesso à Justiça para os Pobres na América Latina ....... 307
19. Poliarquias e a (In)efetividade da Lei na América Latina: Uma Conclusão Parcial ......................... 337

### POSFÁCIO ........................................ 375

### ÍNDICE REMISSIVO ............................. 379

# COLABORADORES

**Mariclaire Acosta**
Presidente, Comissão Mexicana para a Defesa e Promoção dos Direitos Humanos CMDPDH, Cidade do México, México.

**Ligia Bolívar O.**
Diretora, Programa de Defesa Legal, Programa Venezuelano de Educação e Ação PROVEA, Caracas, Venezuela.

**Jean-Paul Brodeur**
Professor e pesquisador sênior, Escola de Criminologia e Centro Internacional de Criminologia Comparada, Universidade de Montreal, Canadá.

**Reed Brody**
Diretor de advocacia, Human Rights Watch, Nova York, EUA; Chefe do Grupo de Investigação das Nações Unidas na República Democrática do Congo.

**Paul Chevigny**
Professor de Direito, Faculdade de Direito da Universidade de Nova Iorque, Nova York, EUA.

**Rebecca J. Cook**
Professora de Direito e decana associada para Estudos de Graduação, Faculdade de Direito, Universidade de Toronto, Canadá.

**Jorge Correa Sutil**
Professor de Direito e ex-decano, Faculdade de Direito Diego Portales, Santiago, Chile.

**Jorge Dandler**
Especialista sênior sobre Emprego Rural e Povos Indígenas, responsável pela América Central e Panamá, Organização Internacional do Trabalho (OIT), São José, Costa Rica.

**Joan Dassin**
Consultora independente; ex-vice-presidente do Diálogo Interamericano, Washington, D.C., EUA.

**Shelton H. Davis**
Especialista em Desenvolvimento Social, Departamento de Desenvolvimento Sustentável Social e do Meio Ambiente, Região da América Latina e Caribe, Banco Mundial, Washington, D.C., EUA.

**Leonardo Franco**
Ex-diretor, Missão Guatemalteca de Verificação de Direitos Humanos da ONU; Ex-diretor de Proteção Internacional, Alto Comissariado para Refugiados das Nações Unidas.

**Peter Fry**
Professor de antropologia, Departamento de Ciências Sociais, Universidade Federal do Rio de Janeiro, Brasil; Membro, Núcleo Interdisciplinar para o Estudo das Desigualdades Sociais, NIED.

**Alejandro M. Garro**
Professor adjunto de direito, Universidade de Columbia; Professor pesquisador sênior, Parker School de Direito Internacional e Comparado, Nova York, EUA.

**Juan E. Méndez**
Diretor do Centro para Direitos Humanos e Civis da Universidade de Notre Dame, EUA; Ex-diretor, Instituto Interamericano de Direitos Humanos, São José, Costa Rica; ex-consultor-geral, Human Rights Watch, Nova York, EUA.

**Guillermo O'Donnell**
*Helen Kellogg Professor* de Governo e Estudos Internacionais; Fellow e ex-diretor Acadêmico do Instituto Helen Kellogg de Estudos Internacionais, Universidade de Notre Dame, EUA.

**Paulo Sérgio Pinheiro**
Professor Titular de Ciência Política e Coordenador, Núcleo de Estudos da Violência, Universidade de São Paulo, Brasil; Membro da Sub-comissão de Promoção e Proteção de Direitos Humanos, Genebra, Suiça.

**Roger Plant**
Consultor Independente; Ex-chefe da Área Socioeconômica e Assessor para Assuntos Indígenas da Missão Guatemalteca das Nações Unidas.

**Nigel S. Rodley**
Professor de direito, Universidade de Essex, Reino Unido; Relator especial das Nações Unidas para a Tortura.

**Dorothy Q. Thomas**
Consultor, Fundação Shaler Adams; Ex-diretor, Projeto de Direito das Mulheres da Human Rights Watch, Washington, D.C., EUA.

# INTRODUÇÃO
## O ESTADO DE DIREITO E OS NÃO-PRIVILEGIADOS NA AMÉRICA LATINA

PAULO SÉRGIO PINHEIRO

Em muitos países na América Latina, após o retorno ao regime constitucional democrático, as relações entre os governos e as sociedades, em particular a maioria de pobres e miseráveis, têm sido marcadas por ilegalidade e poder arbitrário. Durante as transições democráticas na América Latina nos anos 80 havia a grande esperança de que o fim das ditaduras significasse a consolidação do Estado de Direito. O retorno ao governo civil trouxe consigo também a expectativa de que a proteção aos direitos humanos obtida para os dissidentes políticos no final do regime autoritário seria estendida a todos os cidadãos.

No entanto, quando as sociedades latino-americanas passaram por transições de ditaduras para governos civis, as práticas autoritárias de seus governos não foram afetadas por mudanças políticas ou eleições: sob a democracia prevalece um sistema autoritário, incrustado em especial nos aparelhos de Estado de controle da violência e do crime. Não há nenhuma dúvida de que o processo de consolidação democrática faz emergir e fortalecer os cinco campos que interagem entre si e se sustentam — a sociedade civil, a sociedade política, o Estado de Direito, o aparato estatal (um Estado "usável"), a sociedade econômica, como assim magistralmente propuseram Juan Linz e Alfred Stepan.[1]

Ocorre que no mesmo espaço onde há mediações constantes entre os cinco campos próprios ao processo de consolidação democráticas, sobrevivem outros campos intrinsecamente opostos que a transição democrática não fez desaparecer e que, como Linz e Stepan mostraram, têm profundas implicações quanto às vias possíveis para a transição e quanto às tarefas que as novas democracias vão enfrentar no processo de consolidação.[2] Esses campos "negativos" — que coexistem com os campos "positivos" indicados —, estão marcados pelos elementos dos legados históricos e aqueles dos períodos autoritários recentes, da sobrevivência de um "autoritarismo socialmente implantado" que o fim do regime de exceção não elimina, dos efeitos de períodos prolongados de concentração da renda e de desigualdade social e racial, dos preconceitos, dos microdespotismos (na feliz expressão de Guillermo O'Donnell). A saber esses campos "negativos", que igualmente interagem e se sustentam entre si, são a sociedade incivil, a sociedade política pouco submetida ao controle das não-elites e com baixo prestígio; um não-Estado de Direito para a maioria avassaladora das não-elites, conjugado com um não-acesso à justiça; um aparelho de Estado não-responsabilizável [non-accountable], freqüentemente assolado pela corrupção e infiltrado pelo crime organizado; uma sociedade econômica desrespeitadora da regulamentação e igualmente marcada pela corrupção e pelas ilegalidades (por exemplo, uma sistemática sonegação fiscal).

Os obstáculos à democratização efetiva decorrem do fato de que esses campos "negativos" foram subestimados e, em conseqüência, superestimada a capacidade dos movimentos da sociedade civil, que emergiram formidavelmente na resistência aos governos autoritários e durante as transições políticas. As forças políticas democráticas, os partidos e as elites que conduziram as transições políticas venderam a idéia de que a reconstrução das instituições políticas conspurcadas ou desativadas pelas ditaduras seria suficiente para controlar e debelar as formas de incivilidade presentes na sociedade, antes e depois dos regimes de exceção.

Evidentemente, estamos conscientes de que "todas as formas de sociedade civil estão assoladas por fontes endógenas de incivilidade" e que a incivilidade é uma característica crônica da sociedade civil, como John Keane nos lembra.[3] O que chama a atenção na América Latina, e particularmente no Brasil, por causa de sua dimensão, é que essas formas de incivilidade se abatem de preferência sobre as maiorias que constituem as populações pobres e miseráveis, precisamente aqueles setores que são os alvos do arbítrio, da criminalização e da discriminação. O Estado, as classes dominantes, as elites não asseguram para essas populações as condições básicas para a realização e efetivação dos direitos humanos. De fato a maior parte dos governos democráticos foi incapaz de formular e implementar políticas públicas eficazes para debelar a sociedade incivil, o não-Estado de Direito, o arbítrio do Estado (um Estado não- "usável" para fortalecer o Estado de Direito) e para regular a sociedade econômica e o mercado para o bem coletivo.

Jeffrey Alexander tem chamado a atenção para os perigos de entender-se a emergência e o fortalecimento da sociedade civil como uma contribuição para a estabilidade e a integração social, porque isso nem sempre ocorre. Não há como refutar que as tão decantadas qualidades de solidariedade e de universalidade da sociedade civil são uma dimensão positiva do sistema social. Mas essas propriedades, aponta Alexander, são continuamente provocadas por esferas contíguas (que aqui chamamos de campos "negativos") marcadas por interesses funcionais completamente diversos, cujas funções seguem objetivos contraditórios e dão origem a relações de um natureza totalmente diferente, contraditória às virtudes da civilidade.[4] Lembremos apenas a continuidade sob a democracia de algumas "esferas contíguas" ou campos "negativos" discutidos neste livro, como: a violência física, o crime comum, a criminalidade organizada, o narcotráfico, as violações sistemáticas de direitos humanos pelos agentes do Estado, o nepotismo, o clientelismo, a corrupção e a infiltração do crime nos aparelhos do Estado, a não-responsabilização por seus atos dos funcionários do Estado [*non-accountability*], a discriminação racial ou de gênero, o não-acesso à justiça.

Há uma dramática distância entre os princípios da Declaração Universal dos Direitos Humanos de 1948, presente em muitas Constituições, e o mundo real da imposição da lei. Abusos dos direitos humanos acontecem todos os dias e a maioria dos perpetradores não é responsabilizada ou punida por esses crimes terríveis. Em algumas áreas, o monopólio estatal da violência legítima foi tão afrouxado que a sobrevivência pode depender apenas da habilidade individual de manter sua reputação expondo uma "ameaça crível de violência",[5] um processo que ameaça o desenvolvimento de uma sociedade democrática. Um aumento crescente da criminalidade após as transições em vários países não apenas corrói as expectativas de democracia (como muitas pesquisas no continente têm demonstrado), mas também ajuda a legitimar a violência arbitrária, enfraquecendo a legitimidade do sistema político. Há vastas partes do território, principalmente nas áreas rurais, onde as classes dominantes regionais e locais continuam a manipular as instituições estatais, como o Judiciário e a polícia, sem falar da mídia impressa e eletrônica. Para complicar ainda mais o quadro, deparamos com um paradoxo que enfraquece os esforços para lutar contra o crime: apesar das garantias fundamentais estarem bem definidas pela maioria das Constituições democráticas, o exercício da cidadania plena é praticamente inexistente para a maior parte da população. Essas sociedades baseadas na exclusão — em termos de direitos civis e sociais — poderiam ser consideradas "democracias sem cidadania".[6]

Na maioria dos países latino-americanos, em especial naqueles países sem tradição de proteção aos direitos civis, mesmo depois da elaboração de novas Constituições democráticas, as instituições legais não foram reformadas e as práticas arbitrárias de agentes estatais da polícia e de outras instituições de controle da violência continuam as mesmas. Apesar de todos os avanços na sociedade civil e na governabilidade democrática, os pobres continuam a ser as vítimas preferenciais da violência, da criminalidade e da violação dos direitos humanos. Em contraste, o Estado, na maior parte da América Latina, se mostrou incapaz — ou melhor, sem vontade — de erradicar a impunidade por crimes cometidos por seus agentes, na mesma extensão que tenta punir os crimes cometidos por criminosos comuns sem meios ou recursos de poder.

O governo constitucional neste continente tem sido incapaz de implementar ou até mesmo de propor reformas para instituições legais tais como o Judiciário, a promotoria pública e a polícia. Este livro, tentando expor as dimensões desses fracassos, e discutir as perspectivas de reforma do Estado, em particular do Judiciário, lida com o problema de como o Estado de Direito na América Latina pode se tornar um instrumento efetivo para a apropriação dos diretos pela maioria da população. Os principais temas tratados aqui são os problemas da violência ilegal, as várias abordagens para vencer a discriminação e os caminhos para uma reforma institucional, em especial o acesso à justiça.[7] Um esclarecimento importante feito por Jean Paul Brodeur, ao debater algumas das questões propostas neste livro, é que o Estado de Direito aqui discutido não deve ser igualado apenas à imposição da lei criminal, precisamente porque uma das principais características da lei criminal é seu caráter discriminatório. Na verdade, a imensa maioria daqueles que são punidos ou vão para a prisão em cada sociedade da América Latina é, com a exceção dos autores de homicídios ou de outros crimes bárbaros contra a pessoa humana, em sua esmagadora maioria, os menos poderosos e não-privilegiados — exatamente aqueles cuja proteção o Estado de Direito pretende garantir. A democracia não pode apoiar-se num Estado de Direito que pune preferencialmente os pobres e os marginalizados.

## Violência sem Lei

A primeira seção deste livro trata da violência sem lei, um fenômeno que continua a abater-se sobre as não-elites, em particular sobre os pobres e destituídos. Em comparação com os grupos de dissidentes políticos durante os regimes autoritários, o número de grupos pobres e vulneráveis após as transições políticas é muito maior. Essas vítimas, alvos tradicionais do poder arbitrário tanto sob democracia como na ditadura, são muito mais difíceis de identificar, já que não constituem um grupo homogêneo. O novo Estado democrático, na maioria dos casos, não é mais diretamente responsável por cometer esses abusos, mas a sua responsabilidade está no fracasso em controlar as práticas arbitrárias de seus próprios agentes ou de lutar contra a impunidade, conseqüência do funcionamento bastante precário do Judiciário.

O retorno ao constitucionalismo democrático pouco fez para erradicar as práticas autoritárias presentes no Estado e na sociedade. Apesar da proteção constitucional, a violência ilegal continua. Governos civis falharam em controlar o abuso de poder e em lutar contra a impunidade. Como resultado do fracasso das democracias na América Latina em refrear a polícia com a imposição de maiores controles civis, um dos sinais mais visíveis é a ocorrência de práticas abusivas freqüentes contra suspeitos e prisioneiros. Um dos maiores fracassos dos novos Estados democráticos é a sua incapacidade de pôr fim ao tratamento cruel de criminosos comuns encarcerados. A tortura em investigações policiais e as condições abomináveis das prisões na maioria dos países da América Latina estão ainda presentes, após as transições políticas. Na verdade, como Nigel Rodley destaca em seu capítulo, mesmo que a gravidade e o escopo da tortura tenham diminuído substancialmente quando e onde a oposição política armada foi vencida, a informação atual, apesar de limitada, sobre as práticas atuais de tortura permite reconstruir um cenário preciso do problema. Pouco treinados, mal pagos e alvos de pouco respeito, os agentes da lei continuam a praticar torturas na maioria das investigações policiais. Essas práticas, em muitos países, são protegidas pela inexistência de sistemas que apontem a responsabilidade: acusações de tortura raramente são investigadas; quando são, os responsáveis são ainda mais raramente punidos. Práticas como essas são encorajadas por sistemas legais que se baseiam fundamentalmente em processos escritos, dando conseqüentemente muito valor às confissões e declarações feitas por suspeitos e testemunhas.

As condições nas prisões são caracterizadas pela superlotação na maior parte das instituições nessa região. A alimentação, as condições de saúde e a assistência médica são precárias. A administração dessas instituições, na maioria dos casos, é arbitrária e opressiva, e muito freqüentemente a sua manutenção interna é abandonada aos próprios presos. As conseqüências desses fatores para centenas e milhares de prisioneiros concentrados em espaços muito limitados e submetidos a pura opressão pelos guardas e a violência sexual dos próprios presos incluem freqüentes tumultos e revoltas. A reação da polícia a esses protestos tem sido, em diversos países dessa região, massacres para restaurar a "ordem": de fato, a prisão na América Latina é o espaço da desordem que fica visível por certos períodos de tempo como conseqüência das revoltas nas prisões.

Discutindo o trabalho de Nigel Rodley, Lígia Bolívar ressalta que ser uma pessoa não-privilegiada é, ao mesmo tempo, fonte e resultado de violações dos direitos humanos nas esferas da integridade física e das condições de detenção. Ela argumenta que os que consideram as confissões como evidências-chave estimulam o uso de tortura. Em seu comentário, Bolívar também analisa o papel ambíguo do Estado, das ONGs e da comunidade internacional na manutenção do Estado de Direito no que diz respeito ao uso da tortura e condições de detenção. Também chama a atenção para o mito de uma democracia estável em alguns países, que pode contribuir para a tolerância de sérias violações dos diretos humanos, e enfraquece a estabilidade democrática cada vez mais, à medida que se permite que os abusos continuem sem punições.

A polícia e outras instituições do sistema de justiça criminal tendem a agir como "guardas de fronteira", protegendo as elites dos pobres. A violência policial permanece encoberta em impunidade, porque é amplamente orientada contra essas "classes perigosas" e raramente afeta a vida dos privilegiados. As políticas de prevenção do crime, em especial as propostas pelos candidatos durante as eleições, têm por objetivo menos controlar os crimes e a delinqüência do que diminuir o medo e a insegurança das classes dominantes. As percepções das elites sobre os pobres como parte dessas "classes perigosas" são criadas por um sistema judicial que processa e condena crimes cometidos por pessoas pobres, enquanto a maioria dos crimes das elites — e na maioria dos casos de crime organizado —, permanece amplamente intocada. Os crimes cometidos por pessoas de classe média ou da elite — como corrupção, fraudes financeiras, evasão de impostos e exploração de crianças ou trabalho escravo — não são percebidos pela opinião dominante como ameaças ao *status quo*. O mesmo é também verdade, em grande parte, para as atividades do crime organizado, incluindo o tráfico de drogas, a lavagem de dinheiro, o contrabando e até mesmo o extremamente lucrativo comércio de armas, que não são, em muitos países dessa região, alvos da aplicação rigorosa da lei.

Na América Latina, a polícia vê o Estado de Direito mais como um obstáculo do que como uma garantia efetiva de controle social; ela acredita que o seu papel é proteger a sociedade de "elementos marginais" por qualquer meio disponível. Como Paul Chevigny mostra no seu capítulo, a polícia também tem, em alguns países, poderes especiais que servem para aumentar sua independência das leis que governam o restante do sistema criminal. Na Argentina, por exemplo, a Polícia Federal pode deter uma pessoa até trinta dias por vadiagem, embriaguez e até por se travestir; na Venezuela, a polícia pode deter pessoas consideradas por ela uma ameaça à sociedade por até cinco anos, confirmando assim que seu principal objetivo é controlar especialmente as pessoas pobres.

Além das práticas de tortura mencionadas, em muitos países a polícia vem sendo criticada por sua política de "atirar primeiro e fazer perguntas depois". De fato, execuções sumárias de suspeitos e criminosos têm sido prática comum nos países da região. Chevigny observa que o abuso da força que pode causar a morte pela polícia varia de país para país, mas a sua característica comum é justificada como uma maneira de controlar crimes comuns em bairros pobres. As vítimas pertencem, geralmente, aos grupos mais vulneráveis: os pobres, os desabrigados, os descendentes de africanos. Essa violência da polícia pode ser considerada uma forma de vigilantismo (fazer justiça com as próprias mãos), uma versão policial para eliminar os "indesejáveis". Mas o que complica ainda mais esse quadro é o consentimento da maior parte da população a essas práticas, incluindo os pobres. Assassinatos como esses têm amplo apoio não apenas das elites, mas também de parcelas consideráveis dos pobres, ainda que estes representem a categoria mais atingida por crimes violentos.

No Brasil, a Constituição democrática de 1988 não mudou a legislação imposta durante a Ditadura Militar de que crimes comuns cometidos por policiais militares seriam julgados por tribunais da Polícia Militar. Esses tribunais, constituídos por oficiais militares baseados em investigações criminais precárias, freqüentemente sancionam o uso excessivo da força, inclusive da força que causa mortes desnecessárias. Em face desse quadro desanimador, Chevigny nos lembra que são necessárias reformas imediatas contra esses abusos. São necessárias ações que diminuam a violência e a corrupção e ao mesmo tempo aumentem a segurança. Os legislativos poderiam fazer crescer a responsabilidade e reduzir a violência, não apenas mediante mudanças de procedimento que limitem os poderes de abuso da polícia, mas também por meio de mudanças que limitem os poderes da polícia.

Nos seus comentários sobre o capítulo de Chevigny, Jean-Paul Brodeur expressa certo ceticismo a respeito da possibilidade de convencer as elites que é de seu maior interesse ter uma polícia que respeite o Estado de Direito. Brodeur sustenta que os defensores dos direitos humanos estarão lutando uma batalha perdida enquanto conduzirem o debate sobre policiamento em termos de riscos e vitimização individuais. Por exemplo, o principal peso dos subornos e corrupções policiais em geral recai sobre a coletividade, porque tem impacto sobre a riqueza da nação. Ele acredita que somente quando os direitos coletivos e os impactos coletivos de um policiamento alternativo vierem à tona é que um argumento mais persuasivo poderá ser estabelecido. Brodeur concorda com Chevigny que deve ser feito esforço para persuadir as classes média e alta de que a polícia deve ser cumpridora dos direitos humanos e governada pelo Estado de Direito. Mas ele não está convencido de que haja reconhecimento geral na América Latina de que a palavra "todos" deva ser interpretada em seu sentido inclusivo. Até isso acontecer, a tentativa de convencer certas classes de que o cumprimento do Estado de Direito seria do interesse de todos pode estar repleta de dificuldades.

Brodeur também observa que uma das palavras usadas com maior freqüência nos capítulos e comentários deste livro é "impunidade". Ele ressalva, entretanto, que respostas diretas a grupos específicos que exigem penas severas de prisão para perpetradores de crimes somente agravarão a superlotação de presídios de cada país. Ele faz um apelo para a necessidade de se encontrar alternativas para a punição, numa tentativa de resolver os problemas do crime e da repressão, que devemos ter em mente toda vez que nos preocupamos com os desafios de fortalecer o Estado de Direito.

Violações flagrantes dos direitos humanos sob regime democrático são muito mais visíveis em áreas urbanas, graças à sua exposição aos meios de comunicação. Mas a brutalidade policial e os massacres são freqüentes nas áreas rurais do continente, em especial nos conflitos sobre o controle da terra, comunidades indígenas ou direitos dos camponeses. Como propôs o antropólogo Alfredo Wagner, durante sua apresentação no seminário em Notre Dame, baseado nos massacres no estado do Pará (área rural no Brasil), a violência, como instrumento de controle e opressão tornou-se a forma principal de comunicação entre as estruturas do poder dominante, os camponeses e as comunidades indígenas. A repetição desses massacres contribui para a sua banalização, acompanhada da inexistência de medidas efetivas para a investigação desses crimes, desde que o sistema de justiça criminal falhou em investigar e processar vários casos de violência rural contra camponeses pobres. De acordo com a Comissão Pastoral da Terra do Brasil, dos 1.730 assassinatos de camponeses, trabalhadores rurais, líderes de sindicatos, trabalhadores religiosos e advogados cometidos entre 1964 e 1992, somente 30 foram levados a julgamento até 1992. Apenas 18 dos 30 resultaram em condenações. Em todo o continente, a impunidade é virtualmente assegurada àqueles que cometem ofensas contra vítimas consideradas "indesejáveis" ou "subumanas". Na maioria, camponeses, trabalhadores rurais e indígenas caem nessa classificação, e não têm acesso às garantias do Estado de Direito. Precisamente, nos casos discutidos por Alfred Wagner no Pará, o acesso a instrumentos judiciais para buscar reparação de danos criminais, conseqüência dos massacres rurais freqüentes, não está disponível para esses grupos: a lei e a polícia existem somente como um instrumento de opressão e controle em favor das elites rurais. A Polícia Militar, responsável por patrulhar, age como uma extensão da milícia de pistoleiros e dos donos de latifúndios.

Roger Plant chamou atenção para o fato de que os massacres na região amazônica estão ligados a problemas não resolvidos de reforma agrária, agravados recentemente pela abordagem neoliberal a assuntos agrários. No seu capítulo, Plant defende a necessidade urgente de responsabilização [*accountability*] de funcionários em todos os níveis do governo e também de implementar garantia de acesso à justiça, à lei civil e penal aos trabalhadores e camponeses. Ele afirma que nada disso terá um impacto significativo de longo prazo na violência rural enquanto políticas econômicas e sociais mais amplas estiverem cegas aos padrões correntes de falta de terras e desespero. A principal saída é definir como as pessoas que não têm acesso à riqueza podem ter participação efetiva no desenvolvimento nacional.

## Superando a Discriminação

A segunda seção do livro discute vários meios de superar a discriminação, igualando o conteúdo e a aplicação da lei na população, sem levar em conta a raça, o gênero ou o *status* socioeconômico. Apesar dos avanços positivos na transição democrática e no processo de consolidação, a maioria das democracias na América Latina ainda está longe de ser capaz de assegurar liberdade e justiça para todos.

Durante a década passada, um grande número de países latino-americanos adotou reformas constitucionais ou novas Constituições, que incluíram novas cláusulas a respeito dos direitos das populações indígenas. Essas medidas foram o resultado de consideráveis debates e pressões feitas por organizações da sociedade civil e grupos de apoio. Mas como essas reformas foram adotadas em um momento ao mesmo tempo de democratização e liberalização econômica, uma verdadeira avalanche de leis e regulamentos está surgindo. Roger Dandler chama atenção para o fato de que esse fenômeno exige uma estratégia particularmente vigilante das organizações indígenas, para assegurar que seus direitos constitucionais sejam salvaguardados em vários aspectos, tais como direitos à terra, silvicultura, biodiversidade, leis minerais e de petróleo e lei ambiental. Sem esses esforços, o conceito de democracia não significará nada para esses povos indígenas, uma vez que o Estado de Direito não terá sido efetivamente alcançado. A América Latina tem, Dandler conclui, uma oportunidade única de construir pacificamente sociedades multiétnicas e prosperar na diversidade, evitando conflitos interétnicos e guerras.

Em sua discussão sobre o capítulo de Dandler, Shelton Davis concorda que tem havido alguma evolução nos padrões internacionais e legais em relação aos direitos de mais de 40 milhões de índios na América Latina. Entretanto, ele insiste em afirmar que devemos reconhecer que a maioria das reformas constitucionais recentes não tratou das áreas de processo judicial e administração, isto é, do "acesso à lei" ou "acesso à justiça". Há uma grande distância a percorrer para que possamos afirmar com segurança que o Estado de Direito predomina nos relacionamentos entre as nações e os povos indígenas na América Latina. Davis afirma que uma atenção muito maior tem de ser dada aos aspectos de procedimento legal, se quisermos que as populações indígenas e o Estado de Direito tenham alguma chance na América Latina.

Muitos aspectos da situação das mulheres na América Latina têm vários pontos de contato com aqueles dos povos indígenas: apesar de um avanço substancial no reconhecimento dos seus direitos constitucionais, as leis reguladoras desses direitos são esparsas e a democracia ainda não significou para as mulheres a realização das garantias do Estado de Direito. Mariclaire Acosta, no seu capítulo descrevendo a situação das mulheres no México, estudou as limitações impostas a elas na vida cotidiana. Durante os últimos 15 anos, as perdas em salários e oportunidades de trabalho para a maioria, e particularmente para as mulheres, têm sido devastadoras. As mulheres e seus filhos pagaram o alto custo do brusco processo de privatização e globalização econômica. Acosta explica como, na prática, a igualdade entre homens e mulheres continua a ser principalmente um direito formal. Estas são sistematicamente alvos de violência sexual e doméstica e a maioria dos perpetradores conta com a impunidade. As expectativas futuras são sombrias, porque o fim da discriminação contra as mulheres vai precisar, além da implementação completa das garantias constitucionais e dos programas de governo, de uma total mudança nas políticas econômicas, o que não é visível num futuro próximo.

Dorothy Thomas, em seu comentário sobre o capítulo de Acosta, compara a situação das mulheres no México com outros países como o Peru, o Haiti e o Brasil, e lembra que a discriminação de gênero é muitas vezes profundamente associada a outras formas de discriminação, tais como raça, etnicidade, orientação sexual, classe social ou *status* econômico. Se o Estado de Direito for realmente incorporar os não-privilegiados, terá de mudar essa característica generalizada da discriminação e o grau no qual ela está inscrita na estrutura da própria lei, de forma a assegurar que o Estado de Direito seja verdadeiramente uma regra para as mulheres, e não uma exceção.

As Constituições na América Latina, normalmente, incorporam amplas cláusulas para a proteção dos direitos individuais, embora essas sejam sistematicamente desrespeitadas. O contexto de grandes desigualdades econômicas ampliou a disparidade entre ricos e pobres e condenou milhões de indivíduos latino-americanos à pobreza e à exclusão social. A discriminação racial é uma das mais evidentes expressões de acesso desigual a recursos. Esse assunto é tratado no capítulo de Peter Fry. As sociedades latino-americanas tendem a se apresentar como democracias liberais, mas a igualdade de todos perante a lei é regularmente desafiada pela desigual distribuição do poder. Dados de uma pesquisa recente analisados por ele demonstraram que a "democracia racial" no Brasil é só um mito, pois quase 90% da população de todas as raças concordaram que a discriminação racial é abundante nos ambientes de trabalho e na relação com a polícia. Essa discriminação também está presente no sistema de justiça criminal como um todo, como Sérgio Adorno demonstrou durante sua apresentação no Seminário de Notre Dame. De fato, a cor da pele é um instrumento poderoso de discriminação na distribuição da justiça. Os negros enfrentam maiores obstáculos ao acesso à justiça criminal e maior dificuldade em utilizar seus direitos a ampla defesa. Como resultado, tendem a ser mais provavelmente punidos do que os brancos e a receber um tratamento penal mais rigoroso. Após discutir tendências recentes de pesquisas, Fry conclui que a demonstração e o reconhecimento da realidade do racismo fizeram mais do que simplesmente negar o mito da democracia racial: sugeriram que o mito cumpriu a função poderosa de discriminação e preconceito e de impedir a formação de um movimento negro de protesto de grande escala. Em seguida, ele faz uma pergunta prática: o que tem sido feito e pode ser feito para reduzir a discriminação e o preconceito contra os pobres em geral e contra os negros em particular? Depois de apresentar os grandes esforços do movimento negro e as diversas iniciativas tomadas pelo governo brasileiro sob a administração Fernando Henrique Cardoso para implementar políticas específicas em favor dos negros no Brasil, Fry discute as implicações mais amplas e inesperadas desses novos processos.

Joan Dassin, comentando Fry, assinalou que o "paradoxo" central analisado por este debate é que, apesar da demonstração da realidade do racismo no Brasil, e do fato de a maioria dos brasileiros de todas as raças concordarem que o racismo existe, muitos também afirmam que não discriminam ou mesmo são discriminados, sugerindo que o debate real deveria ser em torno do "mito da democracia racial" — um "sonho", um princípio de tanta força que impede o reconhecimento e a subseqüente punição daqueles que o negam. Um dos méritos dessa abordagem é que uma contextualização nuançada e historicamente embasada, tanto das "raças" quanto da "lei", traz ambos os conceitos a sério exame. Tal perspectiva poderia evitar que pessoas bem intencionadas que criam políticas se satisfizessem com soluções simplistas destinadas a falhar, como aconteceu com vários programas que visavam promover reformas legais e judiciais, à diminuição da pobreza e a pôr fim a discriminações raciais e de gênero no continente latino-americano.

## Acesso à Justiça

A seção final deste livro trata da reforma institucional, em especial o acesso à justiça. As instituições do Estado encarregadas de garantir a lei e a ordem são percebidas amplamente como disfuncionais. Uma grande porcentagem dos cidadãos latino-americanos não acredita que o governo civil tenha implementado ou tentado implementar o Estado de Direito com igualdade e imparcialidade para todos os cidadãos. As garantias formais fixadas na Constituição e os códigos legais são sistematicamente violados, principalmente por causa da gritante lacuna entre o que a lei diz e a maneira como as instituições responsáveis por proteger e implementar a lei funcionam na prática: por exemplo, a polícia e o Judiciário. Nos países latino-americanos os pobres vêem a lei como um instrumento de opressão a serviço dos ricos e poderosos.

O sistema judicial tem sido amplamente desacreditado por sua desonestidade, ineficiência e falta de autonomia. Ele é deficiente em todos os aspectos: os recursos materiais são escassos; os procedimentos judiciais são excessivamente formais; os juízes são insuficientemente treinados; e um número pequeno de juízes supervisiona muitas causas.

Em virtude desses contratempos, os tribunais com freqüência frustram os queixosos. Muitos juízes têm sido impotentes para julgar casos de crime organizado, e alguns têm até sido processados por ligações com o tráfico de drogas. Na maioria dos países dessa região, como a capacidade de investigação da polícia é muito limitada, uma porcentagem baixa dos casos investigados vai a julgamento. Na maioria dos países, a maneira como as cortes funcionam está intimamente ligada às práticas hierárquicas e discriminatórias que marcam os relacionamentos sociais.

Alguns desses problemas estão sendo enfrentados em muitos países da América Latina por meio de programas internacionais. Em seu capítulo, Reed Brody discute as dimensões internacionais dos esforços atuais de reforma judicial, concentrando-se sobre a recente experiência do Haiti. Ele enfatiza que um dos princípios-chave do desenvolvimento do auxílio na área do Judiciário é a participação dos futuros beneficiários na determinação das prioridades e modalidades desse auxílio. Assistência internacional a reformas judiciais, como todo auxílio internacional, deve ser formada por aqueles que serão principalmente afetados, e deve estar de acordo com as normas internacionais de direitos humanos. Por sua vez, Leonardo Franco conclui que não podemos separar a reforma da justiça da justiça dos direitos humanos. Abordagens desarticuladas de reforma judicial não podem ser bem-sucedidas, a não ser que estejam ligadas a medidas que dêem conta de fatores políticos, técnicos e estruturais profundamente enraizados, que inibem o funcionamento efetivo do Judiciário. Outro aspecto decisivo enfatizado por Franco é que a reforma do Judiciário não é neutra em nenhuma sociedade — o processo de mudança vai adequar-se a certos interesses da sociedade e sempre vai estar em conflito com aqueles de outros grupos poderosos.

Jorge Correa Sutil fornece um quadro geral e sistemático do processo de reformas do Judiciário em diversos países da América Latina. Ele começa seu capítulo destacando as tendências comuns dessas reformas, inclusive as emendas na Constituição, a fim de garantir uma porcentagem do orçamento para o Judiciário; mudanças nas regras que governam as maneiras pelas quais os juízes são indicados e a duração e as condições de exercício de seus mandatos; mudança nos procedimentos para alcançar um modelo mais oral e menos inquisitorial; medidas para melhorar a formação dos juízes. Correa Sutil explica por que todas essas mudanças estão ocorrendo neste momento na América Latina. Um fator importante para essas mudanças foi a importância crescente do Judiciário após o retorno aos sistemas políticos democráticos. A transição argentina é um bom exemplo porque coincide com os julgamentos públicos dos generais que tinham estado no poder. Em muitos casos, essas reformas são a resposta para a necessidade de se estabelecer novas formas de relação entre o Judiciário e o Poder Executivo. Um outro elemento importante é o fato de que a economia de mercado aberto descentralizou os fóruns de resolução de disputas. O capítulo revela que há uma clara tendência em direção ao aumento da importância do Judiciário como um fórum de resolução de disputas na América Latina, graças à abertura dos mercados. Em contrapartida, há uma tendência mais recente de alguns grupos marginalizados da região de usar o fórum judicial, mediante disputas de interesse público, de forma a alcançar seus interesses. O Judiciário está sendo reformado, na América Latina, provavelmente a fim de reagir à demanda social por um papel mais amplo e forte, e os não-privilegiados podem se beneficiar desse processo. No Seminário de Notre Dame, Leopoldo Schiffrin concorda com Correa que a conexão entre as reformas judiciais e a melhoria do acesso ao processo legal para os não-privilegiados não está suficientemente clara. Uma importante pré-condição é que os políticos devem renunciar à manipulação do sistema judicial. As lutas para um acordo justo para os não-privilegiados no campo legal são a própria luta pelo Estado de Direito, que existirá somente quando todos tiverem a mesma oportunidade de proteção judicial dos seus direitos.

Alejandro Garro trata das questões de acesso dos pobres à justiça na América Latina, e ressalta que os termos do debate sobre "acesso à justiça" devem ser centrados na questão de tornar a justiça mais acessível aos pobres e marginalizados. O estudo leva em consideração as diferentes abordagens que têm sido adotadas, seu potencial de progresso, e as abordagens que têm as maiores chances de se destacar na busca de acesso à justiça. Garro e seu comentador no *workshop* da Universidade de Nodre Dame, Sérgio Adorno, concordam que se impõe reduzir os custos das ações judiciais, ajustar os mecanismos de procedimentos estabelecidos para satisfazer as necessidades esmagadoras de justiça dos marginalizados e abraçar o ideal de "advocacia de interesse público" como um componente essencial de educação legal e treinamento. Eis as reformas essenciais que devem ser realizadas a fim de aumentar o acesso dos não-privilegiados à justiça e reforçar a eficiência institucional.

As diferentes abordagens aos múltiplos assuntos e áreas cobertos por este livro confirmam a tese de que os novos regimes constitucionais na América Latina continuam longe de ser capazes de assegurar liberdade e justiça a todos. Nesse contexto, os governos que tentam promover reformas para fazer frente aos problemas multifacetados do crime e da impunidade encontram-se em uma situação sem possibilidade de sucesso. O fracasso dessas democracias em obrigar suas próprias instituições e seus agentes a respeitar suas leis, assim como suas obrigações internacionais, tem comprometido seriamente sua legitimidade. Como resultado, esses governos são propensos a ter dificuldades em conseguir apoio popular para seus esforços de reforma. Mas para fazer do Estado de direito uma noção com significado real para a vida dos não-privilegiados na América Latina, esses governos estão obrigados a enfrentar a necessidade desesperada de reformas sociais. O reconhecimento legal e o exercício dos direitos políticos e civis devem ser particularmente destacados em contextos onde os direitos humanos, sociais e econômicos básicos são sistematicamente violados. Em muitas sociedades latino-americanas, há uma profunda disparidade entre a cidadania social e a cidadania política no contexto de uma organização institucional democrática.

Devemos reconhecer, entretanto, que a conjuntura internacional atual não é a mais propícia para implementar políticas redistributivas a fim de reduzir a polarização social, nem para instituir princípios de justiça social. A mudança para políticas econômicas neoliberais provocou um aprofundamento das desigualdades que ameaça minar a legitimidade dos novos regimes constitucionais. Talvez a condição básica para alargar o conteúdo extremamente limitado do Estado de Direito para as não-elites nas democracias latino-americanas seja enfrentar os problemas do agravamento da pobreza e da concentração de renda gerados pela competição tecnológica e a globalização crescente. Esses desequilíbrios sociais e econômicos crescentes, que estão na raiz das desigualdades e das vitimizações dos menos privilegiados neste continente, não podem ser corrigidos pelo mercado sozinho.

As organizações da sociedade civil e o Estado têm papéis importantes a desempenhar no processo de consolidação do Estado de Direito na América Latina. Os movimentos da sociedade civil foram capazes de reformar a face da política, ajudando a desmontar os regimes autoritários. No caso das constantes violações dos direitos sob regime democrático, o papel da sociedade civil é crucial porque o Estado sozinho não pode fornecer soluções. Esses movimentos emergentes na sociedade civil introduziram um novo dinamismo e uma capacidade de inovação no sistema estatal. As organizações da sociedade civil monitoram a obediência do Estado aos padrões internacionais e ajudam a promover mudanças em instituições a favor dos interesses dos direitos humanos.

O Estado, como defensor e promotor dos direitos humanos, tem um papel crítico a cumprir, se as sociedades latino-americanas pretendem de fato atacar o problema crescente da pobreza e os problemas associados da violência ilegal, discriminação racial e obstáculos no acesso à justiça. Somente o Estado pode produzir programas nacionais consistentes que promovam saúde e educação, pré-requisitos para a ordem social, baseados não no silêncio dos abusos oficiais e na impunidade, mas na democracia, no desenvolvimento e na convivência. Infelizmente, como Guillermo O'Donnell aqui demonstra, há na América Latina — o mesmo poderia ser dito sobre a maioria dos países da África, Ásia e Europa Central — uma severa incompletude [*incompleteness*] do Estado, em especial em sua dimensão legal. Paradoxalmente, essa deficiência do Estado aumentou, ao invés de diminuir, durante as transições políticas e consolidações democráticas, sob o ritmo da crise econômica e das políticas econômicas antiestatistas das duas últimas décadas.

Apesar de todos os obstáculos que discutimos e analisamos aqui, e do fracasso das presentes instituições do Estado em tornar efetivo o Estado de Direito para os não-privilegiados, é importante reconhecer que o constitucionalismo e a "democracia formal", para usar a expressão de Agnes Heller,[8] com todas as suas limitações, abriram novas perspectivas. Graças a isso, a consolidação das novas democracias, na América Latina, agora necessariamente incluem a apropriação e a realização dos direitos não só políticos mas também econômico-sociais dos não-privilegiados. De qualquer modo, lembra-nos Guillermo O'Donnell em seu trabalho seminal, a total efetivação do Estado de Direito não foi totalmente alcançada em nenhum país, nem mesmo em democracias inteiramente consolidadas na América do Norte, já que a mudança social e a aquisição de direitos dá origem a novas demandas e aspirações. Em todas as sociedades democráticas, zonas de não-direito, mais amplas ou mais limitadas, continuam a assolar em especial os não-privilegiados. Vista desse ângulo, podemos concluir, com O'Donnell, que democracia não é um regime político estático, mas um horizonte móvel. Sem que jamais o processo esteja concluído.

## Notas

1. Linz, Juan & Stepan, Alfred. *A Transição e a Consolidação da Democracia. A experiência do Sul da Europa e da América do Sul.* São Paulo, Paz e Terra, 1999, p. 25-33

2. *Idem,* p. 77-87

3. Keane, John. "Reflections on Violence". Londres, Verso, 1996:63. Ver também Kean, John, *Civil Society,* Oxford, Polity Press, 1998.

4. Alexander, Jeffrey. "Aspectos não-civis da sociedade. Espaço, tempo e função". *Revista Brasileira de Ciências Sociais,* 33, ano 12, fevereiro 1997: 175-6. Quero agradecer ao professor Jeffrey Alexander por ter chamado minha atenção para os aspectos contraditórios da sociedade civil nas democracias, durante conferência proferida na 20ª Reunião da Associação Nacional de Pós-Graduação em Ciências Sociais, Anpocs, Caxambu, Minas Gerais, outubro de 1997.

5. Para uma discussão sobre o monopólio do Estado da violência física, *ver* Norbert Elias, *Violence and Civilization: The State Monopoly of Physical Violence and Its Infrigement,* em *Civil Society and the State* (John Keane ed., Londres, Verso, 1988). A expressão "ameaça crível de violência" é de Martin Daly & Margo Wilson, *Homicide* (Nova York: A. de Gruyter, 1988), *passim.*

6. Desenvolvi essas idéias recentemente em Pinheiro, P. S. "Democratia Governance, Violence and the (Un) Rule of Law", *Daedalus,* vol. 129, n. 2, Spruy 2000, p. 119-143; em Pinheiro, P. S., "Democracies without citizenship". *NACLA Report on the Americas,* vol. XXX, nº 2, sep./oct. 1996:17-23 e em Pinheiro, P. S., "Popular Responses to State — Sponsored Violence in Brazil', em Chalmers, Douglas *et al. The New Politics of Inequality in Latin America.* Oxford, Oxford University Press, 1997: 261-80.

7. Ao escrever esta indtrodução, além de ler os capítulos e os comentários, também me beneficiei de um sumário do *workshop* acadêmico "The Rule of Law and the Underprivileged en Latin America", ocorrido de 9 a 11 de novembro, na Universidade de Notre Dame, que deu origem a este livro. o *workshop* foi o quarto programa anual do "Project Latin America 2000" patrocina-

do pelo Helen Kellogg Institute for International Studies, com a cooperação e o financiamento da The Coca-Cola Company, publicado em Andreas Feldman & Carlos Guevara-Mann, *The Rule of Law and the Underprivileged in Latin America,* no 27 (Kellogg Institute, outono 1996).

8. Agnes Heller, *On formal democracy, in Civil Society and the State, supra* nota 1, p.129-45.

PARTE I

# PROBLEMAS DA VIOLÊNCIA ILEGAL

# 1

# PROBLEMAS DA VIOLÊNCIA ILEGAL: INTRODUÇÃO

JUAN E. MÉNDEZ

A transição da ditadura para a democracia na maior parte da América Latina melhorou, sem dúvida, em muitas maneiras diferentes, a qualidade de vida e o exercício das liberdades para a maioria dos latino-americanos. O que ela não fez, entretanto, foi aplacar a violência que afeta a região. Embora ainda presente em alguns países, a violência policial diminuiu enormemente com o advento da democracia. Mas permanece lá uma generalizada e devastadora epidemia de violência não-policial cuja extensão afeta a qualidade da democracia em que vivemos. Não são apenas as áreas urbanas que estão testemunhando uma sensação crescente de insegurança por causa do aumento da criminalidade; o conflito rural também está cada vez mais sujeito a desfecho violento. Mesmo que as fontes da violência sejam numerosas e seus responsáveis, diversos, os agentes do Estado continuam a contribuir bastante para a ilegalidade e a brutalidade.

O que não quer dizer que não tenha havido mudanças desde que governos eleitos sucederam as ditaduras militares. Em primeiro lugar, há um vigoroso exercício da liberdade de expressão e do jornalismo investigativo, e esse fator torna possível que os problemas da violência sejam discutidos abertamente e ventilados ao público, o que não acontecia sob as ditaduras a não ser com grande risco de vida e liberdade. Quando se trata de agentes estatais, a qualidade da violência mudou, mesmo que essa mudança não represente um progresso. Os alvos da violência estatal agora são diferentes: policiais e militares não mais dirigem suas ações contra um adversário político, qualquer que seja sua definição, como acontecia durante os regimes ditatoriais. As vítimas de tortura, execução extrajudicial e desaparecimento ocasional forçado são agora anônimas; essas vítimas não são os prisioneiros políticos conhecidos com os quais o restante do mundo imediatamente simpatiza, mas agora tendem a ser jovens de um bairro pobre cuja vitimização dificilmente merece uma notícia na imprensa.

Não há evidência de um padrão deliberado, planejado para infligir sistematicamente graves violações de direitos humanos a um segmento específico da população. Como aprendemos desde então, as elites militares que controlavam os governos não faz muito tempo, planejavam cuidadosamente e supervisionavam a execução de desaparecimentos em larga escala, o uso de centros de detenção secretos e do assassinato daqueles capturados pelo sistema. Nada até agora indica que existam planos sistemáticos de matar pessoas dos bairros socialmente marginalizados. Há, entretanto, forte evidência de que aqueles cujo dever é impedir esses assassinatos e outros abusos fazem muito pouco para levar os autores à justiça e menos ainda para sancioná-los administrativamente. Pode bem ser que essa impunidade para crimes sem motivações políticas não seja um indício de uma decisão consciente, deliberada de sancioná-las, ainda que por ora seja melhor deixar em suspenso um julgamento definitivo a esse respeito. Por outro lado, está fora de questão que esses crimes em geral não são investigados e regularmente ficam impunes, e que assim um claro dever que cabe ao Estado é, por sua vez, violado.

Mesmo sem o uso de centros de detenção secretos ou com nenhum indício claro de que esses crimes sejam oficialmente sancionados, o número de casos de morte pela polícia em circunstâncias duvidosas e os casos de tortura ainda são chocantes. Uma característica incontestável da espécie de democracia que a América Latina oferece no fim deste século é que o comportamento violento e ilegítimo dos agentes estatais é tão difundido que pode ser considerado uma prática comum do modo de trabalho de muitas organizações responsáveis pelo cumprimento da lei. Alguns observadores chamam essas violações de "endêmicas", uma vez que elas não parecem aumentar nem diminuir com nenhuma mudança de governo. O adjetivo "endêmico" dramatiza apropriadamente o problema, mas é também perigoso se tiver o sentido de que pouco pode ser feito a respeito. Pelo contrário, viver com tortura rotineira e homicídio é inconsistente com democracia: mostra uma abdicação clara da autoridade democrática, abala a reputação dos funcionários democraticamente eleitos e mina a confiança do público em instituições democráticas. Por essa razão, as democracias que coexistem com incidências alarmantes de violência estatal não merecem ser chamadas de democracias.

Homicídios policiais com o uso excessivo da força, assassinatos do tipo esquadrão da morte, o uso rotineiro da tortura para obtenção de informação são os aspectos mais visíveis dessa violência estatal ilegal, mas são apenas parte do fenômeno. Devemos também contar com uma deterioração crescente das condições carcerárias que são causadas tanto por negligência como por corrupção. Em muitas partes do mundo, as prisões estão longe de fazer parte das prioridades orçamentárias. Na América Latina, o resultado dessa negligência não é apenas evidenciado pelas condições inumanas e pela superpopulação, mas também por explosões periódicas de rebelião e tomada de reféns, e o conseqüente uso cruel e indiscriminado da força para dominá-las, algumas vezes eliminando dezenas de vidas. No meio rural de muitos dos países latino-americanos, os conflitos de terras ou sobre condições de trabalho são cada vez mais resolvidos pela violência perpetrada por exércitos privados por parte dos poderosos ou por agentes estatais manipulados por estes.

De fato, o surgimento de uma variedade de agentes de crime que não são claramente identificados como agentes estatais é também uma característica destacada nesse quadro. Exércitos privados e quadrilhas de capangas certamente complicam a questão de identificar a responsabilidade. Nem sempre fica claro que suas ações são conduzidas sob alguma autoridade, ou mesmo que eles sejam tolerados oficialmente, embora em certas regiões não faltem evidências disso. Mesmo assim, ainda que não houvesse uma política de encorajamento dessas ações, sua existência e crescimento apontam um sinal de fraqueza na capacidade do Estado de manter a paz e a ordem. Em termos práticos, fica difícil imaginar que grupos grandes e visíveis possam consistentemente fazer justiça com suas próprias mãos por um longo tempo a não ser que alguém com autoridade acredite que tal comportamento seja útil para os interesses que defende.

As razões para esse estado de coisas são complexas e variadas, como sugerem os capítulos e comentários desta seção. Alguns fatores, entretanto, parecem comuns à maioria do continente nesta conjuntura, mesmo se por eles mesmos os fatores não expliquem a situação como um todo. Em primeiro lugar, tem havido pouca ou nenhuma mudança no pessoal das organizações de segurança e cumprimento da lei, exceto para o fato de que em muitos lugares — embora evidentemente não em todos — as Forças Armadas não são mais designadas para conduzir as ações relacionadas com a segurança. Muitos agentes da lei que têm de lidar com crimes comuns são os mesmos que antes eram designados para combater a subversão e estão acostumados a cumprir suas funções com as táticas e métodos impostos nos tempos da ditadura. E mais importante ainda, tradicionalmente eles têm sido protegidos de investigações externas e acreditam que não precisam prestar contas das suas ações a tribunais ou a outra autoridade civil. Para esses agentes, a impunidade tem sido sempre a norma. Na transição para a democracia, eles viram como líderes eleitos frustraram os esforços da sociedade civil para quebrar o ciclo da impunidade por meio de pseudo-anistias e perdões justificados sob a falsa teoria da "reconciliação". Eles provavelmente acham que os seus crimes atuais também serão esquecidos se a sociedade que lhes dá uniformes e armas compartilha sua crença de lutar contra o crime com qualquer método disponível.

O fator que mais contribui para este estado de violência ilegal é, então, o efeito conjunto de um legado de autoritarismo e o hábito arraigado das corporações de cumprimento da lei em resistir a todas as tentativas de submetê-las ao controle democrático. O resultado é que as agências policiais e de segurança são, para todo efeito prático, impossíveis de ser responsabilizadas perante uma autoridade civil e imunes a investigações sérias por parte de qualquer mecanismo institucional. De fato, elas parecem mesmo refratárias aos esforços sérios da sociedade civil para esclarecer suas ações. Do lado positivo, esses esforços civis não têm faltado, e, em alguns lugares, alcançaram algum sucesso limitado — outra vantagem inegável dos tempos ao menos parcialmente democráticos.

Mas pode bem ser que esses esforços da sociedade civil não aumentaram em intensidade e influência em razão de um outro fator que parece presente em quase todo lugar: o opinião amplamente desfavorável a respeito desses esforços por parte do que poderíamos chamar, sem pretendermos ser muito precisos, de "opinião pública". Em muitos países, a preocupação com um crescimento visível na criminalidade e insegurança dos cidadãos está promovendo uma tendência perigosa justificando a brutalidade policial, ou pelo menos considerando-a apenas fato desagradável da vida. Na melhor das hipóteses, protestos públicos contra a tortura e a brutalidade policial são intensos, mas em geral duram pouco; na pior das hipóteses, tomam a forma de apoio ativo a essas ações. Atitudes públicas em relação ao crime, não poucas vezes promovidas por rituais jornalísticos sensacionalísticos e assustadores, freqüentemente são marcados por uma sensação de "justiça" Rambo, que pode apenas ser realizada ao largo do processo legal e desprezando sutilezas como a presunção de inocência.

Aqueles que defendiam os direitos humanos durante a ditadura ganharam legitimidade aos olhos da maioria de seus compatriotas, em especial durante a transição para a democracia. Quando eles persistem em suas mensagens nos dias de hoje, entretanto, tendem a ser desacreditados pela mídia e desprezados como líderes políticos. Se no passado as organizações de direitos humanos eram vistas como "defensoras de terroristas", agora são acusadas de defender criminosos. Faz pouca diferença insistir na proposição que mesmo os criminosos têm direitos, ou mesmo que suspeitos não devem ser considerados criminosos até serem julgados culpados pelos tribunais. De fato, o autoritarismo que prevalece para justificar a violência ilegal nem mesmo leva em conta argumentos baseados em fatos como a taxa real — ao contrário da percebida — de criminalidade, ou sobre a relação entre a proliferação das armas na população e o aumento real de algumas formas de crime. Por outro lado, mesmo aqueles que justificam a ilegalidade na polícia não necessariamente se sentem mais bem protegidos por ela. Como resultado, nossas cidades estão na pior das situações possíveis com respeito a essa espécie de violência: nossos medos paralisam qualquer esforço significativo de lidar de maneira efetiva com o crime, e a espiral percebida da violência faz aumentar cada vez mais a distância em termos de confiança e credibilidade entre os cidadãos e a polícia.

Não queremos dizer que não haja soluções. Entretanto, o problema provavelmente continuará a piorar ante essa perigosa complacência com a brutalidade seja abalada e que nossos líderes políticos deixem de pactuar com ela. Fica claro que quanto mais postergarmos as soluções mais difícil será preservar alguma parte de forças policiais não corrompidas pelo sistema. Em alguns casos notórios, é cada vez mais claro que algumas agências policiais terão de ser desfeitas e reconstruídas a partir do zero, mais ou menos como vem sendo feito no Haiti após o retorno da democracia. Por enquanto, alguns esquemas amplos dos passos em direção a mudanças positivas podem ser esboçados.

Em primeiro lugar, precisamos impor a prestação de contas na forma de investigação séria, acusação e punição dos malfeitores, sejam eles criminosos ou policiais. Tentativas judiciais para levar torturadores e assassinos à justiça devem ser consistentemente apoiadas. Os políticos fariam bem em não interferir nesses esforços e em não contribuir para torná-los ilegítimos por medo do crime ou apoiando a polícia a qualquer custo. Obviamente, o crime comum deve ser processado e perseguido vigorosamente, desde que processos devidos e garantias de julgamento honesto sejam respeitados. Se os cidadãos reconquistarem alguma confiança na eficiência da lei, uma grande, embora defeituosa, justificativa para a ação ilegal da polícia poderá vir a ser eliminada.

Em segundo lugar, as forças policiais devem entender que seu trabalho somente pode ser feito com o apoio da comunidade e que uma comunidade aterrorizada não é apoio para nada. Por essa razão, devemos encorajar o envolvimento construtivo da sociedade civil nesses temas de insegurança do cidadão, fundado claramente na necessidade de não prescindir de um único princípio fundamental dos direitos humanos. Treinar as forças policiais em direitos humanos trará provavelmente resultados colhidos a longo termo, mas somente se não for visto como uma alternativa pouco convincente para os esforços de quebrar o ciclo da impunidade policial. De fato, o treinamento em direitos humanos deve ser visto como treinamento em Estado de Direito, mais especificamente, treinamento sobre o princípio de que numa democracia ninguém está acima da lei, e em especial, não se ele ou ela usarem um uniforme.

Por último, o principal ponto é entender o fenômeno da violência ilegal em todas as suas dimensões e com suas conseqüências dramáticas para a qualidade ou mesmo para a existência da democracia. Os capítulos seguintes, e os comentários instigantes por eles provocados, fornecem uma contribuição para essa importante tarefa.

# 2

## TORTURA E CONDIÇÕES DE DETENÇÃO NA AMÉRICA LATINA

NIGEL S. RODLEY

Se este capítulo tivesse sido escrito há 10 ou 15 anos, seu enfoque principal teria sido a tortura sistemática e o desaparecimento forçado de indesejáveis pelos regimes militares brutais. Recorrer a esses métodos atrozes para manter o poder ilegítimo caracterizou a região da América Latina. Naturalmente, nem todos os países tiveram tal regime, e nem todos aqueles que o tiveram recorreram às piores práticas numa mesma escala, como digamos, a Argentina, o Chile, a Guatemala e El Salvador. Mas o "estilo" da região como um todo era estabelecido por esses países desse modo. Era dada mais atenção ao tratamento de prisioneiros políticos, não apenas por que eles eram as principais vítimas de desaparecimento forçado, e, eu suspeito, das técnicas de tortura mais exorbitantes. Outra razão deve ter sido, certamente, a habilidade dos exilados políticos em ter acesso à mídia nacional e internacional e a organizações internacionais governamentais e não-governamentais. Eles tinham também a capacidade de desenvolver grupos nacionais capazes de coletar, profissionalmente, dados sobre violações aos direitos humanos e distribuí-los de modo que as organizações internacionais pudessem usá-los.

Um olhar mais atento teria notado também alguma, embora insuficiente, atenção às situações na Colômbia e no Peru, onde as violações aos direitos humanos eram, em termos numéricos, tão ou mais sérias. O que os tornava menos conhecidos, em termos de atenção internacional, era tanto o fato de que eles tinham credenciais democráticas plausíveis como também a existência de revoltas armadas extremamente violentas (crueldade sem paralelo no Peru) complicadas pela

39

difusão do crime organizado relacionado com drogas (crueldade sem paralelo no caso da Colômbia).

Nós provavelmente não prestaríamos muita atenção à situação dos criminosos comuns nas mãos da polícia, nem para suas condições de prisão preventiva ou prisão no cumprimento de pena. Realmente, naqueles dias, no momento em que um prisioneiro político tivesse decretada sua prisão preventiva ou sua condenação à prisão, em geral, o pior já tinha passado (sendo o Uruguai uma exceção notável). A tortura extrema a fim de conseguir informação sigilosa ou confissão não seria mais infligida e a detenção tinha sido reconhecida, reduzindo substancialmente a probabilidade de desaparecimento ou morte.

Porém, esses são agora os problemas aos quais daremos atenção especial neste capítulo, embora, como veremos, as piores práticas ainda persistam na Colômbia e, no que diz respeito à tortura, aparentemente também no Peru. Nem na Guatemala essas práticas mais hediondas foram ainda erradicadas ou mesmo em alguns outros países. Maltratar seriamente prisioneiros sob a custódia da polícia, chegando algumas vezes à tortura, é uma prática ainda infligida aos suspeitos comuns, provavelmente em mais países do que temos conhecimento. E instituições de detenção em muitos países impõem condições degradantes, cruéis e inumanas a seus presidiários, condições que algumas vezes podem ser descritas como tortura.

Esse último problema requer um esclarecimento. Eu não sou um especialista em penas nem em criminologia. Sou um advogado internacional público, especializado em direitos humanos. Minhas visitas a casas de detenção na América Latina (Chile, Colômbia, Guatemala, México, Venezuela) ou em outros lugares, normalmente têm sido feitas com a intenção de descobrir fatos relativos às razões para a detenção e ao tratamento dado durante o interrogatório. O propósito principal das visitas tem sido, portanto, em geral, a entrevista com os indivíduos, não a inspeção das próprias instituições. Isso sugere os limites, tanto de minha experiência, que suspeito que um profissional do Comitê Internacional da Cruz Vermelha consideraria bastante limitada, como de meu foco. Quanto a isso, enfocarei, principalmente, os aspectos problemáticos principais que inquestionavelmente caiam nos limites da proibição internacional de tortura e tratamento ou punição cruel, inumana ou degradante. Reformadores penais achariam provavelmente muito mais coisa digna de atenção.

# Desaparecimento Forçado

Como já foi indicado, a prática do desaparecimento forçado tem substancialmente regredido na região. Nos anos 1970 e 1980, centenas e mesmo milhares de tais desaparecimentos aconteceram na Argentina, Chile, El Salvador, Guatemala, Honduras, México, Nicarágua e Peru. Para todo, com exceção da Colômbia, Guatemala, México e Peru, o número de casos assumidos pelo Grupo de Trabalho sobre Desaparecimentos Involuntários ou Forçados das Nações Unidas declinou a zero já em 1995; em alguns desses países, o declínio foi substancialmente mais cedo. No Chile, por exemplo, houve 16 casos entre 1978 e 1989, e nenhum desde então. Mesmo nos quatro países antes mencionados, nos quais a incidência era ainda uma questão preocupante, a tendência, exceto no México, era de declínio. Assim, na Colômbia, houve 86 casos em 1990, mas fora os 51 de 1992, os números estavam em apenas 20 até 1995, quando caiu para 16. Na Guatemala, de 77 casos em 1990, o número caiu para um dígito em 1994 e 1995. A taxa anual permaneceu nas centenas no Peru até 1993, mas com a supressão efetiva do Sendero Luminoso, caiu para 32 em 1993 e para três em cada um dos anos de 1994 e 1995. Apenas no México essa tendência declinante foi revertida. Lá, a incidência tinha ficado em um dígito de 1982 a 1991, com nenhum caso relatado em 1992 e 1993. Infelizmente, a revolta de Chiapas parece ter feito recrudescer gravemente o problema: 37 casos em 1994 e 21 casos em 1995.[1]

Podemos tomar como encorajamento a eliminação da prática de desaparecimento forçado na maioria da região e a marcada tendência decrescente de seu uso em três dos quatro países nos quais ela parece não ter sido erradicada. Entretanto, o exemplo do país que está resistindo a essa tendência, somado ao contínuo, embora reduzido, uso da prática em três outros países obrigam a uma observação preocupante; onde as autoridades de um país recorrem, para enfrentar um desafio armado efetivo, aos militares para lidar com o problema, os militares ainda não consideram essa técnica uma área proibida. Pior, as autoridades civis parecem preparadas a aquiescer, num acordo tácito faustiano, ao acordo que os militares parecem impor: nós faremos o serviço sujo, mas vocês devem nos deixar fazer a nosso modo.

Também perturbadora é a disposição da comunidade a fazer vista grossa em países que enfrentam problemas internos sérios e estão engajados em tais práticas. Somente em 1993, depois de duas visitas ao Peru (a primeira em 1989, a segunda em 1991), e após mudanças constitucionais autoritárias produzidas pelo presidente Fujimori, é que a Comissão Interamericana de Direitos Humanos publicou um relatório sobre a situação dos direitos humanos naquele país.[2] Do mesmo modo, a Comissão, tendo visitado a Colômbia em 1980, e tendo publicado um relatório sobre esse país em 1984,[3] esperou até 1990 antes de visitar a Colômbia novamente. Essa visita foi seguida por uma outra em 1992, com um relatório sendo publicado apenas em 1993.[4] Também nas Nações Unidas, ambos os países escaparam de uma inspeção substancial. Por exemplo, os relatores especiais para países específicos da Comissão de Direitos Humanos fracassaram em propor uma crítica severa contra a Colômbia ou o Peru; entretanto, nos dois últimos anos, declarações críticas do presidente da Comissão têm sido adotadas sobre a Colômbia.[5]

## Tortura durante o Interrogatório

É muito mais difícil traçar a evolução da prática de tortura na região. Nos dias sombrios dos regimes militares, a tortura podia ser disfarçada pelo desaparecimento forçado. Quando o desaparecimento não ocultava a tortura, sua prevalência geral, somada à recorrência expressa de execuções extralegais, fazia com que a tortura parecesse um assunto de importância menor.[6] Entretanto as vítimas, sendo de domínio político, de fato apareceram. Relatórios de ONGs, o sistema de relatores de países específicos e temáticos das Nações Unidas e a Comissão Interamericana de Direitos Humanos estão repletas de informações sobre tortura e outras violações extremas.

Uma leitura rápida de relatórios recentes do relator especial das Nações Unidas sobre tortura revela, de maneira previsível, que um número substancial de alegações de tortura vem da Colômbia, México e Peru, sendo a maioria das reclamações a respeito de atos supostamente cometidos pelos militares ou outras agências de segurança sobre os suspeitos "subversivos". O México também é fonte de alegações a respeito de suspeitos de crimes comuns. Além disso, o Chile e a Venezuela dão origem a alegações de tortura e maus-tratos similares tanto de pessoas detidas em conexão por suspeita de atividade política armada quanto de suspeitos por crimes comuns. Fica claro, a partir de uma visita da

ONU ao Chile, que a tortura de "políticos" estava diminuindo por volta de 1993 (o número de prisões também tinha diminuído), mas que lá persistia algumas vezes um problema de sérios maus-tratos a suspeitos de crimes comuns — uma prática que havia existido, mas sempre sido bastante ignorada, antes do golpe militar de 1973.[7] A maioria dos casos alegados de tortura de políticos na Venezuela aparece em conexão com problemas que extrapolam a fronteira com a Colômbia e assuntos de disputa de terra. Suspeitos de crime comum também correm risco. Enquanto o relatório da ONU não confirma nem a incidência de alegações chegando à ONU antes da visita, nem a própria visita sugere o uso rotineiro da tortura ou outros maus-tratos similares, também determina que o problema era mais do que apenas uma aberração ocasional isolada.[8] Informação do Equador sugere um modelo similar. Relatórios esporádicos são precisamente o que chegam à ONU a respeito da Argentina e do Brasil (principalmente de tortura de suspeitos de crime comum, e no caso do Brasil de "indesejáveis" sociais e ativistas de grupos locais) e da Guatemala. Outros países da América Latina são também mencionados em relatórios esporádicos similares (Bolívia, República Dominicana, El Salvador e Haiti).[9]

Que conclusões o que foi dito acima sugere? Seria o nível de tortura nesses países não tão alto? Não há tortura em outros países da região? Duvido que tenhamos um quadro completo. Certamente, em países como El Salvador, Guatemala e Haiti, as presenças da ONU, ou da ONU/OEA, servem como um dissuasivo maior. Na ausência de convulsões políticas sérias, algumas das piores formas de tortura, a que usualmente as forças de segurança recorrem, não são usadas. Isso pode levar as pessoas a não considerar outras formas de coerção como tortura. No Chile, por exemplo, "políticos" que tinham sido gravemente agredidos fisicamente, e algumas vezes ameaçados de morte, não descreviam a si mesmos como tendo sido torturados. Quando foram indagados por que não o faziam, eles explicaram que eles não tinham sido submetidos a choques elétricos.[10]

Isso então nos deixa com suspeitos de crimes comuns, "indesejáveis" sociais e ativistas locais. Essas são as categorias que tendem a ser omitidas. ONGs criadas em resposta a ou arrebatadas pelo combate à emergência de regimes inconstitucionais podem estar menos interessadas nesse tipo de vítimas. No Chile, por exemplo, apenas uma dentre as várias ONGs ativas durante o período militar, e que ainda existe, tem estado ativamente engajada em trabalhar em favor dos suspeitos de crimes comuns (CODEPU). As próprias vítimas não estão organizadas e tendem a não esperar compensações. Os relatos de tortura são freqüentemente poucos fora das áreas urbanas mais importantes. As prioridades das ONGs, nacionais ou internacionais, podem ser tais que esses problemas só venham a ser examinados de tempos em tempos, com a informação sendo transmitida para órgãos intergovernamentais oficiais numa base do *ad hoc*, presumindo que as ONGs estejam cientes dessas corporações.

Enquanto podemos concluir que tanto a gravidade como o escopo da tortura e dos maus-tratos similares diminuam substancialmente quando e onde a oposição política armada diminuiu, seria um erro concluir que a informação limitada disponível a respeito de outras categorias de vítimas reflete um quadro preciso do problema. Fatores que podem sugerir o contrário devem também ser considerados. Mal-treinados, mal-pagos e desrespeitados agentes da manutenção da lei são com freqüência tentados criminosamente a abusar de seu poder no cumprimento de suas funções e, infelizmente, esses três adjetivos se aplicam a muitas forças policiais da América Latina. Práticas históricas de coerção na obtenção de informação e confissões de testemunhas e suspeitos sem dúvida continuaram, embora obscurecidas pelos excessos piores, durante os regimes militares. Além disso, a experiência da polícia, freqüentemente chamada para colaborar com as forças de segurança durante os períodos de inquietação política, não pode ser modificada de imediato depois de uma mudança de governo ou do colapso de uma revolta. Tais práticas são encorajadas pelos sistemas legais que dependem grandemente de dossiês escritos, valorizando, dessa maneira, as confissões e outras declarações de suspeitos e testemunhas. Juízes, em resposta a reivindicações públicas cada vez mais insistentes por mais proteção efetiva da ordem pública, preferem fazer vistas grossas às más práticas policiais. Por exemplo, no Chile, os juízes podem e de fato ordenam a incomunicabilidade do detento por até cinco dias para investigação.

## Instituições Preventivas e Correcionais

Conceitualmente, deveria haver tratamento separado para instituições de prisão preventiva, por um lado, e instituições correcionais, onde as sentenças são cumpridas após a condenação, por outro. Eu trato de ambas ao mesmo tempo por duas razões inter-relacionadas: em primeiro lugar, em muitos países os problemas são similares; em segundo, muito freqüentemente as mesmas instituições acolhem tanto os prisioneiros condenados como os com prisão preventiva decretada. Realmente, um dos problemas mais encontrados é a ausência de separação das diferentes categorias de prisioneiros, como requerem os padrões internacionais e, muitas vezes, a própria lei nacional.

## Separação de Categorias de Prisioneiros

Como já foi mencionado, a separação dos prisioneiros condenados daqueles com prisão preventiva é exigida pelos padrões internacionais. Assim, de acordo com o Artigo 10(2)(a) do Pacto Internacional de Direitos Civis e Políticos (PIDCP) e o Artigo 5(4) da Convenção Americana de Direitos Humanos (CADH), acusar e condenar pessoas devem ser, "salvo em circunstâncias excepcionais", separadas uma da outra, sendo que à pessoa acusada deve ser dado "tratamento separado apropriado ao seu *status* de pessoas não condenadas". Essa linguagem vai ao ponto crucial do assunto: em virtude de não serem condenadas, as pessoas acusadas estão sujeitas à presunção de inocência. O propósito da detenção não é punir, corrigir ou reabilitar; é apenas uma precaução. A Regra 8(b) das Regras de Padrão Mínimo para Tratamento de Prisioneiros (RPM) da ONU requer também a separação dessas duas categorias, enquanto a Regra 84(2) enfatiza a importância de tratamento consistente com a presunção de inocência.

Na prática, instituições obrigadas a arcar com uma demanda de espaço bem acima da sua capacidade (ver a seguir) ignoram essa importante regra. Assim, no Brasil, onde pouco menos de 30%, porcentagem relativamente baixa, de prisioneiros estão em prisão preventiva,[11] o Human Rights Watch (HRW) relatou que os detentos em pré-julgamento com freqüência "vivem ao lado daqueles que cumprem pena por homicídio".[12] Assustadoramente, HRW observa:

> Entre os 111 mortos conhecidos no massacre de 1992 [na Casa de Detenção de São Paulo], 84 estavam aguardando julgamento, enquanto o restante estava cumprindo penas que iam de 2 a 30. Todos estavam presos juntos.[13]

A separação de prisioneiros não condenados dos já condenados é imposta pela Constituição do México. Entretanto, o HRW, ao se referir ao problema de superlotação e projeto de prisão, cita a Comissão Nacional de Direitos Humanos do México como tendo encontrado a prática de misturar as categorias em 33 prisões que ele visitou entre junho de 1991 e junho de 1992. O HRW observa que 49% dos prisioneiros condenados por crimes federais e quase 70% daqueles condenados por crimes nos estados não haviam sido condenados em novembro de 1992.[14] A mesma organização observa ainda que as cláusulas nacionais no Peru (onde 77% dos prisioneiros eram não condenados) que contemplam a separação de várias categorias são "freqüentemente violadas". Mais especificamente, cita a Prisão Picci, de Chiclayo, onde "pessoas que foram acusadas de crimes vivem nas mesmas áreas daquelas já condenadas e reincidentes".[15]

Na época do massacre de 1992 em *Retén de Catia*, em Caracas, Venezuela, alguns prisioneiros condenados ainda estavam alojados nos prédios de antes do julgamento. Isso também era verdade em 1996, quando visitei o país em razão das minhas funções na ONU, tanto no que diz respeito a La Planta (Caracas) quanto à prisão de Sabaneta (Maracaibo), onde aconteceu outro massacre em 1994.

Os Artigos 10(2)(6) do PIDCP e 5(5) do CADH prevêem a separação de jovens (PIDCP) ou menores (CADH) dos adultos. A Regra 8(d) do RPM tem a mesma posição no que diz respeito a prisioneiros "jovens". Minha experiência é que essa regra tende a ser respeitada, mas pode haver um problema se todos os menores devem ser tratados como menores para todos os propósitos: em alguns casos o sistema de justiça criminal pode tratar os menores acima de uma certa idade ou condenados por certos crimes como criminosos comuns, tanto para serem julgados como para a privação da liberdade. Por exemplo, no Chile, encontrei um jovem detido numa solitária por ordem judicial por sete dias, pendente de transferência para uma prisão comum.[16] O HRW relata que no Peru, "menores são freqüentemente tratados como adultos e encarcerados nas mesmas áreas".[17] No México, o HRW encontrou quatro prisões onde menores e adultos se misturavam.[18] Na Venezuela, visitei uma delegacia de polícia designada para detenção de jovens em pré-julgamento que abrigava crianças de até 13 anos. Essas crianças eram mantidas em quatro celas, três delas abrigando dez ou mais meninos e uma abrigando três meninas. Isso era de fato necessário por que as instituições juvenis apropriadas estavam cheias.

A exigência da Regra 8(a) do RPM de detenção de homens e mulheres em instituições separadas ou pelo menos de que as mulheres sejam mantidas em locais "inteiramente separados" em uma instituição que também abrigue homens parece que geralmente é cumprida. Entretanto, os prisioneiros podem ver os locais onde as prisioneiras estão alojadas na prisão de San Miguel, em Santiago do Chile, e as prisioneiras têm de passar por partes dos locais masculinos insalubres para encontrar funcionários, advogados etc.[19]

Uma exigência do RPM que parece ser amplamente ignorada é a noção de separação com base nos antecedentes criminais (Regra 8), que obriga que alguns prisioneiros não entrem em contato com outros prisioneiros "que, em razão de seus antecedentes criminais ou mau caráter, podem exercer uma má influência" (Regra 67 (a)). É verdade que alguns da última categoria devem ser alojados em instituições de detenção de segurança máxima, mas o propósito disso não é principalmente proteger contra sua influência. Realmente quando, como tem com freqüência acontecido, os prisioneiros políticos são mantidos em prisões de detenção de segurança máxima, pode bem ser que esses internos tenham uma influência mais benéfica nos condenados ou suspeitos primários ou com penas leves do que sejam endurecidos por reincidentes ou criminosos comuns sérios. Ainda é precisamente o último tipo de mistura que se encontra com mais freqüência. De fato, nunca encontrei uma instituição geral de prisão preventiva ou prisão para condenados onde tais misturas não existam.

## Capacidade/Superlotação

Muitos dos problemas discutidos até agora podem ser atribuídos ao problema maior da superlotação das instituições em países da região (um problema não confinado a esta região). De acordo com a organização Penal Reform International (PRI), há cerca de 130 mil prisioneiros no sistema penitenciário brasileiro, o que representa algo como 250% acima de sua capacidade. Isso sem levar em conta outros 70 mil prisioneiros (condenados e aguardando julgamento) em custódia da polícia. De fato, "[celas construídas para seis estão abrigando 30. Cadeias construídas para 70 abrigam quase 400".[20] Elói Pietá observa:

Em alguns caso, não há nem mesmo espaço suficiente para os presos se deitarem ao mesmo tempo; eles se amarram nas grades de ferro, para dormirem em pé ou sentados.[21]

Além disso, "muitos estabelecimentos — embora nem todos — são sujos e mal cheirosos. Nós observamos ratos e baratas gigantes em algumas celas, os internos rotineiramente mostram-nos insetos que eles coletaram em suas celas e exibem as mordidas em seus corpos".[22] O relatório continua:

A maioria das celas que nós visitamos tinha como toalete um buraco no chão com uma torneira diretamente acima dele para se lavar e beber água. Nós ouvimos muitas reclamações acerca da temperatura: muito quente e abafado durante o verão, frio e úmido no inverno. Em uma prisão observamos poças de água no chão de várias celas; olhando uma delas, um interno comentou simplesmente: "Nós a chamamos de nossa piscina".[23]

O HRW também apresenta as prisões do México como "enormemente superlotadas". De fato, a população (86.334 prisioneiros) era 126% da capacidade (70.435 lugares) na época do relatório.[24] Minha própria experiência foi em uma missão da Anistia Internacional em 1975, que incluiu uma visita à prisão de Lecumberri, na Cidade do México. Partes dessa instituição notória estavam claramente bastante superlotadas, em um clima geral de opressão e terror. Felizmente, a instituição foi desativada alguns anos depois. Ao mesmo tempo, um novo modelo de prisão que não sofria do mesmo problema tinha sido construído. Pode ser que nesse país, problemas de superlotação dependam realmente de dispersar os prisioneiros entre as várias instituições. Esse parece ter sido o caso no Peru, onde a superlotação era, de acordo com o HRW, "um dos problemas mais sérios das prisões no Peru". Em 1991, a prisão Lurigancho, com uma capacidade de 1.200 prisioneiros, estava abrigando "pelo menos 5 mil", enquanto a prisão Miguel Castro Castro (Canto Grande), com uma capacidade de 800 prisioneiros, abrigava 2.500; isso equivale, respectivamente, a 416% e 312% de população acima da capacidade.[25]

Durante minha visita à Venezuela no início de 1996, encontrei um problema de superlotação entre 2 e 5 para uma vaga.[26] Na prisão La

Planta em Caracas (a situação é tida como tão ruim ou pior em Retén de Catia), vi uma situação em que os prisioneiros em uma cela podiam apenas encontrar lugar para dormir deitando um ao lado do outro, na cela e fora dela (uma opção nada confortável com tempo frio e úmido). Eu não entendi como isso podia ser feito, mas os prisioneiros disseram que era possível.

As razões para a superlotação não são difíceis de encontrar: a ansiedade pública por "lei e ordem" está alcançando proporções psicóticas em muitos países. Os juízes estão respondendo mandando ainda mais pessoas suspeitas e condenadas para as cadeias. Eles fazem vista grossa às criminógenas, para não dizer freqüentemente ilegais, condições de detenção em que eles são cúmplices. Em todo caso, a situação geral está bem longe das condições do RPM sobre acomodação, que especifica:

9 (1) Onde as acomodações para dormir forem em celas individuais ou quartos, cada prisioneiro ocupará, à noite, uma cela ou quarto dele próprio. Se por razões especiais, tais como superlotação temporária, tornar-se necessário que a administração central da prisão faça uma exceção a essa regra, não é desejável ter dois prisioneiros em uma cela ou quarto.

(2) Onde são usados dormitórios, eles devem ser ocupados por prisioneiros cuidadosamente selecionados como os mais convenientes para conviverem entre eles naquelas condições. Deverá haver supervisão regular durante a noite, de acordo com a natureza da instituição.

10. Toda acomodação fornecida para uso dos prisioneiros e em particular toda acomodação para dormir deve cumprir todos os requisitos de saúde, sendo dada a devida atenção às condições climáticas e particularmente ao conteúdo cúbico de ar, espaço mínimo no chão, luz, aquecimento e ventilação.

11. Em todos os lugares onde os prisioneiros forem viver ou trabalhar,

(a) As janelas devem ser grandes o bastante para permitir aos prisioneiros ler ou trabalhar com luz natural, e devem ser construídas de modo a que possam permitir a entrada de ar fresco, havendo ou não ventilação artificial;

(b) Deve ser fornecida luz artificial suficiente para os prisioneiros lerem ou trabalharem sem prejudicar a vista.

12. As instalações sanitárias devem ser adequadas para permitir a cada prisioneiro cumprir suas necessidades naturais quando necessário e de um modo limpo e decente.

13. Instalação adequada de banho e chuveiro deve ser proporcionada de modo que o prisioneiro possa e precise tomar banho ou chuveiro, em uma temperatura conveniente ao clima, tão freqüente quanto o necessário para a higiene geral de acordo com a estação e a região geográfica, mas pelo menos uma vez por semana num clima temperado.

14. Todas as partes de uma instituição regularmente usadas pelos prisioneiros devem ser mantidas de modo apropriado e conservadas escrupulosamente limpas em todos os momentos.

## Administração

A RPM contém regras sobre a disciplina e a punição (Regras 27-32), sobre procedimentos de queixas (Regras 35-36), sobre as qualificações e funções do pessoal institucional (Regras 46-54) e sobre inspeção regular por uma autoridade competente (Regra 55). Embora não estabelecido explicitamente, essas regras são destinadas a assegurar um sistema administrativo ordenado e justo. Ainda assim, o que se encontra quase sempre é ou uma administração arbitrária e opressiva ou nenhuma administração, abandonando a manutenção interna do lugar aos próprios internos.

O HRW menciona relatórios de espancamento pelos funcionários carcerários em quase todas as instituições brasileiras que estudaram: "[...] espancamentos ocorrem tanto como uma punição extraoficial por infração disciplinar — indo desde discutir com um guarda até tentativa de fuga — como também um meio de intimidação e controle dos prisioneiros". Presos violentos são mostrados abusando e explorando os mais fracos e mais jovens. Em uma cadeia, "cada cela tem um chefe". A homossexualidade é "generalizada", inclusive o estupro homossexual: "As pessoas jovens são vendidas pelos guardas que as colocam, então, nas mesmas celas dos compradores".[27] A Comissão Nacional Mexicana de Direitos Humanos é citada pelo HRW por ter condenado os espancamentos e maus-tratos por agentes penitenciários em 11 prisões num período de 12 meses em 1991-92. Em algumas instituições, a Comissão denunciou "autogestão", isto é, de fato alguns prisioneiros controlando parte da população penitenciária ou comprando ou intimidando detentos ou funcionários.[28]

Na prisão venezuelana de Sabaneta, em Maracaibo, pude ver uma instituição efetivamente dividida em dois campos, cada um controlado pelos prisioneiros com mais armamento. O pessoal inadequado (numericamente e em termos de treinamento) limitava-se essencialmente a fazer recenseamentos regulares e guarda do perímetro. Os prisioneiros que tivessem problemas com a liderança de um dos campos poderiam ser transferidos para o outro.

Essas condições não correspondem necessariamente aos desejos ou políticas dos governos. Ao contrário, o problema é não dispor de prioridade orçamentária capaz de fornecer os recursos necessários para sua superação.

## Massacres

À luz das condições que descrevi até agora, provavelmente não será surpresa para ninguém que esteja familiarizado com prisões, que algumas instituições mencionadas tenham passado por revoltas e rebeliões. O que choca é como freqüentemente as autoridades responsáveis por restaurar a "ordem", sejam elas as autoridades penitenciárias ou outras agências de segurança pública ou responsáveis pelo cumprimento da lei, recorreram ao uso generalizado e indiscriminado de violência desmedida, inclusive com mortes, para sufocar as revoltas.

No Brasil, onde relembramos, mais de um terço dos prisioneiros é mantido em custódia da polícia, houve um distúrbio em uma delegacia da polícia em 1989. A Polícia Militar chamada ao Distrito Policial 42 de São Paulo, forçou 51 homens a entrar numa cela de menos de 5 metros quadrados, com uma pesada porta de metal e sem nenhuma janela. Depois de mais de uma hora na cela, 18 deles foram encontrados mortos por sufocamento. Em 1991, na prisão Água Santa, no Rio de Janeiro, os guardas lançaram um dispositivo incendiário numa cela após terem descoberto um plano de fuga, que resultou na morte de 31 prisioneiros queimados. Em resposta a um distúrbio numa prisão em 1992 na Casa de Detenção de São Paulo, a Polícia Militar matou 111 internos, 84 dos quais estavam esperando julgamento. Até 1993, "nem um único membro da polícia ou funcionário da prisão [tinha] sido criminalmente processado pelos assassinatos".[29]

A repressão notória de três rebeliões em prisões do Peru em 1986 é descrita sucintamente pelo HRW:

> Em 18 de junho, 1986, os presos do Sendero Luminoso organizaram revoltas coordenadas em Lurigancho, na prisão ilha de El Frontón, e na prisão das mulheres de Santa Bárbara, em Callao. O governo do presidente Alan Garcia reagiu violenta e desesperadamente: declarou uma zona de guerra nas prisões e chamou as Forças Armadas para combater as rebeliões. O Exército comandou a operação em Lurigancho, e a Marinha fez o mesmo em El Frontón. Juízes e promotores, autoridades das prisões e os próprios membros da Comissão de Paz do governo foram impedidos de entrar na prisão assim como de tentar negociar uma solução pacífica. Quatro guardas da prisão foram mortos pelos presos rebelados. Um dia depois, as rebeliões tinham acabado. Em Santa Bárbara, a rebelião foi rapidamente debelada: dois presos rebelados morreram. Em Lurigancho, cerca de 20 presos morreram durante a batalha pelo controle do bloco de celas, e todos os sobreviventes, mais de 110, foram mortos após se renderem. Em El Frontón, a Marinha destruiu o bloco das celas com explosivos com a maioria dos presos e reféns ainda dentro delas. Cerca de 30 presos (de um total de cerca de 135) foram capturados e levados para hospitais ou para outras prisões. Dos mais de 100 mortos em El Frontón, muitos tinham sido capturados com vida, alguns foram mortos ali mesmo e outros foram levados embora, aparentemente para instalações da Marinha, nunca mais sendo vistos.
>
> O número total de presos mortos em razão desses episódios trágicos foi bem maior que 200. Um tribunal militar de investigação acabou condenando apenas um punhado de militares do Exército e da Guarda Republicana. A Marinha nunca prestou contas de suas ações em El Frontón.[30]

Em janeiro de 1995, A Corte Interamericana de Direitos Humanos reconheceu violações do direito à vida e direito a *habeas corpus* em relação ao massacre de El Frontón.[31]

Um incidente perturbador semelhante ocorreu na prisão de Castro em maio de 1992, um mês depois do golpe presidencial de Alberto Fujimori. De novo, não posso deixar de citar o HRW:

Esta prisão de segurança máxima aloja a maioria dos prisioneiros acusados ou condenados por pertencerem aos dois movimentos guerrilheiros do Peru: o Partido Comunista do Peru — Sendero Luminoso e o Movimento Revolucionário Túpac Amaru (MRTA). No dia 6 de maio, as forças de segurança entraram, a fim de transferir algumas mulheres para um outro estabelecimento. As mulheres resistiram, aparentemente, com a ajuda de alguns prisioneiros. Na luta que se seguiu, 3 policiais e 10 prisioneiros foram mortos. A mediação de terceiros foi rejeitada pelo governo, que optou por um confronto no dia 10 de maio. Um total de 39 prisioneiros morreram e muitos outros ficaram feridos.

Embora o governo tenha declarado que não houve excessos ou abusos na ação, o Human Rights Watch acredita que há evidência para sugerir que pelo menos foi usada força excessiva, e há uma forte possibilidade de que vários prisioneiros tenham sido executados após a rendição. Na época deste relatório, nenhuma investigação interna do confronto tinha vindo a público, e nenhum grupo externo tinha sido admitido para conduzir uma investigação imparcial.[32]

Em 1994, na prisão venezuelana de Sabaneta, em Maracaibo, um grupo de prisioneiros ateou fogo nos locais de um outro grupo, e então matou 100 entre os que fugiam do fogo, enquanto os funcionários da prisão e o pessoal da Guarda Nacional (responsável pela segurança do perímetro) continuou em seus postos.

## Conclusões

Os anos 1990 assistiram a uma redução marcante na incidência dos desaparecimentos forçados junto com o fim do governo militar e a restauração do governo constitucional na região. Entretanto, alguns casos continuam a ocorrer em situações de conflito interno. Um padrão similar ocorre com respeito à tortura de suspeitos, sendo algumas das mais extremas manifestações reservadas para acusados suspeitos de estarem associados com as partes envolvidas no conflito. No entanto, a tortura ou os maus-tratos continuam a ser um problema no que diz respeito aos suspeitos de crimes comuns, mesmo que as técnicas não sejam sempre tão cruéis nem usadas tão rotineiramente como antes. Realmente, algumas práticas podem ser apenas uma continuação do estilo de tratar os suspeitos de crimes comuns que prevaleceu entre as forças policiais antes da tortura sistemática dos suspeitos de oposição política ter chamado a atenção para elas.

No que se refere ao tratamento dos suspeitos em prisão preventiva ou em instituições correcionais, a situação em vários países que têm sido retratados pelas ONGs é deprimente. Separação dos sexos e de jovens dos adultos é geralmente cumprida, mas separação de outras categorias de prisioneiros contempladas pelos padrões internacionais, notadamente prisioneiros condenados e os em prisão preventiva, por um lado, e delinqüentes graves ou reincidentes e detentos primários ou com delitos leves por outro, é ignorada. Isso é parcialmente causado pelo problema da superlotação, que leva as pessoas a suportar condições que poderiam, em alguns países, suscitar indignação se os animais de uma fazenda fossem submetidos a elas.

Tais circunstâncias esgotariam as habilidades e recursos da maioria dos administradores de prisão. Inevitavelmente, as administrações, mal-pagas, mal-treinadas e insuficientes, encontradas em muitos países, tendem a abandonar o comando das instituições aos internos ou governar com severidade brutal; quando os distúrbios ocorrem, estes têm algumas vezes sido reprimidos com ferocidade assassina.

As causas não são difíceis de encontrar: o clamor público em cada grande repressão em resposta a uma interrupção percebida da lei e da ordem, a falta de vontade política para estabelecer a prioridade financeira necessária para a administração da justiça, em geral, e do sistema penal, em particular. A única marca animadora é a consciência crescente na região dos problemas, como evidencia a decisão da Comissão Interamericana de Direitos Humanos de estudar as prisões. Ela já levantou preliminarmente as violações referidas neste capítulo e outros problemas.[33] Pode-se apenas esperar que isso prenuncie algumas melhorias em lugares onde há privação da liberdade.

# Notas

1. U.N. Doc.E/CN.4/1996/38, Annex IV.

2. Report on the Situation of Human Rights in Peru, Organization of American States (OAS) Doc. OEA/Ser. L/V/II 83, Doc. 31(1993).

3. Report on the Situation of Human Rights in the Republic of Colombia (OAS) Doc. OEA/Ser. L/V/II 53, Doc. 22 (1981).

4. Second Report on the Situation of Human Rights in Colombia, OAS Doc. OEA/Ser. L/V/II 84, Doc. 39 rev. (1993).

5. U.N. Comission on Human Rights, Report on the 51st Session, Economic and Social Council Official Records, 1995, Supp. Nº 4, § 595; U.N. Comission on Human Rights, Report on the 52nd. Session, Economic and Social Council Official Records, 1996, Supp. nº 4, § 24.

6. Assim, a Comissão de Verdade e Reconciliação do Chile concentrou-se em homicídios e desaparecimento forçado, com a tortura sendo mencionada apenas quando resultava em morte. Ministry of Foreign Affairs of Chile, Summary of the Truth and Reconciliation Commission Report (l992).

7. U.N. Doc. E/CN. 4/1996/35/Add. 2.

8. U.N. Doc. E/CN. 4/1997/7/Add. 3, § 75.

9. Ver U.N. Doc. E/CN. 4/1997/7/Add. 1, §§ 115-117 (Equador), 144 (El Salvador), 20 (Bolívia); U.N. Doc. E/CN. 4/1996/35/Add., § 32-41 (Argentina), 167-170 (República Dominicana); U.N. Doc. E/CN. 4/1995/34, §§ 66-73 (Brasil), 303-306 (Guatemala), 307-314 (Haiti).

10. U.N. Doc. E/CN. 4/1996/35/Add. 2, § 73.

11. Penal Reform International (PRI), Newsletter, nº18, sep. 1994, 4. De acordo com um estudo de Carranza *et al.*, de 30 países da região, a porcentagem de prisioneiros não condenados em países com lei civil varia entre 50 e 90% com uma média de 69%, enquanto em países com lei comum a porcentagem varia de 2 a 38%, com uma média de 23%. Perez Perdomo, *La Justicia Penal en la Investigación Socio-Jurídica de América Latina,* em Comparative and Private International Law: Essays in Honour of John Henry Merryman on his Seventieth Birthday 25, 272-74 (Berlim: Duncker & Humblot, 1990). Agradeço ao dr. Alejandro Garro por chamar minha atenção para esse trabalho.

12. The Human Rights Watch Global Report on Prisons 133 (1993) [daqui por diante citado como HRW Global Report].

13. Id.

14. Id., 193.

15. Id., 200-01.

16. U.N. Doc. E/C. 4/1996/35/Add. 2, § 33.

17. HRW GLOBAL REPORT, *supra* nota 12, 201.

18. Id., 196.

19. U.N. Doc. E/CN. 4/1996/35/Add. 2, § 32.

20. PRI Newsletter, nº 23, Dec.1995, *citando* Elói Pieta, Prisons in Brazil (1995).

21. Id., 7.

22. HRW Global Report, *supra* nota 12, 132.

23. Id.

24. Id., 193

25. Id., 200.

26. U.N. Doc. E/CN/. 4/1997/7/Add. 3, § 60.

27. HRW Global Report, *supra* nota 12, 133.

28. Id., 195.

29. Id., 131, 134-5.

30. Id., 206.

31. Inter-American Court of Human Rights, *Neira Alegría et al.* Case, Judgment of January 19,1995, Series C. nº 20.

32. HRW Global Report, *supra* nota 12, 207.

33. OAS, Annual Report of the Inter-American Commission of Human Rights 1995, OEA/Ser. L/V.II 91, Doc. 7 rev. (1996), 221-3.

# 3

## COMENTÁRIOS SOBRE RODLEY

LIGIA BOLÍVAR O.

*El problema no es el fusilado.*
*El problema es el fusilador.*
*Cuando se dispara en frío a un ser humano*
*indefenso — criminal o no — se aprende a matar.*
*Terrible oficio.*
*Se crea una máquina de matar.*
*Y esa máquina represiva nadie la para más.*
*Necesita una materia prima. Un combustible.*
*Y cuando no lo tiene, lo inventa.*

Carlos Franqui, *Retrato de família con Fidel*

Comentar o capítulo do professor Nigel Rodley é ao mesmo tempo um privilégio e um desafio. Um privilégio porque raramente temos a oportunidade de trocar idéias com alguém tão rigoroso e articulado como Rodley. E um desafio porque há muito pouco a ser acrescentado a suas opiniões. Portanto, indicarei poucos elementos novos e focarei a maior parte de meus comentários no relacionamento entre pobreza, discriminação e violações dos direitos humanos.

Como inglês não é minha primeira língua, decidi olhar no dicionário a palavra "*underprivileged*" e encontrei a seguinte definição: "privado dos direitos sociais fundamentais e segurança pela pobreza e pela discriminação" etc. Considerarei o capítulo de Rodley pelas lentes da pobreza e da discriminação, ambas como fonte e conseqüência da privação dos direitos fundamentais, tais como o direito à integridade física e o direito a condições adequadas de aprisionamento.

De acordo com a Organização Mundial da Saúde (OMS), o principal fator de mortalidade e a principal fonte de doença e sofrimento, em todo o mundo, listada quase no fim da Classificação Internacional de Doenças sob o código Z59.5 é: extrema pobreza. Se, como sugere a OMS "saúde é um estado de completo bem-estar físico, mental e social, e não apenas a ausência de doença ou enfermidade", então é fácil estabelecer a ligação entre pobreza e privação do direito à integridade física e condições adequadas de detenção como parte de uma compreensão holística do conceito de saúde.

Concordo plenamente com a opinião de Rodley de que a tortura, maus-tratos e más condições de detenção têm existido mas têm sido largamente ignorados tanto antes como depois da onda de ditaduras militares na América Latina; é também verdade que tais práticas ilegais não acontecem apenas sob as ditaduras, mas também sob regimes constitucionais (permita-me não chamá-los de "democracias"). Desde que tais práticas sempre existiram na região, os alvos principais parecem ser diferentes, sob a ditadura e sob governos constitucionais.

Assim como no passado, quando as ditaduras eram responsáveis por torturar presos políticos, pode-se dizer que os governos constitucionais emergentes que adotaram programas rígidos de ajuste econômico estrutural são agora responsáveis por atos de repressão e exclusão, inclusive tortura e condições deploráveis de detenção, afetando de modo particular os não-privilegiados que já existiam e os novos não-privilegiados que foram gerados por esses programas.

Em geral, as sociedades latino-americanas herdaram uma cultura profundamente baseada em modelos autoritários que tiveram início nos tempos coloniais. Paz, democracia e consenso foram exceções, não a regra para a região. Castigo corporal, por exemplo, foi usado cedo como um meio de assegurar obediência dos povos indígenas e escravos. Isso explica porque, como Rodley ressalta, as pessoas podem não considerar certas formas de coerção como tortura, e não as relatarão como tal. Algumas vítimas, em especial as pessoas pobres, podem mesmo pensar que eles *merecem* tal tratamento. Alguns anos atrás, uma criança de rua detida e severamente torturada numa delegacia de polícia no centro de Caracas contou a um padre que a visitou: "[...] eu sei que eles tinham de me bater, mas eles exageraram".

O mesmo se aplica a condições nas prisões. A opinião geral é que a privação de liberdade pessoal não é a única punição associada com detenção: não se espera que as prisões sejam confortáveis e as pessoas resignem-se a serem sujeitas a uma variedade de sofrimentos adicionais, sendo a coerção física uma delas. As autoridades fazem eco a tais opiniões, enquanto os prisioneiros — a maioria deles dos níveis mais baixos da sociedade — aceitam tais misérias adicionais como o curso natural das coisas. Ou mesmo preferem não reclamar a fim de evitar punição adicional. Seus parentes raramente reclamam de abusos com medo de retaliação contra seus entes queridos, e os defensores públicos estão muito ocupados para tratar de tais "detalhes técnicos".

Quando uma pessoa pobre não entende que há algo errado na maneira como ele/ela está sendo tratado, ele/ela não vê razão para relatar tais abusos para as autoridades. Afinal de contas, as pessoas pobres são excluídas da sociedade, não apenas economicamente, mas também do ponto de vista legal e político. Elas são duplamente vítimas: primeiro pelos executores dos abusos e depois pelo sistema que reluta em agir no interesse delas. Assim como os torturadores de ontem sabiam que seus atos permaneceriam impunes em virtude da cumplicidade de seus superiores, os executores de abusos de hoje sabem que a impunidade é quase garantida pelo *status* social e econômico baixo de suas vítimas, que não ousariam apresentar uma queixa.

É interessante que a maioria dos membros das forças de segurança e do pessoal das prisões vêm das mesmas favelas que suas vítimas. Eles são os não-privilegiados com poder, aqueles que se tornaram um instrumento conveniente para a repressão governamental — o trabalho sujo a que Rodley se refere.

## Atores

Rodley faz referência a três atores diferentes que têm um papel-chave na promoção de respeito pelos direitos à integridade física e a condições adequadas de detenção: os estados, as ONGs e a comunidade internacional. Gostaria de tecer alguns comentários sobre a maneira como esses atores contribuem para ou se tornam um obstáculo para o fortalecimento do Estado de Direito no campo da tortura e condições de detenção dos não-privilegiados na América Latina.

### O Estado

Embora a América Latina tenha enfrentado uma mudança dos regimes ditatoriais para os constitucionais, o aparato de segurança permanece igual, algumas vezes como parte do "acordo" firmado com os antigos governantes militares para que eles saíssem do poder. O capítulo de Rodley dá vários exemplos a esse respeito. A pior parte dessa tragédia é que, uma vez que as técnicas ilegais de repressão são aprendidas, elas podem ser usadas a qualquer momento. Como o escritor cubano Carlos Franqui disse, um homem que aprende a matar torna-se uma máquina que, quando ficar sem matéria-prima, irá fabricá-la. O mesmo pode ser aplicado à tortura. Após os protestos nacionais de fevereiro de 1989 na Venezuela, fiquei horrorizada ao ouvir o testemunho de 16 vítimas de tortura que foram levadas para uma unidade militar. Os métodos de tortura que elas descreveram não eram apenas aqueles que estávamos acostumados a ouvir das pessoas que eram levadas sob custódia da polícia, mas exatamente os mesmas que eu tinha ouvido das vítimas de tortura no Cone Sul nos anos 1970.

Falta de treinamento para os agentes da manutenção da lei é uma das muitas razões que explicam a persistência da tortura na região. Estou convencida, entretanto, que a introdução da matéria direitos humanos em cursos de treinamento de agentes da manutenção da lei não é tão importante quanto o treinamento específico sobre métodos de investigação científica. Enquanto nosso sistema judicial encorajar a confissão como evidência-chave, as forças policiais e de segurança continuarão a deter a fim de investigar, ao invés de investigar a fim de prender uma pessoa. O uso de mais de 5 dias de detenção *incomunicada* no Chile, como Rodley mencionou, é evidência clara da persistência da falta de treinamento em investigação.

A respeito das condições de detenção, a enorme distância entre os padrões internacionais e a legislação e práticas nacionais é escrita de modo suficiente por Rodley. Acrescentaria apenas algo de menor importância, que no meu ponto de vista ilustra a ligação entre as leis que governam a vida na prisão e seus efeitos sobre direitos, tais como a integridade física. Quando examinamos o relatório do Human Rights Watch dando conta da homossexualidade nas prisões brasileiras, pode-se pensar que se trata apenas de outra manifestação da depravação de alguns prisioneiros. Fiquei chocada ao ver que não há nada nas Regras de Padrão Mínimo das Nações Unidas para o Tratamento dos Prisioneiros (RPM) a respeito da política das prisões sobre a vida sexual dos internos, tais como visitas conjugais. As RPM estipulam quantas vezes um prisioneiro deve se barbear (RPM 16) ou mudar suas roupas de baixo (RPM 17.2), mas não dizem nada a respeito da vida sexual deles ou delas, a despeito do fato de que se espera que o sistema penitenciário deva reduzir as diferenças entre a vida na prisão e a vida lá fora, especialmente quando isso pode afetar a dignidade dos prisioneiros (RPM 60.1). Sem dúvida, a falta de uma política sobre a vida sexual dos prisioneiros contribui para a deterioração de seu senso de dignidade, e nesse contexto a homossexualidade e o estupro homossexual podem se tornar uma prática normal. Embora seja verdade que algumas condições não correspondam aos desejos ou políticas dos governos, como diz Rodley, uma política sobre a vida sexual dos internos é uma área na qual as autoridades podem e devem ter um papel ativo para evitar a depravação dos prisioneiros, a sua exploração e a deterioração de sua dignidade como seres humanos.

## Organizações Não-governamentais (ONGs)

Concordo inteiramente com o relato crítico de Rodley sobre o papel das ONGs de direitos humanos na região a respeito dos diferentes padrões usados para lidar com as violações aos direitos humanos na ditadura e nos regimes democráticos, por um lado, e o enfoque diferente dependendo da espécie de vítima envolvida (isto é, dissidentes políticos e suspeitos de crime comum), por outro.

Visitando um grande número de ONGs de direitos humanos em meados de 1980 em países passando por "transições para a democracia", fiquei surpresa com o que foi então caracterizado por mim como "crise de identidade das ONGs".[1] Quaisquer que sejam as razões o fato é que muitas ONGs estavam tão preocupadas com os crimes da ditadura e tão ansiosas para realizar a democracia que, assim que acabavam os regimes militares, perdiam de vista seu objetivo principal, isto é, defender os direitos humanos a despeito do contexto e da identidade da vítima.

Decidir como lidar com as violações dos direitos humanos do passado sem ignorar os problemas endêmicos — e não necessariamente novos — dos direitos humanos hoje permanece um dos desafios mais importantes que as ONGs enfrentam. Uma discussão adequada dessas violações é essencial se quisermos enfrentar a situação dos direitos humanos em seus respectivos países com algum grau de eficiência.

Oito anos monitorando programas de ajuste econômico estrutural deram a nós, do Programa Venezuelano de Educação e Ação em Direitos Humanos (Provea), a oportunidade de identificar as diferentes maneiras como tais programas tendem não apenas a aumentar mas também a criminalizar a pobreza. Como conseqüência, a taxa de criminalidade cresce e medidas mais duras contra o crime são reivindicadas pelo público. Quando as ONGs realmente decidem intervir nesse campo, enfrentam uma opinião pública hostil, disposta a comprometer os direitos fundamentais em troca de mais segurança. Outro desafio emergente para as ONGs de direitos humanos é como reconciliar os direitos dos suspeitos de crimes comuns com os direitos das vítimas dos crimes. A tortura e as más condições das prisões não são boas para nenhum dos lados, mas poucos grupos de direitos humanos foram capazes de diminuir a distância e propor caminhos alternativos para assegurar os direitos de ambos, suspeitos e vítimas de crimes. Enquanto isso, as ONGs de direitos humanos continuam a ser injustamente vistas como "obstáculos" para uma luta efetiva contra o crime.

## Comunidade Internacional

Vindo de um país onde os governos constitucionais têm estado no poder durante os últimos 40 anos, posso apenas agradecer Rodley por sua discussão sobre o mito da democracia.

A democracia, mesmo quando ela realmente existe, parece proporcionar uma cobertura sob a qual as violações dos direitos humanos tornam-se invisíveis para evitar escândalo, enquanto coloca-se uma confiança cega na habilidade do sistema de corrigir seus próprios "excessos". Mas quando instituições oficiais inteiras estão envolvidas, os excessos tornam-se uma prática normal e são acobertados mais do que investigados e punidos.

O mito de uma "democracia estável" permitiu que as violações dos direitos humanos sob regimes constitucionais permanecessem escondidas por muitos anos. Enquanto estamos no campo de democracia estável, deixe-nos lembrar o caso do México, que tem sido governado fraudulentamente pelo mesmo partido político por mais de 60 anos, e da Colômbia, onde um acordo de décadas entre liberais e conservadores que permite a alternância entre suas elites foi reforçado com o uso de sucessivos estados de emergência, uma prática que tem sobrevivido em muito ao acordo original. Esses dois casos seriam suficientes para entender que democracia é mais do que eleições periódicas.

Esse mito de democracia contribui para uma tolerância indesejada de violações sérias dos direitos humanos, sem contar com o fato de que a estabilidade das democracias tem estado cada vez mais em perigo enquanto abusos são tolerados e continuam sem punição. Como Rodley sugere, o mito das democracias estáveis resulta na aplicação de um padrão duplo pela comunidade internacional. Esse padrão duplo não apenas afeta a credibilidade das organizações intergovernamentais mas também contribui para criar um clima de negligência, tanto na esfera doméstica quanto na internacional, para as violações dos direitos humanos que minam as bases morais do Estado.

## Consideração Final

Espero que esses comentários possam contribuir para nossa necessidade de enfatizar que ser não-privilegiado na sociedade é tanto causa como resultado de sofrer violações dos direitos humanos nas esferas da integridade física e condições de detenção, e como os diferentes atores podem contribuir para mudar essa situação.

## Nota

1. Ligia Bolívar O. *Estratégias de defensa de los derechos humanos en regímenes de democracia formal* (Buenos Aires: Instituto Latinoamericano de Servicios Legales Alternativos (ILSA),1989).

# 4

# DEFININDO O PAPEL DA POLÍCIA NA AMÉRICA LATINA

PAUL CHEVIGNY

> *As regras do jogo estão mudando. As forças policiais foram criadas não para proteger, mas para controlar a população, e tiveram permissão de roubar e extorquir propinas em troca de lealdade à autoridade. Mas agora há reclamações sobre corrupção em todos os lugares, e a polícia está na linha de fogo.*

> Sergio Aguayo

É difícil definir o papel da polícia em qualquer sociedade, particularmente porque a polícia é tão onipresente e seu papel tão amplo. Podemos nos aproximar do âmbito do papel da polícia por suas funções de proteger as pessoas e manter a ordem, pelo policiamento ostensivo, assim como investigar os crimes já ocorridos, por meio de inquéritos ou da "polícia judiciária".

Como em muitos outros casos, é mais fácil dizer quando o papel não está sendo cumprido do que especificar o âmbito do papel; assim, por exemplo, a adoção de um papel militar pela polícia me parece sempre um erro. Portanto, fica claro que em muitos países da América Latina, o papel da polícia é definido erroneamente. Muitos políticos de forma impensada aceitam um modelo semimilitar no qual o papel da polícia é "combater" o inimigo "crime", incorporado à pessoa do criminoso. O modelo cega-os à percepção pura e simples de que os policiais são cidadãos como aqueles com quem eles trabalham, e que não há nenhum inimigo. Além disso, alguns políticos assim como administradores da polícia aceitam uma fórmula segundo a qual é papel da polícia reduzir o crime — combatendo-o diretamente, a despeito de outras instituições legais e do sistema de justiça criminal. Isso levou a uma situação na qual os policiais são mal-equipados tanto para prevenir crimes e manter a ordem como para investigações criminais; eles integraram tudo em uma forma de "controle" semimilitar do tipo mencionado por Sergio Aguayo na epígrafe citada.[1] As conseqüências podem ser observadas, no extremo, nos atos de violência tais como tortura e execuções extrajudiciais. Ao mesmo tempo, a polícia tem ocultado suas piores formas de violência, assim como formas menos graves de brutalidade e corrupção, mediante um sistema de impunidade. Podemos imaginar um papel melhor para a polícia se formos além de imaginar um fim para esses abusos.

Quando os problemas são apresentados dessa maneira tão esquemática e simples, é difícil entender por que as sociedades democráticas, predominantes agora na maior parte da América Latina, toleram tais sistemas policiais. Isso é especialmente assim desde que a maioria da violência oficial é direcionada contra os pobres, que são a maioria em substancialmente todos esses países. Por que a situação permanece inalterada? Não podemos responder essa questão, ou considerar o que pode ser feito para mudar o papel da polícia, a não ser enfrentando, pelo menos quando estamos preocupados com a vida nas cidades, o fato de que políticas que encorajam a violência policial são populares. Os líderes conseguem dar a impressão de que os abusos da polícia não são direcionados contra "o povo" como um todo, ou mesmo contra a maior parte dele que é pobre, mas somente contra alguns considerados antisociais. Em São Paulo em 1991, quando criticado por fortalecer a temida ROTA na Polícia Militar, o antigo governador Fleury afirmou:

> A filosofia é a que nós sempre tentamos ensinar; uma polícia que pode ser amiga dos operários, das donas de casa e dos estudantes, mas muito dura em relação aos bandidos. Para os bandidos não deve haver nenhuma piedade, e a ROTA continuará nessa trajetória.

Em 1990, quando o notório "policial durão" Luís Patti, um comandante policial argentino, foi preso por tortura, a população saiu em seu apoio, e até mesmo o presidente Menem da Argentina afirmou que ele tinha "combatido o crime" e que ele "fez tudo bem-feito".[2]

Do Rio de Janeiro a Buenos Aires, a Los Angeles, e cada vez mais, à Cidade do México, funcionários eleitos e policiais reclamam que os acusados têm muitos direitos, que os tribunais são uma "porta giratória" e que a polícia tem de "ser dura com o crime"; eles dizem mesmo que nós precisamos fazer uma "guerra contra o crime". Eu diria que crime e segurança pessoal sempre serão a tentação política nas sociedades democráticas que têm desigualdades sociais grandes. Onde há uma imprensa livre, a mídia atrai assistência e leitores com histórias sensacionalistas de crimes. Os políticos podem dar uma impressão de força e poder de decisão investindo contra o crime e o sistema de justiça criminal sem ter de arcar com problemas intratáveis de injustiça econômica e social; eles transferem a culpa por alguns males da sociedade para os pobres, ou pelo menos para aquela porção de pobres que pode ser considerada marginal e perigosa. O apelo é eficiente porque vem em resposta aos medos das elites e das classes médias, enquanto, ao mesmo tempo, intimida aqueles que são mais afetados pela violência da polícia. De fato, esse método é tão eficiente que os políticos algumas vezes exageram os perigos para conservar o apoio dos eleitores pelo medo. Isso aconteceu recentemente, por exemplo, na Argentina, onde a administração tentou conseguir o apoio por medidas maiores de segurança mesmo quando o problema da violência não parecia ter aumentado, e está começando a acontecer agora no México.[3] Em um caso que Charles Tilly chamou apropriadamente de "a fraude da proteção", os governantes venderam seus povos como uma fonte de apoio.[4]

A retórica do medo e da insegurança pessoal foi bastante atraente nos Estados Unidos, onde a lei assumiu tal importância simbólica que parece plausível que a afirmação dos direitos pode causar, assim como resolver, os problemas sociais. A retórica é talvez mais atraente quando os governos estão acossados por dívidas e miséria econômica crescente, e os meios políticos viáveis para aliviar a miséria a curto prazo parecem impossíveis, às vezes por exigência dos credores. A tentação de escapar do que parece insolúvel atacando o sistema de justiça criminal torna-se irresistível. Onde houve, além do mais, forte dependência dos militares e do sistema de segurança no passado, como na Argentina e no Brasil, o apelo desse sistema é reforçado. Como escreveu o criminologista Zafffaroni, os órgãos penais "[...] tentam retomar suas posições na segurança projetando outra guerra; já que a violência policial não existe mais abertamente, deve haver uma guerra contra a delinquência comum".[5] Alcançamos o ponto em que os "direitos humanos" são um termo de abuso para alguns políticos, como se fosse um conjunto de privilégios para os criminosos.

Não podemos livrar nossas sociedades dos abusos da polícia, nem mesmo dos abusos extremos, tais como tortura e mortes extrajudiciais, simplesmente mostrando que eles são contrários ao Estado de Direito. A aliança entre democracia e Estado de Direito é, na melhor das hipóteses, difícil. Se pensamos na democracia em seu sentido original de governar para o povo, não há nenhuma razão óbvia para que o *demos* se preocupe profundamente com a generalidade e continuidade das leis. É ponto pacífico que uma das razões para que os governos democráticos tenham Constituições e para que o sistema internacional tenha base de acordo e leis convencionadas de "direitos humanos" é que os governos, tanto os democráticos como os autoritários, freqüentemente não vêem motivo para proteger aqueles que são párias da sociedade. Acho que temos de ir além da afirmação dos direitos humanos para mostrar por que, de uma maneira prática, mudar a polícia, submetendo-a ao Estado de Direito é do interesse de todos os grupos, tanto da elite como dos pobres, numa sociedade democrática.

O principal objetivo deste capítulo é tornar isso claro. Mas antes de chegarmos a esse ponto, temos de entender o âmbito dos extremos no trabalho da polícia.

## Tortura

É mérito do governo argentino o fato de um vice-ministro da Defesa ter sido forçado a renunciar em 1995 após ter dado a entender que aceitava a possibilidade da tortura, perguntando se "algumas vezes, as torturas não são justificadas".[6] Infelizmente, muitos dirigentes policiais na América Latina se comportam como se ainda estivessem se fazendo essa pergunta. Relatórios do uso de força contra suspeitos entre as práticas da polícia latino-americana são tão rotineiros que perdem o sentido.

Casos de tortura são relatados na República Dominicana, Honduras, Nicarágua, Paraguai, Peru e Venezuela.[7] A tortura também aparece em lugares relativamente mais calmos, tais como Chile, Equador e Uruguai, onde outras formas de violência, por exemplo, o abuso de força fatal, não é tão comum, e em Estados em que a tortura é notória, tais como México, onde a investigação do assassinato de Jose F. Ruiz Massieu, cunhado do antigo presidente, foi manchada, ou mesmo arruinada, por alegações de torturas espetaculares, que incluíam arrancar as unhas dos dedos das mãos e dos pés dos suspeitos. No Brasil, mesmo a tortura sendo condenada pela Constituição, a legislação tem relutado em torná-la um crime estatutário.

Em alguns lugares como Colômbia, Cuba e Peru, a tortura é denunciada por ser usada contra os dissidentes políticos,[8] mas para a maioria das partes, as vítimas em todos os lugares são acusadas de crimes comuns. No Rio de Janeiro, um chefe reformado da Polícia Civil lamentou publicamente em 1995 que "[...] a tortura tem sido há longo tempo uma prática comum da polícia brasileira, declarando que a sociedade aceitava a tortura como uma punição justa para os criminosos comuns e um meio legítimo de obter informação. Ele acrescentou, entretanto, que achava que a sociedade estava gradualmente começando a rejeitar a tortura como uma prática legítima da polícia".[9]

A tortura é usada, claramente, contra aqueles que são "torturáveis"— em geral, criminosos comuns. É importante notar que ela é usada como uma forma de punição tanto quanto é usada para obter informação. É raramente usada contra pessoas da classe média, exceto em casos políticos extremos ou algumas vezes com propósitos corruptos. Assim, ter sido torturado pela polícia é um emblema de pobreza e degradação. Entretanto, por razões que discutiremos de forma mais completa em relação com responsabilidade [*accountability*] e impunidade, o uso da tortura está diminuindo.

## Força Fatal

O abuso da força fatal pela polícia varia enormemente de país para país. Às vezes é usado, especialmente em áreas rurais no Brasil e no México, para a supressão total dos movimentos sociais. No estado brasileiro de Rondônia, a Polícia Militar matou dez trabalhadores rurais sem-terra em 1995, e em 1996 matou 19, no estado do Pará.[10] No México, a polícia do estado de Guerrero matou 17 membros de um protesto rural.[11] Esses são apenas exemplos recentes de incidentes parecidos que se estendem por gerações, no passado.

Nas cidades maiores, o uso da força fatal não tem, normalmente, um objetivo social e político tão aberto; ao contrário, é justificado como uma maneira de controlar o crime comum em bairros pobres. No Rio de Janeiro em 1995, a Polícia Militar, que faz a maioria do trabalho de patrulha nas cidades brasileiras,[12] invadiu a favela Nova Brasília, matando 13 pessoas; no estado de Alagoas, a polícia matou 10 pessoas durante uma busca por assaltantes de banco. Em ambos os casos, os governadores do estado, declarando que as ações tinham sido cometidas para combater o crime, recusaram-se a fazer qualquer crítica ao trabalho da polícia.[13]

No Brasil, como em outros países, a Polícia Militar alega que as mortes são resultado de "tiroteios" contra criminosos armados. Fora os vários relatos de testemunhas que contradizem essa declaração, a estatística sobre as mortes sugere que essa história não é sempre verdadeira. Na primeira metade de 1995, houve 338 mortes pela polícia no estado de São Paulo (admitidas oficialmente). A polícia matou mais do que feriu, sugerindo que algumas mortes foram deliberadas. As mortes pela polícia correspondem a uma proporção substancial de todos os homicídios intencionais no estado.[14] Além disso, fica claro, das mudanças nos números decorrente de pressões políticas, que os comandantes da polícia podem reduzir as mortes se quiserem. O ano mais sanguinário em São Paulo foi 1992, quando a Polícia Militar admitiu ter matado 1.470 suspeitos; o número de mortes causou um escândalo internacional, seguido por um apelo do governo federal para controlar a violência da polícia. No ano seguinte o número caiu mais de dois terços, embora tenha começado a subir novamente nos anos seguintes;[15] caiu novamente em 1996.

É claro que muitas mortes têm sido parte de uma abordagem militarizada da polícia; criminosos, ou mesmo simplesmente marginais (em geral, "*low lifes*"), são inimigos que devem ser mortos. No Rio de Janeiro, a polícia, sob o controle civil, foi substituída, em 1994, pelos militares, na "Operação Rio", e quando o Exército finalmente partiu, um general do Exército, um veterano da ditadura, foi nomeado secretário da Segurança Pública do estado. Durante a última década em São Paulo, aqueles policiais militares que mais mataram, em um caso mais do que 40 suspeitos, foram promovidos e condecorados. Os comandantes da Polícia Militar alegavam que as mortes reduziam diretamente o crime, eliminando criminosos; eles se beneficiavam disso, evitando todo o processo da justiça criminal, inclusive tribunais e prisões, alegando que o sistema legal era incapaz de controlar o problema. Ao mesmo tempo, a evidência confirma que a maioria desses mortos não era de assaltantes e estupradores, os criminosos violentos que a polícia mais teme. Em seu estudo sobre centenas de mortos pela polícia em vários anos, o jornalista Caco Barcelos concluiu que mais da metade desses mortos que puderam ser identificados nunca tinha tido um contato prévio com o processo criminal; e que a maioria deles não era nem mesmo suspeita de crime violento no momento em que foram mortos. A maioria era negra, num lugar onde a população negra é minoritária.[16] Entretanto, a Polícia Militar continuou a declarar que as mortes reprimem o crime, em alguma teoria não estabelecida, aparentemente, de que os criminosos são intimidados pelo número de suspeitos mortos. Mas isso equivale, quase, a dizer que os tiroteios instauram um reino do terror, principalmente contra os pobres, uma vez que a polícia raramente mata pessoas da classe média.

O público no Brasil freqüentemente parece não se preocupar muito se as mortes da polícia podem ser legalmente justificadas. Quando a Polícia Militar matou 111 prisioneiros (a maioria dos quais eram detentos aguardando julgamento) na Casa de Detenção de São Paulo, em resposta a uma rebelião em 1992, uma grande porcentagem da população disse que aprovava a polícia, e quando uma equipe de TV filmou a própria execução de um suspeito no pátio de um shopping no Rio em 1995, a maioria dos pesquisados aprovou o crime.[17]

Embora o abuso policial da força fatal tenha sido muito menor em Buenos Aires do que em São Paulo, há um problema contínuo com o "gatilho rápido" da polícia na Argentina.[18] Parece que uma abordagem semimilitarizada da polícia tem agravado o problema lá também. Parte da violência tem vindo de esquadrões especiais, ou brigadas, organizadas em analogia com grupos militares especiais, que se tornaram a própria lei. Na Polícia Federal, quadros que operam na capital, o Esquadrão de Roubo e Assalto, são responsáveis por mais de 30% de todas as mortes da polícia durante o fim dos anos 1980 até 1990. Durante esse período, a polícia não se preocupava em prender os suspeitos, mas, ao invés, atraía-os para esquinas onde poderiam ser baleados.[19] Em um dos numerosos casos da província de Buenos Aires (que tem sua própria força policial que opera fora da capital), um grupo de uma "brigada" matou cinco jovens em 1994, usando para tal 239 balas. Esses mortos eram inocentes; os culpados foram presos perto do local, sem que uma só bala tivesse sido usada. A matança, conhecida como o "massacre Wilde", tornou-se importante no escândalo que se seguiu a respeito da polícia da província.[20]

Essa espécie de violência policial — balear suspeitos de crimes comuns (ou pessoas que simplesmente fogem da polícia) nas ruas — é uma forma de "vigilantismo"; é a versão da polícia para eliminar indesejáveis. O problema é mais grave onde o governo civil é fraco, onde há revoltas contra o governo, ou onde há uma grande quantidade de vingança privada e "vigilantismo". Esse é o caso na Colômbia, Guatemala e Haiti onde há distúrbios civis e "vigilantismo", e na Venezuela onde há distúrbios civis. Da mesma maneira, o governo civil é fraco no Brasil, e o "vigilantismo", em forma de linchamento ou de organização de assassinos contratados, é bem conhecido. A conexão entre "vigilantismo" e violência policial é acentuada pelo fato de que em cada lugar onde esquadrões da morte são usados contra criminosos comuns, a polícia vem a ser envolvida. Além disso, a polícia ajuda os esquadrões da morte. Assim, esquadrões da morte e a polícia dedicam-se à "limpeza social".[21]

Ao contrário, os governos que declaram ter um monopólio sobre a força legítima, e ao menos têm um discurso a favor do governo urbano pacífico, têm apresentado menos abuso da força fatal pela polícia, como no Chile, Equador, Cidade do México, Paraguai e Uruguai. Vale a pena enfatizar que governos repressivos e autoritários, pelo menos quando não são comandados por militares, não têm, necessariamente, os piores problemas com o uso difundido de mortes extrajudiciais em casos de crime comum.

A incidência de tais abusos nas mãos da polícia ostensiva é relativamente baixa na Cidade do México,[22] e muito raramente eles ocorrem em Cuba.[23] Cuba é uma sociedade altamente organizada; enquanto sua polícia parece ter um controle rigoroso sobre a população por meio da vigilância, e o governo não hesita em prender seus críticos, não me parece que o governo toleraria que a polícia baleasse suspeitos de crimes comuns nas ruas. A força fatal não é nem democrática nem autoritária; é usada como um instrumento de terror onde o controle pelo governo é fraco, e onde os pobres são vistos como potencialmente perigosos.

# Impunidade

Mortes extrajudiciais, tortura e desaparecimentos são apenas as piores, as mais notáveis violações do Estado de Direito pela polícia. A polícia tem também poderes especiais em alguns países que servem para enfatizar sua independência das leis que governam o restante do sistema de justiça criminal. Na Argentina, com o uso de "éditos policiais", a Polícia Federal tem sido capaz de deter indivíduos por mais de 30 dias por vadiagem, bebedeira ou mesmo por homem usar roupa de mulher. A polícia constantemente usa e abusa desses poderes. Na Venezuela, a polícia tem o poder, segundo a Lei de Vadiagem de 1939, de deter pessoas consideradas por ela uma ameaça à sociedade por mais de cinco anos (sim, 1.825 dias). E eles usam esse poder constantemente, embora realmente, não prendam suspeitos de vadiagem por cinco anos.[24] Sempre que se propõe que esses instrumentos antiquados de controle social sejam revogados, a polícia afirma que eles são essenciais para manter a ordem, e os políticos normalmente concordam. Tais leis confirmam a proposição de Sergio Aguayo de que a intenção principal da polícia é controlar as pessoas.

Amplos poderes sobre a vadiagem de fato têm pelo menos alguma legitimidade quando o Estado afirma que a polícia tem tais poderes, e tenta justificá-los. Em contraste, execuções extrajudiciais e tortura são secretas. Felizmente, nenhum governo atual declararia abertamente que tenta manter a ordem nas ruas matando suspeitos ou que a investigação criminal bem-sucedida depende de tortura. Portanto, a persistência dos abusos é dependente de sistemas de impunidade. Esses são diversos, ocorrem em todo nível do sistema de justiça criminal, e refletem parcialmente o fato de que as pessoas com freqüência não querem que a polícia seja punida por ter violado os direitos dos suspeitos.

No primeiro nível, os sistemas de polícia disciplinar administrativa têm sido inadequados ou inexistentes. Quando participei em uma investigação em Buenos Aires em 1991, descobrimos que os sistemas de disciplina administrativa eram opacos — absolutamente desconhecidos do público. Muito pouco mudou; até hoje não há um sistema transparente de disciplina policial.[25] Do mesmo modo, no Equador e no Paraguai, o governo simplesmente fracassou em tomar medidas administrativas em resposta às denúncias de tortura.[26]

Quando os abusos policiais são levados aos tribunais ou outras corporações públicas, a polícia tem uma miríade de maneiras de interferir nas investigações. Em São Paulo, quando a Polícia Militar mata um suspeito, a fim de remover a maioria das evidências forenses, ela normalmente leva a vítima para o hospital como se ele ou ela ainda estivesse vivo.[27] Num esforço para comprovar a história de que a vítima morreu num confronto armado, ela planta uma arma na mão dele ou dela. Isso geralmente é feito em São Paulo. No México, durante a investigação da morte de 17 manifestantes rurais em Guerrero, em 1995, descobriu-se que a polícia tinha adulterado uma fita de videoteipe do tiroteio e tinha plantado armas. A polícia na Argentina algumas vezes usou um método particularmente eficiente de ocultar sua responsabilidade quando um suspeito morreu sob tortura: ela simplesmente faz todos os sinais da pessoa desaparecer, fingindo que nunca tinha tido contato com a vítima. A evidência confirma que isso foi feito nas mortes de Miguel Bruand e Andrés Nuñez na província de Buenos Aires, e no caso de Diego Laguens em Jujuy.[28]

Freqüentemente, os oficiais superiores demonstrarão, ajudando a encobrir, que eles não desaprovam a violência. Para citar apenas um exemplo, a investigação da morte de Andrés Nuñez, que desapareceu em 1990 depois de ser torturado em La Plata, Argentina, foi agonizantemente demorada, em parte porque o chefe da brigada de investigação falsificou o livro da guarda para ocultar o fato de que Nuñez tinha estado lá.[29]

O Judiciário raramente tem sido vigoroso em investigar ou punir os abusos policiais. Eu me lembro de alguns juízes em Buenos Aires em 1991 nos contando como eles estavam investigando um assassinato da polícia na província, enquanto as pessoas da vizinhança lhes diziam que eles esperavam que a polícia não fosse condenada, por que eles tinham se livrado de alguns maus elementos. Sob aquelas circunstâncias, é difícil para os funcionários serem muito assíduos ao condenar ou punir a violência policial. Há informação de que na República Dominicana, funcionários foram punidos por atos de tortura com sentenças de suspensão do trabalho a cárcere por seis meses. No México, a Comissão Nacional de Direitos Humanos recomendou que a polícia fosse condenada por atos de tortura e, às vezes, que as condenações criminais fossem revistas se parecesse que estavam baseadas em testemunho sob coerção. Os tribunais freqüentemente têm fracassado em acusar a polícia ou em reverter condenações baseadas em tortura.[30]

O procedimento criminal em muitos países da América Latina torna difícil traçar o progresso dos casos contra a polícia. Os processos de um caso pendente às vezes estão disponíveis apenas para aqueles com interesse legal no caso, e os processos são, de qualquer modo, com freqüência, conduzidos muito silenciosamente por um magistrado que investiga. Há muito pouco para a imprensa e o público acompanharem, e se o caso contra a polícia é rejeitado, é difícil montar uma crítica inteligente às ações do tribunal.

No Brasil e na Colômbia, os policiais ficam sujeitos a seu próprio sistema de justiça, por meio de tribunais militares, embora essa prática esteja perdendo força no Brasil. Tais tribunais são extremamente lenientes nas raras ocasiões em que de fato condenam os policiais. Por exemplo, em São Paulo, o tribunal militar condenou a uma pena de seis anos por ter matado um travesti, quando um tribunal comum condenou a mesma pessoa a 44 anos por um crime similar sob o qual o tribunal militar não tinha jurisdição. A média de condenação é muito baixa, e os tribunais militares são absurdamente sem pessoal e sem fundos adequados e, portanto, incapazes de completar seu trabalho dentro de um tempo razoável.[31]

É possível, na maioria das jurisdições, fazer ações contra o governo por danos devidos à má conduta de seus funcionários. Entretanto, raramente acontece, em parte porque há pouca tradição em fazer essas ações, porque as vítimas e suas famílias são intimidadas pela violência dos representantes do governo na polícia, e porque o sucesso em ações civis algumas vezes depende do sucesso da investigação criminal contra a polícia, que pode ser protelado e, em último caso, malsucedido.

Essas fontes de impunidade são formidáveis, mas de fato apenas arranham a superfície do poder da impunidade. Se alguns dos sistemas de revisão — administrativo ou judicial — mostrar uma faísca de independência ou desejo de julgar um oficial policial culpado (e eles cada vez mais fazem isso), a polícia usa a influência pessoal, intimidação, algumas vezes suborno e por fim a violência para apagar a faísca. Mas essa é apenas uma parte da história de por que a sociedade como um todo deve unir-se para parar a violência policial, mesmo que esta seja direcionada quase inteiramente contra os despossuídos. Esse é o tema de que vou tratar agora.

# O Interesse da Sociedade em Controlar a Violência e a Impunidade

Se formos arcar com a popularidade da violência policial, e com o ponto de vista difundido de que o sistema legal é muito lento, muito ineficiente — e também muito legalista — para tratar de crime, e que o trabalho é necessariamente deixado para o que é de fato a justiça vigilante, teremos de levar a maioria das pessoas a ver que o Estado de Direito serve ao interesse geral. Nós podemos fazer a argumentação política de que uma sociedade não pode ser "democrática" em um sentido moderno, a não ser que trate todos os seus cidadãos de maneira igual, que não pode haver distinções arbitrárias contra os pobres e, ao mesmo tempo, pretender que os pobres participem integralmente da democracia. Eu não discordo dessa argumentação, mas quero fazer uma argumentação mais instrumental e estrita, para atrair aqueles que não se importam muito com a teoria da democracia.

Durante uma das minhas viagens ao Brasil, eu me sentei ao lado de uma jovem muito agradável, filha de uma importante família de jornalistas do Brasil, que estava vivendo então nos Estados Unidos e voltando para casa para uma visita. Ela disse que estava apreensiva de voltar para casa porque o Brasil parecia desestabilizado; parecia haver um perigo constante de seqüestro entre as pessoas de sua classe. Quando eu lhe contei o que eu estava fazendo — investigando a violência policial, particularmente contra as pessoas pobres nas cidades — ela ficou surpresa. Ela saberia bem lidar com os caprichos dos progressistas americanos, mas percebi que ela achava que o que eu estava fazendo era irrelevante. A primeira coisa a fazer é reduzir o crime; então poderemos nos preocupar com violações aos direitos. Gostaria de criar um argumento que pudesse atrair as pessoas como aquela jovem: a sociedade não pode obter "segurança" pela ilegalidade da polícia precisamente porque é ilegal. Acho que a história recente comprova fortemente esse argumento.

O argumento é relativamente fácil de ser elaborado no caso de tortura. No México, onde o uso de tortura pela polícia é endêmico, as investigações são em geral "resolvidas" pela confissão. Os policiais estão freqüentemente em dúvida se a pessoa que eles acusaram é a pessoa certa, e com freqüência parece que eles não se importam. Isso não apenas leva à condenação de pessoas inocentes, enquanto os culpados permanecem em liberdade, como leva a uma inabilidade de resolver as investigações de maneira confiável. Quando se torna claro que a tortura é usada e que pessoas inocentes podem ser enquadradas, o sistema de justiça criminal perde sua credibilidade;[32] os cidadãos não sabem se devem acreditar nos discursos do governo, e estão inclinados a não fazê-lo. Num notório caso no final dos anos 1980, os funcionários da Polícia Judicial Federal foram acusados pela polícia da Cidade do México por vários estupros. A Polícia Judicial Federal tentou fingir que as acusações eram falsas, mesmo as vítimas tendo identificado alguns de seus membros, prendendo alguns policiais da Cidade do México por crimes e por forçá-los a confessar, criando um cenário que é plausível no México, no qual parecia que a polícia da Cidade do México tinha enquadrado a Polícia Judicial Federal.[33] O efeito de décadas de tais intrigas bizantinas é óbvio nas atuais investigações das mortes de Luis Donaldo Colosio e Jose F. Ruiz Massieu, nos quais os investigadores levantaram teorias, e então as derrubaram, nas quais há relatos de testemunhas sendo torturadas, e onde há um consenso geral de que os policiais são incapazes de conduzir uma investigação justa.

O sentimento de desconfiança em relação aos investigadores da Polícia Civil é similar no Brasil. A história que ouvimos não é tanto de que a polícia enquadrou o inocente, mas que ela faz uso da tortura para propósitos corruptos. A tortura é usada em crimes contra a propriedade para obter as mercadorias do crime, e então devolvê-las ao dono, e é usada para obter uma propina para parar de torturar; os suspeitos podem até mesmo ser libertados sem que as acusações tenham sido preenchidas. O resultado é que a polícia não consegue resolver muitos dos crimes, e não desenvolve as técnicas para obter uma evidência persuasiva. Foi relatado que 90% das investigações de homicídio no Rio de Janeiro não produzem evidência suficiente para o processo.[34] Desse modo, a tortura cria uma situação na qual, em adição à violação dos direitos humanos, as pessoas culpadas permanecem em liberdade e os crimes não são investigados adequadamente.

Os problemas para a sociedade como um todo e para sua elite, criados pelos assassinatos extrajudiciais e os usos menores de força, assumem várias formas. O "vigilantismo" que corre paralelamente ao uso ilegal de força fatal pela polícia em serviço não é de fato o crime não oficial, como parece; como observei, os esquadrões da morte contra crimes putativos sempre envolveram a participação da polícia. A "limpeza social" de tais grupos não é restrita àqueles suspeitos de crimes específicos, pois ela é também predominante contra grupos párias, tais como homossexuais ou crianças que são suspeitas de levar uma vida criminosa. Isso sozinho pode não ser suficiente para provocar os receios da elite acerca do "vigilantismo". O fato é que, entretanto, não há nada para parar tais grupos incontroláveis de atacar aqueles que são somente adversários políticos do regime existente. Isso já vem acontecendo no México há algum tempo. Em 1994, o CNDH investigou 140 queixas de violência policial contra os membros do PRD oposicionista, inclusive muitos assassinatos, e descobriu que quase metade deles envolviam a colaboração das autoridades.[35]

Em razão do envolvimento oficial no "vigilantismo", desmantelar os esquadrões da morte tornou-se um problema na superação da impunidade, a mesma impunidade que prevalece para os assassinatos em cumprimento do dever nos "tiroteios" falsos. As partes culpadas de violência, no dever ou fora dele, tentam desviar as investigações de seus crimes e desencorajar as testemunhas e investigadores pela intimidação e violência de fato. Assim o sistema de impunidade ameaça advogados, juízes, jornalistas — qualquer pessoa que tente revelar os fatos sobre as violações dos direitos humanos e outros abusos policiais. No estado mexicano de Sinaloa, a presidente da Comissão de Direitos Humanos, Norma Corona Sapién, foi assassinada em 1990, e um comandante de polícia foi acusado durante um processo no qual seis testemunhas de acusação foram assassinadas.[36] Em Rio Negro, Argentina, há informações de que um subcomissário de polícia foi assassinado porque era uma testemunha da morte de uma vítima de tortura por alguns de seus comandados.[37] Uma promotora de justiça da Polícia Militar em São Paulo, Stella Kuhlmann, foi ameaçada durante anos em razão de suas investigações, e há informações de sérias ameaças a juízes na Argentina, Brasil, Honduras e Guatemala.[38]

As ameaças são crimes, naturalmente, apenas um pouco menos sérios do que cumprir as ameaças, e elas são contra pessoas de todas as classes, embora principalmente contra indivíduos de classe média. Elas colocam em risco a tarefa de ser crítico. A questão mais importante, entretanto, sobre esses crimes, para nosso tópico presente — os perigos da ilegalidade da polícia para a sociedade como um todo, inclusive suas elites —, é que os crimes são parte de um sistema de impunidade que se estende a todos os crimes da polícia, envolvendo ou não a brutalidade policial.

O sistema começa com as propinas. A corrupção não respeita classes, e portanto a polícia cobrará dinheiro de pessoas em qualquer nível da sociedade. Todos os residentes da Cidade do México temem o contato com a polícia porque sabem que terão de pagar propina, e correm o risco de ser espancados se se recusarem.[39] De fato, corrupção e brutalidade estão entrelaçadas; juntas elas mostram o poder da polícia, sua independência do restante do sistema de justiça criminal e sua habilidade de administrar a justiça como eles acham adequado. Na Cidade de Nova York, a Comissão Mollen sobre corrupção escreveu palavras que têm uma aplicação mais ampla, e, assim, são aplicáveis tanto à América Latina quanto aos Estados Unidos:

[Brutalidade] reforça os aspectos da cultura e lealdade policiais que promove e esconde a corrupção. Por exemplo, brutalidade, qualquer que seja o motivo, às vezes serve como um rito de passagem para outras formas de corrupção e má conduta. Alguns oficiais nos contaram que a brutalidade foi como eles pela primeira vez cruzaram a linha em direção ao abandono de sua integridade. Uma vez ultrapassada a linha, era fácil abusar de sua autoridade de outras maneiras, inclusive pela corrupção. A brutalidade é também usada como um rito de iniciação para provar que um funcionário é duro e "bom" policial, que pode ser aceito e é confiável para seus companheiros policiais, não relatando o que for feito errado [...].[40]

Assim, os policiais que tenham cometido crimes, seja de corrupção ou de brutalidade ou pior, têm de tolerar os crimes dos outros; se tentam denunciá-los, arriscam-se a serem expostos e algumas vezes agredidos ou mortos. E como os crimes são ocultados pelo sistema de impunidade, não há limite sobre a que ponto eles podem chegar, especialmente se o dinheiro da corrupção penetra em todos os níveis da polícia e em outras partes do sistema político.

Não é um passo muito grande entre uma propina para ignorar um crime e de fato ajudar num crime. Sob um sistema de impunidade, não há maneira de evitar que esse passo seja dado. Portanto, em muitos casos, a polícia colabora com os seqüestradores. Particularmente onde houve desaparecimentos políticos e participação da polícia nos esquadrões da morte, o seqüestro é um exercício fácil para a polícia, para o qual ela já tem a habilidade necessária. E o crime é duplamente tentador porque é tão lucrativo, pelo menos quando é usado contra os ricos. Realmente, nos últimos anos, tem havido escândalos sobre envolvimento policial em seqüestros no Brasil,[41] Argentina,[42] Colômbia,[43] Guatemala[44] e México.[45] Em razão da impunidade contínua, além do mais, quando um escândalo explode, outro o segue. E o seqüestro é o crime que mais apavora as classes mais altas, fazendo-as se sentir pouco à vontade em seus próprios países. Como as elites exigem mais segurança, torna-se um caso clássico do poder do Estado agindo em uma "máfia da proteção" contra os perigos que o próprio Estado perpetua. Eu fico tentado a pensar no seqüestro como a quintessência do crime para as forças de segurança, que estão constantemente aperfeiçoando suas técnicas de capturar as pessoas contra a vontade delas, seja ou não legitimamente. Chegou a um ponto em que, onde quer que eu ouça sobre um caso de seqüestro não resolvido, imediatamente suspeito da polícia.

O seqüestro é um caso claro no qual a impunidade conseqüente da ilegalidade da polícia vai contra os interesses das elites tanto quanto da sociedade como um todo. Mas não para por aí. O principal interesse que o policial corrupto tem no seqüestro é dinheiro; se a rede de proteção é forte, se eles têm a proteção dos políticos, não há crime que seja muito bizarro, contanto que pague bem. Um escândalo atual em Buenos Aires, no qual ainda faltam algumas peças, lançou uma luz lúgubre no inter-relacionamento entre crime violento, corrupção e violação dos direitos humanos no trabalho policial.

O escândalo começou em 1994 com o massacre Wilde, discutido anteriormente, quando a polícia da província de Buenos Aires usou força em excesso e matou com brutalidade cinco pessoas erroneamente suspeitas de serem assaltantes. Muitos policiais foram condenados de homicídio no caso, enquanto outros fugiram. Entretanto, com tipicamente pouca explicação, as condenações foram revogadas pelos tribunais superiores e as investigações suspensas em 1996.

Seis meses depois do massacre Wilde, um colossal carro-bomba explodiu em frente da Asociación de Mutuales Israelitas de la Argentina (AMIA) em Buenos Aires, matando 83 pessoas e atraindo enorme interesse internacional. O governo indicou seus melhores investigadores para solucionar o crime, que se pensava ser trabalho de terroristas estrangeiros. No final do ano, eles prenderam um tal de Carlos Telleldin, que tinha, aparentemente, fornecido o carro roubado que continha a bomba. Telleldin, que havia dado propina para a polícia provincial de Buenos Aires no passado para manter seu negócio de carro roubado, implicou alguns membros da polícia na explosão. Em 1996, os investigadores finalmente descobriram que a polícia tinha removido o carro roubado para o atentado à bomba, aparentemente em troca de suborno. Os policiais mais poderosos em Buenos Aires, inclusive Juan Ribelli, a mão direita do próprio chefe, foram acusados por homicídio no caso (os terroristas estrangeiros, se é que havia algum, nunca foram identificados). Completando o círculo do crime, os investigadores estabeleceram a ligação entre Ribelli e o massacre Wilde, descobrindo que ele tinha recebido dinheiro e pago propinas pela impunidade dos policiais que foram finalmente libertados pelos tribunais naquela acusação. De acordo com a revista de Buenos Aires *Noticias*,[46] na época de sua prisão Ribelli tinha acumulado cerca de 15 milhões de dólares em bens, que seguramente devia ser conhecido por dezenas, se não centenas, de outros oficiais.[47]

O atentado à bomba na AMIA e o massacre Wilde demonstram como as violações dos direitos humanos estão intrinsecamente interligadas com a cobiça e a corrupção. Esses vícios levaram a polícia às bombas e a proteger sua impunidade no caso Wilde. Se nada for feito sobre essa espécie de corrupção que permite que um oficial de polícia acumule uma fortuna de 15 milhões de dólares, então é provável que não haja nenhum crime hediondo demais para a polícia. Isso ainda demonstra que a ilegalidade da polícia não é do interesse de ninguém, exceto da própria polícia e do círculo de políticos com os quais ela divide o espólio. Pode-se argumentar que o escândalo AMIA é realmente excepcional, como alguns políticos argentinos gostam de dizer. Eu duvido. Entretanto, acho que é diferente dos casos em que, em virtude da à pressão internacional, foi oferecida uma investigação aparentemente minuciosa, e ele revelou sua interconexão com outros crimes do sistema.

## Reformas na Polícia: menos Violência, mais Honestidade e Eficiência

É um quadro sombrio. As medidas que precisamos contra os abusos incluem ações para reduzir a violência e a corrupção e que ao mesmo tempo aumentem a segurança. Em 1996, os sinais estavam começando a trazer esperança, porque os problemas tinham sido tão agudamente revelados.

Particularmente esperançosas foram as medidas direcionadas para reduzir a impunidade, ao menos nos atos de violência. A revisão administrativa das ações da polícia está começando a mudar vagarosamente. Um ouvidor (*ombudsman*) foi nomeado em São Paulo, e está recebendo as reclamações contra a polícia. Na província de Buenos Aires, o governo propôs que um cidadão fosse nomeado para supervisionar as reclamações policiais.[48] Em um nível ainda mais básico, o treinamento nos princípios dos direitos humanos começou, por exemplo, em São Paulo. Em Buenos Aires, há um projeto que requer que os candidatos à força policial sejam graduados da escola secundária e que exames de promoção sejam baseados em treinamento universitário.

Além disso, em São Paulo muitos dos piores policiais matadores foram transferidos, e há agora um programa que exige que qualquer policial que tire uma vida seja transferido para um programa especial durante seis meses, que inclui aconselhamento. Os dados oficiais de 1996 mostram que o número de mortes provocadas por policiais militares está sendo radicalmente reduzido.

No campo da ação judicial, a situação está melhorando. Há numerosos relatórios da Argentina sobre condenações de oficiais policiais por atos de violência, e agora é possível montar julgamentos de homicídio abertos, com processos verbais aos quais o público e a imprensa tenham acesso. No Brasil, os tribunais militares foram finalmente privados de sua própria jurisdição em julgamentos da Polícia Militar por homicídio intencional.[49]

O Judiciário tem um poder tremendo para controlar o abuso de suspeitos em custódia, excluindo a evidência obtida por coerção. No começo dos anos 1990, os juízes de São Paulo reduziram a incidência de tortura monitorando constantemente a Polícia Civil e os suspeitos sob custódia. Ao contrário, o Judiciário no México fez muito pouco para reduzir a incidência da tortura.[50] Os juízes devem ser treinados e encorajados para excluir toda evidência que pareça ser manchada; o processo criminal deve tornar possível que, quando um réu apresentar evidência de que uma confissão foi coagida, o Estado tenha uma sobrecarga pesada para justificar a confissão.

Devem ser encontradas maneiras para investigar e retificar o problema crônico das ameaças contra juízes, funcionários, advogados e testemunhas envolvidos em investigações contra a polícia. Em Buenos Aires, um esquadrão de investigação especial foi proposto para inquéritos desses temas, idéia que é útil mas parece muito ineficaz. Os juízes devem nomear seus próprios investigadores, ou, melhor ainda, o governo federal deve ser responsável pelas investigações de violações alegadas de direitos humanos. No Brasil, foi estabelecido um programa para proteger as testemunhas nas investigações de má conduta oficial.[51]

As legislaturas podem aumentar a responsabilização [*accountability*] e reduzir a violência não apenas investigando os abusos da polícia, mas também com mudanças processuais que limitem os poderes da polícia. Realmente, tanto no México como na Argentina foram adotadas leis que tornaram as confissões feitas apenas para a polícia inadmissíveis como evidência; essa é uma reforma importante para reduzir a tortura. Além disso, na Argentina os poderes arbitrários dos editais da polícia têm sido eliminados.

Em países com uma estrutura federal, o governo central deve se comprometer com a negligência aos direitos humanos para a nação como um todo. Isso começou no Brasil, e entrou em vigor no governo de Salinas no México com a Comissão Nacional dos Direitos Humanos. A experiência em muitos lugares, inclusive nos Estados Unidos, é que os governos federais são extremamente relutantes em se comprometer com essa responsabilidade porque não é uma causa popular. É importante, entretanto, que os governos nacionais apóiem a posição aqui apresentada, e que a responsabilidade por má conduta oficial seja no interesse de todos em cada nível da sociedade. Além disso, para qualquer programa, é essencial que os governos, local e nacional, realizem reformas sistemática e permanentemente. Há uma tendência, nos Estados Unidos e em outros países, de considerar abusos oficiais como um "escândalo" que deve ser objeto de uma investigação específica ou substituindo os funcionários por outros. Corporações investigativas independentes para a violência e corrupção policial devem ser estabelecidas numa base contínua e rotineira, e mudanças na política devem ser permanentes. O governo brasileiro está engajado em um programa para adotar os direitos humanos em base permanente e como parte da política nacional. Essa é a abordagem correta porque medidas temporárias ou "de crise" não trazem mudança permanente.[52]

Quase todas as ações discutidas são direcionadas especificamente ao problema da violência policial; elas não dão conta de problemas maiores da corrupção policial e da falência em garantir a segurança. É claro que a polícia deve ser mais bem remunerada, e que as qualificações para os oficiais de polícia devem ser elevadas. Na Cidade do México, por exemplo, o salário da polícia tem sido tão pequeno que cobrar propinas é uma suposição óbvia, e a situação não é muito melhor em muitas outras cidades. A qualificação de um diploma de escola secundária para entrar na polícia e mais treinamento acadêmico para avançar na carreira, já citada aqui como proposta em Buenos Aires, são reformas úteis. Mas não devemos ser ingênuos; tais qualificações são necessárias, mas não suficientes para reduzir a corrupção. A polícia nos Estados Unidos tem recebido salários decentes assim como qualificações acadêmicas por décadas e a corrupção persiste. A corrupção somente pode ser eliminada se os oficiais superiores estiverem comprometidos em eliminá-la, e estiverem dispostos a despedir os funcionários que se mostrarem corruptos. O ataque à corrupção deve ser mantido por uma agência independente e com poderes para investigar e processar. Tal programa deve ser cumprido sistematicamente por um longo período, e tem de ter o apoio de representantes eleitos e outras partes do sistema político. Se não puder ser realizado no nível local, deve ser encabeçado pelo governo nacional. Mas nunca deve ser realizado mediante mais militarização da polícia, como aconteceu recentemente em regiões do Brasil e do México.

Isso nos leva ao ponto de que a polícia não pode ser vista como "um problema" isolado. Se ela opera em uma sociedade repleta de corrupção, ela será corrupta, e, de fato, provavelmente dará parte de seus ganhos para os políticos. Se ela é corrupta, ela geralmente será também violenta e será quase impossível quebrar a barreira da impunidade. A eliminação da corrupção tem de ser parte de um programa de limpeza do sistema político geral. Então um programa contra a corrupção e a violência policial pode ser realizado num período de tempo, e as energias da polícia podem ser direcionadas para prevenir e resolver crimes.

# Notas

Gostaria de expressar meus agradecimentos ao Núcleo de Estudos da Violência da Universidade de São Paulo, em São Paulo, ao Centro de Estudios Sociales y Asesorias Legales Populares, em Buenos Aires, e ao Human Rights Watch. A ajuda deles foi essencial para a elaboração desse capítulo.

1. *Ver* Sam Dillon, *Mexicans Tire of Police Graft as Drug Lords Raise Stakes, The New York Times*, 21 de março de 1996.

2. Paul Chevigny, Edge of the Knife: Police Violence in the Americas 169, 1198-99 (*New York Press*, 1995).

3. Chevigny, *supra* nota 2, 199-200; *Mexico Politics: Radical Proposals to Beat Rising Crime, Latin-American Weekly Report*, 4 de abril de 1996, 152.

4. Clarles Tilly, *War-Making and State-Making as Organized Crime, in* Bringing the State Back in D. Rueschmayer, T. Skocpol, & P. Evans eds., Cambridge University Press, 1985.

5. E. R. Zaffaroni, *The Right to Life and Latin American Penal Systems*, 506 Annals 64, Am. Assoc. Pol. & Soc. Sci., 1989.

6. Como observado em Chevigny, *supra*, nota 2, 198.

7. U.S. Department of State, Country Reports on Human Rights Practices 1995(1996), citado em Country Reports 1995.

8. Id.

9. Como observado em id., 345.

10. Country Reports 1995, *supra* nota 7; Michael Sherrill, *Of Land and Death, Time*, 6 de maio, 1996.

11. Human Rights Watch World Report 1996 112 (1996).

12. A Polícia Militar está sob controle civil. Elas são organizadas em linhas hierárquicas militares, entretanto, com *oficiais* e *soldados*.

13. Human Rights Watch World Report, *supra* nota 11, 71.

14. Id; Country Reports 1995, *supra* nota 7.

15. Chevigny, *supra* nota 2, cap. 5.

16. Caco Barcellos, *Rota 66: A História da Polícia que Mata*, São Paulo: Globo, 1992.

17. Cheviny, *supra* nota 2, 177-8; Country Reports 1995, *supra* nota 7.

18. Calvin Sims, *Buenos Aires Journal: The Police May Need to be Policed Themselves, The New York Times*, 17 de junho 1996.

19. Chevigny, *supra* nota 2, 194-5.

20. Cisalp (Centro de Estudios Sociales y Asesorias Legales Populares), Boletín (serviço on-line de notícias) nº 22, 2 de agosto 1996, Buenos Aires, *citando El Clarín*, 1º de agosto 1996.

21. *Ver* Chevigny, *supra* nota 2, cap. 5; Country Reports 1995, *supra* nota 7; Human Rights Watch World Report, *supra* nota 11, 71, 95-6.

22. Chevigny, *supra* nota 2, cap. 8.

23. Country Reports 1995, *supra* nota 7.

24. Cisalp, *Boletín* (Serviço On-Line de Notícias), Sup. 5, 18 de Setembro, 1996, Buenos Aires.

25. Chevigny, *supra* nota 2, cap. 6; Sims, *supra* nota 18.

26. Country Reports 1995, *supra* nota 7.

27. Human Rigths Watch World Report, *supra* nota 11, 71; Chevigny, *supra* nota 2, cap. 5.

28. Cisalp, *Boletín* (serviço on-line de notícias), sup. 4, 11 de set. 1996, Buenos Aires. *Quoting El Clarín,* 9 de junho de 1996, 22 de junho de 1996 e 20 de julho de 1996; U.S. Department of State, Country Reports On Human Rights Practices 1994 311 (1995) [extraído de Country Reports 1994]; Sims, *supra* nota 18.

29. Cisalp, *Boletín,* sup. 4, *supra* nota 28.

30. Country Reports 1994, *supra* nota 28, em 445-6; Chevigny, *supra* nota 2, cap. 8.

31. Country Reports 1995, *supra* nota 7; Chevigny, *supra* nota 2, cap. 5.

32. Chevigny, *supra* nota 2, cap. 8; Country Reports 1995, *supra* nota 7.

33. Human Rights Watch, Human Rights in Mexico 14-5 (1990).

34. Chevigny, *supra* nota 2, cap. 5; Country Reports 1995, *supra* nota 7.

35. Country Reports 1994 *supra* nota 28, 445.

36. U.S. Department of State, Country Reports of Human Rights Practises 1993(1994) [citado em Country Reports 1993].

37. Cisalp, sup. 4, *supra* nota 28.

38. Country Reports 1995, *supra* nota 7; Chevigny, *supra* nota 2, cap. 6; Human Rights Watch World Report, *supra* nota 11.

39. Chevigny, *supra* nota 2, cap. 8.

40. *Commission to Investigate Allegations of Police Corruption and the Anti-Corruption Procedures of the Police Department Report,* Gabinete do Prefeito, Nova York, 1994 [citado em Mollen Commission].

41. Country Reports 1995, *supra* nota 7, 344.

42. Chevigny, *supra* nota 2, cap. 7; Country Reports 1994, *supra* nota 28, 310.

43. Human Rights Watch, State of War: Political Violence and Counter-Insurgency in Columbia 27 (1993).

44. M. Moore, *Crime Bedevils Guatemala, The Wash. Post,* 17 de junho de 1996.

45. Sam Dillon, em *Shake-up, Army Officers Fill Top Police Posts in Mexico City, The New York Times,* 19 de junho de 1996.

46. *Ver Los Soldados del Diablo, Noticias* (Buenos Aires), 10 de agosto de 1996.

47. Cisalp, nº 22 *supra* nota 20.

48. Country Reports 1995, *supra* nota 7, 342; Cisalp, *Boletín* (no serviço on-line de notícias) nº 34, *Buenos Aires*.

49. Sebastian Rotella, *Brazil Tries to Rein en its Police, Los Angeles Times*, 27 de agosto 1996.

50. Chevigny, *supra* nota 2, caps. 5 & 8.

51. Rotella, *supra* nota 49.

52. Paulo Sérgio Pinheiro, *Brazil's Bold Effort to Curb Police Violence, Time*, 10 de junho de 1996; *Programa Nacional de Direitos Humanos*, Brasília: Ministério da Justiça, 1996.

# 5

## COMENTÁRIO SOBRE CHEVIGNY

JEAN-PAUL BRODEUR

A despeito de seu título, o capítulo do professor Paul Chevigny não é tanto sobre a definição do papel da polícia na América Latina mas sobre como encontrar formas para mudar as condições em que a polícia opera naquele continente. É um capítulo difícil de comentar, uma vez que discordo em muito pouco do que foi dito.

Chevigny apresenta um quadro sombrio do policiamento na América Latina, onde os policiais sistematicamente abusam de seus poderes com impunidade e agem mais como uma força de controle dos pobres, fracos e destituídos pela tortura, força fatal e leis repressivas sobre vadiagem do que como uma instituição voltada para a promoção da segurança para todos os cidadãos. Particularmente em países como Colômbia, Guatemala, Haiti e Venezuela, onde o governo civil é fraco, os pobres são vistos como indesejáveis que representam uma ameaça ao Estado.

Não vou discutir a precisão da descrição de Chevigny sobre a situação que de fato impera na América Latina. Ele pesquisou essa situação por vários anos e tenho pouca experiência com América Latina. Entretanto, estive envolvido com programas patrocinados pelo Canadá destinados a proteger jovens de rua contra os assassinatos da polícia em Kinshasa, Zaire (sob a presidência de Laurent Kabila, o antigo nome do Zaire — Congo — foi restabelecido), e esse é um problema também muito agudo em algumas cidades sul-americanas, tais como São Paulo. Conhecendo o trabalho anterior de Chevigny e sabendo que ele acabou de publicar um livro sobre a violência policial nas Américas, presumo que sua descrição é bastante justificada e não tentarei mudar o quadro que ele apresenta. Nem tentarei resumir seu capítulo. É um modelo de clareza, destituído do jargão usual que fornece grão para o moinho dos comentadores.

O argumento que o capítulo de Chevigny desenvolve está apresentado na primeira seção do texto e se expressa da seguinte maneira:

> Acho que temos de ir além da afirmação dos direitos humanos para mostrar porque, de uma maneira prática, mudar a polícia, submetendo-a ao Estado de Direito, é do interesse de todos os grupos, tanto da elite como dos pobres, numa sociedade democrática.

Em meu comentário ao seu capítulo, enfoco o problema de como a polícia pode ser mudada na América Latina. Meus comentários estão divididos em quatro partes. Em primeiro lugar, discuto alguns dos pontos levantados no capítulo de Chevigny. Em segundo, faço sugestões que vão além do capítulo. Em seguida, faço uma breve conclusão. Em um *postscript*, acrescentei observações respondendo a comentários que foram feitos durante os debates estimulantes que aconteceram no simpósio realizado na Universidade de Notre Dame.

## Sujeitar a Polícia ao Estado de Direito Será Percebido como do Interesse de Todos?

Antes de abordar o principal argumento do capítulo, farei três comentários rápidos. Em primeiro lugar, parece que depois do escândalo levantado pelo número de mortes causadas pela Polícia Militar em 1992 — 1470 suspeitos foram mortos somente em São Paulo — o volume de mortes por policiais foi reduzido em dois terços em 1993. Esse resultado foi obtido graças à pressão política sobre os comandantes da Polícia Militar. Esse exemplo indica que quando há um desejo político de diminuir o excesso da brutalidade policial, os resultados realmente aparecem. O problema real, então, é ser capaz de conseguir o nível desejado de constância da vontade política. De fato, os números começaram a subir novamente em 1994. Em segundo lugar, como enfatizou Chevigny, os países da América Latina diferem enormemente em suas instituições e em suas situações políticas e sociais. Portanto, podemos argumentar que as estratégias para levar o aparato policial ao Estado de

Direito nesses diferentes países devem refletir suas diversidades. O caso do Peru, onde ainda há vestígios de um movimento guerrilheiro que já foi poderoso, é, por exemplo, diferente do caso do Chile. Em terceiro lugar, qualquer tentativa de convencer as classes média e alta de uma dada sociedade que é de seu interesse maior ter uma polícia obediente à lei está fadada a fracassar se for contra o que eles têm recebido diariamente pela mídia. Se, por exemplo, a mídia alimenta a crença de que os que possuem estão sob sítio de quem não possui e que somente a mais repressiva das polícias protegerá a eles e a suas propriedades, então o argumento a favor de uma polícia obediente às leis provavelmente estará perdido pelo pânico das classes dominantes.

O autor revê vários mecanismos pelos quais a polícia pode se tornar mais responsável e respeitadora da lei. Esses mecanismos são a nomeação de um ouvidor (*ombudsman*) para receber as queixas contra a polícia em São Paulo, uma proposta para nomear um cidadão para supervisionar as queixas contra a polícia em Buenos Aires e programas de treinamento da polícia em princípios de direitos humanos. Alguns dos mais promissores desses programas de treinamento, tais como o de São Paulo, incluem aconselhamento. Estive envolvido por muitos anos em tais programas: por exemplo, fiz parte do conselho de revisão externa das queixas dos cidadãos contra a polícia da província de Quebec por mais de quatro anos e também ensinei em muitas academias de polícia. Baseado em minha experiência, chamaria essas estratégias de processar queixas e educar de estratégias apenas de sintonia fina. Elas não conduzem, por si só, a mudanças fundamentais e necessitam de bases nas quais possam ser construídas. O problema com conselhos para queixas é que eles têm como alvo apenas as pessoas comuns e raramente passam acima desse nível. A respeito do ensino, a polícia tende a assimilar somente o que ela vê como algo que fortaleça sua atuação no campo. Nesse estado de espírito, truques para burlar os devidos processos de lei são mais úteis do que treinamento nos princípios de direitos humanos, que são freqüentemente vistos (pelo menos no meu país, o Canadá) como um entrave ao policiamento eficiente.

No campo da ação judicial, deve-se admitir que nos Estados Unidos e Canadá a exclusão de provas ilegalmente obtidas e os limites legais na admissão de confissão, que devem ser, cada vez mais, gravadas em vídeo, são ferramentas poderosas para fazer a polícia respeitar o devido processo da lei. Em conseqüência, qualquer confissão obtida por meio da submissão do suspeito à tortura ou pressões impróprias será inadmissível como prova. Entretanto, estou ciente de que na América Latina, onde o devido processo da lei é visto como um obstáculo a ser superado na guerra contra o crime, medidas judiciais que poderiam ser eficientes na redução da tortura com o efeito concomitante de reduzir o número de confissões podem incitar a polícia a usar a força letal ainda mais freqüentemente, a fim de contrabalançar a incerteza de obter condenação nos tribunais.

Como mencionado anteriormente, entretanto, o principal argumento desenvolvido por Chevigny é que as classes mais altas devem ser convencidas de que é de seu interesse ter uma polícia respeitadora dos direitos humanos. Tentando convencê-las disso, dois pontos principais podem ser levantados, de acordo com Chevigny. Primeiro, quando eles estão fora do Estado de Direito, os policiais podem sufocar a oposição política alvejando os adversários políticos do governo, vingar-se de pessoas que denunciam as violações dos direitos humanos da polícia, fazendo com que ser uma pessoa crítica se torne um negócio arriscado numa sociedade democrática. Tais pessoas se situam freqüentemente entre as elites, que se sentem, portanto, ameaçadas. A segunda linha de argumentação é que a brutalidade policial é condizente com a corrupção política (cobrar propinas) e ao envolvimento da polícia em crimes, tais como seqüestro e terrorismo, perpetrados para protegê-los da própria impunidade. Novamente, as vítimas de tais práticas poderiam estar entre as classes mais altas.

É possível que esses argumentos tornem as classes mais altas a favor da responsabilidade policial? É difícil de dizer. Primeiro, acredito que as pessoas tendem a diferenciar entre polícia política dirigida contra dissidentes e polícia criminal dirigida contra o crime. Embora possam ser influenciadas contra a polícia política que os ameaça em suas atividades aristocráticas, as classes mais altas podem permanecer temerosas dos criminosos que ameaçam sua vida e suas propriedades, dando carta branca ao abuso de poder subentendido em toda guerra contra o "crime". É necessário observar que a separação entre polícia política e criminal é artificial e que o excesso em uma leva a excesso na outra. Isso não é um ponto pacífico, como mostra o exemplo americano. No meu próprio país, o Canadá, somos extremamente vigilantes contra qualquer forma de polícia política, enquanto somos bastante tolerantes ao abuso da polícia contra as pessoas rotuladas como marginais. Eu levantaria a hipótese de que a situação é bem parecida nos Estados Unidos, com até mesmo menos indulgência em relação aos criminosos.

A segunda observação que desejo fazer é empírica. Dado o modo como são calculadas as chances de serem vítimas de um seqüestro policial ou de um ato terrorista eventual, é provável que elas acreditem que a maior ameaça ao seu bem-estar venha mais da polícia do que dos membros transgressores das classes inferiores, contra quem a polícia declara protegê-los? Como já disse, a resposta a essa questão depende, pelo menos em parte, do que a mídia está informando ao público.

A esse respeito, tenho uma sugestão. Tendo a acreditar que os progressistas estão travando uma luta perdida se eles construírem o debate sobre a polícia em termos de riscos individuais e vítimas. A maior perda com propinas policiais e, mais genericamente, corrupção policial, é coletiva, pois ataca a riqueza da nação. Corrupção gera corrupção e pode ser tão contagiante que o Estado todo se torna uma cleptocracia, como aconteceu em alguns países africanos como o Zaire de Mobutu, que agora entrou em colapso. É somente quando, acredito eu, os direitos coletivos e o impacto coletivo da transgressão policial vêm para o primeiro plano que uma argumentação mais persuasiva contra ela pode ser organizada.

## Democracias Governadas pelo Estado de Direito e Contrato Social

Em primeiro lugar, quero dirigir uma palavra de alerta sobre a crença de que o Estado de Direito por si só garante que não haverá o uso de repressão penal. Dependendo de se levar ou não em conta o número de pessoas nas prisões e em custódia preventiva, havia em 1997 entre 1,2 e 1,6 milhão de pessoas encarceradas nos Estados Unidos. A minoria afro-americana está muito mais representada na população presa (os afro-americanos representam algo em torno de 12% da população dos EUA mas somam pelo menos 40% da população encarcerada). Calcula-se que a população presa crescerá para 3,2 milhões de pessoas por volta do fim da primeira década do novo milênio. No Canadá, estamos apenas começando a medir a magnitude do abuso ao qual gerações de aborígenes foram submetidos ao ser forçadas a receber educação em escolas dirigidas pela Igreja Católica. Descobriu-se recentemente que em uma dessas escolas (St. Ann), as crianças não eram apenas espancadas, mas também sofriam abusos sexuais regularmente, e até mesmo tortura, sendo que uma cadeira elétrica era usada para dar choques nas crianças "indisciplinadas". Essas crianças aborígenes foram até assassinadas em tais instituições como o Canadá já reconheceu.

Tendo expressado essa palavra de alerta, deve-se perguntar se há modelos históricos que podemos estudar para aprender como a sociedade evolui de um período de brutalidade irresponsável, que caracterizou a época medieval na Europa do Oeste, para outro período em que os direitos humanos foram crescentemente reconhecidos e o aparato repressivo governado pelo Estado de Direito. O trabalho do sociólogo alemão Norbert Elias sobre o processo civilizatório[1] e o historiador filósofo francês Michel Foucault sobre formas diferentes de governo[2] [*governance*] oferecem estudos de caso interessantes, embora eu não tenha espaço para discuti-los em detalhe. Assim, abordarei apenas brevemente duas estratégias nas próximas seções.

## O Monopólio Estatal da Violência Física

Norbert Elias escreve que "[...] uma vez que o monopólio do poder físico passa para as autoridades centrais, nenhum homem forte pode se permitir o prazer do ataque".[3] Esse monopólio do poder físico pelo Estado foi descrito no grande trabalho de Hobbes, *Leviatã*. O que a História revelou depois foi que esse monopólio não é por si só um progresso e pode de fato significar uma regressão, se a força usada pelo Estado não for legítima e não for explicitamente regulada por um contrato entre os súditos e o soberano.

Deixe-me em primeiro lugar discutir legitimidade. Começo fazendo uma distinção entre o sentido tautológico e o substancial da legitimidade. No seu sentido tautológico, "legitimidade" significa apenas "foi executado por agentes atuantes sob a autoridade do Estado". Esse sentido de legitimidade é tautológico porque não acrescenta nada à noção de agência estatal: tudo que for executado sob a responsabilidade do Estado é *ipso facto* legítimo, enquanto qualquer coisa que aconteça fora de sua autoridade é ilegítima. No seu sentido substancial, a noção de legitimidade pode qualificar uma prática apenas se ela cumprir um conjunto de padrões externos, padrões esses que são potencialmente de grande diversidade (moral, religiosa, legal, política, cultural e mesmo sociopsicológica). O uso substancial de legitimidade está mais próximo daquele de Max Weber, que considerava legitimidade um elemento que levava os súditos a obedecerem de bom grado os ditames de seu soberano.[4] Desnecessário dizer, uso a noção de legitimidade no seu sentido substancial neste capítulo. O primeiro exemplo que discutirei ilustra a distância entre a legitimidade tautológica e a substancial.

As monarquias absolutas alcançaram o monopólio da força física no século XVII e ainda recorriam enormemente à tortura, usada tanto como um modo de obter uma confissão quanto como uma maneira de executar, o mais dolorosamente possível, os criminosos condenados por certos crimes particularmente sérios (e também por alguns que nós consideraríamos crimes leves). Uma diferença crucial entre tortura como era usada antes do século XVII e como é usada agora é sua grande visibilidade. A tortura era sempre infligida com o propósito de dissuasão e a dor sofrida pelo dito "paciente" era exibida publicamente. Embora historiadores tenham observado que a tortura deve ser vista como uma forma de espetáculo público para algum tipo de entretenimento, pode-se dizer que, a longo prazo, a exibição pública da tortura tornou-se intolerável. Primeiramente tornou-se não palatável a "alguns iluminados", que então fizeram um esforço para convencer o restante da população de que a tortura era de fato má e moralmente um erro. Assim ocorreu nos tempos de Voltaire e Beccaria, que conseguiram, com outros, banir a tortura. Eles defendiam, de modo persuasivo, que o simples fato de a tortura ser aplicada sob a autoridade do Estado não era suficiente para torná-la legítima se ela contradissesse os princípios fundamentais da ética e da justiça.[5]

A brutalidade policial durante os interrogatórios nunca acabaram de fato. Entretanto, a tortura codificada como um conjunto de práticas com propósito de infligir vários graus de sofrimento sério está agora passando por um ressurgimento. Esse ressurgimento é, em grande parte, velado. Que a tortura é regularmente infligida é um fato conhecido, pelo testemunho de pessoas que foram submetidas a ela. Entretanto, ela não é mais infligida em público, e o sigilo que hoje a envolve, torna-a mais palatável à opinião pública. Se eu estou correto ao acreditar que a tortura se torna uma prática intolerável quando em exibição pública, devemos tentar uma estratégia de visualização máxima em relação a ela. Visualização máxima seguramente não consiste numa tentativa absurda de tentar convencer aqueles que a estão praticando de fazê-lo publicamente. Entretanto, deve compreender tentativas de dar uma grande cobertura na mídia (os corpos recuperados de pessoas assassinadas são com freqüência horrivelmente mutilados) e tentar convencer as pessoas que tenham sido submetidas à tortura a testemunhar sobre suas experiências e fazer com que o sofrimento que lhes foi infligido seja documentado por fotografias. Estou plenamente consciente de que um dos efeitos da tortura é quebrar o ânimo daqueles em quem ela é infligida, e que a última coisa que as vítimas de tortura desejam fazer é reativar, pela linguagem ou por alguma outra maneira, essas experiências. No entanto, também estou convencido de que a tortura continuará a se espalhar se não for publicamente mostrada como o mal insuportável que é. Antes de levarmos as câmeras de vídeo para os distritos policiais a fim de gravar se os direitos humanos são respeitados durante os interrogatórios policiais, será necessário empurrar a tortura para fora dos porões dos distritos e levá-la para céu aberto. Esse processo já está ocorrendo pela enorme coragem de algumas vítimas de tortura e deve ser acelerado.

## O Contrato Social

Anteriormente disse que conceder ao Estado monopólio do uso de força física e coerção pode ser contraproducente se a força a ser usada não for legítima, isto é, se não for governada por padrões externos incorporados num contrato entre o soberano ou o Estado e seus súditos ou cidadãos.

Aqui proporei, tentativamente, uma distinção entre duas espécies de democracias. A primeira espécie de democracia chamo de democracia baseada na norma. Ela consiste de uma moldura constitucional e institucional de leis, costumes e agências públicas que asseguram que o corpo político seja governado pelo "povo", geralmente por eleição de seus representantes no Parlamento. Tal moldura constitucional e institucional é uma condição necessária da democracia, mas pode não ser suficiente. A fraqueza dessa espécie de democracia, que caracterizava o governo das cidade-estados da Grécia antiga e o governo da república americana antes da Guerra Civil, é que ela se apóia em uma definição altamente discriminatória de cidadania, que permite, por exemplo, a escravidão. Os escravos são, por definição, excluídos da esfera do "povo". Usando um critério tão excludente, há quem possa considerar que durante o apartheid havia uma democracia na África do Sul.

Em tese, não há mais escravos, embora a escravidão ainda prospere em alguns países que usam o trabalho infantil. Qualquer que seja a situação a respeito da escravidão, há, certamente, subclasses em nossas democracias. Elas são constituídas por pobres, fracos e despossuídos, sendo muitos deles membros dos países subdesenvolvidos, minorias étnicas e trabalhadores migrantes. O que eu chamaria de uma democracia baseada em um contrato social apóia-se num compromisso que explicitamente especifica que todos aqueles que são cidadãos legais de um país ou que estão em processo de tornar-se cidadão são membros integrais da sociedade civil que constitui esse país, são igualmente protegidos por suas leis, compartilham os mesmos privilégios e não podem ser discriminados. Essa tradição de contrato social foi recentemente recuperada na obra de John Rawls.[6] Suas características básicas são a afirmação da solidariedade social e o desejo conseqüente de não excluir ninguém desse compromisso, quando aquela pessoa tem o direito legal de reivindicar que ele/ela seja incluído. De acordo com Rawls, as únicas exceções a esse tratamento igualitário de todos que são justificáveis são os que beneficiam os habitantes mais pobres de uma sociedade política.

Lendo o capítulo de Chevigny, fiquei bastante chocado pelo fato de que o abuso de poder pela polícia, a tortura, os esquadrões da morte e a detenção preventiva exorbitante por vadiagem realmente têm a aprovação das classes média e mais alta e são de fato populares. Essas classes bem postas consideram as classes inferiores alienígenas que ameaçam sua segurança pessoal e sua propriedade.

Concordo plenamente com a observação de Chevigny de que deve haver um esforço para persuadir as classes média e alta de que os desvios da polícia também ameaçam a eles e que ter uma polícia que observa os direitos humanos seria do interesse de todos. Entretanto, com base nas próprias descrições de Chevigny, não estou convencido de que há um reconhecimento completo e consciente nos países da América Latina de que a palavra "todos" deva ser interpretada com seu sentido inclusivo. Até que seja assim interpretada, a tentativa de convencer as classes média e alta de que a polícia governada pelo Estado de Direito é do interesse de todos será repleta de grandes dificuldades.

Essa última observação não pretende ser uma crítica ao capítulo de Chevigny. Ele demonstra que está completamente ciente da necessidade de ir além da estrutura legal para resolver os problemas de abuso de poder. Por exemplo, ele reconhece que pagar salários decentes ao pessoal da polícia é um movimento importante em direção à solução dos problemas da corrupção policial. Acredito que, embora ele esteja totalmente ciente do contexto mais amplo, deve ser útil articular algumas idéias que explicitamente se referem a esse contexto mais amplo.

## Observações Conclusivas

Chevigny afirma que "a adoção de um papel militar pela polícia parece para mim sempre um erro". Compartilho inteiramente dessa opinião. De fato, um grande apanhado histórico pode ser feito para mostrar que as forças policiais foram inventadas precisamente, tanto no continente europeu quanto na Inglaterra, como uma alternativa para o controle social pelos militares, que provocou mais rebelião do que adaptação. Meus próprios estudos para o governo canadense levaram-me a acreditar que há uma diferença fundamental entre o que eu chamaria de ética policial e ética militar. A ética policial é definida pelo uso mínimo da força para resolver problemas que requerem a imposição de uma solução. A ética militar consiste no uso de força esmagadora para ganhar a supremacia total sobre um inimigo num ataque e assegurar que o inimigo inflija o menor dano possível sobre seus atacantes. A ética militar pode ser apropriada para guerra entre países, se é que é apropriada para alguma coisa. Ela é completamente não-apropriada para promover o respeito à lei numa sociedade, porque o que define uma sociedade é precisamente seu desejo de colocar um fim na situação de guerra, segundo a qual cada pessoa está em conflito contra cada uma das outras. Desde que uma polícia militarizada atiça os ventos da guerra em uma sociedade, ela derrota o próprio propósito para o qual essa sociedade foi criada.

# Post script

Fiquei muito estimulado pela discussão que ocorreu durante o simpósio que teve lugar na Universidade de Notre Dame sobre Estado de Direito, e gostaria de responder a algumas idéias que ouvi. A maioria dos meus comentários está centrada na noção de punição.

## Impunidade

Se me perguntassem qual foi uma das palavras mais freqüentemente usadas durante os debates, eu diria que foi "impunidade". O fato de que agressores de todas as espécies possam ferir suas vítimas sem precisar responder por seus comportamentos perante um tribunal criminal foi entendida por muitos participantes do simpósio como uma fonte maior de escândalo. Embora acredite que o espetáculo da impunidade seja odioso, gostaria de fazer um apelo para a necessidade de se encontrar alternativas à punição, na tentativa de resolver problemas de crime e desordem. Sendo um criminalista por profissão, freqüentemente participo de conferências sobre crime e repressão. Fico então impressionado com duas coisas: a primeira é que todos os grupos de pressão estão clamando por uma punição mais severa a ser infligida sobre sua própria *bête noire* favorita — os banqueiros desejam colocar os ladrões armados em prisão perpétua, os pais desejam que os molestadores de criança sejam castrados e os homossexuais enjaulados, as feministas estão pedindo sanções sempre mais sérias para os estupradores e os militares procuram executar ou condenar à prisão perpétua todos os terroristas e oponentes políticos. Essa lista poderia continuar infinitamente, com cada *lobby* penal tendo seu alvo próprio. Quando, depois de ter ouvido todas essas vozes indignadas, fiz o resumo de todos os criminosos que deveriam ser aprisionados pela vida toda, cheguei a um número assombroso de pessoas. É precisamente neste ponto que veio à minha mente a segunda noção que mais me impressionou durante essas conferências: todos aqueles grupos que pediam que se prendesse mais pessoas também reconheciam que as prisões têm presos saindo pelo ladrão em seus próprios países, sendo o problema da superlotação uma praga espalhada pelo mundo. Essas pessoas também admitem que não podemos construir mais cadeias, porque isso significaria desviar dinheiro dos serviços de saúde, cuidado com a infância e programas educacionais que têm uma prioridade maior, ao menos numa sociedade que ainda pretende ser humana. Desde que não posso conciliar ambos, o pedido por mais punição e o reconhecimento de que estamos falidos penalmente, algumas vezes imagino se cada sociedade não poderia cercar o espaço no qual ela vive com arame farpado (com baixo custo) de tal modo que pudesse legitimamente fingir que *todos* dentro da sociedade vivem então sob custódia. Assim, tendo-se livrado de suas obsessões em encarcerar, eles pudessem se mover para resolver de modo mais imaginativo todos os problemas que os afligem. Se isso é uma proposta sonhadora ou um pesadelo, eu confesso, ainda não sei.

## O Estado de Direito

A questão que desejo levantar aqui é bastante simples. É somente uma advertência de que o Estado de Direito não deve ser equiparado com o cumprimento da legislação criminal. O preço de construir tal equação é a transformação da sociedade em uma colônia penal, um caminho que os Estados Unidos agora estão rapidamente trilhando. Porque é punitivo, o direito penal é certamente a espécie mais dramática de legislação, e por essa dramatização, ele usurpou seu *status* como o paradigma para todas as leis. Mas há, naturalmente, outras espécies de leis, tais como o direito constitucional, o direito civil, o direito administrativo, o direito internacional, apenas para mencionar algumas categorias principais. Como Hart[7] e muitos outros teóricos têm demonstrado, não é toda lei que pode ser definida como uma prescrição que engloba uma sanção se não for seguida. Além disso, sua provisão de sanções punitivas, a outra característica principal da lei criminal, é seu caráter discriminatório e sua aplicação discricionária. Por exemplo, nos Estados Unidos, as diretrizes federais para condenação instruem os juízes a multiplicar por um fator de cem a quantidade de cocaína em pedra (crack) em posse do delinqüente. De acordo com essa lei, um delinqüente preso com dez gramas de crack deve ser condenado como se ele ou ela tivessem sido presos com um quilo de cocaína em pó; o efeito da lei é transformar a simples posse de crack como possessão com a intenção de traficar, que implica uma penalidade muito mais alta. Nos Estados Unidos, o crack é o modo de consumir cocaína dos afro-americanos, enquanto o pó é o modo favorito dos brancos.[8]

Em toda sociedade que tenho estudado, a resposta a questões como "quem vem sendo punido nesta sociedade" ou "quem está na prisão" geralmente é: aqueles segmentos da população que são menos poderosos e não-privilegiados. Com as exceções tradicionais de homicídio e alguns dos mais hediondos crimes contra a pessoa, o direito penal tem por alvo, principalmente, em sua definição e aplicação, o crime de rua, que é perpetrado pelo pobre e membros excluídos da sociedade. Portanto, se alguém deseja utilizar exclusivamente o direito penal para tratar com espancadores de crianças e mulheres, ou com criminosos sexuais, somente os mais pobres entre eles é que acabarão na prisão. Médicos e policiais, que, de acordo com as vítimas sobreviventes de violência doméstica, estão entre os delinqüentes mais freqüentes, raramente vão para a cadeia. O mesmo se aplica a outros criminosos de escalões mais altos.

Uma questão que tenho discutido é se a mediação é uma "justiça de segunda classe", como ouvimos muitas vezes durante os debates no simpósio. Quando a chamada "justiça de primeira classe" é tão punitiva e discriminatória quanto a lei criminal, qualquer processo de mediação que fizesse mais justiça e fosse menos nociva deveria ser encarado como um progresso. Se o julgamento de Simpson, do qual a maioria de nós pelo menos assistiu alguma parte, é justiça de primeira classe, pode-se perguntar quão pior uma justiça classe econômica poderia ser.

## Declarações Internacionais dos Direitos não são Substitutos para o Direito Penal

Este é talvez um dos mal-entendidos potencialmente mais devastadores que podem ocorrer com respeito às declarações dos direitos humanos. Foi repetidamente enfatizado durante os debates no Simpósio que as pessoas que sistematicamente violam os direitos humanos de outras pessoas em geral se comportam com completa impunidade. Isso não apenas é visto sem surpresa, mas também é considerado[9] "normal". As sanções mais severas são infligidas contra criminosos perigosos porque eles cometeram um "crime", isto é, porque eles violaram o *direito penal*, que, acreditamos, é inteiramente diferente dos preceitos dos direitos humanos, embora o direito penal corporifique alguns dos valores e princípios entronizados nesses preceitos. Em outras palavras, em nenhum país governado pelo Estado de Direito, por exemplo, o crime de assassinato é condenado como uma violação da Carta de Direitos.[9] O crime de assassinato é processado sob o Código Penal. Se a aplicação do direito penal fracassa completamente em um país, para mim é uma *ilusão completa* tentar convencer as pessoas que desconhecem as leis de que as declarações internacionais dos direitos podem ser confiáveis para preencher o vazio. Os tribunais internacionais são notoriamente vagarosos e, em larga escala, impotentes para julgar crimes. O que precisa ser feito é reformar com toda energia possível o sistema nacional do direito penal de um país e parar de enganar as pessoas incitando-as a colocar suas esperanças em declarações internacionais de direitos humanos, que não podem, legalmente, ser usadas como uma compensação para a falência do direito penal num Estado que perdeu o Estado de Direito.

## Criminosos de Guerra e Ditadores no Exílio

Há um último ponto sobre o qual gostaria de refletir brevemente. Houve questões levantadas durante o Simpósio sobre por que os militares fascínoras que derrubaram o presidente Aristide no Haiti não foram levados à justiça quando ele voltou. Há razões convincentes para isso. Até muito recentemente, a única vez que, na história moderna, criminosos de guerra (militares desviantes) de fato enfrentaram um julgamento foi na Alemanha e, em menor alcance, no Japão depois que os Aliados venceram a Segunda Guerra Mundial.[10] É crucial observar que os generais e outros militares que eram acusados de vários crimes contra a humanidade foram destituídos de todo poder por suas derrotas e eram, para todos os propósitos políticos e práticos, submetidos à lei dos *vencedores*. Esse não era bem o caso quando o general Cedras foi para o exílio dourado depois de ter negociado sob que condições ele se afastaria. O presidente Aristide não voltou como um vitorioso mas foi imposto pelos Estados Unidos com muito esforço. Isso significa que o militar haitiano e seus cúmplices que ficaram para trás nunca foram destituídos de todo o poder deles, como foram os militares alemães e japoneses. Por exemplo, os anteriores nunca foram desarmados. Quando eles retêm seu poder, torna-se extremamente difícil processá-los. Esse é em geral o caso quando ditadores, como o general Pinochet, são eventualmente forçados ou persuadidos a aceitar uma reinstauração da democracia civil. Tal transição em direção à democracia é comumente o produto de um processo penoso de negociações entre a oligarquia militar que está saindo e as forças da democracia, a maioria das vezes apoiada por potências estrangeiras. Aos ditadores e seus cúmplices é geralmente concedida imunidade para qualquer crime que possam ter cometido em troca de deixarem o governo. O que é sufocante é que as forças da democracia se encontram bem longe de estar na mesma posição de força em que se encontravam os aliados vitoriosos no fim da Segunda Guerra Mundial. Os militares que deixaram o governo nos países da América Latina e em outros lugares não são, em nenhum sentido, derrotados. Ao contrário, permanecem uma força poderosa dentro da tentativa do país de se tornar uma democracia e devem ser agradados para impedir o seu retorno ao poder. Nesse contexto, é inútil esperar a mesma espécie de expurgo que ocorreu (num alcance muito limitado) na Europa e no Japão, depois que o poder do Eixo foi derrotado. É mesmo mais uma ilusão esperar que as Nações Unidas façam cumprir a lei dos vitoriosos quando nunca houve nenhuma guerra, nem vitorioso, nem derrotado.

## Notas

1. Norbert, Elias. *The History of Manners.* Vol. 1. Em *Über den Progress der Zivilization,* Edmund Jephcott tran., Nova York: Pantheon Books, 1982.

2. Graham Burchell, Gordon Colin & Peter Miller, *The Foucault Effect: Studies in Governmentality: With Two Lectures By and an Interview With Michel Foucault.* University of Chicago Press, 1991.

3. Elias, *supra* nota 1, 202.

4. Max Weber, *Essays in Sociology.* H. H. Gerth & C. Wright Mills trans. eds. Nova York: Oxford University Press, 1958); ver também Max Weber, *Science as a Vocation,* Peter Lassman & Irving Velody eds., Boston: Unwin Hyman, 1989.

5. *Ver* Cesare Bonesana Marchese di Beccaria, *An Essay on Crimes and Punishments.* Brookline Village, MA: Branden Press, 1983; *ver também* David P. Bien, *The Calas Affair: Persecution, Toleration and Heresy in Eighteenth-Century France.* Princeton University Press, 1960.

6. Ver em geral, John Rawls, *A Theory of Justice,* Cambridge, MA: The Belknap Press of Harvard University Press, 2nd ed., 1972; ver também John Rawls, *Political Liberalism,* Columbia University Press, 1993.

7. H. L. A. Hart, *The Concept of Law*, Oxford: Clarendon Press, 1961.

8. Para esse assunto de crack contra cocaína em pó nos Estados Unidos e as políticas federais de condenação, ver Michael Tonry, *Malign Neglect-Race, Crime, and Punishment in America* 41, 188-90, Nova York, Oxford University Press, 1995.

9. Uma possível exceção a esse princípio é a lei federal nos Estados Unidos. Desde que pessoas que assassinaram afro-americanos ou não são nem condenados ou são sistematicamente absolvidas nos estados do Extremo Sul, o governo central dos Estados Unidos promulgou uma lei federal que permite o julgamento de um delinqüente por ter privado seus ou suas vítimas de seus direitos civis matando-a ou ferindo-a. Essa é uma lei muito pouco comum que foi usada para processar os oficiais policiais de Los Angeles que espancaram Rodney King, depois eles foram absolvidos por um júri composto apenas de brancos. O que é importante notar é que tal legislação de direitos humanos é invocada para o julgamento de crimes apenas quando há uma ruptura na aplicação normal do direito penal.

10. Em seu livro provocante, Tina Rosenberg demonstrou os efeitos devastadores na sociedade das leis de *Lustrace* (purificação) que foram promulgadas nos antigos países comunistas da Europa do Leste (particularmente na Tchecoslováquia, Polônia e Alemanha Oriental), depois do colapso dos regimes comunistas. Pretendendo punir os antigos comunistas, essas leis foram aplicadas arbitrariamente e assim aumentaram o caos social, mais do que o reduziram. Ver Tina Rosenberg, *Haunted Land*, Nova York: Alfred Knopf, 1996.

# 6

# O ESTADO DE DIREITO E OS NÃO-PRIVILEGIADOS NA AMÉRICA LATINA: UMA PERSPECTIVA RURAL

ROGER PLANT

## Introdução

Quando o século XX aproxima-se do fim, é importante fazer um inventário da tradição legal emergente e da maquinária de cumprimento da lei [*law inforcement*] na América Latina no que diz respeito aos pobres do meio rural e aos não-privilegiados. Como em todos os outros lugares do mundo, o século XX presenciou enormes transformações nos sistemas legal e político da América Latina e, principalmente, nos seus sistemas agrários. No começo do século, o México passou por sua profunda revolução social, cujo legado teve mais tarde um impacto significativo no direito constitucional, agrário e social por toda a América Latina. A metade do século XX presenciou as revoluções sociais em países como Bolívia e Cuba, que eram amplamente agrários. As leis de reforma agrária criadas para a distribuição da grande *hacienda* entre os fazendeiros locatários na Bolívia; em Cuba, depois de um começo moderado, o governo Castro lançou na América Latina a experiência com coletivismo e socialismo agrário.

O terceiro quartel do século XX, entre aproximadamente o início dos anos 1950 e a metade dos 1970, presenciou uma série de reformas agrárias moderadas lançadas por governos modernizantes, muitos dos quais de democracia-cristã ou similares, que visavam abolir os regimes feudais de propriedade da terra no campo, efetuar uma redistribuição limitada da terra entre os agricultores pobres e os fazendeiros locatários, e, eventualmente, pavimentar o caminho para uma agricultura mais capitalizada construída exclusivamente ao redor do relacionamento salário-trabalho. A natureza e a extensão dessas reformas mudavam conforme o país, dependendo das circunstâncias políticas e da maior ou menor força em que os movimentos rurais organizados tinham de exercer pressão sobre os governos da época. Colômbia, Equador e Venezuela são exemplos das reformas mais limitadas e moderadas. Brasil, Chile e Peru são países onde os reformadores agrários tentaram ir mais longe, pressionados pelos movimentos militantes de agricultores, mas onde (pelo menos nos casos brasileiro e chileno) a militância rural foi um dos fatores que provocaram a reação militar conseqüente.

O último quartel do século XX presenciou, pelo menos na política oficial e nos círculos mais desenvolvidos, o fim da reforma agrária e do reformismo agrário. Há numerosas razões para isso, principalmente econômicas e demográficas, que serão examinadas em maiores detalhes a seguir. Como o continente se tornava cada vez mais urbanizado, a maioria dos governos e políticos abandonou o conceito anterior de um setor agrícola baseado em fazendas de pequeno porte. A agricultura tornou-se cada vez mais de larga escala e comercializada, e houve uma ênfase renovada tanto na exportação tradicional quanto na exportação alternativa de grãos. Quer sejam as plantações de fruta no Chile e noroeste do México, as de laranja e açúcar no Brasil, as de soja no leste da Bolívia e Paraguai, ou as mais tradicionais de café e açúcar em algumas repúblicas da América Central, o quadro geral revela muitas similaridades. Os grandes fazendeiros puderam se sentir novamente protegidos, com freqüência pagando impostos insignificantes e salários irrisórios para a força de trabalho rural, enquanto a fazenda produzia com algum grau de eficiência para o mercado.

Quando as economias da América Latina se expandiram, houve também pressão sobre terras remotas e até então não cobiçadas. As fronteiras da expansão agrícola no Amazonas, no Chaco, no Peten guatemalteco ou em Chiapas no México levaram a conflitos entre os empresários agrícolas ou criadores de gado e os povos indígenas ou agricultores posseiros que há muito tempo tinham direitos costumeiros sobre essas regiões. Quando o conflito violento surgiu, imediatamente as forças de segurança nacionais tomaram o lado dos latifundiários, considerando a parte mais fraca como o agressor mais do que como uma vítima de agressão. Nem sempre o caso foi esse. Um dos mais positivos desenvolvimentos da América Latina na década passada foi o grau maior de proteção legal aos povos indígenas e suas terras. Com muita freqüência, entretanto, as novas leis são simplesmente não cumpridas.  •

Ao mesmo tempo, as tendências econômicas na América Latina rural no último quartel do século implicaram custos humanos consideráveis. As estatísticas contam parte da história. Enquanto a América Latina pode estar se tornando mais urbanizada, deve-se lembrar que mais de um quarto de sua população ainda vive nas áreas rurais, e que os padrões de pobreza rural são desesperadores qualquer que seja o padrão. Um estudo global sobre pobreza rural realizado em 1992 pelo Fundo Internacional de Desenvolvimento Agrícola[1] constatou que a proporção da população rural cuja renda e consumo estão abaixo da linha de pobreza definida nacionalmente era maior na América Latina e no Caribe do que em qualquer outra região em desenvolvimento. De um total de 123 milhões de população rural, 76 milhões, ou 61%, estavam abaixo da linha de pobreza.

A pobreza rural também tem crescido desde que a era da reforma agrária chegou a um fim. A FAO observou alguns anos atrás que o número de pobres rurais na América Latina tem aumentado desde 1970, compreendendo agora aproximadamente dois terços do total da população rural de cerca de 126 milhões, e é provável que aumente para mais de 27 milhões até o fim do século.[2] Estimativas mais recentes da pobreza rural apontam poucas mudanças. Um estudo de 1997 da Comissão Econômica da América Latina constatou que a pobreza rural diminuiu apenas 1%, de 56% para 55% entre 1990-94, e que um terço da população rural ainda vivia em extrema pobreza.[3]

Mas estatísticas da pobreza rural por si só não são suficientes para explicar os tipos de conflito que agora estão explodindo em diversas partes da América Latina. É importante entender os fatores econômicos e sociais que criaram novas categorias de pobres rurais, vivendo agora quase fora da estrutura de legislação social protetora, e sem muita chance de melhorar sua situação pelos canais legais e políticos costumeiros. É um exemplo particularmente importante de exclusão social, em que há cada vez menos lugar para os grupos marginais no Estado-nação moderno.

Houve mudanças importantes nos padrões de pobreza rurais. Em geral, houve uma redução no que a FAO chamou de agricultura camponesa "dependente", isto é, o trabalho agrícola em pequena escala, praticado sob regime de posse, tal como arrendamento, meeiro e direito de usufruto propiciados em troca de trabalho. Junto com o declínio no número de pequenas fazendas arrendadas, tem havido um uso crescente do trabalho assalariado e expansão em massa do emprego temporário. No Brasil, por exemplo, o emprego temporário na agricultura aumentou 85% e no Chile, 46% nos anos 1980.

Essas tendências são a chave para a compreensão da natureza e do caráter da maior parte do conflito rural na América Latina hoje. Não muito tempo atrás, os confrontos eram entre os donos de terra tradicionais e os fazendeiros arrendatários, que lutavam por uma maior segurança na terra ou contra o despejo. Mas no final do século XX o panorama mudou radicalmente. Milhões de habitantes pobres desesperados do meio rural foram arrancados da terra. Eles não estão lutando contra condições feudais de trabalho, como na tradicional *hacienda* dos Andes. Nem, na maioria dos casos, estão, a maior parte deles, se esforçando para melhorar as condições de arrendamento porque os mais pobres entre os pobres raramente são agricultores ou fazendeiros arrendatários.

Uma nova característica do campo latino-americano são os movimentos migratórios em massa de camponeses sem-terra ou quase sem-terra, mudando-se para áreas diferentes de agricultura comercial de acordo com o ciclo agrícola. Deve haver 10 milhões desses trabalhadores volantes no Brasil, conhecidos como "bóias-frias", que migram para as colheitas de cana-de-açúcar, frutas, café e outras, trabalhando por dia ou por semana. A maior parte do trabalho migratório é realizado por povos indígenas, como os índios guatemaltecos que se mudam de suas vilas no altiplano para plantações comerciais na costa do Pacífico; ou os índios mexicanos que migram dos estados do sul para as regiões das fazendas de fruta de Sinaloa e Sonora no norte do México. Além do mais, a distinção entre pobreza "urbana" e "rural" e emprego está se tornando cada vez mais reduzida à luz das novas tendências produtivas. Os trabalhadores que arrumam trabalhos ocasionais na agricultura comercial freqüentemente residem durante o ano em pequenas cidades às margens dos estados, ou mesmo em cidades maiores, inclusive capitais.

Enquanto essas são algumas tendências da pobreza e do emprego rural as ortodoxias anteriores estão agora terminando a legislação da reforma agrária, para fortalecer os direitos da propriedade privada, e para "flexibilizar" a legislação trabalhista para proporcionar menos rigidez no mercado de trabalho e geralmente para reduzir os custos do trabalho contratado. Enquanto o último grupo de medidas visa normalmente ao setor urbano com seus custos mais altos, mais do que as áreas rurais, as implicações podem provocar uma diminuição geral da proteção trabalhista. Os trabalhadores sazonais, e sobretudo os trabalhadores migrantes indígenas, estão provando ser mais vulneráveis em todos os aspectos de recrutamento e emprego do que os trabalhadores do estado organizados com contratos regulares de trabalho.

Na era contemporânea de ajuste estrutural, o impulso das políticas econômicas "neoliberais" é de reduzir o papel do Estado no gerenciamento econômico e promover o máximo possível os mercados livres e irrestritos. Os regimes de propriedade devem ser esclarecidos e fortalecidos, da mesma maneira que devem promover as forças do mercado na agricultura. Porém, de certo modo, isso é uma simples repetição das filosofias econômicas que predominaram na América Latina no fim do século XIX. O neoliberalismo é, afinal de contas, não muito diferente do liberalismo clássico do "*laissez-faire*" na sua abordagem dos regimes de propriedade, mercados e gerenciamento econômico. Na maioria da América Latina, o liberalismo clássico do século XIX teve um efeito bastante desastroso na igualdade social, levando a um grau de concentração de terra, de sem-terra e de empobrecimento. O constitucionalismo da América Latina do século XX foi inventado em grande parte em resposta a isso, buscando a média entre as tradições socialista e ocidental dos direitos à propriedade. Isso envolvia um papel forte do Estado na lei social e sua implementação, permitindo implicitamente que o Estado realocasse os direitos de propriedade segundo o interesse social e econômico. A "função social da propriedade" era um aspecto chave do constitucionalismo social da América Latina. Desse modo, uma parte importante da tradição legal recente da América Latina tem sido que a lei pode ser um instrumento de justiça social, afetando a redistribuição da riqueza e dos bens de acordo com a necessidade social. Isso não significa que a lei será implementada a favor dos pobres. Em muitos casos ocorreu o inverso, em conseqüência do conservadorismo básico dos juízes locais e de outros funcionários responsáveis pelo cumprimento das leis, e suas alianças típicas com as oligarquias agrárias. Mas isso de fato significa que a lei pôde ser uma bandeira ao redor da qual os pobres do campo puderam se mobilizar em reivindicações por terra e outros direitos sociais. E isso ajudou a dar legitimidade aos grupos de pressão rural em suas alianças com partidos políticos e outros grupos de interesse.

Nos anos recentes, a despeito do crescimento da literatura acadêmica e política sobre o Estado de Direito e o tema da democratização na

América Latina, muito pouca atenção tem sido prestada a esse aspecto do Estado de Direito. O discurso sobre os temas do Estado de Direito, tanto na América Latina quanto em qualquer outro lugar, tende a enfocar o respeito aos direitos civis e políticos. Por esse critério, um Estado pode ser considerado sob o Estado de Direito quando há uma democracia em funcionamento, com eleições livres e justas, quando há um Judiciário independente, quando há respeito à liberdade de imprensa, ou quando os governos deixam de fazer prisões arbitrárias de indivíduos ou torturar. Esses são os princípios clássicos "ocidentais" do Estado de Direito, incorporados em vários instrumentos de direitos humanos reconhecidos internacionalmente. E pelos padrões clássicos de liberdades individuais, de direitos civis e políticos, toda a América Latina fez avanços consideráveis nas últimas duas décadas. As democracias políticas que predominam no continente hoje representam uma enorme mudança em relação às ditaduras repressivas que caracterizaram muitos dos países da América Latina até os anos 1980.

Porém, ainda há, e deve haver, outro aspecto nas discussões sobre Estado de Direito na América Latina, particularmente no que diz respeito a grupos vulneráveis. Uma maquinária judicial e de tradição legal governa não apenas as liberdades individuais, freqüentemente vistas como liberdades e direitos contra o Estado, mas também as relações econômicas na sociedade. A dimensão que a lei e seu cumprimento proporcionam à justiça social, medida pela distribuição equitativa dos recursos e a imparcialidade de oportunidade para o bem-estar e promoção econômica é um tema de imensa relevância hoje na América Latina.

Este capítulo, portanto, examina o papel da legislação constitucional, agrária, trabalhista e outras sociais em relação aos conflitos econômicos e sociais na América Latina, com uma referência particular ao setor rural. Uma tentativa é feita para fornecer alguma perspectiva histórica, examinando as tensões na tradição legal e as suas razões, e então traçando a evolução da legislação agrária e outras sociais em diferentes períodos do século XX. Uma seção final contém algumas reflexões dos debates atuais no que diz respeito ao fortalecimento do Judiciário, e cumprimento da lei, na era do ajuste. O principal problema é que a América Latina como um todo pode agora ter ido muito longe na rejeição dos elementos "corporativos" de sua tradição legal recente, que permite ao Estado compensar as desigualdades econômicas para favorecer alguns grupos vulneráveis, sem criar mecanismos alternativos para compensar a pobreza severa e algumas vezes crescente em muitas áreas rurais. A tendência pode ser atribuída às ortodoxias convencionais de ajuste estrutural e políticas de privatização. Mas arrisca provocar tensões ainda maiores nas áreas rurais marginalizadas, a não ser que seja dada atenção, com urgência, à proteção social e geração de renda para os grupos rurais mais vulneráveis.

## A Lei e a Reforma Econômica na América Latina Rural: uma Visão Geral

Durante séculos têm havido tensões entre aspectos diferentes da tradição legal da América Latina no que diz respeito às áreas rurais e políticas agrárias. Durante o período colonial, como de fato em outras experiências de colônias européias, a tendência era ter um sistema legal de propriedade para os colonizadores espanhóis e outra para os povos indígenas. Enquanto ambas, a lei e a prática colonial, proporcionavam severa exploração dos povos indígenas, mediante tributo e vários sistemas de trabalho forçado, foram adotadas medidas para proteger as terras indígenas comunais.

Depois de se libertarem da Espanha, diferenças de políticas entre as facções liberal e conservadora refletiram-se em mudanças freqüentes da lei. Os liberais estavam dispostos a construir novas nações latino-americanas numa plataforma de direitos iguais para todos. Seus modelos tendiam a ser as Constituições francesa ou norte-americana, enquanto a lei civil era naturalmente influenciada pelo código civil espanhol assim como pelo francês. Os liberais também lutavam por economias abertas, com pretensões de atrair o investimento estrangeiro e encontrar mercados além-mar para exportar produtos agrícolas assim como minerais. Os conservadores olhavam mais para dentro do país e pretendiam manter tanto os privilégios da igreja como um regime separado para as terras indígenas. Nenhuma das facções políticas, entretanto, tinha muito interesse em abolir o tributo indígena, naqueles países onde os povos indígenas desempenhavam um papel importante nas economias nacionais.

Por volta da segunda metade do século XIX filosofias liberais econômica e política estavam em ascendência na América Latina. Como os países, do México até a Argentina e Chile, procuravam promover a imigração européia, esse é o período em que a maioria dos países procurou emendar seus sistemas legais para torná-los alinhados mais diretamente com os princípios econômicos do "*laissez-faire*". Nas áreas rurais isso significou um esforço concentrado para registrar a propriedade com título privado e para abolir por lei o *status* das terras indígenas comunais. A dimensão que a privatização da terra de fato alcançou dependeu de padrões de imigração, do tratamento das populações indígenas e do sucesso de cada país em desenvolver a exportação de cereais para o mercado do além-mar. Onde a agricultura de exportação se desenvolveu bem, precisando de uma suplementação na força de trabalho extensiva, houve um processo muito rápido de perda da posse, pelos povos indígenas, de suas terras tradicionais. Esse foi o caso no sul do México e em partes da América Central, onde se desenvolveram economias de cultivo, particularmente em torno do café. Em parte dos Andes, o sistema de posse da terra indígena tendia a sobreviver na prática, a despeito da lei civil, embora em países como a Bolívia tenha havido também uma acumulação extensiva de terra por grandes donos de terra por volta do início do século XX. No total, os anos entre 1850-1900 presenciaram a rápida extensão de grandes fazendas privadas pela América Latina, e o surgimento paralelo de formas feudais de trabalho. Os sem-terra rurais cresceram de forma similar, e não havia nenhuma proteção para os trabalhadores das fazendas.

A primeira metade do século XX, então, trouxe uma reação contra os excessos de liberalismo do final do século XIX, com o desenvolvimento progressivo do modelo de legislação social e agrária até certo ponto único da América Latina. Uma linha divisória foi certamente a revolução no México, onde a acumulação de terra tinha sido, talvez, a mais flagrante, e a fome de terra, a mais séria. Durante um período de vários anos, a Revolução Mexicana introduziu uma nova tradição legal baseada nos princípios da distribuição de terra equitativa, reconhecimento de formas comunais e inalienáveis de posse da terra, "função social da propriedade" e limitações na posse de terra privada com título absoluto de direito à terra no estado. Uma cláusula-chave da Constituição de 1917 era que toda a terra era de propriedade da Nação, que, por sua vez, tinha o direito de transmitir essa terra para os indivíduos e de constituir propriedade privada. A Constituição deu poderes ao governo federal para restaurar terras alienadas para o campesinato indígena, tanto como doação quanto pela restituição nos casos em que os *comuneros* comprovassem os títulos de validade da terra. Os tetos eram classificados pelo tamanho das pequenas propriedades de terra individuais (a quantidade exata devia ser determinada pelos estados separados na República Federal), e as terras expropriadas do Estado deveriam ser redistribuídas ao campesinato em forma de terras comunais inalienáveis (*ejidos*). O Código Trabalhista do México de 1924 foi também o primeiro a reconhecer os direitos dos trabalhadores do campo. Abolia os serviços pessoais não pagos, a dívida dos camponeses e outros trabalhos feudais e as relações de posse; para a legislação de salário mínimo; e previa para uma série de direitos de bem-estar social nos quais a obrigação de benefícios sociais para a força de trabalho agrícola (inclusive cuidados com saúde, casa, educação e seguridade social) caíam não sobre o Estado, mas sobre o próprio fazendeiro no meio rural.

A novidade da legislação revolucionária mexicana está, desse modo, nas suas limitações ao direito à propriedade privada, sua reafirmação do direito à terra comunal, e também nas ligações estabelecidas entre direito à terra e direito trabalhista rural. Na prática, a reforma agrária foi um processo escalonado e acidentado que durou várias décadas, com a maior parte da redistribuição ocorrendo nos anos 1930. Entretanto, forneceu a inspiração para a futura legislação agrária e trabalhista, e também grande parte da legislação constitucional, no restante da América Latina.

O conceito de função social da propriedade espalhou-se para a Constituição de outras repúblicas latino-americanas. Ainda assim, de fato a experiência foi muito limitada até os anos 1960, quando a preocupação em eliminar e modernizar a agora anacrônica *hacienda* — e também evitar uma repetição da revolução cubana — provocou uma onda de programas moderados de reforma agrária pelo continente. Até então, havia apenas um experimento de reforma agrária de curta duração na Guatemala, encerrado por um golpe militar em 1954; e uma reforma mais abrangente na Bolívia, em seguida a uma revolução social em 1952. Na Guatemala, a Constituição de 1947 declarou a função social da propriedade e redefiniu as bases legais da propriedade da terra pelo usucapião, no lugar dos freqüentemente duvidosos títulos de terra que tinham sido produzidos pelos novos latifundiários no século passado. A legislação de reforma agrária abortada, promulgada em 1952, determinava a expropriação das propriedades rurais com mais de 300 hectares, todas as fazendas não cultivadas com mais de 100 hectares e também a abolição de todos os sistemas de trabalho não remunerado e servil. A reforma agrária boliviana, promulgada em 1953, determinava a abolição da grande *hacienda* e a subdivisão dos estados expropriados entre a força de trabalho.

A era da reforma agrária na América Latina pode ser datada, muito aproximadamente, entre o início dos anos 1960 e meados dos anos 1970. Durante esse período, as legislações de reforma agrária foram adotadas em quase todas as repúblicas latino-americanas, freqüentemente complementadas por legislações trabalhistas estendendo os benefícios da legislação trabalhista ao campo. As conexões entre as legislações rural e trabalhista foram com freqüência muito diretas em estabelecer que a violação às leis trabalhistas ou de salário mínimo poderiam ser uma das razões de expropriação de terra.

Em 1959, o movimento revolucionário de Fidel Castro tomou o poder em Cuba onde a terra tinha sido extensivamente monopolizada em grandes plantações de cana-de-açúcar, muitas das quais pertencentes a estrangeiros. A primeira reforma agrária de Cuba, promulgada em maio de 1959, estabelecia a expropriação de todas as fazendas com mais de 400 hectares. Proibia também a posse da terra por estrangeiros, assim como os arranjos de arrendamento e de meeiro. As terras expropriadas que não eram de açúcar foram distribuídas aos antigos posseiros, as fazendas arrendadas e em sistema de meia, dos quais mais de 100 mil receberam títulos de propriedade. Os latifundiários expropriados tiveram o direito de compensação de acordo com o valor do imposto declarado de suas propriedades. As propriedades maiores de açúcar foram nacionalizadas e consideradas propriedades do Estado, como cooperativas ou fazendas coletivas nas quais os trabalhadores sazonais antigos tinham garantia de emprego permanente. A segunda legislação mais importante de reforma agrária, promulgada em 1963, estabelecia a expropriação de todas as propriedades rurais maiores do que 5 *caballerias* (aproximadamente 67 hectares). A maior parte da terra reformada foi para o Estado, embora mais de 40-50 mil camponeses tenham recebido títulos de terra.[4] Ainda que as reformas do começo de 1960 tenham deixado aproximadamente um quarto da terra sob propriedade privada, houve uma consolidação progressiva da posse da terra pelo Estado, e uma diminuição gradual da propriedade privada. Segundo a legislação cubana, lotes individuais não podiam ser herdados, mas revertiam para o Estado com a morte do proprietário. O objetivo, a longo prazo, era, portanto, a socialização progressiva da propriedade agrária.

As reformas agrárias dos anos 1960 no restante da América Latina foram motivadas pelo menos em parte por preocupações políticas para evitar a repetição da experiência revolucionária cubana. Os princípios gerais por trás das legislações e programas de reforma agrária desse período foram apresentadas na Declaração de Punta del Este, adotada pela Organização dos Estados Americanos em 1961:

> Para encorajar, de acordo com as características de cada país, os programas de reforma agrária abrangente, levando a uma transformação efetiva, onde necessário, de estruturas injustas e sistemas de terra arrendadas e uso da terra; com a finalidade de substituir os latifúndios e pequenas fazendas por um sistema equitativo de propriedade, de forma que, suplementadas por crédito adequado e temporário, assistência técnica e acordos de mercado melhores, a terra se tornará para o homem que trabalha nela a base de sua estabilidade econômica, o fundamento de seu bem-estar crescente, e a garantia de sua liberdade e dignidade.

Isso sugere que a filosofia subjacente era a de "terra para quem cultiva" no modelo do leste asiático, quebrando as grandes propriedades tradicionais e convertendo os arrendamentos e trabalhadores estatais em pequenos fazendeiros. Na prática, entretanto, as leis nacionais raramente proporcionaram o estabelecimento de teto para dimensões das propriedades privadas, requerendo, comumente, apenas que a terra fosse conservada sob cultivo eficiente e ativo para evitar a expropriação. Houve exceções a isso. No Chile, por exemplo, a legislação da reforma agrária de 1967 estabeleceu o teto de 80 hectares, que foi mais tarde reduzido para 40 hectares no final do governo socialista de três anos do presidente Salvador Allende (1970-73).

De todas as reformas desse período, a redistribuição de terra mais significativa ocorreu no Peru durante o governo militar entre 1968-75. Nas regiões costeiras, onde predominava a agricultura comercial, um decreto de reforma agrária de 1969 estabeleceu a expropriação de todas as fazendas privadas com mais de 150 hectares e todos os complexos agroindustriais. Nas áreas do altiplano estabeleceu-se um teto entre 15 a 55 hectares, dependendo de fatores como irrigação. Os donos de terra pre-

cisavam viver e trabalhar na terra, e as grandes propriedades expropriadas deveriam pertencer e operar como cooperativas. Uma jurisdição
agrária especial foi criada por meio dos Tribunais Agrários representados
em todos os níveis do Judiciário até à Corte Suprema. Foi garantida, aos
fazendeiros camponeses, assistência legal gratuita para registrar suas reivindicações sobre terra e estes tiveram acesso efetivo à maquinaria legal.

A criação de tribunais agrários e a interpretação dada aos juízes
agrários de suas responsabilidades tiveram um impacto maior no processo de reforma da terra. De acordo com instruções dadas pelo presidente do Tribunal Agrário, os juízes agrários deviam aplicar as normas
legais existentes a favor dos camponeses sempre que houvesse ambigüi-
dades na própria lei. Antes disso, as decisões tanto do tribunal civil
quanto do criminal em geral eram parciais em favor do interesse dos fazendeiros, normalmente resultando no despejo e mesmo na prisão dos
camponeses envolvidos em litígios. Mas leis esquecidas, antigas, data-
das até de 1820 eram agora invocadas para apoiar as reivindicações de
terra baseadas em posse mais do que em título escrito. Mais de 10 milhões de hectares de terra foram expropriados no Peru entre 1969-76 e
redistribuídos para 300 mil camponeses e famílias indígenas. Também
terras de *hacienda* foram redistribuídas para trabalhadores permanentes
antigos, com a exclusão de várias categorias de outros trabalhadores assalariados ou sazonais.

Em retrospecto, pode-se dizer que nenhuma das reformas agrárias
da América Latina dessa era previram as necessidades dos sem-terra. As
análises mais céticas têm afirmado, com muita justiça, que elas em geral
tinham por objetivo modernizar a agricultura tradicional mais do que
acabar com as grandes propriedades, e substituir os acordos feudais e de
trabalho servil por sistemas de trabalho assalariados. Na prática, a não
ser que houvesse implementação estrita de leis de proteção aos arrendamentos, significou a ampla falta de posse dos arrendatários e meeiros das
propriedades rurais para as quais eles tinham antigamente usufruído de
direitos de subsistência. Esse processo já foi observado no Brasil, em
seguida à promulgação de um Estatuto do Trabalho Rural em 1963. Similarmente, na Colômbia, uma lei de 1968 com o objetivo de abolir
gradualmente os arranjos de meeiro e arrendamento serviram na prática apenas para acelerar a expulsão da terra.

Enquanto as reformas eram legisladas de cima, o nível de implementação dependia do grau de pressão vindo de baixo, das organiza-

ções de camponeses e trabalhadores rurais mobilizadas em reivindicações por direitos à terra e trabalho. Os governos que fizeram pressão para a redistribuição de terra (no Brasil antes do golpe militar de 1964, no Chile antes de 1973, na Colômbia no final dos anos 1960 e no Peru entre 1968-75) de fato construíram organizações de camponeses para conseguir apoio político para suas iniciativas reformistas. Não espanta que as reivindicações desses grupos de camponeses fossem a favor da radicalização do processo de reforma. Frustrados com a lentidão na implementação das reformas, ou pela tendência dos tribunais de pender para o lado dos fazendeiros, com freqüência eles se voltaram para a ocupação espontânea das terras que estavam ou ociosas ou devolutas ou acima do limite legal. Tais métodos extralegais normalmente enfrentavam a repressão. Mesmo os governos que estavam comprometidos com as reformas significativas preocupavam-se em controlar o processo mediante suas próprias organizações políticas, e temiam que o tema da reforma agrária pudesse ser explorado por grupos radicais de oposição.

As legislações agrárias desse período devem ser analisadas no contexto mais amplo da transformação da agricultura e da sociedade latino-americanas. Os debates da reforma agrária aconteceram precisamente no momento em que a taxa de expansão do subsetor modernizado da agricultura estava se expandindo, com a adoção de tecnologias altamente desenvolvidas. A modernização estava, na prática, concentrada nas fazendas grandes e médias, voltadas para o comércio, com a exclusão virtual dos pequenos agricultores. E os governos desempenharam um papel-chave de apoio na aceleração dessa modernização, fornecendo concessões de crédito e subsídios, apoio para os preços e investimentos infra-estruturais. Assim, as reformas agrárias começaram com muito consenso entre as novas elites empresariais e os políticos, fazendeiros modernizantes, alguns setores militares e também investidores estrangeiros, todos os que desejavam derrubar os restos feudais da sociedade rural e fazer um uso crescente do trabalho assalariado. Mas considerações de eqüidade eram evidentemente secundárias para aquelas de eficiência econômica, e o conceito de "propriedade de função social" era para a maior parte interpretada pelo critério apenas da produção eficiente. Como o setor moderno subsidiado da agricultura de fato começou a registrar um alto crescimento de produtividade, o ímpeto oficial por reformas redistributivas acabou.

Mas a transição foi freqüentemente violenta, envolvendo sérias crises de legitimidade política. Em países como o Brasil e o Chile, as intervenções militares foram deflagradas, pelo menos em parte, pelos conflitos sobre a terra, e por uma determinação de estancar as organizações camponesas cada vez mais militantes. Em países formalmente sob governo democrático, tais como a Colômbia, houve militarização efetiva do campo quando as forças de segurança se mobilizaram contra as organizações camponesas que até então tinham recebido apoio oficial. Os conflitos mais sérios ocorreram nas repúblicas da América Central, tais como El Salvador e Guatemala, onde uma longa militarização do campo serviu escancaradamente aos interesses dos fazendeiros, e onde um crescimento rápido da fazenda comercial depois dos anos 1960 (de novas safras inclusive de algodão e açúcar superior às áreas de café há muito tempo estabelecidas) deflagraram uma onda de expulsões violentas de camponeses de suas propriedades de subsistência.

No curso dos anos 1980 e 1990, o tema da reforma agrária redistributiva raramente permaneceu na agenda política. Têm havido muito poucas exceções, inclusive as reformas controversas realizadas em El Salvador no começo dos anos 1980, no meio de uma situação de guerra civil; e as reformas implementadas pelo governo sandinista na Nicarágua depois de 1979. O conceito de função social da propriedade está ainda arraigado em muitas Constituições, em princípio permitindo ameaças aos títulos de terra privada com base nas necessidades sociais. Mas as reformas constitucionais do final dos anos 1980, em países como o Brasil e a Guatemala, deram proteção mais forte para a propriedade privada e agora parece que excluíram a redistribuição de terra da agricultura privada. Nos anos recentes tem havido uma mudança política em direção a soluções baseadas no mercado, pelos programas de registro e titulação da terra destinados a aumentar a segurança da propriedade aos pequenos agricultores e também aos grandes fazendeiros.

## Proteção Social e Não-privilegiados Rurais: Desafios Futuros

Para ser breve, foi preciso fazer algumas generalizações bastante abrangentes sobre os processos latino-americanos. Num continente grande e diversificado, está longe de haver, agora, uma uniformidade de estruturas agrárias, legislações, agências para fazer cumprir a lei ou natureza dos conflitos legais. Os países do Cone Sul, com suas pequenas populações indígenas, são obviamente muito diferentes do México, da América Central e dos Andes. E o Brasil, com sua vasta área e conflitos intensos na Bacia Amazônica, tem de ser considerado à parte.

A despeito das diferenças é, assim mesmo, possível identificar alguns traços, problemas e desafios comuns no continente como um todo. Alguns princípios sociais básicos partilhados nas tradições legais da América Latina estão agora sendo atacados. Remanescentes do corporativismo, que permite que o Estado exerça influência nas operações do mercado livre, entraram em choque com as poderosas ortodoxias econômicas. Ao mesmo tempo, as instituições financeiras internacionais, que têm uma influência tão forte nos governos latino-americanos, estão, elas próprias, cada vez mais preocupadas com os temas da governabilidade, modernização do Estado, fortalecimento e modernização do Judiciário, e, em alguns casos, com as causas dos conflitos civis e suas possíveis soluções. E a luta contra a pobreza, freqüentemente com ênfase particular na pobreza no campo, está entre as principais prioridades tanto dos governos latino-americanos como das instituições financeiras internacionais.

Para o Estado de Direito ter qualquer significado real para os pobres rurais da América Latina, pelo menos duas coisas devem existir. Primeiro, os governos precisam ter vontade política e os meios para erradicar a violência contra os pobres do campo, praticada por fazendeiros e bandos armados contratados por eles, e até mesmo por elementos das forças de segurança do próprio Estado. Mas, em segundo lugar — e igualmente importante —, os pobres do meio rural que, como resultado das tendências econômicas e políticas descritas acima, simplesmente não têm acesso a uma subsistência digna, devem sentir que há alguma possibilidade de melhorar sua situação com o uso do sistema legal.

A violência contínua e fortuita em áreas rurais isoladas é um dos pontos mais fracos dos regimes democráticos na América Latina durante as duas últimas décadas. Assassinatos, algumas vezes assassinatos múltiplos, têm ocorrido regularmente nas áreas dilaceradas por conflitos no Nordeste do Brasil. Mais de mil assassinatos foram registrados somente na região do "Grande Carajás" nas últimas duas décadas, enquanto apenas oito casos foram levados a julgamento e apenas seis assassinos foram presos. No estado do Maranhão, mais de 300 homicídios intencionais foram registrados contra os trabalhadores rurais envolvidos em conflitos de terra desde 1972, e mais de 600, no Pará, no mesmo período. Setenta e quatro mortes em conflitos agrários foram registradas durante os primeiros 15 meses do governo do presidente Fernando Henrique Cardoso, em 1995. As organizações de direitos humanos detectaram uma situação de impunidade generalizada com envolvimento, nos assassinatos,[5] da Polícia Militar do estado e de outros funcionários responsáveis pelo cumprimento da lei. Uma repressão similar contra os movimentos indígenas camponeses em Chiapas nas duas últimas décadas foi extensivamente documentada e é com freqüência considerada como um dos fatores do crescimento do radicalismo camponês e do fortalecimento do movimento zapatista.[6]

A violência rural e a impunidade são temas que necessitam ser enfocados pelas organizações de direitos humanos, tanto nacional quanto internacionalmente. Nos anos recentes, esses aspectos da violência rural têm sido cada vez mais analisados pelos grupos internacionais de direitos humanos, como a Anistia Internacional e o Human Rights Watch, entre outros. Seus relatórios sobre violência rural em países incluindo o Brasil, Colômbia, México e Paraguai necessitam ser todos ampliados e divulgados. E deviam ser distribuídos em massa aos bancos internacionais de desenvolvimento e outras organizações doadoras. Tudo que se pode dizer aqui é pedir para que esse trabalho continue, e, talvez, fazer força para que se coloque o tema da violência no campo com a cumplicidade do Estado como uma preocupação temática da agenda dos órgãos de direitos humanos das Nações Unidas.

Um segundo tema é o acesso à justiça, em geral, justiça civil e criminal, e em particular, justiça trabalhista e rural. Há necessidade de mudar mecanismos legais. Investigações rurais em tribunais civis com freqüência arrastam-se interminavelmente, a um custo com o qual os grupos camponeses não conseguem arcar. Programas especiais de assistência legal aos camponeses e organizações de trabalhadores rurais são uma necessidade vital. E os cargos de *ombudsman* de direitos humanos, de importância crescente na América Latina, precisam desenvolver programas de assistência nessa área. A lei trabalhista geralmente precisa ser revisada, levando em conta o fato de que uma proporção crescente de trabalhadores rurais não tem uma relação empregatícia direta com o fazendeiro. Sistemas contratuais em que é realizado o recrutamento por intermediários precisam ser regulamentados por lei, e sistemas de inspeção do trabalho no campo precisam ser enormemente melhorados, para permitir às organizações de trabalhadores do campo mais participação e um acesso mais direto.

Têm havido algumas inovações recentes a esse respeito. Uma Procuradoria Agrária foi criada no México em 1992, com um amplo mandato para proteger tanto fazendas comuns como pequenas e os trabalhadores rurais assalariados. Suas funções são em parte as de conciliação e arbitragem, representando os trabalhadores do campo perante os tribunais agrários e as autoridades federal, estadual e municipal. Ela tem também um mandato investigatório, para supervisionar a administração da justiça nas áreas rurais e relatar o cumprimento da lei. E na Guatemala, segundo um compromisso de acordo de paz assinado em 1996 entre o governo e grupos armados insurgentes, uma secretaria presidencial para assistência legal e resolução de conflitos de terra foi agora criada. Suas funções incluem assistência legal aos camponeses e trabalhadores rurais e suas organizações; intervenção em conflitos de terra a pedido de alguma das partes; acolhimento de denúncias de abusos cometidos contra comunidades camponesas ou indivíduos e transmissão destas para as organizações de direitos humanos.[7]

Mas tais mecanismos processuais não podem ter um impacto significativo a longo termo sobre a pobreza rural e os conflitos se as políticas mais amplas econômica e social deixarem de atuar sobre os atuais padrões de emprego precário, falta de terra e, em muitos casos, de verdadeiro desespero humano. Aqui a questão não são soluções legais, em termos de acesso ao sistema judiciário existente. O tema é como os grupos sem recursos e mais marginalizados podem ter uma participação no desenvolvimento nacional, em países com nenhum sistema de securidade social efetivo, sem auxílio desemprego e uma recente depressão recorde na criação de emprego fora dos setores informais urbanos e rurais.

Nesse sentido, é vital considerar como os princípios da lei podem acalmar as forças de mercado, propiciando proteção social para os mais vulneráveis, e também protegendo das forças do mercado aqueles grupos que simplesmente não desejam administrar seus negócios econômicos e políticos pelas regras da economia de mercado livre. Há algumas diferenças básicas entre o liberalismo de século XIX e as tendências "neoliberais" na média dos países latino-americanos. Um século atrás, os liberais radicais estavam determinados a destituir todas as instituições corporativas e não de mercado em razão do progresso econômico. A médio termo, eles falharam. Hoje, muitos governos pagam algum tributo ao conceito de "economia de mercado social". Há também um desejo crescente de permitir às comunidades indígenas administrar seus negócios em linhas parcialmente não de mercado, talvez sob um regime especial de posse da terra que proíba as vendas de terra e hipotecas fora da comunidade imediata.

Mesmo no que diz respeito aos povos indígenas, as políticas atuais estão longe de ser uniformes. As reformas de 1992 à Constituição Mexicana — talvez simbolicamente promulgadas 500 anos após a conquista espanhola das Américas — estavam designadas a pôr um fim definitivo ao processo de reforma agrária, e também a pavimentar o caminho para a privatização da terra de agricultura. Embora as reformas mexicanas não tenham abolido o *status* das terras indígenas comunais (pelo contrário, garantem às comunidades indígenas o direito de decidir se desejam manter um *status* especial legal comum), elas são, entretanto, parte de uma política geral de remover subsídios e de reformar o setor agrícola segundo as linhas do livre mercado. A Bolívia, de modo interessante, movimentou-se em direção diferente. Sua lei de reforma agrária mais recente promulgada em 1996 coloca mais restrições para a alienação e transferência das terras indígenas (não apenas para os silvículas nas terras baixas tropicais, mas também para os camponeses índios de Aymara e Quechua das terras altas) do que as leis de reforma agrária anteriores. Sob a nova lei, a propriedade agrária está claramente dividida entre o setor comercial e os setores indígena e camponês. Em outros países onde os povos indígenas são ou a maioria ou uma grande proporção das populações nacionais, as tensões entre os princípios de mercado ou não-mercado estão ainda por ser resolvidos. É claro que os povos indígenas em países como Equador, Guatemala e Peru produzem de fato extensivamente para os mercados nacionais — e algumas vezes internacionais —, mas a terra ainda continua tendo um significado espiritual e cultural especial para eles, além da produção agrícola. Desse modo, é interessante que os acordos de paz recentes na Guatemala coloquem mais ênfase nas abordagens mercadológicas de desenvolvimento agrícola, na clarificação dos direitos de propriedade, enquanto um Acordo Indígena setorial também reconhece a importância dos direitos à terra comunal dos índios.

Mas enquanto a situação e demandas dos povos indígenas da América Latina tendem a receber mais atenção internacional, a situação deteriorada dos sem-terra não-indígenas — vários milhões de trabalhadores expulsos e abandonados em países como o Brasil e a Colômbia — tende a ser ignorada. É improvável que haja um novo *round* de reformas agrárias ao estilo daquelas dos anos 1950 e 1960. Embora a pobreza rural seja indiscutivelmente mais aguda do que então, as condições são diferentes. É mais do que certo que os trabalhadores migrantes temporários, que suportam condições tão miseráveis e instáveis no cinturão agrícola comercial, desejam ser pequenos fazendeiros. Suas demandas provavelmente são por emprego estável e pelo ano inteiro, por proteção à saúde e educação, todo o necessário para lhes dar a chance de uma existência humana adequada. Mas tudo isso é parte da função social da propriedade, reconhecida na tradição social e legal da antiga América Latina. Sob condições feudais, um dono de terra individual tinha obrigações para com a força de trabalho específica. Sob as condições da agricultura capitalista diferentes de hoje, os fazendeiros como um todo devem ter obrigações para com a força de trabalho como um todo, sejam migrantes, trabalhadores diaristas ou trabalhadores mais permanentes. A resposta pode não estar nas reformas agrárias redistributivas, mas em impostos sobre as terras mais altos e mais eficientes, em cumprimento efetivo da legislação de trabalho agrário, no apoio oficial a organizações fortes e independentes do trabalhador do campo, em melhores serviços de bem-estar e em programas de treinamento. Em algumas situações, entretanto, as ocupações de terra irão crescer, a violência rural se intensificará, se as políticas econômica e social não enfrentarem as demandas dos não-privilegiados rurais.

## Notas

1. *The State of World Rural Poverty: An Enquiry into Its Causes and Consequences,* International Fund for Agricultural Development, Roma, março 1992.

2. *Potentials for Agricultural and Rural Development in Latin America and the Caribbean. Annex II, Rural Poverty,* Food and Agriculture Organization of the United Nations, Roma, 1988.

3. *Panorama Social de America Latina 1996,* Economic Commission for Latin America, Santiago de Chile, 1997.

4. Para a experiência cubana, ver Dharam Ghal, Cristobal Kay & Peter Peek, *Labour and Development in Rural Cuba* (Macmillan Press, 1988).

5. Ver Alfredo Wagner Berno de Almeida, "Amazonia: Rite of Passage from Massacre to Genocide", texto apresentado na conferência sobre Estado de Direito, Universidade de Notre Dame, novembro, 1996.

6. Ver Neil Harvey, *Rebellion in Chiapas,* Center for U.S. Mexican Studies, University of California, San Diego, 1994.

7. Acordo sobre Aspectos Socio-econômicos e a Situação Agrária, assinado entre o governo da Guatemala e o URNG na Cidade do México, em 6 de maio de 1996. O Acordo entrou em vigor em dezembro de 1996 com a assinatura de um Acordo de Paz Final, e a Secretaria Presidencial foi criada em meados de 1997.

# PARTE II

# SUPERANDO A DISCRIMINAÇÃO

# 7

# SUPERANDO A DISCRIMINAÇÃO:
# INTRODUÇÃO

REBECCA J. COOK

Um ponto importante levantado por este volume é o reconhecimento de que a discriminação de marginalizados não é simplesmente uma falta de sorte associada a seus *status* particulares, mas uma injustiça. Desse modo, os sistemas de justiça nacionais e internacionais precisam estar sensibilizados para pôr cobro a essa injustiça. A maioria das sociedades enfrenta o desafio de formular estratégias efetivas para superar a discriminação de grupos marginalizados como um degrau para obter justiça plena. Os próximos capítulos apresentam importantes visões para entender a natureza da discriminação, em particular contra os povos indígenas, mulheres e minorias raciais, os desafios contextuais para alcançar igual proteção para seus direitos e sugere idéias para obrigar a respeitar as normas de igualdade em vários países da América Latina.

O capítulo de Jorge Dandler sobre os povos indígenas demonstra que as políticas de assimilação que tentaram integrar as culturas indígenas às culturas nacionais dominantes foram elas próprias uma fonte de discriminação. Dandler explica que as políticas de assimilação têm sido substituídas por reformas que requerem o respeito às novas cláusulas constitucionais nacionais e internacionais para proteger os direitos dos povos indígenas. Ele descreve as reformas recentes em 9 países latinos-americanos que concederam aos povos indígenas garantias constitucionais em diferentes graus aos seus direitos à propriedade, identidade cultural e lingüística e autonomia em seus governos.

Shelton Davis, comentando o capítulo de Jorge Dandler, identifica alguns dos desafios para alcançar um tratamento igualitário para os povos indígenas. Ele realça a necessidade de pesquisa para desenvolver uma compreensão empírica confiável das realidades socioeconômicas desses povos[1] e para aplicar as leis escritas para consertar as injustiças reais que esses povos enfrentam. Explica a conseqüente necessidade de melhorar a compreensão e o treinamento a respeito dos direitos dos povos indígenas, em particular a respeito da natureza coletiva desses direitos, em escolas de direito e em programas de educação judicial. Isso é particularmente importante se esperamos que as legislações interna e internacional continuem a se desenvolver de maneira efetiva para a superação da discriminação contra os povos indígenas.[2]

O capítulo de Marie Claire Acosta sobre discriminação contra mulheres no México explica que uma causa da discriminação contra as mulheres é que as leis não são geralmente elaboradas para cobrir a maior parte dos abusos que elas enfrentam na privacidade de seus lares. Por exemplo, as leis criminais nem consideram a relação sexual forçada no casamento como estupro, nem permitem a punição de homens acusados de violência doméstica. Ela acrescenta que onde são criadas leis para coibir os abusos enfrentados pelas mulheres, raramente são aplicadas com eficiência. Cita o exemplo das leis de aborto, que permitem aborto em caso de estupro, mas que não são aplicadas para aproximadamente um quinto das vítimas de estupro que ficam grávidas em conseqüência deste. A despeito de muitas críticas sobre a falta de acesso ao aborto legal em tais casos, o México não estabeleceu procedimentos que permitam às vítimas de estupro engravidadas submeter-se a abortos seguros, ao contrário de alguns hospitais públicos do Rio de Janeiro.[3]

Comentando o capítulo de Marie Claire Acosta, Dorothy Thomas observa a injustiça de "o Estado de Direito para as mulheres não ser uma regra, mas uma exceção". Thomas salienta que o México não é o único país a negligenciar a violência doméstica. Ela cita estudos mostrando que o Brasil não garante às suas cidadãs proteção igual da lei, dado seu enorme fracasso em processar os autores de homicídio de esposas, estupro conjugal e agressão e espancamento domésticos.[4] É fundamental para a aplicação da lei com igualdade a construção das condições, entre as próprias mulheres, de uso dos instrumentos nacionais e internacionais de direitos humanos para prevenir e remediar os numerosos abusos que elas enfrentam.[5]

O capítulo de Peter Fry sobre raça no Brasil contesta como apenas um mito a pretensão brasileira de democracia racial. Ele cita estudos que mostram que os negros tendem a ser mais perseguidos pela vigilância policial, enfrentam obstáculos maiores no acesso à justiça criminal e têm mais dificuldade de proteção e promoção de seus direitos constitucionais. Ele explica que o funcionamento preconceituoso dos sistemas de justiça criminal e constitucional resulta em uma desconfiança sobre todo o Estado de Direito. As razões para a falta de confiança no sistema legal para corrigir injustiças variam, mas incluem a corrupção do Judiciário, o congestionamento dos casos nos tribunais, a falta de concepções modernas do sistema legal, em particular do sistema de justiça criminal, que poderia torná-los mais receptivos aos grupos marginalizados.[6]

Comentando o capítulo de Peter Fry, Joan Dassin explora as vantagens e desvantagens das diferentes estratégias para garantir o respeito às normas com igualdade no Brasil. Ela argumenta que, a despeito da falta de fé no Estado de Direito, organizações não-governamentais estão tentando vigorosamente uma aplicação mais eficiente dos direitos para assegurar a não discriminação racial por meio de recursos aos tribunais. Explora as questões que Fry levanta sobre a conveniência da estratégia da ação afirmativa no Brasil e endossa suas preocupações de que formalizar a raça como um critério para definir e orientar a política poderá exacerbar e não diminuir os problemas de desigualdade racial. Dassin avalia a preferência de Fry por políticas que visem denunciar desigualdade econômica, acreditando, como ele, que tais políticas automaticamente beneficiariam um grande número de afro-brasileiros.

Pelo menos três temas inter-relacionados, que assinalam a necessidade de mais pesquisa, globalização do mercado e responsabilidade estatal, emergem desses capítulos.

## Discriminação Multidimensional

Os capítulos analisam a discriminação da perspectiva de três grupos diferentes de pessoas. Nenhuma forma de discriminação ocorre em um vácuo. Cada uma está entrelaçada com as outras formas de discriminação e com as maneiras pelas quais as sociedades se organizam. Estudiosos pertencentes à minoria feminista começaram a questionar a eficiência de estruturas de um eixo único para expor a discriminação contra as mulheres minoritárias.[7] Aplicações unidimensionais de cláusulas de gênero são igualmente inadequadas para expor a total profundidade da discriminação sofrida pelas mulheres nos grupos sociais expostas à discriminação adicional nos campos não relacionados de sexo e gênero. Além disso, discriminação estereotipada pode existir nos próprios subgrupos raciais ou outros sociais que não são característicos da sociedade toda.

Um trabalho mais refinado dessa natureza é necessário para melhorar a compreensão da interação da discriminação racial, de gênero, econômica e outras, e para traduzir esse entendimento em proibição legal e eliminação de formas de discriminação compostas e multidimensionais.

## Uso de Pesquisa em Ciências Sociais

Os capítulos utilizam as descobertas de pesquisas em ciência social para expor a distância entre a lei escrita e a realidade dos povos indígenas, a falta de aplicação igual de leis contra os abusos violentos que as mulheres enfrentam e a natureza racista do sistema de justiça criminal em diferentes países. Os autores utilizam as descobertas dessas pesquisas para desafiar as afirmações dominantes sobre como os diferentes grupos vivem e a vulnerabilidade deles nas diferentes formas de discriminação. Algumas contribuições ao conhecimento vindas das ciências sociais mudaram, de maneira profunda, a percepção dos grupos marginalizados em certas sociedades.

Para criar políticas mais eficientes para superar a discriminação, os cientistas sociais e advogados necessitam ser treinados a trabalhar juntos. É necessário um trabalho interdisciplinar cuidadoso para expor as diferenças entre lei escrita e realidades sociais de todos os grupos marginalizados. Além disso, esse trabalho precisa ser aplicado para exigir uma implementação mais eficiente das leis, e, onde necessário, uma reforma legal em moldes que correspondam a essas realidades. A crítica ao cumprimento efetivo da lei de responsabilidade de agências e mandatos individuais para eliminar a discriminação são instrumentos e medidas que os advogados e tribunais não podem criar sem ajuda.

O desenvolvimento de instrumentos, medidas e técnicas apropriadas de cumprimento da lei depende de colaboração legal, judicial e legislativa com cientistas sociais que aplicam suas disciplinas, habilidades e imaginação. Os detalhes e técnicas da legislação são respostas às condições sociais a partir das quais os fatos podem ser determinados pela evidência, e para as circunstâncias sociais a partir das quais ajustes podem ser modelados e realizados. Os advogados devem ter uma compreensão mais bem informada do que outros do devido processo da lei, e uma gama maior de experiência das funções apropriadas e disfunções do processo legal, mas um senso de justiça não está conectado apenas aos processos de interrogatório e resolução dos conflitos. O senso de justiça, e a satisfação em tê-la realizado, vem da comunidade toda ou da sociedade, criada a partir de ideais, esperanças e valores de todos os seus participantes.

A pesquisa em ciência social é mais produtivamente empregada para colocar os governos a par de seus fracassos em atender aos padrões de não discriminação. Os governos, desse modo, têm a oportunidade de consertar suas falhas e de evitar condenação por violações dos deveres legais que estão estabelecidos em suas próprias Constituições e legislações domésticas, e nas suas obrigações legais internacionais. Os advogados, nos julgamentos e nos tribunais, podem usar os resultados de pesquisas em ciências sociais que mostrem brechas em relação aos padrões legais, mas muitos outros grupos também podem aplicar tais pesquisas como meio político para apelar e pressionar por reformas práticas inadequadas, e para conseguir soluções.

Se os governos cumprem sua obrigação de garantir o respeito às normas de igualdade com seriedade, eles têm de pensar cuidadosamente sobre como encorajar e facilitar os cientistas sociais e advogados a trabalharem juntos para, com eficiência, reformar e implementar as legislações.

## Globalização do Mercado e Responsabilidade do Estado

Vários autores identificam a globalização do mercado como um modo particular de exacerbar as formas de discriminação, e denunciam políticas estatais que dependem exclusivamente do mercado para conseguir a igualdade entre os grupos sociais. Ao mesmo tempo que esforços para empregar meios privados para alcançar objetivos públicos são importantes para diminuir a discriminação, não se pode substituir o papel central do governo de assegurar a implementação efetiva das leis contra a discriminação. Os Estados permanecem responsáveis, segundo suas próprias Constituições e segundo as obrigações de tratados regionais e internacionais, por violações das normas de igualdade. As violações podem consistir em instâncias individuais de discriminação e modelos sistêmicos de discriminação, tais como discrepâncias persistentes e graves no acesso à justiça criminal, educação e, por exemplo, serviços de saúde, que de modo cumulativo representam desvantagem para um grupo em relação a outro.

Os Estados têm o dever de respeitar, proteger e cumprir as normas de igualdade, e, se fracassam no dever de cumpri-las, são legalmente responsáveis perante as vítimas de discriminação, por remediar as injustiças e evitar a recorrência do abuso.

*O Dever de Respeitar* exige que os Estados sejam subordinados às convenções de direitos humanos para impedir as violações de direitos e para respeitar o acesso dos titulares do direito de gozá-las pelos seus próprios meios. Desse modo, o direito dos povos indígenas à não discriminação é violado pela ação do Estado, tais como expulsão oficial dos territórios nativos ou quando o governo aluga os ter-ritórios indígenas para companhias mineradoras, sem o consentimento daqueles povos.

*O Dever de Proteger* exige que os Estados evitem as violações de direitos cometidos por pessoas e organizações privadas. Indivíduos e instituições privadas como tais não estão subordinados à legislação internacional, exceto em circunstâncias extremas, como o cometimento de crimes de guerra e crimes contra a humanidade. Entretanto, os Estados e seus governos estão legalmente submetidos a tais convenções "para organizar o aparato governamental e, em geral, todas as estruturas pelas quais o poder público é exercido, de forma que elas sejam capazes de juridicamente assegurar o livre e completo acesso aos direitos humanos"[8]

*O Dever de Realizar* exige que os Estados tomem medidas legislativas, administrativas, judiciais, orçamentárias, econômicas e outras apropriadas à obtenção da realização total pelos indivíduos dos seus direitos humanos. Desse modo, o governo que fracassa, por exemplo, em assegurar aos seus cidadãos afro-brasileiros acesso razoável à educação ou ao sistema de justiça criminal, coloca o Estado em falta com o seu dever.

Os autores seguintes e seus comentadores indicam que alguns governos deram os primeiros passos importantes em direção ao conhecimento de suas obrigações de assegurar respeito, proteção e realização dos direitos dos grupos marginalizados. Eles contribuem para nossa compreensão da natureza sistêmica e multidimensional, e sugerem que a garantia de normas de igualdade não será realizada por abordagens simplistas. Entender as causas subjacentes da discriminação é um primeiro passo necessário para o avanço da justiça para os grupos marginalizados, mas identificar as dinâmicas cultural, socioeconômica e outras da discriminação é uma pré-condição para sua superação. Os próximos capítulos mostram como o trabalho de advogados e juízes dedicados podem ser reforçados com dados estabelecidos, entre outros, por pesquisadores em ciências sociais na busca para superar a discriminação.

## Notas

1. *Indigenous People and Poverty in Latin America: An Empirical Analysis*, George Psacharopoulos & Harry Anthony Patrinos eds., Washington, D.C.: World Bank, 1994.

2. James Anaya, *Indigenous Peoples in International Law*, Nova York: Oxford University Press, 1996.

3. Jacqueline Pitanguay & Luciana Sarmento Garbayo, *Relatório do Seminário: A Implementação do Aborto Legal no Serviço Público de Saúde* (Rio de Janeiro, Brasil: Cidadania, Estudo, Pesquisa, Informação e Ação, 1995).

4. Human Rights Watch, *Crimianl Injustice: Violence against Women in Brazil*, Nova York: Human Rights Watch, 1991.

5. Cecilia Medina, *Toward a More Effective Guarantee of the Enjoyment of Human Rights by Women in the Inter-American System, in Human Rights of Women: National and International Perspectives*, Rebecca J. Cook ed., Philadelphia: University of Pennsylvania Press, 1994, também disponível em espanhol: Cecilia Medina, *Hacia una manera más efectiva de garantizar que las mujeres gozen de sus derechos humanos en el sistema interamericano, in Derechos Humanos de la Mujer: Perspectivas Nacionales e Internacionales*, Bogotá, Colombia: Profamilia, 1997.

6. Lawyers Committee for Human Rights and the Venezuelan Program for Human Rights Education and Action, *Halfway to Reform: The World Bank and the Venezuelan Justice System*, Nova York: Lawyers Committee for Human

Rights, Caracas: Venezuelan Program for Human Rights Education and Action, 1996.

7. Kimberle Crenshaw, *Demarginalizing the Intersection of Race and Sex: A Black Feminist Critique of Antidiscrimination Doctine, Feminist Theory ane Antirascist Politics,* Univ. of Chic. Legal Forum 139-67 (1989); Mary Ellen Turpel, *Patriarchy and Paternalism: The Legacy of the Canadian State for First Nations Women,* 6 Canadian J. Women & Law 174-92 (1993).

8. O Caso *Velásquez Rodriguez* (Honduras), 4 Inter- Amer. Ct. H. R. (ser. C), 92, § 166 (1988).

# 8

# POVOS INDÍGENAS E ESTADO DE DIREITO NA AMÉRICA LATINA: ELES TÊM ALGUMA CHANCE?

JORGE DANDLER

"Restam poucos ou já estão totalmente integrados."
"Nós não temos mais povos indígenas."
"Como vamos nos sentar com eles na mesma mesa se eles não estiverem integrados à civilização?"
"Eles estão destinados a desaparecer?"
"Quem, afinal de contas, é um índio?"
"Eles são pobres porque são índios e quando o desenvolvimento e a modernização se tornarem mais generalizadas, eles não permanecerão índios."
"A maioria dos índios que temos em meu país vêm de seu país (Bolívia) ou são Mapuches chilenos que atravessaram a fronteira para obter terra aqui."
"Para proteger sua reserva florestal e a fauna, é melhor realocar as comunidades indígenas."
"A melhor maneira de desenvolver nossa região florestal é colonos das terras altas e fazendeiros de outros países, com vocação para o trabalho e progresso."
"Eles não são confiáveis, eles podem trazer a divisão do país como na Iugoslávia."
"Nosso programa de erradicação da pobreza é para todos os pobres. Porque nós devemos discriminar entre índios e não-índios."
"Eles têm um longo caminho a percorrer antes que estejam integrados e o principal deles é pela educação."

Estamos perto do fim do milênio e ninguém duvida de que a globalização veio para ficar e prosperar a todo custo.

Entretanto, como Margarita Retuerto, ex-defensora adjunta de Pueblo da Espanha, afirmou em um seminário em Lima. "A globalização econômica é um fato da vida, no mundo de hoje, mas não nos deixem esquecer que há também uma globalização dos direitos humanos como um guia de princípios: a globalização na comunicação também torna cada vez mais difícil para as nações cometerem abusos aos direitos humanos com impunidade".[1] Não há dúvida de que há tendências econômicas globais que afetam de forma crescente a vida econômica, social, cultural e política dos povos indígenas em todos os países que habitam. Ao mesmo tempo, há uma crescente consciência, pelo menos em alguns países, de que o fortalecimento da democracia está também ligado à necessidade de tomar medidas efetivas para reconhecer os direitos dos povos indígenas. Tal agenda faz parte de um problema maior: é possível efetivamente reconhecer a diversidade cultural como uma dimensão permanente da sociedade nacional? As nações latino-americanas têm um débito histórico com os povos indígenas que necessita ser compensado? Os povos indígenas estão cada vez mais afirmando sua presença organizada, apresentando suas demandas, dilemas, questões e propostas aos quais os governos e as sociedades nacionais mais amplas nas quais eles vivem são lentas em responder.

## O Fim do Indigenismo?

Há numerosos problemas nos cenários nacional e internacional que têm historicamente dificultado o reconhecimento dos direitos dos povos indígenas.

Primeiro, as Constituições na América Latina, como em outras regiões, garantem formalmente que nenhum indivíduo venha a sofrer discriminação por razões de raça, etnia, origem, cultura, religião ou gênero. Ao mesmo tempo, elas contêm cláusulas que garantem os direitos humanos individuais fundamentais. Entretanto, os direitos humanos das pessoas indígenas e de suas comunidades, tanto como indivíduos quanto como coletividades, são com freqüência violados, na prática, desde que os princípios constitucionais básicos reconhecem que sua existência e permanência têm sido, até há bem pouco tempo, relativamente ausentes.

Em segundo lugar, a vulnerabilidade dos indígenas, como indivíduos e comunidades, está intimamente ligada à falta de cláusulas ou garantias legais apropriadas na maioria das legislações nacionais. A despeito do progresso considerável na adoção de padrões internacionais e nacionais a respeito dos direitos humanos fundamentais individuais e coletivos, os *direitos coletivos* dos povos indígenas têm sido sistematicamente violados em muitas ocasiões e circunstâncias.

Em terceiro lugar, a premissa histórica dominante que tem guiado a construção dos Estados-nação na América Latina tem sido a "integração", entendida como uma necessidade de que os povos indígenas, já que eles se "beneficiam" da modernização e do desenvolvimento, devem se tornar aculturados e, desse modo, não se identificarem mais com os índios (i.e., como maias, quechuas, aimarás, shipibos). O principal objetivo, nesse contexto, era criar uma cultura nacional homogênea ou uma sociedade nacional "integrada" que não tivesse povos indígenas. Uma variante dessa perspectiva era a glorificação de uma cultura "mestiça" integrada que também implicava uma degradação da cultura indígena, considerada um remanescente do passado, misturada a alguns ingredientes "positivos" da cultura não-indígena ou influência "ocidental".

Em quarto lugar, os projetos e programas de desenvolvimento quase nunca foram capazes de transcender uma abordagem integracionista e clientelista, inclusive aquelas implementadas pelas instituições *indigenistas* ou políticas que tentavam levar em conta as especificidades culturais. E finalmente, a ideologia da benevolência em muitas legislações e Constituições nacionais provocou a elaboração de mecanismos de tutela que negavam aos indivíduos e comunidades indígenas uma participação efetiva assim como a segurança legal necessária para exercer seus direitos de cidadania e defender sua identidade cultural e sua subsistência.

Essas visões predominantes a respeito dos povos indígenas têm sido fortemente contestadas nas últimas duas décadas, em particular quando as organizações indígenas e seus líderes cada vez mais têm expressado suas reivindicações. Além disso, naturalmente, muitos intelectuais, ONGs e ativistas do desenvolvimento têm contribuído para se repensar e mudar esses temas de exclusão cultural e social, desenvolvimento sustentável e igualdade social no contexto global da democratização.

# Mudanças de Perspectivas nas Leis e outros Acordos Internacionais

Quando a Declaração Universal dos Direitos Humanos, a Declaração Americana dos Direitos e Deveres do Homem, a Convenção Americana sobre Direitos Humanos, os Compromissos Internacionais sobre Direitos Humanos, a Convenção Internacional sobre a Eliminação de Todas as Formas de Discriminação Racial e outros instrumentos internacionais criaram raízes, os direitos sociais coletivos, econômico, cultural e político ganharam um reconhecimento mais amplo. Nesse contexto, houve algum progresso com o debate e a adoção dos novos princípios em relação aos direitos fundamentais dos povos indígenas. Esses avanços não teriam sido possíveis sem a presença internacional e nacional crescente das organizações indígenas. Na próxima seção, resumo alguns dos progressos normativos mais recentes na esfera internacional.

## Convenção OIT nº 169

Em resposta ao consenso crescente internacional sobre as falhas na Convenção da Organização Internacional do Trabalho (OIT) nº 107(1957), em particular seus alicerces integracionistas e protecionistas, assim como a necessidade de adotar padrões internacionais novos que respondessem mais adequadamente às reivindicações e necessidades dos povos indígenas do mundo, em 1989, a OIT adotou a convenção nº 169 (Povos Indígenas e Tribais em Países Independentes), substituindo instrumento anterior.[2] Essa nova convenção é atualmente o mais extenso instrumento internacional sobre os direitos dos povos indígenas e tribais. Faz a abordagem de respeito fundamental pelas culturas, modos de vida, tradições, leis comuns desses povos como povos com presença contínua (entendido nas fronteiras dos Estados existentes), com direitos e uma identidade derivados de sua presença histórica e contemporânea nos países onde vivem. A convenção sustenta que a auto-identificação deve ser vista como um critério fundamental para determinar os grupos aos quais as cláusulas desse instrumento internacional se aplicam. Em outras palavras, nenhum grupo social ou Estado tem o direito de negar a identidade que os povos indígenas e tribais sustentem ou afirmem.

A convenção reconhece que esses povos têm o direito de decidir suas prioridades no desenvolvimento e de exercer controle sobre seu desenvolvimento econômico, social e cultural. Isso pode ser realizado de várias maneiras. Eles podem participar do processo de tomada de decisão e podem se identificar como indígenas ou tribos. Há também cláusulas que dão a esses povos o direito e a responsabilidade de administrar os programas que os afetam. Por exemplo, eles têm o direito de participar na execução dos serviços de saúde ou assumir a responsabilidade total e o controle desses serviços. Os governos são obrigados a assegurar para esses povos os padrões mais altos de saúde física e mental, e, para alcançar esse objetivo, os serviços de saúde devem ser adequados, i.e., baseados na comunidade e projetados a partir de suas tradicionais práticas e medicinas preventiva e curativa. A participação na execução de serviços e programas educacionais é também oferecida. A educação indígena deve ser bilíngüe e bicultural.

A Convenção nº 169, ao contrário do instrumento da OIT anterior, estabelece princípios gerais claros sobre consultas e consenso. Os governos são obrigados a consultar os povos indígenas e tribos, mediante procedimentos adequados e suas instituições representativas, sempre que for estabelecida uma deliberação para medidas legislativas ou administrativas que possam afetá-los diretamente. É especificado que as consultas têm de ser realizadas de boa-fé e de uma forma apropriada às circunstâncias, com o objetivo de alcançar um acordo ou consenso para as medidas propostas.

Os direitos à terra são absolutamente fundamentais para a sobrevivência dos povos indígenas. A terra e seus recursos naturais são a fonte principal de vida, integridade social e cultural e bem-estar espiritual desses povos. A Convenção obriga os governos a respeitar a importância especial da vida cultural e espiritual desses povos e, em particular, o aspecto coletivo do seu relacionamento com as terras ou territórios que ocupam e usam. O reconhecimento das áreas de terras às quais os povos indígenas ou tribos têm direitos especiais tem a finalidade de oferecer-lhes uma base estável para seus empreendimentos econômicos, sociais e culturais e sua sobrevivência futura. Quando o Estado ou a nação retém a propriedade dos recursos minerais e subterrâneos, é necessário consultar esses povos para determinar se e em que grau seus interesses poderiam ser prejudicados antes de permitir que quaisquer programas para extração ou exploração dos recursos seja executada. Deve-se prestar atenção especial ao fato de que essa avaliação deve ser realizada antes da aprovação da exploração ou do projeto. A esse respeito, a convenção estabelece que esses povos precisam participar dos benefícios da exploração dos recursos, e devem sempre receber as devidas compensações por quaisquer estragos que possam sofrer como resultado dessas atividades. Os povos indígenas são com freqüência deslocados de suas terras, principalmente em conseqüência da contestação aos seus direitos de posse, e quando são realocados tanto os acordos de compensação como os reassentamentos são terrivelmente inadequados. As convenções determinam que esses povos não podem ser removidos das terras que eles ocupam; se a realocação é necessária como uma medida excepcional, os governos são obrigados a aplicar requerimentos com procedimentos rigorosos, que incluem pesquisas públicas e representação efetiva.

A Convenção requer que os governos estabeleçam medidas dissuasivas para evitar que pessoas não-indígenas tirem vantagens da falta de conhecimento, por parte dos povos indígenas ou tribos, das leis nacionais ou que elas invadam ou usem suas terras sem autorização. No último caso, sanções adequadas serão determinadas por lei. Os métodos tradicionais para a transmissão dos direitos à terra entre os povos indígenas e tribos devem ser totalmente respeitados. Sempre que os governos forem adotar medidas que afetem a habilidade desses povos de alienar ou transmitir seus direitos a povos não-indígenas, devem ser estabelecidas consultas entre os povos indígenas ou tribos. Esse é um princípio crucial, em especial porque um grande número de países, como parte da liberalização e modernização econômicas, está modificando suas leis territoriais e cláusulas constitucionais. O objetivo principal é levantar restrições, introduzidas nas leis e programas de reforma agrária, a respeito de propriedade, tamanho e uso de terras destinadas à agricultura, inclusive aquelas que pertençam aos povos indígenas. Nesses casos, a Convenção estipula que esses povos devem ser consultados sobre o âmbito e as implicações dessas emendas antes que estas sejam promulgadas.

A Convenção nº 169 estabelece que os povos indígenas têm o direito de reter seus costumes e instituições, inclusive os métodos tradicionais para lidar com crimes cometidos por seus membros, quando elas não forem incompatíveis com os direitos fundamentais estabelecidos pela legislação nacional e internacional. Os governos são obrigados a dar a atenção devida às leis de costumes e características sociais, econômicas e culturais dos povos indígenas e tribos quando aplicar as legislações e os regulamentos nacionais e quando impuserem as penalidades.

A Convenção inclui várias outras cláusulas, tais como a obrigação dos governos de adotar medidas especiais para assegurar a proteção efetiva desses povos a respeito do recrutamento e condições de emprego, inclusive de remuneração igual para trabalho de igual valor, assistência médica, proteções especiais para trabalhadores sazonais, temporários e migrantes. A respeito das mulheres índias que trabalham, há uma cláusula específica que as protege de molestação e abusos sexuais.

Desde que em muitos casos os povos indígenas e tribos foram separados por fronteiras nacionais que foram estabelecidas sem que fossem consultados, a Convenção determina que os governos tomem medidas apropriadas, que incluem acordos internacionais, para facilitar os contatos e a cooperação entre esses povos além das fronteiras.

Finalmente, a Convenção obriga que os governos estabeleçam agências e outros mecanismos institucionais apropriados para administrar os programas e as políticas que afetam os povos indígenas, e assegurar que eles tenham os recursos necessários para executar as funções que lhes designaram. Além disso, esses programas devem incluir planejamento, coordenação, execução e avaliação, com a participação dos povos indígenas em questão, sobre as medidas estabelecidas pela Convenção. Isso deve incluir também medidas legislativas e outras que possam ser programadas em cooperação com esses povos.

Sendo o mais recente e específico instrumento internacional a respeito dos direitos dos povos indígenas e tribos, a convenção representa um avanço significativo em traduzir muitas de suas reivindicações em direitos estabelecidos internacionalmente. Do mesmo modo que outras convenções da OIT promovidas, a Convenção nº 169 contém o que são considerados universalmente padrões mínimos. Um Estado quando ratifica a Convenção nº 169 compromete-se a desenvolver legislação e administração da justiça mais adequadas, assim como a adotar outros requisitos para assegurar a sobrevivência e o futuro dos povos indígenas e tribos.

A Convenção nº 169 deve ser vista no contexto dos vários fóruns internacionais que contribuíram para sua adoção em 1989. Desde então, tem havido evolução nas discussões a respeito dos instrumentos adicionais, pelas Nações Unidas e pela OEA, outros acordos internacionais, e iniciativas das agências de desenvolvimento multilateral e bilateral, para incluir orientações e diretrizes políticas.

## O Grupo de Trabalho da ONU sobre Populações Indígenas e Proposta de Projeto para uma Declaração Universal dos Direitos dos Povos Indígenas

Desde 1982, como resultado de uma decisão do Conselho Econômico e Social das Nações Unidas e da Comissão de Direitos Humanos da ONU, foi criado o Grupo de Trabalho sobre as Populações Indígenas na Subcomissão para Prevenção da Discriminação e Proteção das Minorias (Subcomissão). A criação do Grupo de Trabalho coincide com a crescente internacionalização das atividades para os povos indígenas. Por exemplo, duas conferências não-governamentais foram realizadas em Genebra, a primeira em 1977 (Discriminação contra as Populações Indígenas da América) e a segunda em 1981 (Povos Indígenas e a Terra). Ambas exigiam, entre outras coisas, medidas urgentes para adotar os instrumentos internacionais, para revisar a Convenção nº 107 e para garantir os direitos básicos da terra.

O Grupo de Trabalho tornou-se um fórum internacional importante que anualmente reúne os representantes das organizações indígenas, governos, agências internacionais e organizações não-governamentais para examinar os temas que afetam os povos indígenas no mundo inteiro. Embora o Grupo de Trabalho não tenha poderes para efetuar censuras, a publicidade e a troca de informação, inclusive de estudos específicos, trabalhos e processos têm estimulado uma maior conscientização. Tanto na Subcomissão quanto na Comissão, essa consciência tem-se traduzido em maior cobertura das violações dos direitos humanos e investigações de países, desde que os povos indígenas são considerados (em muitas situações inadequadamente) como minorias ou como parte do problema de discriminação cultural ou racial, segundo os instrumentos existentes de direitos humanos das Nações Unidas.

Um produto significativo do Grupo de Trabalho foi a preparação de um projeto da Declaração Universal dos Direitos dos Povos Indígenas. Essa proposta está sendo examinada por um grupo de trabalho especial intergovernamental (iniciado pela Comissão de Direitos Humanos) estabelecido especificamente em 1995. O texto proposto deverá ser aprovado pela Comissão de Direitos Humanos, sendo então submetido ao Conselho Econômico e Social, e finalmente à Assembléia Geral da ONU para adoção final. O processo é lento e durará sem dúvida vários anos. O Grupo de Trabalho sobre Populações Indígenas, em resposta às organizações indigenistas de numerosos países, contribuiu para promover a adoção pela Assembléia Geral da ONU do Ano Internacional das Populações Indígenas do Mundo (1993) e em seguida a Década Internacional (1995-2004). Há agora uma discussão para transformar o Grupo de Trabalho em Fórum Permanente Indígena no sistema da ONU, o que contribuiria para uma presença internacional maior dos povos indígenas para monitorar sistematicamente suas situações e talvez obter uma resposta mais adequada dos Estados membros da ONU.

O projeto da Declaração compartilha várias cláusulas com a Convenção nº 169 mas, como insistem as organizações indigenistas, o texto proposto deverá ir mais além em um número de conceitos novos e definições a respeito dos direitos dos índios. Um dos temas cruciais é o uso do termo "autodeterminação". Muitos governos expressam sua preocupação com o tema de que o uso do termo "povos" em conexão com o uso do termo "autodeterminação" (como usado, por exemplo, em dois compromissos internacionais sobre direitos humanos) possa significar que o direito deles de se separarem dos países em que vivem possa ser reconhecido por lei internacional. No contexto das discussões que levaram à adoção da Convenção nº 169, depois de muito debate, foi decidido que o único termo correto para a nova convenção era "povos", mas "que o uso do termo 'povos' [nesta Convenção] não poderia ser interpretado como tendo qualquer implicação a respeito dos direitos que podem estar atados ao termo em uma lei internacional".[3] Foi determinado que estava fora da competência da OIT determinar como o termo "autodeterminação" poderia ser interpretado em uma legislação internacional. Entretanto, foi acordado que a convenção não imporia nenhum limite à autodeterminação nem tomaria qualquer posição a favor ou contra a autodeterminação.

Até agora, um grupo de trabalho intergovernamental especial ainda não resolveu o assunto. Dificuldades similares apareceram quando vários governos asiáticos e africanos não reconheceram que eles tinham "populações ou povos indígenas" (uma razão para que a convenção OIT se refira a povos indígenas *e* tribos). É importante notar que enquanto o

Grupo de Trabalho sobre Populações Indígenas debateu amplamente este e outros temas, o grupo de trabalho intergovernamental providenciou um novo local para que os governos *junto* com representantes de organizações indigenistas e ONGs autorizadas discutam e cheguem a um texto satisfatório da proposta para futura deliberação e aprovação.

## Um Futuro Instrumento Interamericano

Em 1989, a Assembléia Geral da OEA resolveu iniciar uma consulta para a adoção de um instrumento interamericano sobre os direitos dos povos indígenas no hemisfério e solicitou à Comissão Interamericana de Direitos Humanos (CIDH) que realizasse consultas e preparasse uma proposta de Projeto. Embora o tipo de instrumento esteja ainda para ser definido (convenção, declaração etc.), é significativo que os Estados membros concordem em princípio sobre a necessidade de um instrumento específico. Se adotado, aquele instrumento poderia, de modo otimista, proporcionar, entre outros fatores positivos, um mandato muito mais claro para que a Comissão possa promover e proteger os direitos dos povos indígenas. Possibilitaria, também, que essa importante Comissão monitorasse os direitos humanos dos povos indígenas na região e inclusive desse um tratamento mais sistemático às violações dos direitos humanos por relatórios anuais e por meio de estudos do país. Além disso, tal instrumento daria à Corte Interamericana de Direitos Humanos uma oportunidade de fortalecer seu papel a respeito dos direitos indígenas.

O primeiro projeto, que resultou de uma consulta inicial aos governos, organizações indigenistas e especialistas, foi aprovado pela CIDH em setembro de 1995, para estimular outras consultas e revisões antes que fosse submetida à Assembléia Geral da OEA. O texto incorpora muito da nova filosofia de respeito e participação contidas na Convenção nº 169; muitas cláusulas específicas são similares a esse instrumento ou ao Projeto da Declaração das Nações Unidas.

Esse esforço importante deveria estar intimamente ligado a outro tema desenvolvido no sistema interamericano, a revisão da Convenção de Pátzcuaro de 1940, que estabeleceu o arcabouço político e jurídico para a criação do Instituto Indigenista Interamericano e suas contrapartes nacionais, os *institutos indigenistas*. As organizações indigenistas puderam apenas participar dos Congressos Indianos Interamericanos recentes em uma base de consultoria, um *status* claramente inaceitável para eles. Além disso, os alicerces básicos do indigenismo têm sido profundamente questionados. Como resultado, o Congresso Indiano Interamericano (Manágua, 1994) tomou a decisão de que a Convenção Pátzcuaro deveria ser revista. Desde que tal modificação proporcionasse a estrutura para uma reorganização do Instituto Indiano Interamericano e suas filiais nacionais, a preparação desse instrumento novo e revisto deve ser cuidadosamente ligada à adoção de um instrumento interamericano sobre os direitos dos povos indígenas.

## Outros Acordos, Orientações e Diretrizes Políticas Internacionais

Nos anos recentes, cláusulas a respeito dos povos indígenas foram adotadas em vários acordos internacionais de natureza mais geral, tais como a Declaração do Rio, a Carta Mundial da Natureza e o capítulo 26 da Agenda 21. A inclusão dessas cláusulas, assim como referências a respeito dos direitos das mulheres indígenas, crianças indígenas ou direitos dos índios em geral em várias conferências mundiais (Beijing, Viena, Copenhaguem etc.), foram em grande parte possíveis graças ao resultado de um trabalho árduo das organizações indigenistas. Se os povos indígenas não tivessem se manifestado, esses acordos, planos de ação e declarações provavelmente teriam mantido silêncio sobre o destino e os direitos humanos dos povos indígenas.

Várias instituições financeiras internacionais e agências de cooperação internacional governamentais têm adotado, nos últimos anos, diretrizes políticas e orientações a respeito dos povos indígenas. Em 1991, o Banco Mundial adotou a Diretriz Operacional 4.20 sobre os Povos Indígenas, que revisava uma Declaração de Manual Operacional anterior [Operational Manual Statement] (OMS2.34) sobre os direitos dos "povos de tribos", definindo os procedimentos para proteção dos direitos dos povos indígenas nos projetos financiados pelo Banco Mundial. O Banco Mundial está atualmente em processo de revisão de sua Diretriz Operacional 4.20 que deverá ser re-editada como Política Operacional 4.10 sobre Povos Indígenas. A Diretriz Operacional do Banco Mundial sobre Avaliação do Meio Ambiente (DO 4.01, 1991) de operações de empréstimo e tipos correlatos de análises do meio ambiente também incluem cláusulas a respeito dos povos indígenas. O Programa de Desenvolvimento da ONU fez circular um projeto de uma orientação operacional possível para orientar o trabalho dos escritórios de seus países e coordenadores residentes em apoio aos povos indígenas. Em seu "Estratégias e Procedimentos sobre Temas Socioculturais", adotado em 1990, o Banco Interamericano de Desenvolvimento (BID) define alguns princípios e ações necessárias quando os projetos e operações de empréstimo afetam as comunidades indígenas. Além disso, os governos da Holanda (1993), Dinamarca (1994) e Bélgica (1994) definiram orientações políticas ou estratégias de cooperação e desenvolvimento em relação aos povos indígenas.

A preocupação comum desses acordos internacionais e orientações políticas é dar aos povos indígenas as mesmas oportunidades de influenciar e se beneficiar do desenvolvimento, nos seus próprios termos e baseados em suas culturas, reconhecendo que esses povos têm uma presença duradoura nas sociedades em que vivem, mas têm sido especialmente submetidos a práticas discriminatórias, perda de suas terras e violação de seus direitos humanos básicos. A Convenção nº 169 é citada na maioria desses acordos e orientações políticas ou, então, os textos desses instrumentos são, com freqüência, similares àquele da Convenção. Em relação às orientações políticas, os atores do desenvolvimento internacional estão gradualmente caminhando para um entendimento comum dos problemas, aspirações e direitos dos povos indígenas no contexto das operações de empréstimos ou programas de cooperação técnica. Essa consciência também abre a possibilidade de assegurar mecanismos de consulta e consenso dos povos indígenas nos contextos nacionais onde os programas e projetos possam afetá-los. Embora ainda não completamente testadas, muitas dessas orientações também serviriam diretamente para lembrar aos governos seus próprios compromissos a respeito dos povos indígenas. Acima de tudo, quanto mais amplamente informados sobre essas orientações, mais elementos os povos indígenas e suas organizações terão para exercer sua própria influência sobre o desenvolvimento de instituições e governos.

## Mudanças Recentes Constitucionais e Legislativas

Durante década de 1990, vários países da América Latina adotaram reformas constitucionais ou novas Constituições que incluem novas cláusulas significativas a respeito dos direitos dos povos indígenas. Em quase todos os casos, as reformas são resultado de debate considerável e pressão organizada pelas organizações indigenistas e grupos de apoio. A Constituição da Guatemala (1985) adotada no contexto de transição democrática após os regimes militares, devota cinco artigos às comunidades indígenas, especificamente garantindo-lhes o reconhecimento de seus modos de vida como "grupos étnicos de ancestralidade maia", e proteção de seus costumes, tradições, formas de organização social, uso de roupas indígenas para homens e mulheres, línguas e dialetos. A Constituição estabelece que as terras das cooperativas, comunidades indígenas, ou qualquer outra forma de arrendamento ou propriedade comum ou coletiva de terra, serão tratadas com proteção especial pelo Estado: "As comunidades indígenas e outras que tenham terras que historicamente lhes pertençam e que as tenham administrado tradicionalmente de maneira especial, manterão esse sistema". Essas cláusulas, inclusive o mandato do Congresso para desenvolver uma lei especial regulando os cinco artigos, permanecem uma declaração de boas intenções. As organizações indigenistas e seus líderes, na época que a nova Constituição foi adotada, estavam longe de ter uma posição que lhes permitisse apresentar diretamente suas propostas ou pressionar por respeito efetivo, desenvolvimento legislativo ou justiça administrativa a respeito de violações graves dos direitos humanos, práticas discriminatórias e violência dominantes na Guatemala.

Uma década mais tarde, quando começou o processo democrático e a perspectiva de paz renovou a esperança por um futuro melhor, os direitos humanos não eram mais considerados um assunto subversivo. Nesse contexto, os direitos indígenas logo se tornaram um tema que também podia ser discutido mais explicitamente. Um grande espectro de organizações indigenistas e de líderes surgiram nos anos recentes, permitindo aos maias expressarem mais abertamente suas queixas e propostas a respeito do seu papel futuro na sociedade guatemalteca. Sem dúvida, o Prêmio Nobel da Paz outorgado a Rigoberta Menchú em 1992 não apenas propiciou aos povos indígenas do mundo todo um importante ímpeto para suas reivindicações, mas também colocou o foco internacional sobre o destino dos povos indígenas na Guatemala, encorajando-os a continuar suas lutas.

O acordo de paz sobre a Identidade e os Direitos dos Povos Indígenas assinado pelo governo e a Unidade Revolucionária Nacional Guatemalteca (URNG) em março de 1995, baseado em grande parte nas propostas que foram apresentadas pelas organizações indigenistas, abriu pela primeira vez a possibilidade de construção de um relacionamento novo entre o Estado e os povos indígenas na Guatemala. O acordo de paz, que será analisado mais adiante neste capítulo, contém uma agenda para um reconhecimento muito mais claro dos direitos indígenas, inclusive um compromisso de continuar a reforma constitucional.

A Constituição Nicaragüense (1986) e o Estatuto de Autonomia das Comunidades da Região da Costa Atlântica foram adotados durante o governo sandinista num contexto de grande conflito interno e perigo de um movimento separatista gerado pelo apoio externo para os *Contras*. Embora na prática haja ainda um longo caminho a ser percorrido, o Estatuto de Autonomia constitui uma inovação importante na América Latina, desde que o direito de autonomia regional e auto-administração é reconhecido constitucionalmente. As organizações indigenistas na Nicarágua foram, assim, muito mais efetivas no esforço para evitar uma revogação dessas cláusulas.

A Constituição brasileira (1988) contém um capítulo a respeito dos povos indígenas. Esse capítulo teria sido impossível sem a mobilização dos povos indígenas e de suas organizações, e o apoio da Igreja católica. Houve uma forte campanha contra os direitos indígenas promovida pelos grupos conservadores, interesses econômicos e alguns jornais. O texto proposto, colocado em votação na Assembléia Constituinte, teria sido altamente danoso para os direitos dos povos indígenas. Por exemplo, teria dado direitos apenas àqueles que não tinham contato anterior: aqueles que já tinham contato foram excluídos do texto e não tinham direitos à terra ou a suas organizações sociais, costumes ou tradições. Após intensos debates, ocorridos em Brasília, e uma apresentação eficiente no plenário da Assembléia pelo presidente da União das Nações Indígenas (Airton Krenak), o texto aprovado acabou com o arcabouço legal integracionista desacreditado e profundamente integracionista que havia fornecido as bases para as políticas assimilacionistas. Pela primeira vez, a Constituição reconheceu a existência continuada dos índios no Brasil.

A nova Constituição reconhece os direitos originais das terras dos índios (com o significado de prioridade por lei) não apenas para aquelas consideradas necessárias para sua moradia, mas também os direitos no que diz respeito à produção, preservação do meio ambiente e reprodução física e cultural. Apesar das terras indígenas pertencerem à União Federal, a nova Constituição reconhece que as terras tradicionalmente ocupadas pelos índios são inalienáveis e não disponíveis e os direitos sobre elas não são submetidos a prescrição, garantindo às comunidades indígenas usufruto exclusivo dos recursos de solo, rios e lagos existentes em suas terras. Pela primeira vez no Brasil, a nova Constituição reconhece a existência de direitos indígenas coletivos, reconhece a estrutura e a organização social dos índios e garante às comunidades indígenas o direito de expressarem suas opiniões sobre a utilização dos recursos naturais, em especial os minerais, requerendo a aprovação prévia do Congresso e proibindo a remoção das populações indígenas, especificando que o Congresso deveria estudar as exceções estabelecidas e estudar outras novas. A Constituição também reconhece os direitos dos índios como cidadãos, sua organização social e suas práticas, religiões, línguas e crenças tradicionais. O direito a julgamento nos tribunais é especificamente reconhecido, terminando o estado especial de tutela que sempre foi usado para violar, mais do que para proteger, seus direitos. Várias sentenças favoráveis nos tribunais mais altos introduziram precedentes importantes e trouxeram esperanças de que o Judiciário possa ser um recurso útil.

Os índios brasileiros enfrentam desafios terríveis para ter seus direitos constitucionais protegidos de fato. Em três anos, depois da aprovação da Constituição, cerca de 140 propostas de emendas foram apresentadas ao Congresso, a maioria delas sobre as salvaguardas constitucionais das terras indígenas e recursos naturais. Até agora, nenhuma emenda foi aprovada. O processo de revisar o Estatuto do Índio existente, de acordo com as novas normas constitucionais, tem-se arrastado por anos. Também, o processo de demarcação definitiva das terras não foi concluído após o prazo de cinco anos que a Constituição tinha estipulado, e o recente Decreto nº 1775 (janeiro de 1996) gerou considerável incerteza sobre as terras que estavam em processo de demarcação.

A Constituição da Colômbia (1991) inclui avanços consideráveis a respeito dos direitos indígenas, reconhecendo e protegendo a diversidade étnica e cultural da nação. As línguas e dialetos falados pelos grupos étnicos também são oficiais em seus territórios e a educação deve ser bilíngüe, a fim de promover a manutenção das línguas tradicionais. Construída sobre jurisprudência estabelecida a respeito dos *resguardos indígenas* (áreas administrativas que abrangem mais do que uma comunidade), a nova Constituição reconhece, pela primeira vez em constituições latino-americanas, o conceito de territórios indígenas ou entidades territoriais indígenas, consolidando, assim, os domínios territoriais de grande extensão na região do Amazonas que foram estabelecidos durante o governo do presidente Barco (cerca de 18 milhões de hectares). A Constituição também introduz na região o uso do termo *pueblos indígenas* (logo adotado por outras Constituições, como será visto mais à frente). As autoridades dos povos indígenas foram credenciadas para exercer funções jurídicas em seus territórios, em conformidade com suas próprias normas e procedimentos, quando esses não contrariarem a Constituição e leis da República. Os territórios indígenas foram credenciados para exercer a autonomia local e para serem governados pelos *consejos indígenas* criados e regulados de acordo com os usos e costumes de suas comunidades. Esses últimos devem elaborar políticas, planos e programas de desenvolvimento econômico e social de seus territórios, promover investimento público local e cuidar da preservação dos recursos naturais, entre outras funções.

A exploração dos recursos naturais nos territórios indígenas deve ser realizada respeitando-se a integridade cultural, social e econômica das comunidades indígenas; em relação a decisões a respeito desses compromissos, o governo favorecerá a participação das respectivas comunidades. Os bens de utilidade pública, parques naturais, terras comuns e grupos étnicos e as terras de *resguardo* (patrimônio arqueológico da nação e outros bens determinados por lei) são inalienáveis e, portanto, não podem ser vendidos nem hipotecados.

No que diz respeito à representação no Congresso, a Constituição colombiana especifica que duas cadeiras no Senado devem ser reservadas aos representantes dos povos indígenas (esta cláusula não se encontra em nenhuma outra Constituição latino-americana); e na Câmara dos Deputados, várias cadeiras podem ser ocupadas por deputados indígenas eleitos como representantes de suas entidades territoriais.

A adoção de cláusulas a respeito dos direitos dos índios foi possível graças à considerável pressão e *lobbies* que as organizações indígenas foram capazes de exercer, realçadas pela participação direta de três senadores indígenas, inclusive um representante do grupo guerrilheiro indígena *Quinín Layme*, que acabou de assinar uma acordo de paz e se capacitar para participar da Assembléia Constituinte, como fez o grupo rebelde M-19.

Depois dessas realizações constitucionais, o Congresso tem sido bastante lento na implementação de várias leis favoráveis aos povos indígenas, inclusive a *Ley Orgánica de Ordenamiento Territorial,* uma lei sobre a regulamentação das jurisdições indígenas especiais com o sistema de justiça nacional e outras leis e regulamentos que a Constituição requer. Entretanto, talvez os resultados de maior alcance até agora tenham sido a canalização de recursos significativos do financiamento estatal para as entidades territoriais e *resguardos* consideradas distritos municipais, como parte de uma descentralização constitucional do investimento público. Também, os Tribunais Constitucional e Supremo adotaram pelo menos 30 sentenças favoráveis aos povos indígenas, estabelecendo precedentes importantes na jurisprudência colombiana.

No México, uma emenda constitucional ao Artigo 4 foi adotada em 1992 como resultado de um amplo debate e consulta realizados pelo governo junto com as organizações indígenas. A emenda reconhece, pela primeira vez desde a Constituição de 1917, que a nação mexicana é pluricultural, derivada originalmente da existência de seus povos indígenas. Num artigo bastante longo e contestado, que não satisfez às organizações indígenas, a cláusula também estipulou que a legislação protegerá e promoverá o desenvolvimento de suas línguas, culturas, usos, costumes, recursos e formas específicas de organização social, e garantirá para seus membros acesso efetivo à jurisdição do Estado. Além disso, o mesmo artigo reconhece que suas práticas e costumes devem ser devidamente levados em conta nos processos e procedimentos agrário. Embora a revisão controversa do Artigo 27 da Constituição mexicana a respeito das terras de *ejido* inclua o reconhecimento dos direitos indígenas às propriedades comuns, suas regulamentações estão ligadas ao requerimento constitucional de uma lei reguladora para a emenda do Artigo 4. Tal lei ainda não foi adotada pelo Congresso.

A revolta de Chiapas, a despeito das negociações de paz demoradas, sem dúvida gerou uma oportunidade qualitativamente diferente para os povos indígenas no México terem suas queixas e reivindicações levadas em consideração pelo restante da sociedade e pelo governo. Essa situação nova em relação ao tema dos direitos dos povos indígenas no México será tratada na próxima seção deste capítulo.

O Paraguai adotou uma Constituição nova (1992) em seguida à ditadura de Stroessner. Embora o Paraguai tenha um número terrível de violações dos direitos dos povos indígenas, pela primeira vez neste século a Constituição reconhece que o Paraguai tem uma população indígena. As duas Constituições anteriores (1940 e 1967) ignoravam essa realidade. O Congresso (agindo como uma Assembléia Constituinte interina) levou em consideração uma proposta apresentada pelas organizações indígenas, conseguindo que quatro representantes participassem sem direito a voto. Uma cláusula que destaca é o reconhecimento da existência dos povos indígenas definidos como grupos de cultura anteriores à formação e organização do Estado paraguaio. A Constituição também reconhece os direitos de propriedade comum, e requer que o Estado forneça essas terras sem nenhum custo e que elas sejam intransferíveis, bem como não sejam sujeitas a arrendamento ou impostos. A Constituição também proíbe a remoção de seu hábitat (como faz a Constituição brasileira) exceto sob a condição de consentimento explícito anterior. Os *status* de lugares sagrados também foram reconhecidos. Embora o espanhol e o guarani sejam reconhecidos como línguas oficiais, é também concedido aos povos indígenas o direito de manter suas línguas. Como no caso da Colômbia, as pessoas indígenas são isentas do serviço militar. As leis tradicionais são reconhecidas, com a condição de que tais leis sejam compatíveis com o sistema judiciário nacional.

A nova Constituição argentina (1994) reconhece pela primeira vez que a Argentina tem uma população indígena e estabelece que (como a Constituição paraguaia) os *povos* indígenas são descendentes das populações que existiam antes da formação do Estado. Ela garante o respeito a suas identidades e o direito a uma educação intercultural e bilíngüe e reconhece o *status* jurídico de suas comunidades e os direitos à possessão comum e propriedade das terras que ocupam tradicionalmente, que não estão sujeitas à transferência, venda, hipoteca ou impostos. O direito a participar no gerenciamento dos recursos naturais também é assegurado.

A reforma constitucional da Bolívia (1994) pela primeira vez reconhece o caráter multiétnico e pluricultural da nação, usa o termo *pueblos indígenas*, reconhece as comunidades indígenas como entidades legais e estipula que as autoridades tradicionais dos povos indígenas podem exercer funções administrativas e procedimentos alternativos, de acordo com seus costumes, com a condição de que (como outras

Constituições já vistas) tais procedimentos (entendidos como normas tradicionais ou *derecho consuetudinario*) sejam compatíveis com a Constituição e com as leis nacionais. Como em outras Constituições, quando as normas tradicionais indígenas são reconhecidas, a Constituição boliviana estabelece que uma lei especial deverá regulamentar a compatibilidade das autoridades indígenas tradicionais com as prerrogativas dos poderes estatais.

A mesma cláusula (Art. 171) reconhece os direitos social, econômico e cultural dos povos indígenas, em especial no que diz respeito às suas *tierras comunitarias de origen*, garantindo o uso e a exploração sustentável dos recursos naturais e suas identidades, valores, línguas, costumes e instituições.

Essas cláusulas significativas foram o resultado de debates empolgados e esforços dos *lobbies* executados pelos líderes da organização indígena nacional das terras baixas (*Confederación de Pueblos Indígenas del Oriente Boliviano*, CIDOB), um deputado guarani e a habilidade de negociação do vice-presidente do país e presidente do Congresso (Victor Hugo Cárdenas, um aymara). O termo *tierras comunitarias de origen* foi um compromisso de última hora como uma alternativa a *tierras de la comunidad* (uma noção bombástica já presente na Constituição anterior) e *territorio*, um conceito mais inclusivo, enfatizado pelos povos indígenas e suas organizações, de acordo com o uso desse termo como já empregado em vários decretos presidenciais e em conformidade com a Convenção OIT nº 169, que foi ratificada pela Bolívia. O Congresso também adotou o uso do termo *organizaciones territoriales de base* na Lei de Participação Popular, referindo-se à organização dos novos distritos municipais. Essa lei recente gerou grande processo de descentralização, acesso direto aos fundos públicos numa base *per capita* e o estabelecimento de muitos distritos municipais indígenas tanto na terra alta como nas áreas de terra baixa, onde as populações rural e indígena são predominantes. Com efeito, essa política abriu caminho para uma maior autonomia local e maior poder para os povos indígenas que são a maioria da população do país.

A nova Constituição do Peru (1993) tem muitas inovações a respeito dos direitos dos povos indígenas: o uso do termo *pueblos indigenas;* o Estado reconhece e protege a pluralidade étnica e cultural da nação; quechua, aymara e outras línguas aborígenes são reconhecidas como línguas oficiais nas áreas onde predominam; e as autoridades das *comunidades campesinas y nativas* podem exercer as funções jurídicas em conformidade com as leis de costume desde que não violem os direitos fundamentais da pessoa. A Constituição também determina, em relação a essas funções, que a lei estabelecerá as formas de coordenação de cada jurisdição especial com os *juzgados de paz* e outras instâncias do Judiciário. Com respeito à educação, a Constituição determina que o Estado promova a educação bilíngüe e intercultural. As comunidades de *campesino* e de nativos, como na Constituição de 1979, são reconhecidas como entidades legais e autônomas na sua organização.

No que diz respeito aos direitos à terra, as novas cláusulas constitucionais são um retrocesso. Enquanto na Constituição anterior as terras comuns eram inalienáveis, não sujeitas a alienação ou prescrição (*inalienables, imbargables, imprescritibles*), o texto presente deixa cair as duas primeiras restrições e estabelece que as comunidades são livres para dispor de suas terras e que suas terras não estão sujeitas a prescrição, exceto nos casos de abandono. Essas cláusulas devem ser reguladas por lei específica. A nova Constituição dá um tratamento mais genérico aos direitos da terra do que a anterior. A Lei para a Promoção do Investimento Privado no Desenvolvimento das Atividades Econômicas em Terras do Território Nacional e das Comunidades Campesina e Nativa (julho de 1995) reforça o significado subentendido de que o investimento privado para a terra deve ter prioridade. Isso somente é possível se a terra é liberada das forças do mercado e da regulamentação. Por exemplo, os tribunais agrários de longa duração ou a jurisdição agrária especial foram substituídas pelos procedimentos administrativos civis comuns. A respeito da promoção de investimentos, o governo já havia tomado medidas administrativas para estimular a organização de *empresas multicomunales*. Embora tais entidades possam ser úteis para promover as atividades econômicas no campo, se não forem regulamentadas apropriadamente, poderão servir como lugar para grupos de indivíduos ou famílias nas comunidades indígenas acumularem recursos às custas das comunidades.

Há pois uma controvérsia considerável em relação a essa lei e seu estatuto regulador que ainda deve ser adotado. Uma primeira proposta do último foi submetida pela Executiva para consulta no Congresso; uma segunda proposta apresentada mais tarde também pela Presidência focaliza principalmente a privatização das terras costeiras do vale, possivelmente reconhecendo que os acordos na Sierra e na Selva são mais complicado que as abordagens da lei recente. Até agora, essa lei e o estatuto projetado enfrentaram considerável crítica adversa das organizações indigenistas da Amazônia, de especialistas em assuntos agrários, bispos católicos e ONGs. Ao contrário, as organizações costeiras de *campesinos* não têm sido ativas contra os retrocessos constitucionais nos direitos da terra ou contra a recente lei, possivelmente porque suas organizações nacionais são atualmente muito fracas.

Em relação ao sumário das mudanças constitucionais em vários países latino-americanos que acabamos de apresentar, algumas observações são necessárias. O desenvolvimento normativo em evolução mostra tendências significativas, como enumeradas a seguir.

Várias Constituições utilizam o termo *povos indígenas;* reconhecem que as sociedades nacionais são multiétnicas ou pluriculturais; algumas vão mais além, reconhecendo que os povos indígenas de hoje são descendentes das populações que já existiam antes da fundação do Estado ou nação; uma Constituição reconhece os direitos dos índios como anteriores à lei; todas elas fazem referências a direitos coletivos especiais à terra; uma estipula o conceito de território indígena; muitas se referem aos direitos especiais a respeito dos recursos naturais na superfície de suas terras; a maioria das Constituições se refere ao direito dos povos indígenas à educação em suas próprias línguas, e a promoção da educação bilíngüe e bicultural; algumas reconhecem o *status* oficial da língua indígena em áreas onde elas são predominantes; a maioria reconhece explicitamente as leis de usos e costumes e o papel das autoridades tradicionais, enquanto outras chegam a reconhecer essas autoridades como primeira instância da administração do sistema judiciário; uma estabelece a representação direta de dois senadores; a maioria das Constituições admite várias formas de administração local ou autônoma, embora esse termo não seja amplamente adotado; uma Constituição reconhece uma autonomia regional.

As novas cláusulas constitucionais na América Latina sobre os direitos humanos dos índios sempre foram o resultado de debates árduos e compromissos difíceis em legislativos em que a representação indígena é terrivelmente inadequada ou totalmente ausente. Entretanto, as normas evoluíram e tendem agora a mudar pouco a pouco, das abordagens "de cima para baixo", ou benevolentes, para uma concepção que reconhece os direitos inerentes aos povos indígenas ou derivados de sua existência persistente. Em geral, as Constituições não defendem mais, explícita ou implicitamente, a "integração" como um requisito obrigatório (a Venezuela é uma das exceções). Do mesmo modo, as novas cláusulas constitucionais, na maioria dos casos, não especificam nem necessariamente implicam o desenvolvimento de uma lei única e inclusiva a respeito dos direitos dos índios (por exemplo, a *ley indígena* ou *ley agraria*), mas, ao contrário, requerem um tratamento "transversal" e a inclusão dos direitos indígenas em muitas leis e regulamentos, a maioria deles não necessariamente específicos aos povos indígenas. O reconhecimento, pela nova Constituição, da composição multiétnica e pluricultural da sociedade nacional pressupõe que o Estado agora assuma o desafio de desenvolver legislações, regulamentos, políticas e administração da justiça que realmente reflitam a diversidade cultural.

Embora tenha havido algum progresso nas normas constitucionais, em todos os países analisados tem havido pouco desenvolvimento de legislação derivada ou de leis reguladoras que reflitam essas mudanças. Poucos legisladores ou partidos políticos parecem ter um desejo político claro em relação à diversidade cultural como uma coluna vertebral viável para o Estado de Direito. Isso é, de fato, o lapso mais importante. Os profissionais da justiça e as faculdades de direito têm sido lentos em desenvolver o conhecimento específico necessário para a evolução dos direitos dos povos indígenas ou para propor um novo patamar sensível à diversidade cultural na legislação e na administração da justiça. Não é pois surpreendente que essas deficiências estejam refletidas na produção dos Legislativos e do Judiciário. Por exemplo, graves problemas permanecem ligados a temas como o papel e o âmbito das leis de costume. A condição incluída nas Constituições é que as normas de costume devam ser reconhecidas desde que "não sejam incompatíveis com as leis nacionais ou o sistema nacional de justiça". Isso na prática tende a rebaixar o papel das normas tradicionais ou relegá-las a estudos posteriores, legislação especial ou medidas futuras que não são fáceis de se formar e poucas cortes supremas têm estabelecido jurisprudência útil sobre esse assunto.

Como a maioria das reformas constitucionais ou Constituições novas foram adotadas em uma época de democratização ou liberalização econômica, uma verdadeira avalanche de leis e regulamentos está aparecendo. Esse fenômeno requer uma estratégia particularmente vigilante por parte das organizações indígenas, que precisam de toda a perícia dentro e fora de suas fileiras para assegurar que seus direitos sejam devidamente respeitados em matérias tão variadas como códigos penais, direitos fundiários, florestas, biodiversidade, leis minerais e de petróleo, legislação de meio ambiente, direitos e patentes de propriedade intelectual, leis educacionais e turismo. Além disso, eles têm a difícil tarefa de lutar para conseguir cláusulas adequadas no labirinto das leis regulatórias e processos derivados. Sem todos esses esforços, o Estado de Direito no que diz respeito aos direitos dos povos indígenas não poderá ser facilmente alcançado.

Nas próximas seções, analisarei três situações. As duas primeiras referem-se aos acordos de paz (Guatemala e México) que enfocam especificamente os direitos dos povos indígenas. Como tal, representam novas e abrangentes declarações de princípios e compromissos pelo governo, resultado de negociações com as revoltas armadas (indígenas e não-indígenas). O terceiro exemplo (Bolívia) refere-se a uma situação em que especialmente os povos da Amazônia e das terras baixas conseguiram se organizar nos anos recentes, ganhando uma ampla audiência em nível nacional, e demonstrando uma habilidade contínua de pressionar por seus direitos e negociar, não apenas reformas constitucionais, mas também cláusulas cruciais em várias legislações e regulamentações.

## O Acordo de Paz Guatemalteco sobre os Direitos Dos Povos Indígenas

As negociações de paz entre o governo da Guatemala e a URNG ganharam importância durante o governo do presidente De León Carpio (maio de 1993 a janeiro de 1996) e especialmente no do atual presidente Arzú, que concluiu o acordo final total no fim de dezembro de 1996. As negociações de paz conseguiram quebrar o impasse quando De León Carpio ao mesmo tempo requisitou ao Secretariado Geral da ONU que auxiliasse na moderação das negociações de paz e verificação dos acordos de paz, e também estabeleceu a *Asamblea de la Sociedad Civil* para engajar a participação de representantes de vários setores sociais da sociedade guatemalteca na discussão e apresentação de propostas sobre vários assuntos da agenda de paz para as duas partes em negociação. Um impasse nas conversações de paz era a conclusão de um acordo abrangente sobre direitos humanos, que se iniciou com a presença de uma Missão das Nações Unidas para a verificação dos direitos humanos. Os acordos foram alcançados sobre os seguintes assuntos: o retorno dos refugiados e reassentamento dos deslocados; os direitos dos povos indígenas; os aspectos socioeconômicos e a situação agrária; o papel das Forças Armadas na sociedade democrática e o fortalecimento da sociedade civil; a re-inserção das forças de guerrilha; as reformas constitucionais e o regime eleitoral. O acordo total final estabeleceu uma verificação completa pela ONU de todos os acordos, entre outras medidas importantes.

A *Asamblea de la Sociedad Civil* deu uma oportunidade a numerosas organizações maias de participar de modo coordenado *vis-à-vis* com outros "setores", tais como universidades, jornalistas, partidos políticos, organizações trabalhistas, ONGs, instituições acadêmicas privadas e grupos de empresários. Os maias apresentaram uma proposta contendo seus pontos de vista e reivindicações básicas, constituindo uma ocasião para outros setores da sociedade guatemalteca ouvirem e responderem a uma posição a respeito dos direitos de mais da metade da população da nação. Como muitos delegados não-índios expressaram, os maias eram de fato o único "setor" que apresentou suas opiniões de maneira abrangente como um *"pueblo"*. Embora outros também apresentassem propostas sobre o tema indígena, o projeto maia serviu de base para o documento de consenso da Assembléia que foi apresentado ao governo, ao URNG e à ONU moderadora.

As conversações de paz sobre o tema dos direitos dos índios durou nove meses. Compreensivelmente, as organizações indigenistas e seus líderes, inclusive Rigoberta Menchú, reclamaram que não havia nenhum índio representando-os. O URNG não incluiu na sua delegação nenhum índio, embora a delegação governamental tivesse incluído Manuel Salazar Tetzaguic, um kakchikel, então vice-ministro de Educação. Cada parte tinha documentos com sua posição, mas o documento de consenso da Assembléia e a proposta maia tornaram-se essenciais, e a Convenção OIT nº 169 providenciou um arcabouço legal e conceitual para as partes em negociação e para o moderador da ONU.

O Acordo sobre Identidade e Direitos dos Povos Indígenas é um documento notável que cobre uma ampla gama de temas e compromissos. Destaco a seguir alguns pontos importantes para minha análise:

*Identidade dos Povos Indígenas:*

– o Governo concorda em promover a reforma da Constituição para definir e caracterizar a nação guatemalteca como uma unidade, multiétnica, pluricultural e multilingual;

– a identidade dos povos maias (21 grupos socioculturais), dos povos garifuna e xinca é reconhecido e o Governo se compromete a promover no Congresso da Guatemala uma reforma da Constituição guatemalteca com essa finalidade.

*Luta contra a Discriminação:*

– a respeito da discriminação de direito e de fato, o Governo promoverá, no Congresso da Guatemala, a classificação da discriminação étnica como uma ofensa crime e promoverá uma revisão da legislação existente com vistas a abolir qualquer lei ou cláusula que possa ter implicações discriminatórias para os povos indígenas;

– em relação às mulheres índias, o Governo promoverá legislação para classificar a molestação sexual como uma ofensa criminal, considerando como um agravante na determinação da pena por crimes sexuais o fato de que o crime foi cometido contra uma mulher índia; e estabelecerá uma Secretaria para a Defesa dos Direitos das Mulheres Índias, com a participação dessas mulheres, incluindo serviços de assessoria legal e serviços sociais.

*Direitos Culturais:*

– com relação aos instrumentos internacionais: (a) legislação incorporando as cláusulas da Convenção Internacional sobre a Eliminação de todas as Formas de Discriminação Racial, no Código Penal; (b) aprovação da Convenção OIT nº 169 pelo Congresso [a ratificação foi registrada em junho, 1996]; e (c) aprovação de um projeto de lei da Declaração dos Direitos dos Povos Indígenas, e sua adoção pelos fóruns apropriados da ONU e subseqüente ratificação pela Guatemala;

– a cultura maia é a base original da cultura da Guatemala e o desenvolvimento da cultura nacional é inconcebível sem o reconhecimento e a promoção da cultura dos povos indígenas; a política educacional e cultural deve estar centrada sobre o reconhecimento, respeito e encorajamento dos valores culturais indígenas; os povos maia, garifuna e xinca são os autores do seu próprio desenvolvimento cultural e o papel do Estado é apoiar esse desenvolvimento, eliminando os obstáculos para exercitar esse direito, encarregando-se da legislação necessária e medidas administrativas para fortalecer o desenvolvimento cultural indígena;

– a promoção de uma reforma constitucional a respeito do *status* oficial das línguas indígenas onde elas são usadas predominantemente; programas para treinamento de juízes bilíngües e intérpretes nos tribunais, entre outras medidas;

– o direito de registrar nomes indígenas, sobrenomes e nomes de lugar; e o direito de usar vestimentas indígenas e as medidas necessárias para combater de fato a discriminação conexa;

– reconhecimento da espiritualidade dos maia, garifuna e xinca e promoção de uma reforma constitucional;

– o direito dos povos indígenas de participar na conservação e administração de templos e centros de cerimônia com valor arqueológico e acesso aos lugares sagrados, incluindo regulamentos para dar acesso onde esses lugares estiverem em propriedades privadas;

– promoção de conhecimento indígena científico e tecnológico;

– o papel da mídia para promover o respeito aos povos indígenas.

*Direitos civis, políticos, sociais e econômicos:*
– reconhecimento do papel das autoridades da comunidade na administração dos seus próprios negócios, de acordo com as normas de costume;

– reconhecimento do papel das comunidades, na estrutura de autonomia municipal, no exercício do direito dos povos indígenas a determinar suas próprias prioridades nos campos de educação, saúde, cultura e infra-estrutura;

– reforma do Código Municipal para promover a participação de comunidades indígenas no processo de tomada de decisão;

– reforma educacional: um papel maior para as comunidades lingüísticas para coordenar programas educacionais, promover a educação bilíngüe intercultural; mudança de currículo etc.;

– a descentralização efetiva do aparato do Estado e participação indígena nos níveis local, regional e nacional, incluindo as reformas necessárias legal e institucionais;

– criação de mecanismos obrigatórios para consulta dos povos indígenas sempre que medidas legislativas puderem afetá-los; acesso garantido para pessoas indígenas aos diversos ramos do serviço público;

– lei de costumes: o Governo reconhece que tanto a falência da legislação nacional para levar em conta as normas de costume que governam a vida nas comunidades indígenas quanto a falta de acesso dos povos indígenas ao sistema judiciário nacional resultaram em uma negação dos direitos, discriminação e marginalização; a promoção de serviços legais de advocacia grátis, obrigação de ter intérpretes disponíveis nos tribunais para as comunidades indígenas, de graça; nos casos onde a intervenção dos tribunais for necessária, e em particular, em assuntos criminais, o Governo promoverá um programa contínuo para juízes e funcionários do governo sobre as culturas dos povos indígenas e sobre as normas e mecanismos que governam suas vidas comunitárias;

– direitos à terra: este inclui tanto a posse de terra comum quanto a individual, direitos de propriedade e posse, assim como do uso dos recursos naturais para o benefício das comunidades sem detrimento de seu hábitat; a situação a respeito da falta de proteção e espoliação das terras comunais indígenas merece atenção no quadro geral do acordo; o Governo adotará medidas para regularizar a situação legal da possessão comum; garantirá o direito das comunidades de participar no uso, administração e conservação dos recursos naturais existentes em suas terras; restabelecerá as terras comunais e compensará os direitos perdidos; compromete-se o mandato constitucional a providenciar terras estatais para as comunidades indígenas com terras insuficientes; e se compromete a tomar outras medidas específicas para proteger os direitos à terra das comunidades indígenas.

As cláusulas sobre os direitos indígenas à terra no acordo citado necessitam ser vinculadas ao Acordo de Paz sobre os Aspectos Socioeconômicos e Situação Agrária, assinado quase um ano depois, que contém várias medidas específicas, tais como modernização do registro da terra.

## Comissões mistas

O acordo sobre os direitos dos povos indígenas está encadeado com um compromisso de estabelecer alguns mecanismos específicos de diálogo, consulta e formulação de propostas entre o governo e as organizações indigenistas. Especificamente, muitas das comissões paritárias devem ser estabelecidas para tratar da reforma educacional, maior participação e direitos à terra. Além disso, uma comissão (não definida como estritamente paritária) deve ser formada por representantes do governo, organizações indigenistas e guias espirituais indígenas a fim de identificar lugares considerados sagrados pelos maias e para estabelecer leis para sua preservação e acesso. Embora essas comissões devam ser estabelecidas, não há dúvida de que haverá outros temas do acordo que gerarão diálogo e negociações entre o governo e as organizações indigenistas, inclusive reforma constitucional, lei de costumes, administração da justiça, medidas para eliminar a discriminação *de facto* e o reconhecimento dos direitos das mulheres indígenas.

## Verificação

O acordo, e os mecanismos para sua implementação requerem a verificação pelas Nações Unidas. Esta é a primeira vez que as Nações Unidas são especificamente convocadas não apenas para moderar mas também para verificar um acordo de paz específico que trata dos direitos dos povos indígenas em um país. Segundo Proposta de Acordo Inicial para a Agenda da Paz, o governo e a URNG requisitaram ao Secretário Geral da ONU que verificasse a implementação do acordo de direitos dos índios, no qual "era sugerido que, no planejamento do mecanismo de verificação, ele pudesse levar em consideração as idéias das organizações indigenistas". Além disso, foi estabelecido que os aspectos do acordo que fossem relacionados a direitos humanos (de acordo com a legislação da Guatemala, tratados e outros instrumentos relacionados a direitos humanos dos quais a Guatemala participa) devem ter valor e aplicação imediatos. Tal verificação deve ser realizada pela Minugua, a missão da ONU para a unificação dos direitos humanos na Guatemala. Finalmente, ficou estipulado que o restante do acordo entraria em vigor na época da assinatura do Acordo Global final.

# O Primeiro Acordo de Paz de Chiapas

Como o México tem a maior população indígena no hemisfério (cerca de 10 milhões) o modo como o conflito de Chiapas está solucionado sem dúvida influenciará a maneira como outros países latino-americanos irão negociar com seus povos indígenas.

A rebelião de Chiapas, como muitos autores notaram, certamente não é um movimento para derrubar e tomar o Estado mexicano (ou o estado de Chiapas). Os *zapatistas* se declararam firmemente em um "território livre" para comunicar aos outros povos indígenas do México, à ampla sociedade mexicana, ao Estado do México e ao mundo, que eles estavam falando pelos povos indígenas de Chiapas e do México e desejavam ser escutados — *para ser escuchados* — e desejavam negociar um novo relacionamento com a sociedade mexicana e o Estado. Na essência, a rebelião de Chiapas é um movimento dos povos indígenas que desejam uma audiência com toda a sociedade mexicana para alcançar um acordo negociado com os governos federal e estadual; eles se recusam a voltar para a vida normal porque não negociaram todas as suas reivindicações e sentem que ainda não foram levados a sério pelo governo mexicano. E desse modo, a situação obstinada de ter uma audiência e negociar continua, enquanto o governo parece sempre ter a esperança de que o problema se resolva e que mais cedo ou mais tarde os *zapatistas* se canssem e se esgotem as comunidades populares que os apóiam. Em síntese, os rebeldes parecem dizer "nós estamos aqui para contradizer e estamos aqui para ficar e lembrar vocês, permanentemente, que nós estamos aqui. Nós não somos 'o problema', 'vocês' são o problema. Nós somos diferentes e necessitamos ser levados em conta. Enquanto não formos encarados com seriedade e nossas reivindicações não obtiverem uma resposta definitiva por parte do Estado, um Estado que é também o nosso, não vamos cair na armadilha de nos calar. Nós estamos cansados de promessas. Voltar para a vida normal, como vocês querem, sem mudanças fundamentais, não é o que nós queremos".

O primeiro (e até agora o único) acordo de paz assinado em San Andrés em 16 de fevereiro de 1996, entre o governo federal e o governo do estado de Chiapas e o EZLN, necessita ser entendido nessa perspectiva. O texto tem um "sabor" muito diferente do acordo de paz da Guatemala. O texto guatemalteco é resultado de uma negociação entre o governo e o URNG, que não é a mesma coisa que uma negociação entre o governo e as forças indígenas insurgentes e seus representantes. O acordo guatemalteco fornece um quadro de objetivos normativos e compromissos a serem desenvolvidos *in situ* entre o governo e os povos indígenas por intermédio de suas organizações. Assim, o acordo entrelaça-se com a noção de mecanismos (comissões) de conteúdos específicos a serem implementados e verificados.

O acordo de Chiapas, ao contrário, é resultado de uma negociação entre o governo e os povos indígenas. Os últimos, os *zapatistas*, conseguiram convencer o governo a se sentar à mesa de conversação, cujo resultado aparece como uma "lição" e "capítulo de um bom governo". Quando lido sob essa luz, o acordo é um documento notável que não se afasta de seu propósito fundamental, isto é, a negociação de princípios e compromissos que são encarados como necessários para o estabelecimento de um novo relacionamento entre o Estado mexicano, a sociedade e os povos indígenas, baseado na tolerância, respeito, participação e igualdade social.

O *Pronunciamiento* conjunto é uma apresentação dos princípios fundamentais e dos ingredientes para um novo pacto social entre o Estado, os povos indígenas e a sociedade civil. O documento estabelece que "este pacto social para um novo relacionamento vem da convicção de que uma nova situação nacional e local para os povos indígenas só pode acontecer e se desenvolver com a participação dos povos indígenas e a sociedade em geral, no quadro de uma reforma profunda do Estado". Os princípios em que o pacto social deve ser baseado são: (a) respeito aos direitos dos povos indígenas como povos duradouros e permanentes com identidade, organização social, cultura e modo de vida que contribuíram ao pluralismo cultural da sociedade mexicana de hoje; (b) conservação dos recursos naturais dos territórios que eles ocupam ou usam, seu papel na utilização sustentável do meio ambiente e o direito dos povos indígenas de obter compensação adequada com a extração dos recursos naturais, em especial quando seu hábitat for afetado; (c) integridade e transparência, pelo envolvimento dos povos indígenas no processo de decisão e controle sobre os gastos públicos; (d) participação dos povos indígenas no seu próprio desenvolvimento, pela co-administração de projetos e planos; (e) reconhecimento da autonomia e autodeterminação dos povos indígenas na estrutura do Estado. Esses princípios devem ser adotados em uma nova estrutura jurídica tanto em nível federal como estadual.

As Propostas Conjuntas do governo federal e do EZLN contêm reformas e emendas para as Constituições federal e estadual (de Chiapas) e a adoção de legislação correspondente que reflita os princípios citados. Uma atenção especial é dedicada à reforma dos Artigos 4 e 115 da Constituição federal. Medidas efetivas deverão ser adotadas para reconhecer as autoridades tradicionais e procedimentos para elegê-los, acesso seguro ao Judiciário e reconhecimento dos processos e da lei de costume pelos quais as comunidades indígenas resolvem seus próprios negócios. Outras medidas propostas incluem uma concepção abrangente de direitos econômicos, que realcem sua capacidade de implementar as atividades econômicas e administrar os recursos naturais. Segurança para a posse de terra e proteção efetiva da integridade dos territórios indígenas, como requisitado pela Convenção OIT nº 169 (Art. 13(2)) é considerado um assunto da maior urgência. As comunidades indígenas devem ter direitos preferenciais em relação à exploração dos recursos naturais de suas terras. Participação adequada para homens e mulheres indígenas na administração pública e representação política nos níveis nacional, estatal e local está reiterada em vários parágrafos.

O governo deve fazer a revisão da legislação municipal para facilitar a criação dos municípios indígenas onde a população indígena é predominante, e assegurar uma representação adequada onde ela for minoritária. A proteção efetiva para os operários indígenas também é assegurada, principalmente para os migrantes. A discriminação das mulheres indígenas requer medidas efetivas de combate, inclusive serviços legais. Mulheres e crianças indígenas são também grupos particularmente vulneráveis merecendo atenção especial nas políticas e programas sociais.

Os compromissos e propostas conjuntas assinadas pelos governos federal e do estado de Chiapas e o EZLN estabelecem: (a) uma Comissão de Reforma Municipal e Distrital em Chiapas; (b) um Inspetor Geral responsável pelos negócios indígenas na Comissão Nacional de Direitos Humanos; (c) uma *Defensoria de Ofício Indígena*; e (d) uma *Mesa Agraria* para resolver os conflitos de terra. As propostas concordaram sobre a necessidade de uma definição mais adequada de crimes sexuais e sanções no código penal e suas leis processuais e o reconhecimento de gênero específico e direitos trabalhistas para as mulheres indígenas. A respeito do acesso aos meios de comunicação, as estações de rádio pertencentes ao Instituto Nacional do Índio (INI) devem ser transferidas às comunidades indígenas. Os institutos indígenas devem ser estabelecidos (deve ser entendido como uma reformulação dos *centros* ou *institutos indigenistas*) com a finalidade de promover as línguas indígenas; livros-textos devem também expressar o caráter cultural diversificado do país. Devem ser criadas oportunidades para o uso da medicina tradicional, com a devida atenção a uma extensão efetiva dos serviços de saúde pública nos níveis nacional, estadual e local. Uma revisão e transformação fundamental das instituições públicas que lidam com os povos indígenas deve ser executada pelos representantes indígenas, em coordenação com os governos nacional e estadual.

Os Compromissos de Chiapas assinados pelos governos federal e estadual e o EZLN especificam os artigos da Constituição de Chiapas que devem ser modificados e, como resultado desse processo, reformas das legislações estaduais como dos Códigos Civil e Penal, a Lei Básica de Chiapas do Judiciário, o Código Eleitoral e a Legislação Municipal devem ser executadas. A Constituição do estado de Chiapas deve reconhecer o caráter pluricultural da sociedade e também a autonomia dos povos indígenas como sociedades culturalmente distintas, e sua capacidade de decidir seus próprios negócios no quadro existente do estado.

O que foi apresentado é uma síntese de uma longa e reiterada lista de princípios, propostas e compromissos. Como mencionado antes, seu estilo e conteúdo também expressam uma "lição", formulada em negociações demoradas que poderiam ter sido alcançadas muito mais cedo, mas que, ao invés, retardaram bastante. O acordo, apenas o primeiro de outros que ainda devem ser negociados e assinados, constitui com efeito um novo "capítulo de um bom governo". Se efetivamente implementado, poderá apontar o caminho para um novo relacionamento entre os povos indígenas e o Estado.

## A Luta pelos Direitos dos Índios na Bolívia

Um importante marco na Bolívia foi a *Marcha por la Dignidad y el Territorio* em agosto de 1991. Mais de mil homens, mulheres e crianças do Departamento de Beni marcharam de Trinidad até La Paz (cerca de mil quilômetros) para pressionar o governo a reconhecer a área da floresta Chimane como um território indígena. Durante os seus aproximadamente 45 dias de duração, a Marcha ganhou considerável publicidade nacional e internacional. Até então, os povos indígenas das terras baixas bolivianas tinham sido ignorados pelos outros setores sociais. Eles eram considerados "os selvagens" ou "os bárbaros". Conservação dos recursos naturais e devastação das florestas tropicais por madeireiras e colonos eram assuntos tratados apenas por um grupo de especialistas ou ONGs, com relativamente pouco impacto. A marcha tornou-se o primeiro movimento ecológico na Bolívia liderado pelos povos indígenas e que colocava o tema da proteção ambiental como algo vitalmente ligado às suas terras e sobrevivência. De fato, a *Marcha* teve um grande impacto educacional, contribuindo para a maior conscientização da situação crítica dos povos indígenas das terras baixas e dos temas vitais em relação ao meio ambiente.

Quando o presidente Paz Zamora e muitos dos seus ministros encontraram os integrantes da Marcha em um ponto na metade da rota e se ofereceram para resolver suas reivindicações a respeito da demarcação e proteção da floresta Chimane, "naquela hora e lugar", Ernesto Noe, o líder da Marcha, respondeu que a melhor solução era os integrantes da marcha chegarem a La Paz e o presidente esperá-los no Palácio, pronto para fazer um decreto especial e para um encontro entre dois chefes (o presidente e o líder da Marcha). Relutantemente, o presidente concordou que esperaria, com os devidos documentos preparados, garantindo o reconhecimento do total de terra que os povos indígenas de Chimanes reivindicavam (700 mil hectares), ao invés da quantidade de terra reduzida que o governo tinha oferecido (400 mil hectares). Duas semanas mais tarde, quando a marcha tinha chegado nos subúrbios de La Paz e milhares de *campesinos*, estudantes, operários e outros moradores das terras altas se juntaram a eles, vários líderes políticos e trabalhistas se colocaram nas linhas de frente da Marcha. Mas Ernesto Noe e seu povo permaneceram atrás, sem querer continuar. Quando os primeiros perceberam isso, foram perguntar por que, insistindo que a Marcha poderia continuar, uma vez que estava ficando tarde, e toda a cidade estava esperando pela chegada massiva. Noe respondeu: "Bem, se vocês querem encabeçar a Marcha, então porque vocês não foram se juntar a nós lá atrás, em Trinidad e andaram conosco esses mil quilômetros?". Conseqüentemente a Marcha prosseguiu, com os povos indígenas das terras baixas liderando, à frente de todos os outros que os seguiam. Noe e outros líderes indígenas conduziram esses encontros e sutilezas políticas de um modo que simbolicamente questionava a hierarquia política e social estabelecida.

As organizações indígenas das terras baixas bolivianas e seus líderes nos anos recentes têm freqüentemente demonstrado sua força e habilidade para pressionar por suas reivindicações, se organizar para buscar apoio mais amplo e seguir uma tradição bem estabelecida na Bolívia (desde a Revolução de 1952). Os governos, com freqüência, acabam negociando com os setores mobilizados (organizações de *campesinos*, associações de bairro, federações trabalhistas, cooperativas mineiras etc.) quando políticas e leis que os afetam adversamente são adotadas.

Nesse contexto, a floresta Chimane tornou-se um símbolo poderoso das reivindicações territoriais indígenas na Bolívia oriental, desde que se tornou um refúgio para muitas comunidades indígenas que migraram para lá como resultado da penetração das rodovias, madeireiras e ocupação de terras por colonos e *estancias* de criação de gado nas terras que eles tradicionalmente ocupavam.

Nos anos recentes, decretos presidenciais reconhecendo nove territórios indígenas totalizando 2.3 milhões de hectares foram assinados pelo presidente Paz Zamora, redigido com base em um decreto anterior implementado pelo presidente Paz Estenssoro que estabelecia o conceito de "área territorial" ou "*espacio socio-económico*" para caracterizar legalmente as terras e o hábitat dos povos indígenas nas terras baixas, que também estabelecia o objetivo de reconhecer os direitos indígenas na floresta de Chimane. Tais decretos adotados pelo presidente Paz Zamora foram crescentemente atacados pelas madeireiras e outros interesses econômicos na Bolívia oriental. Embora durante o processo de reforma constitucional em 1994 as organizações indígenas não tenham conseguido incluir o termo "territórios indígenas", o termo "*tierras comunitarias de origen*" foi adotado, exprimindo uma noção mais ampla do que simplesmente terras comunitárias. O compromisso do governo para estender os títulos definitivos e demarcação dos nove territórios, assim como de vários outros que estão pendentes, foi obtido recentemente, no contexto de uma mobilização das organizações indígenas em conexão com a *Ley INRA*, um projeto de lei que foi submetido ao Congresso, a respeito da reorganização do Conselho de Reforma Agrária e medidas relacionadas aos direitos de propriedade e procedimentos para títulos. Essa lei foi aprovada recentemente pelo Congresso (18 de outubro de 1996), e reflete um compromisso entre o governo e os líderes indígenas, embora não totalmente endossado pelos grandes empresários agrícolas do este da Bolívia. Do mesmo modo, as organizações indígenas negociaram anteriormente para ter pelo menos algumas cláusulas incluídas na nova Lei da Floresta, a nova Lei do Hidrocarbono e a Lei de Meio Ambiente, todas de interesse vital para os povos indígenas preservarem suas vidas e terras. Nesse contexto, o vice-presidente da Bolívia (Victor Hugo Cárdenas), um aymara, que era também o presidente do Congresso, exerceu um papel importante como facilitador do diálogo e da negociação do governo com as organizações indígenas.

As cláusulas constitucionais e as inovações legislativas alcançadas recentemente na Bolívia em relação aos direitos indígenas eram inconcebíveis uma década atrás e foram possíveis graças à pressão continua de organização e liderança com habilidade de apresentar claramente suas propostas e objetivos como parte de uma estratégia de criar oportunidades, inclusive procedimentos, mais adequados de consulta e consentimento sobre políticas e leis que os afetam. Nesse contexto muitas administrações governamentais mostraram flexibilidade para negociar e conseguir um acordo, uma postura que não é necessariamente encarada como uma "concessão de cima".

Felizmente a Bolívia demostrou a possibilidade de construir uma qualidade diferente de relação entre os povos indígenas e o Estado, num contexto que não foi gerado por uma situação de guerra interna (Guatemala) ou uma rebelião armada (Chiapas). Todos os três casos, por outro lado, mostram que um processo democrático mais inclusivo é necessário para um desenvolvimento sustentável na América Latina. Em todos os três (como em outros países), os povos indígenas estão pedindo para ser ouvidos e desafiando as sociedades nacionais onde eles vivem para ser reconhecidos como um povo com presença persistente e permanente, não como cidadãos secundários ou "grupos sociais" marginais. De fato a América Latina tem uma oportunidade única de construir sociedades multiétnicas e prosperar em diversidade, evitando conflitos interétnicos e guerras que algumas nações em outras regiões do mundo foram muito cegas para evitar.

## Notas

1. Fórum Internacional de Ombudsmen de Direitos Humanos, organizado pelo Defensor del Pueblo do Peru e pela Comissão Andina de Juristas, Lima, Peru, 1-2, 1996.

2. A Convenção nº 169 foi até agora ratificada pela Bolívia, Colômbia, Costa Rica, Dinamarca, Guatemala, Honduras, México, Holanda, Noruega, Paraguai e Peru. O Congresso argentino aprovou-a mas o registro da ratificação está pendente. Em outros lugares da América Latina, a convenção está sendo considerada para ratificação pelo Congresso no Brasil, Chile, Equador, Nicarágua e Venezuela.

3. Draft U.N. *Declaration on the Rights of Indigenous Peoples, Working Group on Indigenous Populations*, Art. 1, § 3.

# 9

## COMENTÁRIOS SOBRE DANDLER

SHELTON H. DAVIS

O capítulo de Jorge Dandler sobre povos indígenas fornece um quadro excelente da evolução dos padrões legais internacional e nacional em relação aos direitos de mais de 40 milhões de povos indígenas na América Latina. O argumento central do capítulo é que tem havido um reconhecimento fundamental nas duas últimas décadas dos direitos coletivos dos povos indígenas às suas terras ancestrais, suas línguas e culturas aborígenes e seus governos e sistemas legais comuns, e como suas próprias identidades étnicas e perspectivas culturais nas políticas e programas nacionais de desenvolvimento são incontáveis.

Dandler tem toda razão quando diz que o enorme esforço de reforma de legislação tanto na esfera internacional quanto na esfera nacional resultou do aumento da expressão política e de influência do movimento indígena do hemisfério. Essa grande variedade de organizações indígenas regionais e nacionais aposentou a imagem política do século XIX da América Latina como uma série de Estados-nação cultural e etnicamente homogêneas, e no seu lugar foi colocada a realidade dos países multiétnicos, multilingüísticos, pluriculturais de quase todos os países do oeste do hemisfério. Com quase 500 línguas indígenas sendo ainda faladas na América Latina, e muitas delas sendo agora ensinadas em escolas rurais remotas e ouvidas em bairros urbanos e em estações de rádio indígenas, é de certa forma irônico que tenha demorado tanto para que governantes e juristas latino-americanos reconhecessem e incorporassem às leis a diversidade étnica e cultural que caracteriza suas sociedades.[1]

Porém, embora tenha havido avanços (e eles não devem ser menosprezados), Dandler seria o primeiro a admitir que o caminho para a reforma legal tanto na arena internacional como na nacional não tem sido sem obstáculos e desafios, falsos inícios e frustrações persistentes. Apenas uma minoria de países, por exemplo, ratificou a Convenção OIT nº 169 e, mesmo aqueles que o fizeram, não estão prontos para implementar todos os seus preceitos. Além disso, mesmo onde as Constituições domésticas reconhecem os direitos dos índios e a diversidade cultural e lingüística característica de suas sociedades, as leis que regulamentam essas mudanças não foram instituídas e outras leis foram aprovadas, que vão em sentido oposto ou contradizem esses direitos. Exemplo disso são as leis recentes de reforma agrária que requerem a privatização das terras e águas comuns dos camponeses, ou as leis de recursos naturais ou meio ambiente que requerem o estabelecimento de parques nacionais, concessões de florestas, exploração de hidrocarbono e mineral nos territórios indígenas.

Em lugares como a Guatemala e o México (Chiapas), onde os direitos dos índios foram colocados na agenda nacional por meio de conflito armado e rebelião regional, é ainda incerto qual será o resultado daquilo que muitas vezes se constituiu em negociações esporádicas. Em algumas dessas negociações, os povos indígenas nem mesmo estiveram presentes na mesa de negociação. E, como as citações que aparecem na introdução do capítulo de Dandler demonstram, há atitudes e preconceitos há muito tempo enraizados contra futuros reconhecimentos dos direitos indígenas. Há também movimentos contrários, com interesses poderosos em alguns países (veja o tumulto recente envolvendo o Decreto 1775 a respeito da demarcação das terras indígenas no Brasil) que poderão diminuir muitas das vitórias constitucionais dos anos recentes.

A maioria das reformas constitucionais recentes em relação aos direitos dos povos indígenas na América Latina também ocorreu no nível de lei substantiva ou normativa e não nas áreas do processo legal ou administração — ao qual sempre se referem como "acesso à lei" ou "acesso à justiça" na literatura sobre reforma legal. Por exemplo, o Artigo 8 da Convenção OIT nº 169 estabelece que "[n]a aplicação de leis nacionais e regulamentos para os povos em questão, deve-se dar atenção especial aos seus costumes e leis de costume" (*Derecho Consuetudinario* é o termo espanhol usado para descrever esses sistemas legais de costume e processos). Outros artigos na Convenção OIT exigem que os governos respeitem os métodos costumeiros usados pelos povos indígenas para tratar com crimes e outros delitos cometidos por seus membros, desde que não sejam incompatíveis com o sistema legal nacional e direitos humanos reconhecidos internacionalmente (Art. 9); para impor penas que levem em conta as características econômicas, sociais e culturais dos povos indígenas (Art. 11); e para proporcionar aos povos indígenas acesso a procedimentos legais de proteção aos seus direitos, inclusive o direito para usar suas próprias línguas em tais procedimentos (Art. 12).

Alguns desses direitos ao uso de processos legais de costume e para ter suas práticas culturais respeitadas nos sistemas legais nacionais são também reconhecidos nos regimes legais domésticos, tais como nas recentes reformas da legislação sobre os povos indígenas na Colômbia. A Colômbia é provavelmente o país da América Latina que criou o mais extenso regime legal nacional e jurisprudência reconhecendo os direitos indígenas de governar e administrar seus próprios negócios em seus próprios territórios, de acordo com suas próprias leis costumeiras e regulamentos.[2]

Também, e aqui, novamente, as diferenças entre a lei escrita e as realidades sociais dos países latino-americanos são notáveis. Enquanto os antropólogos cada vez mais percebem a natureza múltipla dos sistemas legais na América Latina e a persistência dos regimes tradicionais de lei na esfera local ou de aldeia, o último continua sujeito aos regimes legais nacionais e pouco conhecidos pelos juízes e advogados na maioria dos países.[3] Como um observador reconhecido, um ministro da Corte Suprema da Bolívia escreveu de seu próprio país:

O sistema legal sofre de um considerável grau de imposição, o que quer dizer que muito pouca atenção é dada para apreciar, analisar e consultar os valores culturais, as circunstâncias locais, ou fatores específicos envolvidos na disputa. Como resultado, um grande segmento da população, principalmente grupos aborígenes e indígenas, não acham que o sistema serve para eles.

Além desse distanciamento cultural, muitos não têm acesso à administração da justiça por que não podem arcar com os altos honorários envolvidos. O mais injusto é que os pequenos agricultores das áreas rurais — normalmente os mais desprovidos da população em termos econômicos — freqüentemente são sujeitos a cobradores de taxas ilegais que tiram vantagem de sua ignorância do sistema.

Esse mesmo observador escreve:

Embora a corrupção no Judiciário tenha diminuído nas decisões recentes da Suprema Corte, ainda prevalece entre advogados, testemunhas e peritos dos tribunais e se constitui uma barreira a mais para a administração da justiça.

Os processos rituais associados ao sistema legal, e que a maior parte dos legisladores aprecia, coloca outro obstáculo formidável ao acesso à justiça. Processos escritos são pesadamente estabelecidos, o que tende a arrastar longamente os julgamentos nos tribunais. Somada a isso, a falta de métodos não tradicionais de estabelecer o conflito, tais como conciliação, arbitragem e mediação, e você tem um sistema legal atolado em procedimentos longos, caros e sobretudo complicados — que nega efetivamente o acesso a muitos dos cidadãos do país.[4]

Apesar (ou talvez por causa) dessas condições, regimes legais costumeiros ou tradicionais parecem estar muito presentes na esfera local dos países latino-americanos. Esses regimes legais tradicionais funcionam de forma bastante diferente dos sistemas legais nacionais, até mesmo em constante interação com eles. Normalmente, os sistemas legais tradicionais são mais capazes de lidar com as disputas domésticas, conflitos interfamiliares e com conflitos a respeito de direitos a recursos comuns de propriedade (terras comuns para pasto, florestas ou águas). Os principais mediadores em tais disputas são sempre os mais velhos, feiticeiros, ou outros especialistas religiosos. Seus métodos são em geral baseados em tentativas de reconciliar as partes conflitantes mediante conversas e estabelecimento dos fatos envolvidos nas disputas. Ao fazer isso, tentam restabelecer a paz social nas comunidades onde a coesão social e a comunhão de valores e identidades são sempre ameaçadas pelo individualismo e pela competição por recursos escassos. Esses sistemas tradicionais diferem substancialmente dos sistemas judiciais eurocêntricos baseados em documentos escritos, profissionais legais, processos contra os adversários e resultados em que há claramente vencedores e perdedores.[5]

Uma das experiências mais interessantes e progressistas na América Latina é a tentativa de incorporar alguns dos princípios desses sistemas indígenas e tradicionais aos programas de reforma judicial nacional, principalmente em nível local ou tribunais de primeira instância.

Por exemplo, as reformas recentes no Peru adotaram um amplo sistema, sem necessidade de advogado, de juízes de paz, muitos dos quais falam quechua e utilizam as normas de costumes e métodos conciliatórios para resolver as disputas que chegam a seus gabinetes. Pesquisas executadas pelo Centro de Estudos Jurídicos da Suprema Corte do Peru, e subsidiadas pela Fundação Friedrich Naumann da Republica Federal da Alemanha, indicam que aproximadamente 47% dos casos que entram nos tribunais de primeira instância (fora de Lima) vão para as mãos de juízes de paz, 70% dos quais não são advogados. As mesmas pesquisas mostram que a maioria dos litigantes (63%) ficou satisfeita com o tratamento dado a seus casos. A razão disso são o acesso aos juízes, o tratamento dado aos casos em quechua, o uso da própria língua, a simplicidade e rapidez dos processos, seus baixos custos, a residência nas mesmas comunidades que os litigantes e o fato de serem vistos como honestos e justos.[6]

Entretanto, quando mudamos do nível local para os tribunais mais elevados do sistema nacional, o quadro muda no Peru, como na maioria dos outros países latino-americanos com grandes populações rurais e indígenas. O mesmo autor que descreve o sucesso do sistema dos juízes de paz, observa o seguinte sobre a maneira como as pessoas pobres vêem o sistema nacional:

> O sistema jurídico peruano é percebido como um sistema que não reconhece as realidades da vida dos camponeses ou dos setores urbanos da população, que não leva em conta os valores e costumes das diferentes regiões e zonas do país e que normalmente obriga os litigantes a se expressar em espanhol, uma língua que é estrangeira para muitos peruanos. Atrasos extremos nos processos legais e corrupção institucionalizada contribuem para a percepção negativa. Estima-se que em 1993, somente na Corte Suprema, havia 28 mil casos pendentes. No ramo judicial todo, havia um congestionamento de 250 mil casos civis e criminais.

Continua o mesmo observador:

> Assim, não é surpresa que os representantes do sistema judicial tenham uma reputação tão má. Nossas pesquisas indicaram que metade dos entrevistados tinha uma péssima percepção sobre os juízes profissio-

nais, vendo-os como "injustos", "imorais" e "corruptos". A justiça, como é executada no Peru, é encarada com falta de confiança e provoca medo e sentimento de rejeição. Parece que há um consenso nacional a respeito desse descontentamento. E embora tenha havido muitos esforços para reformar o ramo jurídico desde o início dos anos 1970, poucos resultados foram obtidos.[7]

Os últimos anos têm presenciado um grande interesse por parte de fundações privadas, agências bilaterais de ajuda humanitária e instituições multilaterais de empréstimos, tais como o Banco Interamericano de Desenvolvimento e o Banco Mundial, em ajudar os governos latino-americanos na sua modernização e na reforma de seus sistemas judiciários. Enquanto a maior parte desse interesse vem da necessidade de melhorar a eficiência dos sistemas judiciais nacionais para adaptá-los à abertura e globalização das economias regionais, também propiciou excelentes oportunidades de aumentar a capacidade de resposta desses sistemas com relação às necessidades das populações pobres e tradicionalmente marginalizadas e excluídas. Mesmo que apenas uma pequena quantia dos fundos que atualmente são destinados às atividades da reforma jurídica na América Latina fosse destinada diretamente para os pobres rurais, poderia haver um impacto importante sobre a situação desses povos e assegurar para eles um mínimo de segurança legal na nova ordem econômica. Tais fundos poderiam ser usados para fortalecer os programas de juízes de paz, providenciar intérpretes nos tribunais para litigantes que não falam espanhol, proporcionar serviços legais gratuitos ou com baixos custos para os pobres, estabelecer escritórios especiais para a defesa dos direitos dos povos indígenas e camponeses, e ensinar aos advogados e juízes as novas legislações internacional e nacional que tratam dos povos indígenas.[8]

Nesse ínterim, entretanto, poderíamos provavelmente ter maiores expectativas em termos de direitos e acesso à justiça por parte dos povos indígenas e suas organizações, e sobre a falência geral em obter sua realização por meio das instituições domésticas e as soluções legais. Dada essa situação, devíamos também esperar mais tentativas por parte das organizações indigenistas para trazer suas queixas aos organismos internacionais, como a Comissão de Direitos Humanos da ONU e a Comissão Interamericana de Direitos Humanos (CIDH). Como já documentado neste volume, as décadas recentes têm presenciado vários casos envolvendo a violação de direitos à terra e conseqüentes abusos aos direitos humanos dos povos indígenas e suas comunidades que chamaram a atenção da CIDH.[9]

Quando a CIDH se tornou mais consciente do escopo e da importância desses casos de direitos dos índios, elaborou um projeto para um instrumento sobre os direitos dos povos indígenas que atualmente está no estágio final de consulta aos governos, especialistas e organizações de povos indígenas. Qualquer que seja a forma que esse instrumento assuma no final, ou como um pronunciamento ou como convenção, provavelmente levará a maioria dos países latino-americanos a tratar com mais seriedade seus atuais compromissos com os povos indígenas, como está refletido em suas próprias Constituições e legislações. Também, como Dandler sugere, propiciará novas oportunidades para o fortalecimento do papel da Corte Interamericana de Direitos Humanos em aceitar e processar os casos de direitos humanos relacionados aos povos indígenas.[10]

Em resumo, não há dúvida de que vários passos positivos foram dados pelos institutos internacionais de direitos humanos, tais como a Organização Internacional do Trabalho, as Nações Unidas e a Organização dos Estados Americanos, assim como por muitos governos nacionais, para reconhecer os direitos à terra, língua, cultura e outros direitos coletivos dos povos indígenas. Entretanto, há ainda uma grande distância a ser percorrida antes que se possa dizer com segurança que o "Estado de Direito" domina os relacionamentos entre os Estados-nação e os povos indígenas na América Latina. Isso é particularmente verdadeiro na área de lei processual, em que os povos indígenas, como muitas outras populações pobres rurais, são sistematicamente excluídos do acesso à justiça e à lei. É necessário, acredito, prestar muito mais atenção a esses aspectos processuais da lei se quisermos afirmar que os povos indígenas e o Estado de Direito na América Latina têm, de fato, uma chance.

## Notas

Os comentários aqui expostos são de minha inteira responsabilidade não devendo ser atribuídos ao Banco Mundial, ao seu quadro de diretores ou a membros dos diferentes países.

1. Para uma visão geral dos movimentos indígenas em estudos de vários países, ver *Indigenous Peoples and Democracy in Latin America*, Donna Lee Van Cott ed., Nova York: St. Martins's Press, 1994.

2. Fuero Indígena Colombiano, Roque Roldán Ortega & John Harold Gómez Vargas eds., Bogotá: Ministerio de Gobierno, Dirección General de Asuntos Indígenas, 1994.

3. Entre la Ley y la Costumbre: El Derecho Consuetudinario Indígena en América Latina 1, Rodolfo Stavenhagen & Diego Iturralde eds., Cidade do México: Instituto Indigenista Interamericano, Instituto Interamericano de Derechos Humanos, 1990.

4. Guillermo Arancibia López, *Judicial Reform in Bolivia, in* Judicial Reform in Latin America and The Caribbean, World Bank Technical Paper nº 280 210-1, Malcoln Rowat, Waleed H. Malik & Maria Dakalias eds., Washington, D.C.: The World Bank, 1995.

5. Para um conhecimento mais sistemático sobre esses sistemas legais, ver Laura Nader, Harmony Ideology: Justice and Control, in A Zapotec Mountain Village, Stanford University Press, 1990.

6. Hans-Jurgen Brandt *The Justice of the Peace as an Alternative: Experiences with Conciliation in Peru, in* Judicial Reform in Latin America and The Caribbean, World Bank Technical Paper, nº 280 92-9, *supra* nota 4.

7. Brandt, *id.*, 93.

8. *Ver* Bryant G. Garth, *Access to Justice, in* Judicial Reform in Latin America and The Caribbean, *id.*, 88-91; e Derechos Humanos y Servicios Legales en el Campo, Diego García-Sayan ed., Lima: Comisión Andiana de Juristas, 1987.

9. Shelton H. Davis, Land Rights and Indigenous Peoples: The Role of The Inter-American Commission on Human Rights, Cambridge: Cultural Survival, Inc., 1988.

10. Para um caso particularmente importante trazido perante a Corte Interamericana e que envolve as violações dos direitos humanos contra as populações maroon (Bush Negro) no Suriname, ver David J. Padilha, *Reparations in Aloeboetoe v. Suriname,* 17 (3) Human RTS. Q. 541-5 (1995); e Richard Price, *Executing Ethnicity: The Killings in Suriname,* 10 Cultural Anthropology 4, 437-71 (1995).

# 10
# SUPERANDO A DISCRIMINAÇÃO DE MULHERES NO MÉXICO: UMA TAREFA PARA SÍSIFO

MARICLAIRE ACOSTA

## As Esferas Pública e Privada

A maior parte da vida de uma mulher no México é passada no confinamento de sua família. Não importa se é a família em que ela nasceu, ou uma que ela construiu para si muito cedo; é nesse contexto que ela fará as escolhas que moldarão seu futuro.

Nisso ela não é única: a maioria dos mexicanos encara a família como algo muito positivo, e relaciona a vida familiar com conceitos tais como unidade, amor, bem-estar, entendimento, felicidade e apoio. De fato, numa pesquisa recente, 85% dos entrevistados consideravam que a família era a principal entidade na sua vida, em oposição à política, que apenas 12% consideravam importante. Trabalho, recreação e amigos estão no meio com 67, 28 e 25% de popularidade, respectivamente.[1]

Esse fato é central para se entender a sociedade mexicana e o papel que as mulheres desempenham nela. Embora a Constituição mexicana explicitamente reconheça direitos iguais para ambos — homens e mulheres —, os papéis femininos ainda são baseados no comportamento, valores e normas que enfatizam a vida privada mais do que a vida pública. Infelizmente para as mulheres, a extrema pobreza e marginalização da grande maioria da população significa que a sobrevivência hoje depende mais ainda do apoio e renda familiar. Essa situação reforça a tradicional posição subordinada das mulheres ao chefe da casa masculino, e de fato perpetua e intensifica a discriminação baseada em gênero.

Neste capítulo, discutirei esse ponto, e tentarei demonstrar como os amplos programas econômicos e políticos afetam diretamente os direitos das mulheres. No caso das mexicanas, o esquema particular de desenvolvimento escolhido pela elite política e econômica atualmente no poder, baseado em um esquema de privatização e necessidade de ajuste estrutural severos, propostos pela comunidade financeira internacional, impôs custos particulares e rigorosos sobre as mulheres que não estão, aparentemente, na mira desses programas.[2] Também analisarei como essa situação afetou as normas e práticas legais existentes, reforçando os modelos tradicionais de discriminação contra as mulheres.

## A Implantação de uma Economia de Mercado Livre e seus Efeitos no *Status* das Mulheres

Nos últimos 15 anos, perdas na renda e nas oportunidades de trabalho têm sido devastadoras para a maioria dos mexicanos. As políticas draconianas de ajuste estrutural econômico, implementadas pelos sucessivos governos desde 1982, deixaram pelo menos 16 milhões de pessoas fora do mercado. Cortes no gasto social e a redução do papel do governo em proporcionar muitos bens e serviços forçaram a maioria da população a depender mais do que nunca dos esforços familiares e conexões pessoais — principalmente ligações de parentesco — a fim de satisfazer suas necessidades básicas.

Por um longo tempo não era essa a tendência dominante. Por três décadas após a Segunda Guerra Mundial, o México gozou de crescimento econômico e amplo desenvolvimento básico, que deu lugar ao aparecimento de uma classe média extensa, uma classe operária industrial nova, com níveis de salário constantemente crescentes, e um setor rural que também aumentou sua renda graças à abertura de novas terras, maior produtividade e projetos de irrigação patrocinados pelo governo.[3]

Negociações com empresas, conduzidas sob os auspícios das organizações rurais e trabalhistas controladas pelo governo, asseguraram que uma parte dessa expansão da riqueza nacional ficasse com as camadas mais baixas da sociedade. Uma ampliação agressiva dos serviços médicos e educacionais pelo governo durante esse período de "desenvolvimento estável" alcançou amplos setores da população e deu a ilusão de que o bem-estar e a mobilidade social estavam em crescimento. Mas, de fato, esse modelo de desenvolvimento interno liderado pelo Estado não significava que a renda estivesse sendo igualmente distribuída. O México nunca foi capaz de romper seu modelo de distribuição de renda altamente desigual.[4]

A fachada começou a desmoronar nos anos 1970, quando o modelo de desenvolvimento abertamente demonstrou suas falhas. Em 1982, o México sofreu uma crise econômica severa causada por uma dívida externa em disparada e pela queda dos preços do petróleo — seu principal produto de exportação — no mercado internacional. Em agosto do mesmo ano, o governo mexicano anunciou que não poderia cumprir o pagamento de seus débitos por falta de reserva estrangeira. A comunidade internacional dos bancos e o Tesouro dos Estados Unidos vieram em socorro, com dinheiro novo. Os pagamentos eram efetuados e novos empréstimos eram criados, de tal modo que o México tornou-se social e economicamente dominado por seus problemas de dívida externa. Para enfrentar seus pagamentos monumentais foram adotadas medidas severas de austeridade recomendadas pelo Fundo Monetário Internacional (FMI) e pelo Banco Mundial. Assim, os salários foram diminuídos, serviços governamentais e subsídios cortados drasticamente, as indústrias estatais privatizadas, a inflação dominada por meio de juros mais altos, custos mais elevados e menos crédito. O impacto do programa de recuperação preservou a estabilidade do comércio internacional e do sistema financeiro, mas causou uma diminuição dramática do desenvolvimento. Sucessivas administrações, em especial depois da chamada "crise do peso" de 1994, continuaram e aumentaram a amplitude e o escopo dessas políticas econômicas, resultando em uma perda no sistema da soberania econômica.

Ao final do século XX, o México parece mais longe do que nunca de alcançar o ideal de uma estrutura social mais inclusiva e equilibrada. A economia nunca mais se recuperou completamente depois de 1982, e é submetida a ataques periódicos de desvalorização, fuga em massa de capital e dependência crescente de empréstimos estrangeiros. A reestruturação econômica sob os auspícios da comunidade financeira internacional levou à implantação de uma economia de livre mercado baseada em exportação de alguns bens, principalmente para os Estados Unidos e o Canadá, seus mais importantes parceiros comerciais.

O custo social dessa política tem sido devastador. A desigualdade tem crescido, produzindo uma sociedade altamente polarizada na qual o desemprego é violento.[5]

As políticas de bem-estar social e suas provisões legais, que, por décadas proporcionaram alimento subsidiado, saúde e educação para a maioria da população, têm sido desmanteladas. O consumo *per capita* de milho, feijão e trigo caiu mais do que 35% em dez anos, desde que seus preços dobraram em relação ao salário mínimo, cujo valor diminuiu dois terços desde 1992. A má nutrição, somada ao declínio do orçamento público para a saúde para quase a metade do que era em 1980, causou a triplificação das mortes infantis em 1992. Os gastos gerais com educação diminuíram de 5,5% para 2,5% do Produto Nacional Bruto do México (PNB).[6]

Graças à história institucional única do Estado mexicano, baseado até muito recentemente em empresas públicas e estruturas corporativistas que proporcionavam esses bens e serviços em troca de apoio político, as instituições públicas, tais como partidos políticos, corpos legislativos e sistemas de tribunais, são insuficientemente desenvolvidas e simplesmente não proporcionam a estrutura apropriada para atender as necessidades do povo. Além disso, há uma tendência generalizada para o colapso de muitas instituições, em especial no sistema judicial.

As políticas severas do ajuste estrutural, aplicadas implacavelmente desde 1982, aprofundaram a desigualdade anterior típica da sociedade mexicana desde que ela se estabeleceu como uma nação independente. A privatização dos serviços e corporações governamentais, o desajuste econômico e a liberalização do comércio e as reduções nos gastos com serviço civil e serviços sociais destruíram a rede de seguridade social para pelo menos metade da população. Essa desigualdade, somada à relutância da atual elite no poder em renunciar à parte do poder e transformar o sistema político em um sistema mais democrático e competitivo, sintonizado com as mudanças na esfera econômica, corroeram ainda mais muitas das instituições do Estado, incapazes de resistir à tensão de uma mudança tão rápida. Essa fraqueza alcançou uma posição crítica em muitas regiões, em especial nas menos desenvolvidas tais como os estados de Guerrero, Chiapas e Oaxaca, onde a violência armada ameaça substituir os canais institucionais como um meio para resolver as demandas não satisfeitas da população predominantemente rural.[7]

O México não é mais uma nação rural. Apenas 27% de sua população vivem no campo. Entretanto, a urbanização não proporcionou empregos estáveis e segurança ao povo. Há uma crescente falta de infra-estrutura, tal como moradia adequada, água e outros serviços, nas cidades superpovoadas. Em quase todas as esferas, as pessoas são forçadas a depender mais da ação direta para resolver seus numerosos problemas. A maioria dessas ações é exercida pelas mulheres na esfera da comunidade a fim de fornecer nutrição e cuidados com a saúde.[8]

A insegurança pública e o crime violento estão em elevação. Mas isso também ocorre com a impunidade dos delinqüentes. A taxa alarmante de linchamentos de suspeitos de crimes por todo o México indica exatamente quanto a ação da multidão está substituindo a polícia ineficiente e o sistema judiciário a fim de punir os suspeitos de crimes.[9]

A vida das mulheres sempre foi submetida a duras condições no México. As mulheres e suas crianças pagaram o preço do processo abrupto de privatização e globalização econômica. Sem uma ação séria por parte do Estado para reverter o acesso desigual das mulheres e crianças (a imensa maioria) de baixa renda ao emprego formal, assim como à saúde, educação e outros serviços de bem-estar social, estas continuarão numa situação de grande desvantagem em comparação com o restante da população. Entretanto, isso implica se afastar da economia ortodoxa de livre mercado e rever a enorme dívida estrangeira do México. Qualquer esforço sério para reverter sua situação exigirá a reconsideração dessas políticas e do papel do Estado na sociedade, acoplado ao reforço da participação não-governamental em todas as esferas. Mas, a não ser que o sistema político se torne realmente democrático e pluralista, nada disso acontecerá.

## A População Feminina

Há 46,5 milhões de mulheres no México, representando um pouco mais do que a metade do total da população. A maioria delas está no grupo etário de 15 a 64 anos (60%), enquanto aquelas abaixo de 15 representam 36% e as acima, 65,4%.

As mulheres e as meninas vivem com suas famílias (95%) e tendem a estabelecer seus primeiros relacionamentos estáveis, ou em uniões consensuais ou em casamento legal, com cerca de 18 anos, se são moradoras da cidade, e um ano antes se vivem no campo.[10] A metade delas tem sua primeira criança com aproximadamente 21 anos, embora 16% já tenham tido filho com idades entre 15 e 19 anos.[11] Graças à contracepção, a maioria dessas mulheres e garotas tem uma média de três filhos (ou cinco no campo) em um período de 13 anos; na época em que elas alcançam 60 anos, mais de dois terços delas dependerão de seus filhos ou seus parentes para seu sustento financeiro.[12]

## Educação

Já foi o tempo em que as mulheres tinham menos oportunidades educacionais que os homens. De fato, há mais mulheres analfabetas acima dos 60 anos (40%) do que homens (28%). Entretanto, isso tem mudado, e, pelo menos no que diz respeito à educação elementar e pré-escola, meninos e meninas têm as mesmas taxas de matrícula. A diferença começa mais tarde, durante a adolescência, quando 32,5% das meninas com 14 anos deixa a escola, para apenas 27,5% dos meninos. Deixar a escola significa entrar no mercado de trabalho a fim de ajudar a sustentar a família.[13]

Quando as mulheres são suficientemente felizes e continuam sua educação, freqüentam a escola secundária numa proporção menor do que o sexo masculino, com uma diferença de 5% nas matrículas. Se elas pertencem à elite, que tem acesso à educação superior, estarão em minoria: 82 mulheres para 100 homens estão matriculadas nas faculdades e universidades. Além disso, muito mais mulheres do que homens tendem a abandonar a escola nesse estágio, de acordo com dados publicados em 1990, em que consta que apenas 37% da população acima de 20 anos, com quatro anos de educação superior, são mulheres.[14]

## Ocupação e Renda

A despeito de sua educação, a vida da mulher se centrará, em primeiro lugar, ao redor de sua família. Naturalmente, o acesso à educação determina muitas coisas na sua vida. As mulheres menos estudadas têm quase o dobro de crianças (5,6 em 1990), e, naturalmente, um emprego mais mal remunerado. Mulheres fornecem renda para suas famílias em uma de cada três casas. Em um quinto delas, seus ganhos são a fonte de renda mais importante para a família; em uma de cada dez casas, ela será arrimo de família. A maioria das vezes ela é também responsável pela rotina doméstica.[15]

Uma grande parte do trabalho que as mulheres fazem no México não está contabilizada nos dados oficiais. Entretanto, mais da metade das mulheres que estão registradas no censo como parte da população economicamente ativa vive em alguma espécie de *status* conjugal (54,5%). Antes as mulheres abandonavam o mercado de trabalho depois de alguns anos, mas dada a terrível situação econômica da grande maioria da população, isso não acontece mais.[16]

De acordo com os dados do último censo, as mulheres estão empregadas principalmente no setor informal como domésticas. Estudos mais recentes, entretanto, indicam a enorme expansão das ocupações por empreitada (*destajo* e *maquila*), tanto no setor urbano quanto no rural, que oferece a flexibilidade que as mulheres precisam a fim de equilibrar seu trabalho com as responsabilidades familiares. Muitas mulheres trabalham meio período (mais de 4 milhões), e a metade destas não têm renda fixa.[17] As mulheres que *estão* empregadas na economia formal tendem a trabalhar como educadoras, secretárias, técnicas e vendedoras de lojas, nessa ordem.[18]

Em 1970, as mulheres representavam quase um quarto do total da força de trabalho da Cidade do México. Passados 20 anos, depois de terem subido para 27% em 1980, a proporção foi reduzida para 18%.[19] Em 1980, as mulheres com empregos estáveis representavam 33% da população feminina acima de 20 anos, quase quatro pontos percentuais a mais do que na década anterior. Por volta de 1990, os números abaixaram para 30%, e cinco anos depois, apenas 21% das mulheres acima de 11 anos têm emprego remunerado.[20]

Qualquer que seja a ocupação de uma mulher, sua renda é consideravelmente menor que a do homem. De acordo com o censo, 65% das mulheres recebem uma renda de menos do que dois salários mínimos, para 53% dos homens.[21] Seu acesso à seguridade social é também consideravelmente menor, e serviços de apoio, tais como creches, estão fora do alcance da maioria das mulheres.

Em 1970, as mulheres com emprego ganhavam em média $750 pesos para cada mil recebidos por um homem. Uma década mais tarde, sua renda cresceu para $822 por mil. Depois da crise de 1992, a renda feminina começou a diminuir quase para o nível dos 12 anos anteriores: $766 para cada mil dos homens. Em 1995, após a crise financeira severa sofrida pelo México em dezembro de 1994, baixou rapidamente para $694 pesos para cada mil recebido pelos homens.[22]

As estatísticas oficiais não comparam as diferenças salariais entre homens e mulheres para os mesmos empregos. Entretanto, análises dos dados do censo mostram uma defasagem crescente da renda média de homens e mulheres durante os últimos 25 anos, uma demonstração da feminilidade da pobreza. Nas palavras de Ruiz Harrell: "Não tem sido possível aumentar o emprego feminino. Tem sido igualmente impossível pagar às mulheres o mesmo que aos homens. É cada vez mais difícil para as mulheres alcançar posições de autoridade em seus empregos, e mais triste do que isso: qualquer que tenha sido o ganho entre 1970 e 1980, este foi perdido na década seguinte."[23]

## Participação Política

Oportunidades para participação política e outras para participação pública para mulheres são deficientes mas têm melhorado. As mulheres obtiveram o direito a voto em 1953, e isso foi conseguido apenas depois de uma longa luta. Sua participação nas eleições é de fato equivalente à dos homens. Mulheres tendem a votar ligeiramente mais a favor do partido que representa o *status quo*. Nas eleições federais recentes, as eleitoras votaram a favor do candidato do partido no poder (PRI) em uma proporção 5% maior do que os homens.[24]

Muitas mulheres participam em diversos movimentos sociais, especialmente aqueles que pressionam o governo por necessidades básicas, como educação, moradia, subsídios para a alimentação, terra e infra-estrutura urbana. De fato, a maioria desses movimentos populares é amplamente feminina. Entretanto, as mulheres têm pouco acesso a posições de liderança, principalmente as eletivas. Parece que a política para elas está ainda fortemente relacionada com ação direta em assuntos do bem-estar familiar. O acesso à política formal é ainda muito limitado.

De acordo com algumas estimativas, mais de 2 milhões de mulheres são sindicalizadas, mas menos de 8% da liderança sindical está em suas mãos.[25] Apenas três mulheres foram governadoras de estado nos últimos 45 anos, e menos de 4% dos municípios do país elegeram mulheres para presidir o governo local. Acesso a posições médias nas atividades executivas do governo é maior, e isso permanece verdadeiro também nas atividades legislativa e judiciária. Mas, como um todo, as mulheres são desencorajadas a participar em posições de influência fora da esfera doméstica.[26]

Finalmente, há várias centenas de organizações não-governamentais (ONGs) ativas defendendo temas relativos às mulheres. Esses grupos têm sido muito eficazes em denunciar sérios abusos contra elas. Eles também têm proporcionado importantes serviços e treinado lideranças para um número crescente de mulheres. Entretanto, tendem a englobar um número pequeno de ativistas.[27]

## Saúde e Expectativa de Vida

A expectativa de vida para as mulheres aumentou para 76 anos nas cinco últimas décadas. Nas áreas subdesenvolvidas mais pobres do México, como Oaxaca e Chiapas, ela é muito menor, e a doença infecciosa é a maior causa de mortalidade. A morte da mãe no parto tem diminuído ao longo dos anos, mas é ainda duas vezes maior do que em outros países mais desenvolvidos (61 mortes em 100 mil partos). O acesso à contracepção alcançou uma média nacional de 66%, mas é muito menor nas áreas rurais e em bairros urbanos pobres. Há uma alta taxa de abortos, que são ilegais e, portanto, uma causa alta de mortalidade (alguns estimam em cerca de 220 mil mortes por ano). A maioria das mulheres entre as idades de 15 e 60 morrem ou de tumores malignos no seio ou no útero, ou de enfarto do coração, diabetes, ferimentos ou complicações de abortos.[28] Em resumo, a vida para a maioria das mulheres é de trabalho árduo e privação para a saúde de sua família, tanto em casa como em qualquer ocupação a que possam aspirar. Essa situação prejudica sua saúde: em uma pesquisa recente, uma em cada três mulheres acima de 60 anos declarou que é incapaz de subir escadas ou andar mais do que três quarteirões sem ajuda.[29]

## Direitos Legais *versus* Direitos Penais

Na preparação para a Conferência Mundial sobre as Mulheres das Nações Unidas realizada na Cidade do México em 1975, a Constituição mexicana foi mudada para assegurar igualdade a homens e mulheres perante a lei. Essa mudança também acrescentou cláusulas para a proteção legal da família. O Artigo 4 agora estabelece explicitamente que cada pessoa tem o direito de livre e responsavelmente decidir, com pleno acesso à informação, sobre o número e espaçamento de suas crianças. Desde então, o México ratificou a maioria dos instrumentos legais regionais e internacionais que pretende assegurar proteção dos direitos humanos das mulheres e de suas crianças; o México apresenta regularmente relatórios sobre seu desempenho para os órgãos internacionais apropriados.[30]

Na prática, a igualdade dos homens e mulheres é na maioria das vezes um direito formal. A dinâmica da economia e da sociedade mina qualquer possibilidade de afirmação dos direitos das mulheres. A discriminação é, como vimos na seção anterior, um fato da vida cotidiana: ela é institucionalizada. Portanto, existe nos tribunais, e em leis de alguns estados, como é o caso de Chiapas, por exemplo, onde a penalidade por roubar gado é maior do que por estupro.[31] Enquanto a política econômica atual prevalecer, as mulheres continuarão em desvantagem, e não importa quantos tratados de direitos humanos sejam assinados e ratificados pelo Estado mexicano, as graves violações dos direitos básicos das mulheres continuarão.

Na seção anterior, demonstrei como esses direitos têm sido violados pela falência geral do Estado em encontrar um mínimo de obrigações rotineiras de direitos humanos em amplos setores da população. Na próxima seção, analiso outros aspectos da discriminação das mulheres que *podem* ser imediatamente enfocados por ações afirmativas do Estado, mas que não têm sido resolvidos satisfatoriamente.

Em minha seção introdutória, apontei o crescimento de todos os tipos de comportamento violento como conseqüência tanto da falência institucional como do empobrecimento geral da maioria da população do México. Mulheres e crianças são especialmente vulneráveis a esse aumento na violência. O governo tende a omitir esse fato. Outras vezes, ele realmente se afastou de sua obrigação de assegurar ampla proteção ao direito fundamental das mulheres à integridade física. Na próxima seção, focalizarei a proteção à vida e integridade física das mulheres no sistema judicial. Essa é uma área na qual grupos de mulheres não-governamentais têm sido muito ativos, forçando o governo a tomar alguns passos, embora insuficientes, para acabar com os efeitos mais severos desse tipo de abuso.

## Violência contra Mulheres

### Violência Sexual

A violência contra as mulheres toma muitas formas. Na maioria das vezes, ela ocorre em casa e no contexto familiar. Entretanto, a ocorrência de violência, em especial sexual, fora de casa também é comum. Violência por razões políticas, inclusive violência sexual, está aumentando, principalmente em regiões onde há intensa militarização, em virtude da emergência de guerrilha armada, tal como Chiapas, Oaxaca, Veracruz e Guerrero.

Em meados de 1989, os moradores da Cidade do México ficaram chocados ao descobrir que 19 jovens mulheres, durante vários meses, tinham sido seqüestradas e estupradas por grupos de homens, na maioria das vezes na presença de seus namorados e maridos, que eram guarda-costas do promotor federal antinarcóticos, Javier Coelho Trejo. Durante a comoção que se seguiu — os agentes foram eventualmente processados depois de uma pressão pública enorme, principalmente por parte do movimento das mulheres — a violência sexual finalmente tornou-se um assunto sério.

Como conseqüência, o Código Penal para o Distrito Federal onde a Cidade do México está localizada, foi atualizado para incluir a figura de delitos contra a liberdade psicossexual e as penas por estupro e outros crimes sexuais têm aumentado. A Procuradoria Geral de Justiça para o Distrito Federal (PGJDF) constituiu quatro agências especializadas para tratar desses crimes, assim como um serviço para tratamento e reabilitação de sobreviventes/vítimas (*Centro de Terapia de Apoyo a Victimas de Delitos Sexuales do PGJDF*). Estatísticas oficiais sobre violência sexual começaram a ser compiladas, mas os dados ainda são insuficientes.

A violência sexual é um dos crimes menos denunciados (cerca de 7%), mas algumas estimativas calculam que somente na Cidade do México ocorre um estupro a cada sete minutos.[32] Dados para o restante do país não estão disponíveis uma vez que muitos estados não têm agências especializadas para lidar com esses delitos criminais. Entretanto, estatísticas compiladas por várias organizações de mulheres em outras partes do país mostram tendências similares às grandes cidades.

De 1989 a 1995, as agências da Cidade do México mencionadas atenderam um total de 31.255 pessoas, entre sobreviventes (67%) e suas famílias. O crime mais freqüentemente denunciado foi o estupro (47,3%), seguido por abuso sexual (27%). Uma em cada quatro vítimas de crimes sexuais tinham menos de 13 anos, e três quartos delas eram do sexo feminino. O crime mais freqüente contra essas crianças foi abuso sexual (44%), seguido por estupro (35%). Sessenta e cinco porcento das crianças eram meninas. Globalmente, entretanto, a maioria dos crimes sexuais afeta as mulheres (90%) com menos de 24 anos, e metade desses crimes ocorre quando a vítima está na faixa etária abaixo de 18 anos. Parece que educação e *status* social não são tão determinantes como idade.[33]

De acordo com o último relatório publicado pelo Gabinete da Promotoria da Cidade do México, a violência sexual e os maus-tratos a mulheres e menores representam 26,6% da média diária de crimes. Cerca de 70% dos delinqüentes são conhecidos pela vítima: 35% são parentes, e um em cada três é pai ou padrasto.[34]

A violência sexual também ocorre em outros lugares: a maioria em transporte público, escolas, centros de custódia, consultórios médicos e por agentes de segurança. Desde que na grande maioria das situações o agressor é bem conhecido pela vítima, ela raramente presta queixa, e a detenção não ocorre.[35]

Cerca de uma em cada cinco vítimas de estupro engravida como conseqüência da agressão sexual. O aborto não é proibido nesses casos. Entretanto, depois que a vítima tiver provado que sua gravidez foi causada por estupro, não há procedimento legal para ela obter um aborto sem riscos numa clínica ou hospital. Essa situação tem sido denunciada freqüentemente, mas o Estado é negligente em estabelecer um procedimento para as mulheres exercerem seu direito. Na melhor das hipóteses, ela será absolvida de punição se conseguir fazer um aborto ilegal.[36]

A acusação e condenação de estupradores é muito lenta e tem diminuído como parte de uma tendência geral de alta impunidade para todos os tipos de crimes.[37] Em 1971, aproximadamente 37% dos supostos criminosos foram processados; por volta de 1980, os números diminuíram para 24%, e diminuíram novamente para 18,5% em 1990, e mais uma vez, para 14% em 1994.[38]

Somada às dificuldades de denúncia e acusação de crimes sexuais contra as mulheres está a recente posição da Suprema Corte de Justiça. Em uma lei, sem precedente, de 1994, aprovada por cinco ministros, incluindo duas mulheres, a Suprema Corte determinou que relações sexuais violentas ou forçadas por um cônjuge sobre outro não podem ser punidas como estupro, mas como exercício indevido de um direito legítimo.[39] Recentemente, essa jurisprudência foi denunciada como uma violação não dissimulada da Convenção Interamericana para Prevenir, Punir e Erradicar a Violência Contra as Mulheres, assinada e ratificada pelo México em 1995. Entretanto, uma vez que os tribunais mexicanos não reconheceram os tratados internacionais de direitos humanos como legalmente aplicáveis, essa lei permanece inalterada.

*Violência Doméstica*

Mais de um milhão de mulheres todo ano procuram tratamento médico de urgência por todo o México em decorrência de ferimentos causados por violência sexual.[40] De acordo com um estudo, entre 1989 e 1995 uma média anual de 30 mil pacientes foi tratada em instalações públicas hospitalares da Cidade do México por ferimentos intencionais sérios; um quarto desses pacientes era mulheres.[41]

A atenção para esse problema e o tratamento para as vítimas foram iniciados por grupos não-governamentais de mulheres. Depois de dez anos de denúncia e pressão, o Departamento de Polícia da Cidade do México instalou um serviço público para mulheres espancadas. O Centro de Apoio para Mulheres Violentadas, Coapevi (*Centro de Apoyo a Personas Violadas, Secretaria de Protección y Vialidad del Departamento del Distrito Federal*), foi a conseqüência de um acordo escrito entre o governo e grupos feministas. Nos dois primeiros anos de existência, o Coapevi investigou 300 casos de violência doméstica. Entretanto, apenas 15% desses agressores foram condenados.[42]

Em 1989, o Gabinete da Promotoria instalou o Centro de Atenção a Vítimas de Violência Intrafamiliar, CAVI. O Centro deu atendimento a quase 90 mil pessoas até agora. De acordo com sua estimativa, a maioria das vítimas é mulher. Os agressores são ou namorados ou maridos, que se consideram figuras de autoridade em casa. As idades das vítimas vão de 21 a 40 anos, e um pouco menos da metade delas são donas de casa, embora a maioria tenha um trabalho e ganhe sua própria renda. Um número significativo de mulheres estava grávida quando agredida. Muitas declararam que a violência em suas casas vinha ocorrendo há vários anos, e vinha afetando tanto a elas como às crianças. Estudos feitos nos estados de Jalisco e Colima mostram tendências similares.

A violência doméstica é um problema de saúde pública muito sério. Uma pesquisa nas salas de emergência dos hospitais públicos da Cidade do México realizada em 1988 mostrou que os ferimentos de mulheres e crianças causados por violência doméstica eram os mais sérios, freqüentemente exigindo hospitalização.[43] Ferimentos são a quarta causa de mortalidade feminina. Problemas de saúde, como hipertensão e diabetes, também podem ser causado pelo estresse produzido por uma submissão prolongada de violência e abuso todo dia.

O sexismo e o preconceito contra as mulheres estão arraigados no sistema judicial. Crimes contra a integridade física das mulheres, especialmente ferimentos causados por violência doméstica, são ainda tratados como uma ocorrência familiar privada, não como um delito público. As leis podem ter sido mudadas para assegurar penas mais altas para esses abusos, mas no trabalho diário das delegacias de polícia e tribunais a violência contra mulheres e crianças é raramente levada a sério. Além disso, a redução do antigo papel proeminente do Estado como um benfeitor social também tem afetado a condenação de abusos contra mulheres de uma maneira bastante perversa. O Código Penal foi mudado, primeiro em 1983 e novamente em 1993, com o intuito de fazer com que ferimentos visíveis que não põem em risco a vida de uma pessoa e que demorem mais do que duas semanas para cicatrizar serão motivo apenas de processo de queixa (*querella*). Prioritário para as reformas, o Estado processava a despeito de uma reclamação formal. Em outras palavras: ferimentos tornaram-se delitos "privados", não automaticamente processados. O efeito dessa reforma reforçou os modelos existentes de discriminação: apenas um quarto da mulheres agredidas no período de 1989 a 1995 apresentou queixa, em comparação a 56% dos homens. Do total de queixas apresentadas por mulheres, uma média de 1,4% resultou em uma sentença para o acusado. Os dados para os homens também foram muito baixos, 5,2%, mas isso representa um número muitas vezes maior do que aquele das mulheres.[44]

Um estudo do processo legal de mulheres e crianças que apresentaram queixa por agressão relativa à violência doméstica realizada por um grupo de mulheres na Cidade do México, em 1996, descreve a agonia que elas enfrentam durante todo o processo. Funcionários insensíveis, inspeções e testes complicados, confrontações hostis com o acusado e burocracia infindável levam em média de oito meses até o caso ser apresentado a um juiz, que pode, por último, considerar tudo um assunto privado a ser resolvido pela própria família.[45]

Em agosto de 1996, uma lei contra a violência doméstica na Cidade do México foi aprovada (*Ley de Asistencia y Prevención de la Violencia Intrafamiliar en el Distrito Federal*). A lei foi resultado de muita pressão do movimento de mulheres. Ela contempla uma grande variedade de medidas preventivas e assistência a vítimas, assim como reabilitação dos acusados. Seu maior defeito, entretanto, é que deixa fora quaisquer medidas punitivas aos acusados; prevê apenas a possibilidade de acordos negociados entre as partes pelos funcionários de governo da cidade e, em casos especiais, multas administrativas. Mas casos apresentados a esse último não serão levados aos tribunais, a não ser que as vítimas decidam fazer isso por sua própria conta. Assim, a lei reforça a existência de modelos de discriminação. O impacto dessa lei poderá ser avaliado nos anos que virão. Entretanto, num encontro internacional sobre violência doméstica realizado na Cidade do México em outubro de 1996, o ministro do Interior prometeu que o governo federal realizaria uma reforma séria do sistema judicial para assegurar que tanto no nível processual quanto no nível dos tribunais, os problemas de violência doméstica seriam enfocados apropriadamente. Medidas adicionais para combater a violência doméstica prometida pelo ministro incluem campanhas educacionais pelo Ministério da Saúde e pela mídia.

Até que ações mais enérgicas para combater a violência doméstica sejam tomadas pelo Estado, o modelo de discriminação de mulheres agredidas continuará. Até quando forem encaradas como um assunto "privado", para ser tratado na família e não forem processados como rotina, mulheres espancadas e suas crianças terão pouca proteção real.

## Homicídio

Os homicídios de mulheres têm aumentado enormemente. Dados para a Cidade do México mostram que a taxa para os homicídios femininos cresceu de 6% em 1930 para um pouco menos que 20% em 1995. Infelizmente, a impunidade desse crime favorece claramente aqueles que matam mulheres.[46] Dados oficiais estabelecem que acusados que matam mulheres são menos propensos a ser condenados do que aqueles que matam homens. Os dados de 1989 a 1994 mostram que para cada mil vítimas masculinas, 225 executores foram condenados, enquanto no caso das vítimas femininas, apenas 126 executores foram sentenciados. Essa desproporção entre homens e mulheres em 1995 é ainda mais chocante: 160 por mil executores de homicídios masculinos foram sentenciados, comparado a 71 para mulheres. O crescimento desse preconceito pode apenas ser explicado como uma conseqüência provável da falência do sistema judicial e de outras instituições depois da explosão recorrente das crises política e econômica de 1994.[47] O modelo de discriminação contra as mulheres predomina no sistema de justiça criminal. Um estudo recente sobre homicídios femininos estabelece, precisamente, que mulheres que cometem assassinato são sentenciadas numa média 25% mais elevada do que homens pelo mesmo crime.[48]

A mídia deu realce a uma batalha legal recente realizada pelo movimento de mulheres para tentar mudar esse preconceito discriminatório profundamente enraizado contra elas nos tribunais. Claudia Rodriguez, uma jovem, casada, com filhos, estava a caminho de casa depois de uma noite fora em um clube noturno com sua melhor amiga e o companheiro dela. Ela foi atacada pelo companheiro numa estação de metrô, quando ele tentou estuprá-la. Ela tirou um revólver e atirou nele, que morreu a caminho do hospital e ela foi acusada de homicídio. O seu advogado alegou autodefesa e sua amiga testemunhou a seu favor. O promotor argumentou que ela poderia ter evitado o ataque violento. Ela foi sentenciada a 20 anos. O julgamento demonstrou o preconceito contra mulheres. Depois de meses de campanha pelo movimento de mulheres, ela foi libertada sob fiança, os tribunais reconsideraram seu caso, e, eventualmente, diminuíram a pena.[49]

## Perspectivas Futuras

Depois da Conferência Mundial sobre as Mulheres em Beijing, o governo mexicano decretou oficialmente um Programa Nacional da Mulher. Esse programa, que entrou em vigor em 21 de agosto de 1996, reconhece pela primeira vez a discriminação de mulheres no México, com uma análise bem documentada desse problema. Também fornece uma lista detalhada de estratégias e ações obrigatórias a ser executadas por todas as agências do governo federal em benefício da mulher, com a participação de organizações sociais e outras não-governamentais. O Programa está sob a supervisão do Ministério do Interior (*Secretaria de Gobernación*), e tem mandato para estabelecer os padrões e coordenar e assegurar a articulação de todas as políticas do governo federal e ações diretas em relação às mulheres. Dulce Maria Sauri, anteriormente governadora interina do estado de Yucatan, foi nomeada coordenadora executiva do Programa. Dois meses depois, ela foi designada pelo congresso para instalar a Conselho Consultivo e um grupo de supervisão do Programa para assegurar seu funcionamento. Entretanto, o Programa ainda não tem um orçamento, nem os membros desses grupos foram nomeados. Em resumo, o Programa ainda é um esquema.

Durante o mês de outubro de 1996, uma grande coligação de 26 grupos e organizações de mulheres, abrangendo uma larga gama de posições políticas, inclusive os principais partidos, organizou a Assembléia Nacional de Mulheres para a Transição Democrática. Seu primeiro encontro, na Cidade do México, em 5 de outubro, foi dedicado a apresentar uma plataforma comum de reivindicações, produzidas após nove meses de debate. Essa plataforma propugna pela participação total de mulheres na construção de uma sociedade plural e inclusiva, com justiça social e igualdade. Ela reconhece que, na economia globalizada, as mulheres devem unir esforços para garantir a soberania nacional, baseada na autodeterminação, que pode garantir a participação integral das mulheres em campos iguais e todos os aspectos do esforço humano.[50]

A Assembléia das Mulheres reivindicou participação total na reforma e democratização do Estado; a inclusão de todas as cláusulas para à proteção dos direitos humanos nos tratados internacionais assinados pelo México nas políticas públicas propostas para as mulheres; acesso a decisões na implementação do Programa para as Mulheres do governo, assim como ações afirmativas, em especial no campo político; e o projeto de uma política econômica capaz de eliminar a marginalização e a exclusão da maioria das mulheres que a atual política produziu.[51]

Claramente, o encontro da Cidade do México teve impacto no governo, e foi responsável pelo progresso incrementado no México ao dar seus primeiros passos para implantar o Programa Nacional para as Mulheres. Se as organizações representadas no Encontro terão uma voz real nas propostas e vida futura do Programa é difícil calcular. De qualquer modo, é evidente que o pequeno número de mulheres da elite que têm acesso ao poder político desejam trabalhar juntas, por meio do espectro de ideologias e interesses políticos, para a proteção e o avanço de todas as mulheres do México. No entanto, poucos dias depois do Encontro, o governo federal anunciou sua política de preços e salários para o ano de 1997. Os salários mínimos foram aumentados apenas 17%, enquanto o preço do gás e da eletricidade subiu 20%. Em algumas horas, esse anúncio provocou um aumento inflacionário que afetou o preço dos alimentos básicos em mais de 70% em alguns casos. Esse aumento no custo de vida será às custas da maioria da população, em especial as mulheres e suas crianças.

É necessário mais do que retórica e boas intenções para assegurar a participação plena de mulheres na sociedade mexicana. Um fim à discriminação requer não apenas a implementação de programas de governo e a formação de coalizões políticas amplas de mulheres; ele só acontecerá depois de uma mudança profunda nas políticas econômicas baseadas em cortes indiscriminados nos gastos públicos e privatização de instituições e serviços públicos que têm, por mais de 15 anos, afetado adversamente as mulheres. Enquanto passos sérios para assegurar que as necessidades básicas sociais, econômicas e culturais da maioria da população não forem dados, a discriminação contra as mulheres apenas ficará mais arraigada, pois ela não é apenas o resultado de um comportamento profundamente enraizado e padrões de valor, mas também de forças sociais e econômicas subjacentes que, deixadas por elas mesmas, têm apenas fortalecido-as e às instituições que as sustentam, tais como a família patriarcal tradicional. O governo tem de tomar medidas sérias a fim de mudar esses modelos de discriminação. Esses esforços devem começar com uma política agressiva de emprego e distribuição de renda para facilitar o fardo das mulheres de cuidar da sociedade. Mudanças superficiais em algumas leis e o estabelecimento de ainda mais burocracia para lidar com os assuntos das mulheres não são suficientes. Entretanto, essas tentativas não parecem muito prováveis para um futuro próximo.

## Notas

Quero expressar meus agradecimentos ao dr. Rafael Ruiz Harrell pela sua ajuda na análise da discriminação contra as mulheres deste capítulo, principalmente no que diz respeito ao sistema de justiça criminal.

1. *Diario Oficial, Programa Nacional de la Mujer, 1995-2000* 22 (Mexico, D.F. 21 de agosto de 1996).

2. International Human Rights in Context: *Law, Politics, Morals* 888, Henry J. Steiner & Philip Alston eds., Oxford: Clarendon Press, 1996.

3. Tom Barry, *Mexico: A Country Guide* 124, Albuquerque: Inter-Hemispheric Education Center, 1992.

4. Julieta Campos, *¿Qué Hacemos con los Pobres? Le Reiterada Querella por la Nación*, México, D.F.: Aguilar, 1995.

5. De acordo com os dados publicados pelo *El Financiero*, um jornal da Cidade do México, em 21 de novembro de 1995, as pessoas desempregadas e subempregadas no México eram 18 milhões, o que é metade da população economicamente ativa, composta de 36 milhões.

6. Carlos Heredia & Mary Purcell, *La Polarización de la Sociedad Mexicana: una Visión Desde la Base de las Políticas de Ajuste Económico del Banco Mundial* 4-8 Para o grupo de trabalho das ONGs sobre o banco Mundial, Washington, D.C.: The Development Group for Alternative Policies Y Equipo Pueblo, 1994.

7. Cf. Lorenzo Meyer, *Ramona o la fuerza de la debilidad!*, Reforma, Corazón de México, México, D.F., 17 de outubro de 1996.

8. Para um estudo excelente sobre o papel das mulheres em prestação de serviços para a comunidade em San Miguel Teontongo, um bairro da Cidade do México, ver Clara Brugada, *El impacto del ajuste en los pobres de la ciudad: las mujeres y el acceso al consumo en San Miguel Teontongo, in* La Polarización de la *Sociedad Mexicana: supra* nota 6.

9. Um total de 13 linchamentos violentos de suspeitos de crimes foram detectados em várias reportagens jornalísticas pela Comisión Mexicana de Defensa y Promoción de los Derechos Humanos, de janeiro a setembro de 1996.

10. *Diário Oficial, supra* nota 1, 5-6 e 19.

11. Ana Langer y Mariana Romero, *Planificación familiar en México, Diagnóstico en Salud Reproductiva en México, Reflexiones: Sexualidad, Salud y Reproducción* 11, México: El Colegio de México, junho de 1994.

12. *Diário Oficial, supra* nota 1.

13. Id.

14. Id.

15. Id.

16. Id.

17. Id.

18. INEGI, *IX Censo General de Población y Vivienda*, Cidade do México: INEGI, 1990.

19. Rafael Ruiz Harrell, *La mujer y la justicia penal*, México, 1996 (mimeo.), 3-4.

20. Id.

21. INEGI, *supra* nota 18.

22. Harrell, *supra* nota 19.

23. Id.

24. Jacqueline Peschard, *La especificidad está en la diversidad. El voto de las mujeres en México, Humanismo, mujer, familia y sociedad 163* (VII Simposium Internacional, México, D.F.: Instituo Nacional de la Nutrición, 1996.

25. *Diario Oficial, supra* nota 1.

26. Alicia Martínez, *Mujeres Mexicanas en Cifras*, México: FLACSO, 1991.

27. Id.

28. *Diario Oficial, supra* nota 1.

29. *Diario Oficial, Encuesta nacional sobre la sociodemografía del envejecimiento, 1994, supra* nota 1.

30. Ver Dora Palomares, *Los Derechos Humanos Fundamentales de los Principales Tratados Internacionales*, México, Comisión Mexicana de Defensa y Promoción de los Derechos Humanos A. C., 1996.

31. Martha Guadalupe Figueroa, *Legislación y derechos de la mujer indígena en Chiapas.Experiencias del Grupo de Mujeres de San Cristóbal Las Casas A.C., Mesa Derechos y Justicia Nacional e Indígena del Foro de Mesas de Análisis y Propositivas "Chiapas en la Nación"*, UNAM, Centro de Investigaciones Huma-

nísticas de Mesoamérica y el Estado de Chiapas, Instituto de Investigaciones, Económicas, Colegio de la Frontera Sur y el Consejo Nacional para la Cultura y las Artes, 26 a 28 de junho de 1996, San Cristóbal de Las Casas, Chiapas.

32. Irma Saucedo González, *Mujer y violencia: entorno familiar y social, Humanismo, Mujer, Familia y Sociedad* 106, *supra* nota 24.

33. Héctor Pérez Peraza, *Importancia de las estadísticas que sobre victimas de delitos sexuales se elaboran en la Dirección General de Atención a Victimas de Delito en la Procuradoria General de Justicia del Distrito Federal,* Memoria, 2ª Reunión Nacional Sobre Agencias Especializadas del Ministerio Público en la Atención de Delitos Sexuales 48, Cidade do México, 6, 7 e 8 de julho de 1995, México D.F.: PGJDF y Grupo Plural Pro-Víctimas, 1996.

34. Teresa Ulloa, Claudia Rey & Patricia Olamendi, *Papel de los órganos de impartición de justicia frente a la violencia intrafamiliar,* Mexico, outubro de 1996 (mimeo.), 2.

35. Pérez Peraza, *supra* nota 33, 48-9.

36. Juventino Castro y Castro, *Conferencia Magistral: La reparación del daño en los delitos sexuales, Memoria de la 2ª Reunion Nacional Sobre Agencias Especializadas en la Atención de Delitos Sexuales* 21, *supra* nota 33.

37. De acordo com dados analisados por Ruiz Harrell, apenas 2,5% de todos os crimes denunciados na Cidade do México em 1995 foram investigados e processados. Rafael Ruiz Harrell, *La impunidad y la violencia policiaca* 5, Mexico: Comisión Mexicana de Defensa y Promoción de los Derechos Humanos A.C. 1996.

38. Harrell, id; Patricia Salcido Cañedo, *La investigación criminológica y la prevención de los delitos sexuales, Memoria 2ª Reunión Nacional Sobre Agencias Especializadas en del Ministerio Público en la Atención de Delitos Sexuales* 50, *supra* nota 33.

39. Tesis de Jurisprudencia 10/94, Aprobada por la Primera Sala de la Suprema Corte de Justicia de la Nación.

40. Ana Langer y Mariana Romero, *Agresión y violencia doméstica contra el género feminino, Diagnóstico en Salud Reproductiva en México* 29, *supra* nota 11.

41. Harrell, *La mujer y la justicia penal, supra* nota 19, 6.

42. Id.

43. Saucedo González, *supra* nota 32.

44. Harrell, *La mujer y la justicia penal, supra* nota 19, 6.

45. Ulloa *et al, supra* nota 34.

46. Harrell, *La mujer y la justicia penal, supra* nota 19, 7.

47. Id., 8.

48. Elena Azaola, *El Delito de Ser Mujer: Hombres y Mujeres Homicidas en la Ciudad de México: Historias de Vida*, México, D.F. CIESAS, 1996.

49. *Tempus. Exceso de legitima defensa*, Revista Siempre, México, D.F., 20 de fevereiro de 1997.

50-51. Laura Baptista, *Dejando mezquindades y sectarismos, debemos crear condiciones para abrir la puerta del escenario político para las mujeres*, México, D.F.: CIMAC, 5 de outubro de 1996.

52. *Declaración política de la Asamblea Nacional de Mujeres para la Transición Democrática*, México, D.F., 5 de outubro de 1996.

# 11
## COMENTÁRIOS SOBRE ACOSTA

DOROTHY Q. THOMAS

Mariclaire Acosta, numa linguagem simples e precisa, demonstrou que no México, e eu subscreveria, na maior parte do mundo, o Estado de Direito para as mulheres não é a regra — é uma exceção. Considerem estes fatos:

- as mulheres fornecem renda para suas famílias na proporção de uma para cada três homens, no México, mas ganham apenas 694 pesos para cada 1000 recebidos pelos homens;
- mais de 2 milhões de mulheres são sindicalizadas, mas menos de 890 são líderes sindicais;
- 26% de todos os crimes diários no México são de violência e agressão a mulheres e crianças;
- 70% dos que cometem violência contra as mulheres são conhecidos das vítimas. É legalmente impossível um homem estuprar sua própria mulher;
- em alguns estados, a pena por roubar gado é maior do que por estuprar uma mulher;
- apenas 14% dos supostos estupradores são processados;
- é muito mais provável que você seja condenado se matar um homem do que se matar uma mulher.

Pensem novamente em tudo isso e depois considerem o fato de que no México violência e discriminação contra mulheres são ilegais. Se o Estado de Direito deve ter algum significado, afinal, teremos de resolver essa contradição fundamental.

Não estou sugerindo que não enfrentemos a contradição entre direitos legais e realidade vivida em assuntos não relacionados a mulheres. Este livro é prova suficiente disso. De fato estou sugerindo que, quando se trata de mulheres, com freqüência nos acomodamos mais prontamente com as contradições entre direitos e realidade e deixamos de assegurar que nossos esforços para garantir respeito total ao Estado de Direito incluam respeito total aos direitos das mulheres.

Deixe-me dar um exemplo. Em 1996, o Projeto de Direitos de Mulheres do Human Rights Watch publicou um relatório sobre estupro durante o genocídio em Ruanda em 1994. O relatório mostrou que, durante o genocídio, as mulheres ruandesas foram sujeitas à violência sexual em escala massiva, incluindo estupro, estupro por gangue, escravidão sexual e mutilação sexual. No fim de 1994, as Nações Unidas instituíram o Tribunal Criminal Internacional para Ruanda. Em 1995, ele começou seu trabalho investigando e preparando as denúncias das pessoas responsáveis pelo genocídio, crimes contra a humanidade e crimes de guerra. Até o momento em que publicamos nosso relatório, em setembro de 1996, o Tribunal não havia feito uma investigação detalhada sobre violência sexual ou estupro (em 1997, dois indiciamentos foram emendados para incluir acusação de ataque sexual). De fato, o Tribunal Criminal Internacional, que é, em um sentido, uma política de segurança máxima para o Estado de Direito, ele próprio discrimina as mulheres.

As conseqüências da discriminação sexual, seja no México ou em Ruanda, ou em qualquer outro lugar, são devastadoras. Não apenas para as mulheres, mas também para a sociedade. Como o capítulo de Acosta aponta tão claramente, a discriminação contra mulheres deixa metade da população sem uma educação apropriada; o fracasso na educação das mulheres, por sua vez, leva-as a terem mais crianças; a violência contra as mulheres tornou-se uma problema nacional sério de saúde, afetando não apenas as mulheres, mas também suas crianças; e as próprias crianças estão cada vez mais dependentes de suas mães para apoio financeiro que — como conseqüência direta das forças gêmeas da discriminação e da globalização — elas são cada vez mais incapazes de fornecer.

Claramente, a discriminação de gênero não ocorre em um vácuo. Ela está profundamente entrelaçada com a discriminação racial e a discriminação contra os povos indígenas discutidas em outros capítulos deste volume, assim como com os preconceitos a respeito de outros fatores, tais como orientação sexual ou classe. Para ser mais claro, essas formas de discriminação se expressam de modos diferentes, mas todas têm algo em comum: elas são normalmente centrais ao modo como uma sociedade se organiza. Aí está a estrutura da discriminação encravada e individual, não interessa que formas ela tome, que a faz tão difícil de ser superada. Se o Estado de Direito for de fato abranger os não-privilegiados, terá de lidar com essa característica fundamental e impregnada da discriminação e o grau em que ela serve aos interesses daqueles que governam e, com muita freqüência, são a lei.

Em um relatório de 1992 sobre violência doméstica no Brasil, por exemplo, vemos que as mulheres enfrentam um sistema de justiça criminal tão fundamentalmente preconceituoso em relação a elas que mesmo um crime tão grave como o homicídio da esposa era sempre desculpado pelos tribunais como legítima defesa da honra. De fato, tais atos eram considerados de acordo com o Estado de Direito, assim como a lei reconhecia a autoridade masculina na esfera privada e relegava às mulheres um *status* subordinado no lar. Assim, assassinato da esposa, estupro marital e agressão doméstica eram rotineiramente tolerados pelo Estado e, dessa forma, as mulheres vítimas de tais abusos eram deixadas sem recurso legal significativo. Nesse tempo, a ampla falha do Estado em enfocar a violência doméstica não era comumente reconhecida como um abuso aos direitos humanos. Entretanto, defendemos que, embora o governo do Brasil não seja diretamente responsável pelos atos de violência, ao deixar de proibir e punir tais abusos, ele está violando suas obrigações internacionais de respeitar e assegurar o direito de não ser submetido à violência e à discriminação e de garantir às suas cidadãs proteção igual perante a lei.

Num relatório posterior sobre o Peru em 1992 e o Haiti em 1994, vimos que mesmo quando os atos de violência sexual eram cometidos diretamente por agentes do Estado, a própria lei obstruía a justiça. Naquele momento, concluímos que as mulheres no Peru eram freqüentemente sujeitas a estupro pelas forças de segurança e pela polícia, mas que poucos oficiais da polícia e mesmo poucos agentes de segurança jamais foram indiciados. Um obstáculo-chave era que a própria lei de estupro estava baseada em atitudes inerentemente discriminatórias em relação às mulheres. Até 1991 no Peru, estupro foi tratado como um crime contra a honra mais do que um crime contra a integridade física da vítima. Se pudesse ser comprovado que a mulher era "desonesta", então determinava-se que ela não poderia ter sido estuprada, mesmo nos casos em que ela sofrera danos severos para sua pessoa física. Como resultado de uma campanha das ativistas peruanas dos direitos das mulheres, a lei mudou, desde então; entretanto, as vítimas mulheres de violência sexual, seja por agentes do Estado ou por indivíduos privados, ainda enfrentam, *de facto*, discriminação que está refletida nas penas inadequadas e na baixa média de condenações para crimes de agressão sexual.

No Haiti durante os distúrbios sociais que se seguiram ao golpe de 1992, vimos que as forças militares e *attachés* usavam estupro e agressão sexual para punir e intimidar mulheres por seus verdadeiros ou supostos credos políticos. Embora poucas violações aos direitos humanos tenham sido investigadas ou punidas naquele período, as mulheres vítimas de estupro enfrentaram a sobrecarga adicional da discriminação no sistema de justiça criminal. Como no Peru, estupro era codificado como uma "agressão à moral" mais do que reconhecido como uma violação da integridade física da vítima ou um crime de violência. A investigação e a acusação de tais abusos rotineiramente reforçavam não o dano físico e mental deixado na mulher mas o *status* de sua honra e moral. Por exemplo, em um caso de 1993 que investigamos, as autoridades militares tentaram desqualificar o estupro de uma jovem de 13 anos de idade por um dos componentes de seu pessoal com base em que ela não era mais virgem. Até agora, não houve nenhuma mudança na lei penal no Haiti, e nem os juízes e a polícia têm recebido treinamento adequado na maneira como tratar os casos de estupro.

Mais recentemente, em um relatório sobre discriminação sexual com base na gravidez entre as empresas *maquiladoras* no México, descobrimos que mesmo onde a lei especificamente proíbe a discriminação, ela não é cumprida. Nesse exemplo, vimos que a despeito da lei de direitos humanos internacional, constitucional e trabalhista claramente ser contrária, as empregadas potenciais no setor da *maquiladora* estavam rotineiramente submetidas a, como uma condição para ser empregada, testes de gravidez e questões abusivas sobre o uso de contraceptivos e hábitos sexuais. Aquelas que estavam grávidas não eram contratadas. Aquelas que ficavam grávidas após serem contratadas eram regularmente forçadas a se demitir. Muitas companhias, a maioria das quais filiais dos Estados Unidos, reconheciam abertamente a prática discriminatória e a defendiam como uma medida de economia de custos. Uma corporação foi mesmo além ao sugerir que ao forçar as mulheres a decidirem entre ter um emprego ou ter um bebê estavam ajudando o governo mexicano em seu esforço para controlar o crescimento populacional. De sua própria parte, o governo mexicano nada fez para remediar essa prática ou sancionar as companhias acusadas.

Como o capítulo de Acosta deixa abundantemente claro, tanto na esfera pública quanto na privada, o Estado de Direito com muita freqüência acomoda, mais do que ameaça, a discriminação sexual e de gênero. Assim, se nosso objetivo é eliminar tais abusos, devemos primeiro superar a noção amplamente difundida de que ela é aceitável. Então, teremos de expor, ao mesmo tempo, tanto a expressão da discriminação *de facto* como o grau em que ela está incrustada na própria estrutura da lei. Somente dessa maneira asseguraremos que o Estado de Direito seja realmente a lei para mulheres mais do que uma exceção.

# 12
# COR E ESTADO DE
# DIREITO NO BRASIL

PETER FRY

## Tiririca

Em julho de 1996, o Centro para a Articulação das Populações Marginalizadas (CEAP), uma organização não-governamental baseada no Rio de Janeiro, pediu a proibição da execução de uma música chamada "Olha o cabelo dela", que havia sido composta e era cantada por Tiririca, um cômico que subitamente se tornou popular entre as crianças depois de abandonar uma carreira no circo. O CEAP sustentava que a música apresentava de maneira negativa os "estereótipos físicos da mulher negra quando comparava seu cabelo com esponja de aço usada para ariar panelas (Bombril), e indo ao extremo de torná-la um animal comparando o cheiro de seu corpo ao de um gambá". A juíza Flávia Viveiros de Castro concordou que a música era ofensiva aos negros e imediatamente proibiu a venda do CD e sua apresentação pública. Por um curto período, as notícias causaram furor na imprensa. Vozes apaixonadas defendiam e atacavam Tiririca ou como otário inocente ou como racista violento. Outros expressavam temores de que a proteção constitucional da liberdade de expressão tinha cedido espaço à proteção constitucional da dignidade humana. Tiririca declarou-se surpreso, especialmente por que sua própria mãe era negra.[1]

## Luciano Ribeiro

Em agosto de 1996, Luciano Ribeiro, 19 anos, negro, foi atropelado por um BMW dirigido por um homem branco, Rogério Ferreira

Pansera, que não parou para socorrer porque supôs que o jovem negro estava usando uma bicicleta roubada. No hospital para onde o rapaz foi levado, o neurologista, também branco, deu as mesmas razões para atrasar o tratamento. Luciano morreu três dias depois de traumatismo craniano em um outro hospital. Temeroso de ser confundido com um ladrão, Luciano sempre carregava o recibo de sua bicicleta no seu bolso. Nem o motorista do carro nem o neurologista foram levados a julgamento por seu comportamento.[2] Não houve mais nenhuma notícia na imprensa sobre esse incidente.

## Vicente Francisco do Espírito Santo

Junto com outros 1.700 empregados, Vicente Francisco do Espírito Santo perdeu seu emprego em uma companhia de eletricidade controlada pelo Estado como parte de uma operação de corte de pessoal. Quando ele perguntou porque seu nome tinha sido incluído na lista, seu superior respondeu "O que mais este crioulo queria, agora que conseguimos branquear o departamento". Vicente entrou na Justiça contra a companhia, acusando-a de demiti-lo por razões racistas. Três anos depois, em outubro de 1996, o Tribunal Superior do Trabalho, a mais alta corte que trata da legislação trabalhista, promulgou — por cinco votos a um — uma decisão prévia do Tribunal do Trabalho para que ele fosse readmitido.[3]

# Cor no Brasil

Nas sociedades que se apresentam como democracias liberais, o ideal da igualdade de todos perante a lei é regularmente ameaçado pela distribuição desigual de poder e influência e pela hierarquia moral das categorias sociais e grupos com base em características específicas, reais e assumidas. A riqueza pode corromper e, a despeito da superação da criminologia lombrosiana, mulheres e pessoas de cor, membros das "minorias sexuais" e imigrantes tendem a sofrer tratamento distinto da polícia e do Judiciário geralmente contra seus principais interesses.

O Brasil, naturalmente, não é exceção. A riqueza e o poder influenciam a polícia e as cortes em seu próprio benefício, enquanto o pobre, privado dos meios da corrupção e incapaz de contratar advogados particulares, pouco pode fazer para se defender. O potencial para a corrupção da Justiça pelo poder e a riqueza é exacerbado pelo *status* do Brasil como um líder da desigualdade da riqueza e da renda.[4]

A população em geral tem pouca fé no Estado de Direito. Uma recente pesquisa de opinião feita no Rio de Janeiro pelo Instituto para o Estudo da Religião e o Centro de Pesquisa e Documentação de História do Brasil Contemporâneo (CPDOC)[5] revela que apenas 3,6% da população acreditam que todos são iguais perante as leis. Noventa e três por cento acreditam que a riqueza é mais imune aos rigores da lei. Esses dados atestam o reconhecimento popular da fragilidade do Estado de Direito no Brasil. O que eles não expressam, entretanto, é que o Estado de Direito não tem o monopólio da legitimidade. Aqueles que fracassam na utilização de qualquer vantagem comparativa que possam ter sobre a polícia e os tribunais podem ser desprezados e considerados "caxias", enquanto aqueles que realmente tiram vantagem de sua malandragem, riqueza e/ou posição social podem mesmo ser admirados por sua esperteza.[6] Apesar do forte sentimento coletivo contra a corrupção em todas as suas manifestações, o ideal do favor continua forte. Como bem diz o provérbio popular: "Aos meus inimigos, a lei, aos meus amigos, tudo".

Se mais de 90% dos moradores do Rio de Janeiro acreditam que riqueza aplaca os rigores da lei, a pesquisa ISR/CPDOC mostra que uma porcentagem um pouco mais baixa (68,2%) dos cariocas "brancos", "pretos", "pardos" concordam que "pretos" sofrem mais que "brancos".[7] Uma pesquisa de opinião pública anterior às eleições de 1986 em São Paulo revelou que 73,5% dos brancos entrevistados e 73,1% dos pretos e pardos sentiam que "pretos e mulatos são mais perseguidos pela polícia do que os brancos".[8] Realmente, uma das mais interessantes descobertas de pesquisas recentes sobre raça no Brasil é que quase 90% da população de todas as cores concordam que a discriminação racial é comum, em particular no lugar de trabalho e em relação à polícia.[9] Pesquisa recente sugere que a opinião pública não está longe da verdade. Lívio Sansone, por exemplo, em sua etnografia das relações raciais na Bahia, distingue entre áreas "suaves" e "duras" da vida social no que diz respeito ao preconceito social e à discriminação. As áreas suaves, onde ser negro não causa problemas e pode de fato trazer prestígio, incluem bares, festas e igrejas. As áreas duras são o lugar de trabalho e o mercado de trabalho, o mercado de casamento e "contatos com a polícia".[10]

Paulo Sérgio Pinheiro descobriu que de 330 pessoas mortas pela polícia em São Paulo em 1982, não menos do que 128 (38,8%) eram negras.[11] Moema Teixeira observa que em 1988, 70% da população presa no Rio de Janeiro eram compostas por "pretos" e "pardos", enquanto eles são 40% do total da população. Em São Paulo, a situação é parecida. Citando uma pesquisa de 1985-86, Teixeira observa que a porcentagem de "pretos" e "pardos" na população aprisionada (52%) era quase duas vezes sua porcentagem na população total de São Paulo (22,5%), afirmando: "Se negros não atingem nem um quarto da população do estado de São Paulo, eles constituem mais da metade da população aprisionada daquele Estado".[12] Sérgio Adorno foi o único pesquisador que investigou o significado da discriminação racial no sistema de justiça criminal como um todo. Consultando registros criminais para casos de furto, tráfico de droga, estupro, roubo armado em São Paulo em 1990, Adorno descobriu que os negros perdem em cada degrau do sistema. Cinqüenta e oito por cento dos negros acusados foram presos em flagrante delito contra apenas 46% dos brancos. De forma similar, uma maior proporção de brancos (27%) esperam o julgamento em liberdade condicional em relação aos negros (15,5%). Como Adorno afirma com vigor:

> Nada indica que negros demonstrem uma inclinação especial para o crime: pelo contrário, eles parecem mais vulneráveis à vigilância policial. Os rigores da detenção arbitrária, maiores perseguições e intimidação, um número maior de funcionários da polícia em comunidades onde a maioria das classes populares vivem, tudo isso contribui para o fato de que os negros sejam os alvos preferidos da repressão policial.[13]

Quando levados a julgamento, 62% dos negros dependem de advogados de defesa públicos contra 39,5% dos acusados brancos. Ao contrário, 38% dos acusados negros contratam advogados particulares, contra 60,5% dos brancos. Como conseqüência, apenas 25,3% dos acusados negros pedem testemunhas, contra 42,3% dos acusados brancos. Por fim, 68,8% dos acusados negros são condenados contra 59,4% dos brancos. Além disso, observa Adorno, "a proporção dos negros condenados é mais alta do que sua proporção na distribuição racial da população do município de São Paulo."[14] Adorno continua:

[...] Negros tendem a ser mais perseguidos pela vigilância policial, confrontam maiores obstáculos para ter acesso à justiça criminal e têm mais dificuldade em utilizar o direito deles a uma ampla defesa, assegurada pelas normas constitucionais (1988). Como resultado, tendem a receber tratamento penal mais rigoroso, dado que eles são mais passíveis de serem punidos do que os brancos [...]. Tudo parece indicar[...] que a cor é um poderoso instrumento de discriminação na distribuição da justiça. O princípio da igualdade de todos perante as leis, independente de diferenças sociais e desigualdades, parece estar comprometido pelo funcionamento preconceituoso do sistema de justiça criminal.[15]

As conclusões de Adorno para o presente são similares, *mutatis mutandi*, àquelas dos autores contemporâneos escrevendo sobre o passado. Boris Fausto, em sua análise do crime na cidade de São Paulo durante o período 1880-1924, observa que a proporção de negros e mulatos presos naquele período (28,5 %) era mais do que o dobro do que a proporção de negros e mulatos na população em geral (cerca de 10%). Fausto atribui essa falta de proporção ao fato de que a maioria das prisões era por pequenas contravenções, que pode ser característica da população empobrecida de negros e mulatos logo após a abolição da escravidão (1888),[16] e também a uma "discriminação generalizada", que ele detecta por seus dados em forma de linguagem depreciativa quando referentes aos acusados negros e mulatos. "Freqüentemente", ele observa, "alusões pejorativas aparecem nas palavras das testemunhas que são elas próprias negras ou mulatas. Aqui pode-se detectar não apenas o dado racista do escrivão de polícia, como algo mais sério, a internalização do preconceito por membros do grupo discriminado".[17] Fausto observa mais adiante:

[D]entro da consciência coletiva as associações entre negros e preguiça estão profundamente estabelecidas [...]. Ser negro é um atributo negativo concedido pela natureza e que pode ser removido apenas parcialmente e excepcionalmente pela demonstração de características positivas: devoção ao trabalho, fidelidade a algum protetor branco etc.[18]

Fausto também observa que a polícia freqüentemente escrevia a cor das pessoas acusadas "a tinta e com letras muito claras" nas margens dos formulários oficiais que não possuíam um espaço para essa informação. Era como se a cor, excluída oficialmente da evidência, constasse, literalmente, "entre linhas".

Carlos Antônio Costa Ribeiro realizou uma pesquisa com base nos dados sobre os crimes levados a julgamento na cidade do Rio de Janeiro de 1890 a 1930. Na sua análise dos dados do próprio tribunal, Costa Ribeiro observa a infiltração constante dos estereótipos populares contra negros e mulatos, os quais, embora levados a júri na mesma proporção que os brancos, tinham uma chance mais elevada de serem condenados do que os réus brancos. Levando em conta 357 casos de "crimes de sangue" (p. ex., homicídio, tentativas de homicídio e agressão corporal grave), Costa Ribeiro aplica uma análise de regressão múltipla para revelar os fatores e combinações de fatores mais prováveis que levavam a uma condenação. Ele constatou que a cor do acusado era o fator mais significativo para determinar a condenação:

> A negritude do acusado aumenta a probabilidade de condenação mais do que qualquer outra característica[...] Um acusado negro tem 31.2 pontos percentuais a mais de probabilidade de ser condenado do que um acusado branco, e um acusado pardo tem 15.8 pontos percentuais a mais de probabilidade de ser condenado do que um acusado branco.[19]

Inversamente, ele observa, réus acusados de matar negros e mulatos tinham exatamente 14% menos chance de serem acusados e condenados do que aqueles acusados de matar brancos.

O argumento de Costa Ribeiro é que a discriminação contra pessoas de cor que ele detectou em seu material estava relacionada à força no Brasil, durante o período em questão, dos proponentes da "antropologia criminal", da "escola positiva" de pensamento liderada pela tríade italiana composta por Lombroso, Ferri e Garófalo. Realmente, a força de seus discípulos no Brasil não deve ser subestimada: a natureza "clássica" do Código Penal republicano está constantemente sob o ataque de juristas e doutores forenses que acreditam que o comportamento criminoso era, em um sentido ou outro, inerente a seres humanos particulares.[20] Discorrendo contra a "doutrina metafísica" da existência do livre-arbítrio, sustentavam que a responsabilidade criminal variava de indivíduo para indivíduo. Como conseqüência, o sistema penal devia providenciar "tratamentos diferentes para indivíduos diferentes". O proponente mais radical dessas idéias era o doutor forense Raymundo

Nina Rodrigues, que, em *As raças humanas e responsabilidade penal no Brasil*, argumenta que a responsabilidade criminal diminui da "raça" branca para a negra:

> A incapacidade das raças inferiores influenciou o caráter da população mestiça, transformando ou combinando em sínteses variáveis as características transmitidas por herança. A escala vai de um produto que é totalmente inútil e degenerado a um produto que é válido e suscetível a manifestações superiores da atividade mental. A mesma escala pode ser aplicada à responsabilidade penal e moral, indo da sua ausência em uma ponta da escala até a plenitude total no extremo oposto.[21]

Privados de responsabilidade por seus atos, negros, ameríndios e pessoas descendentes de miscigenação seriam, assim, sujeitas a um "tratamento" indefinido infligido pelos brancos:

> A civilização ariana é representada no Brasil por uma minoria muito frágil da raça branca cujo dever é defender essa civilização, não apenas contra os atos anti-sociais — crimes — perpetrados por seus próprios membros, mas também contra os atos anti-sociais praticados por raças inferiores, sejam esses crimes verdadeiros de acordo com o conceito dessas raças, sejam eles, ao contrário, manifestações do conflito, da batalha pela sobrevivência entre a civilização superior daquela raça e os atentados à civilização feitos pelas raças conquistadas ou subservientes.[22]

Se a pseudoteoria de Nina Rodrigues inovava ou meramente trazia a autoridade dúbia do racismo científico para apoiar as opiniões comumente difundidas sobre a qualidade intelectual e moral dos negros e mulatos no Brasil é um ponto pacífico. O que está em discussão, entretanto, é que as idéias que ele e outros expressavam, embora mantidas a uma distância do aparato formal do sistema da justiça criminal — com a exceção notória do Gabinete de Identificação Criminal que operava no Rio de Janeiro durante os anos 1930[23] – continuavam a informar os julgamentos morais feitos de todos aqueles que eram arrastados de uma maneira ou de outra para dentro da rede do sistema de justiça criminal. Eles operavam e continuam a operar como um contraponto semiclandestino ao valor formal da igualdade perante a lei.

A despeito da investida positivista, as constituições e códigos penais do Brasil republicano (o Brasil tornou-se República um ano e meio depois da abolição da escravidão em 1888) permaneceram neutros no que diz respeito à raça. A exceção, como Peter Eccles corretamente apontou, é a Constituição de 1934 que fez uma referência velada à raça no Artigo 138 que estabelece que é dever "da União, dos Estados e dos Municípios implementar em suas leis: a promoção da educação eugênica".[24] A primeira legislação verdadeiramente relacionada à raça foi introduzida em 1951 para *punir* discriminação racial. Seguiu-se um incidente embaraçoso em 1950 quando Katherine Dunham, a antropóloga e dançarina americana, foi proibida de entrar num hotel de São Paulo. Afonso Arinos, deputado conservador e autor da legislação, justificava-a chamando atenção para a existência de discriminação racial que "mostrava uma perigosa tendência a aumentar" e por que "as promessas de igualdade racial na Constituição e os acordos internacionais assinados pelo Brasil permaneceriam uma letra morta a não ser que a lei as levasse a se sujeitar a imposições jurídicas".[25] A despeito dos temores de Afonso Arinos de que a discriminação racial estivesse aumentando e da confirmação massiva desse prognóstico por um grande número de ativistas e acadêmicos e das combinações dos dois, poucas pessoas foram levadas a julgamento sob essa lei. Eccles, por exemplo, foi capaz de encontrar apenas três casos que foram aos tribunais entre 1951 e 1991, dois dos quais resultaram em condenação.[26]

A Constituição de 1988 inovou em duas frentes: reconheceu formalmente os direitos à propriedade dos descendentes dos quilombos que continuavam a ocupar suas terras,[27] e foi além da lei Afonso Arinos redefinindo a prática racista como um crime ao invés de apenas uma contravenção.[28] Mais tarde o deputado federal afro-brasileiro Carlos Alberto Caó apresentou uma legislação nova que, de acordo com a nova Constituição, negava liberdade condicional àqueles acusados de "crimes resultantes de preconceito racial ou de cor" e estipulava sentenças de um a cinco anos de prisão para aqueles considerados culpados. Essa lei dura também determina que crimes resultantes de preconceito racial ou de cor nunca prescrevam.

Pelas evidências disponíveis, a nova lei não tem sido mais eficiente do que a velha nem para estancar o racismo nem para punir a "prática racista". A Delegacia Especial de Polícia para crimes raciais que foi estabelecida em São Paulo em 1993, abriu apenas oito casos em 1996.

De acordo com a revista *IstoÉ*, "a delegacia de polícia recebe um número de reclamações que acabam classificadas como difamação mais do que como crimes raciais".[29] A vitória legal de Vicente Francisco do Espírito Santo citada é a primeira dessa espécie e estabelece jurisprudência para outros casos de racismo alegado em local de trabalho.

Para começar a entender as dificuldades em ser processado sob a lei Caó e as várias e complexas questões que estão em jogo na "política racial" brasileira contemporânea, uma breve digressão sobre as principais características das "relações raciais" no Brasil se impõe.

A pesquisa que citei anteriormente, junto com pesquisa recente sobre outros aspectos das relações raciais no Brasil, têm basicamente um tema e uma missão comuns, isto é, denunciar o "mito da democracia racial". Juntamente com um ativo, mesmo que relativamente pequeno movimento negro, tem sido extraordinariamente bem-sucedido em contribuir para uma reversão mais drástica da imagem do Brasil e de sua auto-imagem. Até o começo dos anos 1950, o Brasil era considerado o berço da "democracia racial", um modelo de tolerância e "harmonia racial". Agora é considerado tão racista, se não mais ainda, do que os Estados Unidos, com o qual ele era antes comparado tão favoravelmente.

Da virada do século até os anos 1940, negros dos Estados Unidos que visitavam o Brasil voltavam cheios de elogios. Líderes como Booker T. Washigton e W. E. B. DuBois escreveram positivamente sobre a experiência negra no Brasil, enquanto o nacionalista negro Henry McNeal Turner e o jornalista radical Cyril Biggs nos Estados Unidos chegaram ao ponto de defender a emigração para o Brasil como um refúgio para a opressão em seu próprio país.[30] Em 1944, o escritor judeu Stefan Zweig achou que o Brasil era a menos racialmente intolerante dentre as sociedades que ele havia visitado.[31] No tempo de DuBois, o Brasil era amplamente considerado uma "democracia racial" onde as relações entre os povos de cores diferentes eram harmoniosas e sem problemas. Mesmo Nina Rodrigues achava que o Brasil, com todos os seus problemas, produzira mais tolerância do que os Estados Unidos.[32]

Quando o mundo fez um balanço dos horrores do racismo nazista nos anos que seguiram à Segunda Guerra Mundial, a Organização Educacional, Científica e Cultural das Nações Unidas (Unesco) concordou em financiar um projeto de pesquisa piloto a ser realizada no Brasil com o objetivo de estudar "os problemas dos diferentes grupos raciais e étnicos que viviam em um ambiente social comum".[33] Como Alfred Métraux, coordenador do projeto, explicou:

A impressão favorável generalizada produzida pelas relações raciais no Brasil foi por muitos anos notada por viajantes e sociólogos que ficavam bastante surpresos em encontrar lá atitudes diferentes daquelas observadas em outras partes do mundo. O Brasil tem, de fato, sido saudado como um dos raros países que alcançaram a "democracia racial" [...]. Os raros exemplos de relações harmoniosas não têm, entretanto, recebido a mesma atenção nem de cientistas nem do público em geral. Também a existência de países nos quais as diferentes raças vivem em harmonia é por si só um fato importante, capaz de exercer uma forte influência nas questões raciais em geral.[34]

Stolcke observa que "dentro do que diz respeito ao que se ouve no Brasil, como aconteceu profeticamente, um escrutínio sistemático da natureza das relações raciais no país poderia abrir a caixa de Pandorra da democracia racial".[35] De fato, o projeto da Unesco verificou a existência de racismo no Brasil e organizou-se para uma pesquisa subseqüente sobre preconceito racial e discriminação.

Carlos Hasenbalg, um dos mais importantes estudiosos a investigar o racismo brasileiro a partir do projeto da Unesco, compilou recentemente uma visão geral dos resultados principais dessa pesquisa. Os demógrafos, ele relata, descobriram uma taxa de mortalidade infantil mais alta para os não-brancos do que para os brancos (105 contra 77 em 1980) e uma menor expectativa de vida para os não-brancos do que para os brancos (59,4 anos para 66,1 anos). Na esfera da educação, os não-brancos completam menos anos de estudo do que os brancos, mesmo controlando a renda e o *background* familiar. Em 1990, 11,8% de brancos completaram 12 anos de educação, para 2,9% de não-brancos. Como Hasenbalg observa, essas diferenças educacionais obviamente afetam as carreiras futuras de não-brancos e brancos:

Resumindo e simplificando, os estudos indicam que negros e mestiços estão expostos a diversas práticas discriminatórias no mercado de trabalho. Além de entrarem no mercado de trabalho com menos educação formal do que os brancos, eles são expostos à discriminação ocupacional, pela qual a avaliação de atributos não-produtivos, tais como cor, resulta na exclusão ou acesso limitado a posições valorizadas no mercado de trabalho.[36]

Como resultado, a renda média dos negros e mestiços é um pouco menor do que a metade daquela dos brancos. Finalmente, a pesquisa sobre mobilidade social indica que os membros não-brancos das classes média e alta experimentam menos mobilidade social do que os brancos colocados similarmente, e que têm mais dificuldade em transmitir seu novo *status* para suas crianças. Todos esses estudos sugerem, então, que a discriminação racial tem o efeito de empurrar os não-brancos para dentro dos nichos menos privilegiados da sociedade brasileira.

Ricardo Paes de Barros vai um passo a frente em sua análise de classe e desigualdade racial no Brasil, sugerindo que a discriminação racial é ela própria parcialmente responsável pelas desigualdades de riqueza e renda totais do Brasil. Por exemplo, "[...] no Brasil, desde que a discriminação racial faz com que a renda dos não-brancos seja 40% da renda dos brancos, a desigualdade de renda seria um sexto menor se não houvesse discriminação racial. Assim, a discriminação racial é capaz de explicar metade da superdesigualdade do Brasil".[37]

Dados de uma pesquisa de opinião mencionada anteriormente mostra que ou os sociólogos persuadiram de modo efetivo a população de que a discriminação racial é comum no Brasil, ou então têm pregado para os convertidos. Os dados da pesquisa da *Folha de S.Paulo*/DataFolha de 1995 demonstram que quase 90% da população reconhece a presença da discriminação racial no Brasil. Como mencionado, os dados do ISER/CPDOC no Rio de Janeiro para 1996 indicam que 68,2% dos habitantes do Rio de Janeiro concordam que "negros" sofrem mais do que "brancos" os "rigores da lei". Até aí, tudo bem. Entretanto, os dados da pesquisa de São Paulo também revelam que os brasileiros continuam a exortar as virtudes da democracia racial e a negar ter qualquer preconceito eles próprios. Oitenta e sete porcento dos pesquisados que se classificam eles mesmos como brancos e 91% daqueles que se autodefinem como pardos dizem não ter preconceitos contra negros, enquanto 87% dos negros entrevistados negam ter qualquer preconceito contra brancos. E mais surpreendente, 64% dos negros e 84% dos pardos negam ter, eles próprios, sofrido alguma forma de preconceito racial. Os pesquisadores da *Folha de S.Paulo*, analisando as respostas às perguntas destinadas a medir os graus de discriminação social, mostraram que seguramente 48% dos não-brancos demonstram algum grau de preconceito. Parece que, enquanto a maioria dos brasileiros de todas as corres concorda que o racismo existe, eles próprios ou não discriminam, ou discriminam mas negam, não sofrem discriminação, ou sofrem sem reconhecer. Além disso, a grande maioria adere aos valores da "democracia racial". Como comenta Paul Singer

[...] a maioria dos brasileiros não acredita em democracia racial e, ainda assim, ao mesmo tempo, tenta praticá-la, ou pelo menos dá a impressão de que faz isso [...]; brancos, negros, pardos e outros compartilham as mesmas condenações e fantasias sobre o tema da 'democracia racial' ".[38]

A demonstração e o reconhecimento da realidade do racismo faz mais do que simplesmente negar o mito da democracia racial; sugere que o mito teve a função poderosa de mascarar a discriminação e o preconceito e de impedir um movimento negro de protesto em larga escala. Desse modo, o racismo brasileiro tornou-se mais insidioso porque oficialmente negado. Esse argumento é apresentado na sua forma mais sofisticada por Michael George Hanchard em sua análise do movimento negro no Brasil.[39] O que ele chama de uma "hegemonia racial" no Brasil neutraliza a identificação racial entre os não-brancos, promovendo a discriminação racial enquanto, simultaneamente, nega a sua existência, desse modo "ajudando a reprodução da desigualdade social entre brancos e não-brancos e simultaneamente promovendo uma falsa premissa de desigualdade racial entre eles". Em outras palavras, o "mito da democracia racial" é visto constantemente como neutralizador da "consciência" da discriminação racial e desigualdade. Pelo mesmo padrão, a miríade de categorias de cor presentes no Brasil, em particular a diferenciação de mulatos dos negros e brancos, tem também uma "função". Para Degler, os "mulatos" são a "válvula de escape" que dissipa as polarizações raciais possíveis e as animosidades.[40] Para esses autores, o que começou como a glória do Brasil é agora sua maldição. Democracia racial, longe de ser um ideal esplêndido, está relegada ao *status* de uma mera ideologia que mascara a discriminação a fim de mantê-la.

Essa análise contém, naturalmente, uma comparação oculta com os Estados Unidos cuja concepção bipolar de "raças" definidas por "uma regra única" e as relações entre elas é tão poderosa que cria a ilusão de que é natural, ou pelo menos uma característica necessária de "modernidade". Talcott Parsons defendia que a polarização racial era uma característica necessária e bem-vinda da "modernidade", declarando:

A polarização relativamente mais aguçada claramente favorece o conflito e o antagonismo numa primeira instância. Contanto que, outras condições sejam satisfeitas, a polarização definida parece, a longo prazo, ser mais favorável para a inclusão efetiva do que uma classificação complexa das diferenças entre componentes, talvez em particular onde as gradações são organizadas numa hierarquia de superioridade e inferioridade. Para expor de imediato o ponto principal, assumo a posição de que o problema das relações raciais têm uma melhor probalidade de resolução nos Estados Unidos do que no Brasil, em parte porque a linha entre brancos e negros foi rigidamente desenhada nos Estados Unidos e porque o sistema tem sido claramente polarizado.[41]

Mais recentemente, Michael Hanchard expressou uma opinião parecida que é compartilhada por muitos: "conflitos entre os grupos raciais dominante e subordinado, a política de raça, ajudam a constituir a modernidade e o processo de modernização pelo mundo. Eles utilizam fenótipos raciais para avaliar e julgar as pessoas como cidadãos ou não-cidadãos [...]. Essa é a política de raça entre brancos e negros no final do século XX, e o Brasil não é exceção."[42] Em comparação com a "normalidade" e a "modernidade" dos EUA, o Brasil deve ser declarado devedor: por não ter "raças" polarizadas, por definir a "raça" de uma pessoa pela aparência mais do que pela genealogia;[43] por não ter produzido um movimento de massa negro forte; por não ter dado espaço para a confrontação racial; e por oficialmente subordinar a especificidade das raças à importância de uma crença forte na igualdade da humanidade. O "mito da democracia racial" é interpretado como o elemento funcional, de certo modo "fora" dos acordos raciais do Brasil, que "impede" o Brasil de ser igual aos Estados Unidos.[44]

Outra corrente de pensamento rompe com essa tradição e entende a noção de democracia racial como a base de, e portanto parte constitutiva de, um modo radicalmente distinto de construir "raças" e as relações entre elas. Não se vê as "relações raciais" brasileiras como melhores ou piores que no restante do mundo, mas sem dúvida diferentes.[45] Roberto DaMatta, por exemplo, sustenta que é a natureza

219

hierárquica e relacional das relações sociais no Brasil que favorecem a produção da celebração da "mistura", do "sincretismo" e dos "intermediários" em geral. Nos Estados Unidos "individualista", a polarização racial e a segregação são o resultado necessário. DaMatta observa: No Brasil temos sistemas múltiplos de classificação social, enquanto nos Estados Unidos há uma clara tendência a produzir um sistema de classificação do tipo tudo ou nada, direto e dual, uma tendência que parece, para mim, estar diretamente relacionada com individualismo, igualitarismo, e, obviamente — como Weber mostrou —, com a ética protestante".[46] A antropóloga Robin Sherrif, que passou dois anos fazendo pesquisa de campo numa favela do Rio de Janeiro, sustenta que a "democracia racial" é tão real para os moradores da favela com os quais ela viveu como a discriminação. Ela sugere que:

> [...] a democracia racial é certamente um mito, mas é também um sonho no qual a maioria dos brasileiros de todas as cores e classes sociais deseja acreditar com paixão. Enquanto o mito obviamente permite uma tremenda hipocrisia e obscurece a realidade do racismo, é também um discurso moral que afirma que o racismo é odioso, não-natural e contrário a ser brasileiro [...]. Foi apenas quando os afro-brasileiros insistiram em repetir que "todas as pessoas são iguais", e que "o sangue é o mesmo" como eles geralmente dizem, que eu fui capaz de reconhecer o poder moral e prescritivo do sonho. Eles não estavam me falando sobre o mundo social que eles acreditam que exista, mas sobre aquele que eles acham que poderia existir. Ao mesmo tempo que o mito nega a realidade de sua opressão, ele lhes dá a certeza de sua igualdade inerente fundamental, e relembra a seu opressor como eles deveriam se comportar como bons brasileiros. O mito fornece aos afro-brasileiros o campo moral elevado.[47]

E assim fazemos o círculo completo. A democracia racial volta, não mais em sua glória anterior como realização de harmonia e igualdade, mas como uma aspiração, um "sonho", um princípio de tal força que impede o reconhecimento e a subseqüente condenação daqueles que o teriam negado.

É ainda possível lembrar o fato de que a maioria dos brasileiros contemporâneos nega o racismo, o apoio a crenças racistas (com isso quero dizer as afirmações de Lamarck de que as características sociais são transmitidas geneticamente) e também que ela própria pratique a discriminação social contra aqueles que são mais escuros do que eles mesmos; é também possível entender por que a Lei Caó não cumpriu suas promessas. A polícia, os técnicos do Judiciário,[48] os magistrados, os jurados, os juízes, o acusado e até mesmo algumas vezes os acusadores compartilham uma relutância em permitir a condenação a não ser que haja evidência sem controvérsia de racismo. Eles prefeririam manter a discriminação racial como um mal abstrato mais do que como um fato real e concreto da vida.

A questão que deve ser apresentada agora é uma questão prática. O que vem sendo feito e pode ser feito para reduzir o preconceito e a discriminação contra o pobre em geral e contra as pessoas de pele mais escura em particular?

Nos três últimos anos as organizações relacionadas com o amplo movimento negro têm passado por uma mudança importante. Antigamente, davam mais ênfase a estabelecer uma identidade negra específica, achavam que o sistema gradual e complexo do Brasil de classificação "racial", como parte do "mito da democracia racial" era responsável por "mascarar" a verdadeira divisão bipolar de brasileiros brancos e negros. A construção de uma identidade "racial" continua a inspirar muitas organizações, mas tem havido uma ênfase crescente em enfocar as questões concretas de desigualdade no local de trabalho, no sistema educacional, na relação com a saúde e nas organizações religiosas. Como resultado, comitês negros têm surgido nos sindicatos, nos cursos pré-universitários para jovens negros e outras minorias em desvantagem. Além disso, no que concerne à saúde reprodutiva, têm sido feito esforços para alcançar as mulheres negras. Os padres e pastores negros têm-se organizado para combater o racismo nas igrejas católica, protestante e evangélica.[49] Com a redução na ênfase da identidade perdida, alguns dos movimentos também se tornaram mais inclusivos, procurando alianças além do pequeno núcleo de ativistas negros e reconhecendo que nem todos os brasileiros são a favor de renunciar a seu complexo sistema de classificação racial por um modelo bipolar.[50] Ao mesmo tempo, o movimento tem redobrado esforços para levar casos de racismo a julgamento. O Centro de Articulação das Populações Marginalizadas (CEAP) no Rio de Janeiro tem um advogado contratado em período integral para ajudar a levar casos aos tribunais, sendo o exemplo mais recente o caso de Tiririca, citado anteriormente. A organização de mulheres negras Geledés, de São Paulo, instituiu um projeto similar e realiza pesquisa sobre discriminação de negros no sistema de justiça criminal.[51] Uma de suas conclusões é que a própria dureza da lei pode ser um dos impedimentos para sua utilidade e utilização.[52] O que é particularmente interessante e importante sobre essas ações é que elas representam esforços para "desracializar" o espaço público no Brasil, para estreitar a lacuna entre o ideal da democracia racial e a prática comum do preconceito racial e da discriminação. As dificuldades, como já assinalei, estão em estabelecer evidência forte e convincente em uma sociedade adversa ao reconhecimento do racismo no sentido concreto. Mas a vitória recente de Vicente Francisco do Espírito Santo e o furor sobre o caso Tiririca indicam que, com ou sem vitória nos tribunais, o simples fato de trazer o racismo para a frente do debate público deve ajudar a miná-lo a longo prazo. A lei pode estar começando por fim a dar o "campo moral elevado" para os negros brasileiros. Embora pareça que a condenação sob a Lei Caó permaneça tabu, os dramas sociais gerados pelas acusações públicas oferecem uma oportunidade importante para o debate público dos assuntos envolvidos. Significativamente, eles fazem isso mediante a negação consistente das características específicas de "negros" ou "brancos" focalizando a igualdade essencial de todos os brasileiros.[53]

Ao mesmo tempo que o movimento mudou sua ênfase da cultura para a justiça, o governo federal estendeu suas preocupações com os assuntos afro-brasileiros, desde o Ministério da Cultura até os Ministérios do Trabalho e da Justiça.[54] Anteriormente, a maioria da atividade governamental em relação aos afro-brasileiros era restrita à Fundação Palmares, no Ministério da Cultura, que administrava um fundo minúsculo e inconstante para promover principalmente eventos culturais. Em 1996, o governo lançou seu Programa Nacional de Direitos Humanos que contém uma série de atividades planejadas no interesse da população negra, as quais incluem apoio para "o grupo de trabalho interministerial" criado por decreto presidencial em 20/11/1995 — com o objetivo de sugerir ações e políticas de valorização da população negra" e um Grupo de Trabalho para a Eliminação da Discriminação no Emprego e na Ocupação — GTEDEO, instituído no âmbito do Ministério do Trabalho, por Decreto de 20 de março de 1996. Em relação ao sistema legal, o programa estabelece:

[...] estimular as Secretarias de Segurança Pública dos estados a realizar cursos de reciclagem e seminários sobre discriminação racial [...]. Adotar o princípio de criminalização da prática do racismo nos Códigos Penal e de Processo Penal [...]. Divulgar as Convenções Internacionais, os dispositivos da Constituição Federal e a legislação infraconstitucional que tratam do racismo [...]. Apoiar a produção e publicação de documentos que contribuam para a divulgação da legislação antidiscriminatória.

Essas medidas podem ser classificadas como "antidiscriminatórias", e visam principalmente fortalecer os direitos individuais e as liberdades, como estabelece a Constituição federal. Elas podem ser definidas como tentativas de "desracializar".

Entretanto, o Programa Nacional de Direitos Humanos vai além desse objetivo ao propor intervenções que visam fortalecer uma definição bipolar de raça no Brasil e implementar políticas específicas a favor dos brasileiros negros. Por exemplo, o governo planeja tornar o sistema brasileiro de classificação racial semelhante àquele dos Estados Unidos, determinando ao Instituto Brasileiro de Geografia e Estatística (IBGE), que é responsável por coletar os dados do censo oficial, "a adoção do critério de considerar os mulatos, os pardos e os pretos como integrantes do contingente da população negra". Além disso, o programa prevê "apoio a ações da iniciativa privada que realizem discriminação positiva", "desenvolver ações afirmativas para o acesso dos negros aos cursos profissionalizantes, à universidade e às áreas de tecnologia de ponta", e "formular políticas compensatórias que promovam economicamente a comunidade negra".

Essas ações são, naturalmente, radicalmente distintas daquelas" desracionalizantes" de combater o racismo. Ao invés de negar o significado de "raça" celebram o reconhecimento e a formalização de "raça" como um critério para definir e montar sua política. Pela primeira vez, desde a abolição da escravidão, o governo brasileiro não apenas reconheceu a existência e a injustiça do racismo, mas também escolheu contemplar a aprovação da legislação que reconhece a existência e a importância de distintas "comunidades raciais" no Brasil. O presidente Fernando Henrique Cardoso, cuja carreira acadêmica como sociólogo começou com pesquisa sobre as relações raciais como parte de um projeto da Unesco, anunciou em seu discurso presidencial no dia da

Independência em 1995: "Nós temos de afirmar, com muito orgulho mesmo, a nossa condição de uma sociedade plurirracial e que tem muita satisfação de poder desfrutar desse privilégio de termos, entre nós, raças distintas, e de termos também, tradições culturais distintas. Essa diversidade, que faz, no mundo de hoje, a riqueza de um país".

Nesse espírito, o governo brasileiro promoveu uma conferência sobre ação afirmativa e multicultural em julho de 1996 na qual vários estudiosos brasileiros e americanos discutiram o assunto da ação afirmativa no Brasil. Thomas Skidmore, após fazer um esboço da ação afirmativa nos Estados Unidos, apresentou oito "Questões para o Brasil" que incluem:

- O Brasil está completamente comprometido com a igualdade de oportunidades ou com uma sociedade diferente?
- O Brasil está pronto a reconhecer a injustiça histórica contra as minorias e as mulheres?
- Se o Brasil está pronto a responder sim às questões acima, então como irá definir as categorias minoritárias?[55]
- Como a promoção das minorias raciais será reconciliada com a sociedade altamente hierárquica do Brasil na qual as conexões familiares e pessoais são tão importantes?
- Estão as minorias brasileiras, especialmente os afro-brasileiros e as mulheres, prontas para lutar por uma ação afirmativa em seu país?
- A elite brasileira está pronta para o conflito social que resultará, inevitavelmente, da introdução da ação afirmativa?
- O Brasil está preparado para a longa jornada sobre esse tema?
- O Brasil está preparado para ser acusado de copiar os Estados Unidos?[56]

No meu ponto de vista, essas questões são inócuas e relativamente fáceis de responder, em comparação com uma outra mais básica que Skidmore não perguntou, isto é: "O Brasil está preparado para renunciar à sua negativa histórica oficial de 'raça' como um critério para a ação governamental promovendo a aprovação do governo para a) o conceito de 'raça' e b) para políticas voltadas para 'comunidades raciais' específicas assim criadas?". Para repetir, uma coisa é seguir políticas destinadas a minimizar o significado de raça na vida social, isto é, aquelas destinadas a combater o racismo no local do trabalho, nas escolas, nos tribunais etc. É muito diferente de projetar e seguir políticas de que "raça" pode ser um critério para a distribuição de recursos públicos. Se a ação afirmativa contribui ou não para mudar a desigualdade econômica e social entre uma categoria e outra, esta seguramente consolida as crenças na diferença racial ratificando-a como um critério legítimo para a ação pública. A Ação afirmativa é o outro lado da moeda da discriminação racial, um fato que é tacitamente reconhecido pelo governo brasileiro, que traduziu o termo por "discriminação positiva".

Não é minha intenção tomar partido nessa matéria, mas somente apontar as implicações mais amplas das decisões tomadas nesse momento. Se o governo brasileiro deseja continuar seu caminho para uma "democracia racial", combatendo o racismo e abrindo oportunidades para todos os brasileiros, independentemente de sexo e cor, deve restringir suas ações a expor e punir os males do racismo e do pensamento racista, enquanto desenvolve políticas públicas verdadeiramente efetivas para reduzir o que Paes de Barros chamou de superdesigualdade do Brasil. Políticas que visem às áreas mais pobres do Brasil incluem automaticamente grande número de brasileiros de pele mais escura. Se, por outro lado, deseja combater o racismo e também adotar políticas de ação afirmativa, então não apenas gerará conflito, como o próprio Thomas Skidmore notou, mas, mais importante, também, fortalecerá a "racialização" do Brasil, acrescentando o selo da política governamental à crença popular neolamarquiana de que as raças são fenômenos naturais, afinal de contas. O discurso da Constituição e da Lei Caó é um discurso anti-racista e anti-raça porque embora implicitamente reconheça a "realidade" da raça, recusa-se a reconhecer sua relevância na distribuição dos direitos sociais e obrigações. O discurso da ação afirmativa, ao contrário, reconhece a realidade da "raça" e a promove como um atributo que deve ser relevante na distribuição dos direitos sociais e obrigações. Assim, questiona a democracia racial e os cânones da democracia, *tout court*.

Mesmo que Skidmore não tenha apresentado a questão básica, os próprios brasileiros o fariam, de modo oblíquo mas significativo, oferecendo respostas. Na pesquisa eleitoral de 1986 em São Paulo, foi perguntado aos entrevistados o que os negros e mulatos poderiam fazer para defender seus direitos. Oito por cento dos brancos e 11,3% dos não-brancos acharam que cada pessoa deveria exigir que seus direitos fossem respeitados, numa base individual; 5,2% dos brancos e 7,2%

dos não-brancos achavam que o problema seria resolvido por "um movimento composto apenas por negros e mulatos". A solução proposta pela grande maioria (83,1% dos brancos e 75,3% dos negros) foi a organização de um movimento "no qual brancos que estão preocupados com este problema também participariam".[57]

Um dos aspectos mais interessantes dessas três pesquisas que mencionei neste capítulo, o estudo da eleição de São Paulo de 1986, a pesquisa DataFolha de 1995 e a pesquisa ISER/CPDOC de 1996, é que "negros", "pardos" e "brancos" tendem a concordar em todos os assuntos principais, inclusive racismo. O fato de que brasileiros de todas as cores compartilhem os mesmos valores básicos e conceitos aponta para a extensão da homogeneidade política e cultural da sociedade brasileira e para a validade sociológica duvidosa de tais conceitos como "a comunidade negra", a não ser como figura de retórica. O que essas mesmas pesquisas mostram é que os fatores que diferenciam a opinião são os níveis educacionais e de renda. Paul Singer sustenta, com base na pesquisa do DataFolha, que

> [...] o pobre e aqueles com menos escolaridade formal percebem menos o preconceito mas são a favor da implementação de ação afirmativa no Brasil. A maioria daqueles que estão mais bem posicionados e têm mais escolaridade percebe a existência do preconceito racial mas é contra a ação afirmativa.[58]

Essa diferença pode ser explicada pelo interesse próprio daqueles que ganharam sua riqueza e sua educação sem ajuda da ação afirmativa. Mas tal interpretação não nega seu engajamento a uma ideologia não-racial.

Em 20 de novembro de 1995, não muito depois de Louis Farrakhan em Washington, várias entidades da comunidade negra no Brasil organizaram a "Marcha sobre Brasília" para celebrar o aniversário da morte de um líder negro e herói nacional, Zumbi, e protestar contra a discriminação racial. Dois estudantes que participaram da marcha retornaram com a clara sensação de que haviam participado em um evento bem "brasileiro". Em contraste com a seriedade masculina bem comportada da marcha de Washington, a versão brasileira era composta de homens e mulheres de todas as cores possíveis, que dançavam em direção ao centro do poder vestidos disparatadamente com suas roupas brilhantes, mais à maneira de escola de samba carnavalesca. Os estudantes comentaram que era como se "Brasil" tivesse se recusado a aceitar a divisão racial na vida política e social, mesmo quando o assunto era o próprio racismo.[59]

Ao mesmo tempo, entretanto, a demanda por reconhecimento das "reivindicações baseadas na raça" continuam. Um grupo de professores e estudantes da Universidade de São Paulo elaborou um documento reivindicando o estabelecimento de cotas para entrar na faculdade para os estudantes afro-brasileiros e sugerindo mecanismos complexos para decidir quem poderia se qualificar para elas. E um pequeno número de filiais de companhias multinacionais americanas iniciou políticas de ação afirmativa.

Todas as evidências, no entanto, sugerem que o Brasil continuará a produzir pontos de vista e ações divergentes em relação à questão da igualdade entre pessoas de cores diferentes. Qualquer um que vença, o apoio do Estado brasileiro terá sido o aliado mais poderoso. A posição assumida pelo Estado no que diz respeito à raça é tão crítica em relação aos meios pelos quais a raça será estruturada no futuro como foi no passado.

## Notas

Gostaria de agradecer à Joan Dassin, Antônio Sérgio Guimarpes, Pamela Reynolds, Olívia Cunha e Yvonne Maggie por seus comentários úteis na primeira versão deste capítulo.

1. *Veja*, nº 128; 31 de julho,1996, 9. O caso Tiririca resultou em processo criminal com posições apaixonadas a favor e contra.

2. *Veja*, id., 11.

3. *O Globo*, 8 de outubro de 1996, 11.

4. De acordo com Barros: "O grau de desigualdade no Brasil é cerca de 50% mais alto do que a média mundial, quando medido pelo coeficiente Gini (0,4 para países desenvolvidos e 0,6 para o Brasil). Como conseqüência desse grau mais alto de desigualdade, a renda média dos 10% mais ricos no Brasil é cerca de 29 vezes maior do que a dos 40% mais pobres, enquanto a média mundial é cerca de 3 vezes maior". R. P. Barros, *Diferenças entre Discriminação Racial e por Gênero e o Desenho de Políticas Antidiscriminatórias,* 4 Estudos Feministas 183; 189, 1996.

5. Um projeto de pesquisa intitulado "Lei, Justiça e Cidadania: Vítima, Acesso à Justiça e Cultura Política na Região Metropolitana do Rio de Janeiro" fez um levantamento de 1.574 indivíduos no Rio metropolitano no começo deste ano. Agradeço aos autores pela permissão de usar os dados antes da primeira publicação.

6. DaMatta explora a tensão permanente entre papéis/conceitos do malandro e do caxias (nome que vem do herói do Exército brasileiro duque de Caxias) em seu agora clássico trabalho, *Carnivals, Rogues and Heroes: An Interpretation of the Brazilian Dilemma*, University of Notre Dame Press, 1991.

7. Aqui eu traduzo os termos "branco", "pardo" e "preto", que são usados pelo censo nacional. A questão de classificação é da maior importância e será tratada depois neste capítulo. A paciência do leitor certamente ficará cansada pelo aparente uso excessivo de aspas, mas parece não haver outro modo de manter a distância analítica dos termos e conceitos nativos.

8. C. Hasenbalg & Nelson do Valle Silva, *Estrutura Social, Mobilidade e Raça 155*, Rio de Janeiro: Vértice Editora [Revista dos Tribunais] IUPERJ, 1988.

9. Por exemplo, uma pesquisa realizada pela *Folha de S.Paulo* e DataFolha em 1995 revelou que 89% dos entrevistados brancos, 88% dos pardos e 91% dos negros acreditam que brancos têm preconceito contra negros.

10. L. Sansone, *Cor, classe e modernidade em duas áreas da Bahia*, 23 *Estudos Afro-Asiáticos* 143, 163 1992.

11. Paulo Sérgio Pinheiro, *Escritos indignados*, São Paulo: Brasiliense, 1984.

12. M. D. P. Teixeira, *Raça e Crime: Orientação para uma Leitura Crítica do Censo Penitenciário do Rio de Janeiro*, 64 *Cadernos do ICFH* 1,4, 1994.

13. Sérgio Adorno, *Discriminação Racial e Justiça Criminal em São Paulo, Novos Estudos Cebrap*, 45, 53 1995.

14. Id., 59.

15. Id., 63.

16. Florestan Fernandes, *A Luta contra o Preconceito de Cor*, em *Relações Raciais entre Negros e Brancos em São Paulo*, Roger Batisde & Florestan Fernandes eds., São Paulo: Editora Anhembi, 1951. Tal comportamento é resultado de uma falta de identidade advinda de dificuldades de adaptação social após a abolição da escravidão.

17. B. Fausto, *Crime e Cotidiano: A Criminalidade em São Paulo*, (1880-1924) 55, 1984.

18. Id.

19. C. A. C. Ribeiro, *Cor e Criminalidade: Estudo e Análise da Justiça no Rio de Janeiro* (1900-1930) 72, Rio de Janeiro, UFRJ, 1995.

20. Para uma excelente análise das idéias sobre legislação dos pensadores "positivistas" durante a República Velha, ver Marcos César Alvarez, Bacharéis, Criminologistas e Juristas: saber jurídico e a nova escola penal no Brasil (1889-1930), Universidade de São Paulo, tese de doutoramento, 1996.

21. Raymundo Nina Rodrigues, *As Raças Humanas e a Responsabilidade Penal no Brasil*, 134, Rio de Janeiro: Livraria Progresso Editora, 1957 [1894].

22. Id., 162

23. O. M. G. de Cunha, *1933:Um ano em que Fizemos Contatos,* 28 *Revista USP* 142, 1996.

24. Peter Eccles, *Culpados até prova em contrário: os negros, a lei e os direitos humanos no Brasil,* Estudos Afro-Asiáticos 135, 138, 1991.

25. *Como citado em id.* Em 141.

26. Florestan Fernandes, escrevendo sobre a lei Afonso Arinos no ano em que foi introduzida, comenta o ceticismo de muitos membros do Movimento Negro de São Paulo em relação à eficácia da lei no combate ao racismo. Fernandes, *A Luta contra o Preconceito de Cor, supra* nota 16. O que nem ele nem eles previram, entretanto, foi a dificuldade de fazer com que os que infringiam essa lei fossem processados.

27. O artigo 68 da Constituição de 1988 estabelece: "Os direitos de propriedade definitiva dos descendentes dos quilombos que continuam a ocupar suas terras são reconhecidos e o Estado é obrigado a fornecer os títulos respectivos".

28. Eccles, *supra* nota 24, 146.

29. *IstoÉ*, nº 14045, 4 de setembro de 1996, 78.

30. M. G. Hanchard, *Black Cinderella? Race and the Public Sphere in Brazil,* 7 *Public Culture* 165, 1995.

31. Stefan Zweig, *Brasil: País do Futuro* (Rio de Janeiro: Civilização Brasileira, 1960 [1944]); e L. Spitzer, *Lives in Between: Assimilation and Marginality in Austria, Brazil, West Africa,* 1789-1945, Cambridge University Press, 1989.

32. "Se é influência de nossa origem portuguesa, e a tendência dos povos ibéricos de cruzar [*sic*] com as raças inferiores, ou se é uma virtude especial de nossa população branca, que eu não acredito; ou se pode ser finalmente uma influência maior do caráter do povo brasileiro, indolente, apático, incapaz de paixões fortes, a verdade é que o preconceito de cor, que certamen-

te existe entre nós, é pouco definido e intolerante por parte da raça branca. De qualquer maneira, muito menos do que diz-se que ele é na América do Norte." Rodrigues, *supra* nota 21, 149-50.

33. Agradeço a Verena Stolcke pela permissão de citar seu trabalho em andamento na Unesco e seu projeto de pesquisa no Brasil.

34. Stolcke, *id.*, citado por Alfred Métraux.

35. Id, 3.

36. Carlos Hasenbalg, *Entre o mito e os fatos: racismo e relações raciais no Brasil*, 38 nº 2 *Dados* 361, 1995.

37. Barros, *Diferenças entre Discriminação Racial e por Gênero e o Desenho de Políticas Antidiscriminatórias, supra* nota 4.

38. Paul Singer, *Racismo Cordial: a mais completa análise sobre o preconceito de cor no Brasil*, E Gustavo Venturi 80-81, C. Turra, São Paulo: Ática, 1995.

39. Hanchard, *supra* nota 30.

40. C. Degler, *Neither Black Nor White: Slavery and Race Relations in Brazil and the United States*, Madison: University of Wisconsin Press, 1986.

41. Talcott Parsons, *The Problem of Polarization on the Axis of Color,* em Color and Race 352-3 J. H. Franklin (ed.), Boston: Beacon Hill Press, 1968.

42. Hanchard, *supra* nota 30, 182-83.

43. O. Nogueira, *Tanto Preto como Branco*, São Paulo: T. A. Queiroz, 1985.

44. Eu discuti esse ponto e o fato de que a própria linguagem cria a ilusão do "fracasso" do Brasil, em Peter Fry, *Why Brazil is Different,* 4836 Times Literary Suplement 6-7, 1995; *O que é que a Cinderela Negra tem a dizer sobre a "política racial" no Brasil, Revista USP* 122, 1996.

45. Para a exposição mais esclarecedora sobre esse ponto de vista, ver Roberto DaMatta, *Relativizando: Uma introdução à antropologia social* 58-85, Petrópolis: Vozes, 1981.

46. Id, 81.

47. Robin E. Sherrif, Woman Slave Saint: A Parable of Race, Resistence and Resignation (1993), 5 (manuscrito); e Hasenbalg, *Entre o Mito e os Fatos, supra*, nota 36, 366.

48. *Ver* M. Correa, *Morte em família*, São Paulo: Graal, 1963.

49. Caetana Maria Damasceno, Cantando para Subir: Orixá no Altar, Santo no PEJI, Programa de Pós-graduação em Antropologia Social, Universidade Federal do Rio de Janeiro, tese de mestrado, 1990; John Burdick, *Looking for God in Brazil: The Progressive Catholic Church in Urban Brazil's Religious Arena 53*, Berkeley: University of California Press, 1996.

50. Cunha, *1993: Um Ano em que Fizemos Contatos, supra* nota 23.

51. A pesquisa de Adorno citada *supra* nota 13, foi conduzida em conjunto com Geledés.

52. Essa opinião foi expressa por um dos advogados de Geledés no XIX Encontro Anual da Associação Nacional dos Programas de Graduação em Ciências Sociais (Anpocs) em 1995.

53. Olívia Cunha e Marcia Silva chamaram minha atenção para os aspectos "positivos" do fracasso do sistema judicial para levar os casos de racismo ao tribunal.

54. Yvonne Maggie chamou minha atenção para essa mudança significativa de ênfase tendo ela própria observado a notável ênfase em cultura e identidade durante os eventos da comemoração do centenário da abolição da escravidão em 1988 no Brasil. Ela observou que a maior parte dos eventos era de natureza cultural enquanto poucos abordavam os temas de desigualdade. Yvonne Maggie, *Cor, Hierarquia e sistema de classificação: a diferença fora do lugar*, 14 *Estudos Históricos* 149, 1994.

55. "Diz-se, algumas vezes, que o Brasil não definiu claramente as categorias raciais. De fato, naturalmente, tais categorias foram definidas e aplicadas na coleta dos dados do censo. A análise bipolar, duas cores, dos EUA contrasta com a classificação multirracial no Brasil. Estabelecer categorias raciais pode ser, sem dúvida, uma das maiores dificuldades práticas para a aplicação da ação afirmativa no Brasil." Thomas Skidmore, *Affirmative Action in Brazil? Reflections of a Brazilianist*, texto apresentado na conferência sobre Ação Afirmativa, Brasília, 1996 (fotocópia), 13.

56. Id.

57. C. Hasenbalg & Nelson do Valle Silva, *Notas sobre a Desigualdade e Política*, 25 Estudos Afro-Asiáticos 141, 156, 1993.

58. Singer, *supra* nota 38, 81.

59. José Renato Perpétuo Ponte e Denise Ferreira da Silva, comunicação pessoal.

# 13
# COMENTÁRIO SOBRE PETER FRY

JOAN DASSIN

Peter Fry elaborou um trabalho excepcionalmente lúcido sobre alguns dos temas mais intrigantes da sociedade brasileira. Perguntando como cor (não "raça", entre aspas para indicar que é uma construção social, sujeita à interpretação histórica e cultural) interage com o Estado de Direito e os não-privilegiados, Fry levanta alguns aparentes paradoxos para análise. Ele sustenta que as contradições aparentes estão na raiz da experiência racial brasileira e devem, portanto, ser entendidas em suas dimensões totais histórica e antropológica antes de se questionar como os instrumentos legais podem remediar os efeitos negativos da discriminação racial. Fry está menos interessado na própria legislação e mais interessado no seu funcionamento na sociedade — um ponto apropriado de partida aos quais os criadores de política deveriam prestar mais atenção.

O primeiro "paradoxo" está implícito nas histórias que abrem o capítulo, que nos dá imediatamente as características do racismo no Brasil. Racismo está impregnado na cultura, no local de trabalho e na vida diária. Ao mesmo tempo, mesmo os alvos desse racismo têm dificuldade em recenhecê-lo e, quando o fazem, não há como recorrer nem lhes é prestada a devida atenção. Mesmo no caso raro de uma queixa baseada em racismo ser retificada, o atraso é tão significativo que os sacrifícios pessoais são inevitáveis. Tiririca, que ficou perplexo com o (curto) furor sobre sua música supostamente "racista", Luciano Ribeiro, o ciclista de 19 anos que morreu porque foi deixado sem assistência pelo motorista branco que o atropelou e pelo neurologista branco que foi negligente em seu atendimento (nenhum deles sofreu qualquer conseqüência), e Vicente Francisco do Espírito Santo, que esperou três anos antes de vencer uma decisão dos tribunais readmitindo-o em um emprego do qual ele tinha sido despedido por motivos claramente raciais — cada um deles sofreu da mesma doença. O racismo está em todo lugar e em lugar nenhum no Brasil; é tão difícil prová-lo ou identificá-lo como processá-lo.

Um segundo paradoxo aparente que Fry implicitamente levanta está baseado na natureza profundamente imbricada de classe e raça no Brasil. Ele insiste que "o potencial de corrupção da Justiça pela riqueza e o poder" — presentes em toda democracia liberal — é exacerbado no Brasil pelo "*status* que o país ocupa como líder da desigualdade de riqueza e renda". Ele claramente acredita na importância, senão primazia, da desigualdade econômica e social, isto é, "classe" como oposição a "raça". Isso é em especial crítico no que diz respeito à legislação. Fry cita dados indicando que 93,8% da população acreditam que se uma pessoa rica e uma pessoa pobre cometerem o mesmo crime, a última será tratada com maior rigor. Essa percepção está apoiada em pesquisa empírica.

Ao mesmo tempo, raça *pode* ser isolada como uma variável independente e parece ser o fator dominante que orienta o tratamento preconceituoso que negros e mulatos recebem da lei no Brasil. Ainda assim, pesquisa citada por Fry comprova que em 1986 em São Paulo, uma alta porcentagem de brancos, negros e pardos achava que negros e mulatos eram mais perseguidos pela polícia do que brancos. Adorno, examinando processos criminais para casos de furto, tráfico de droga, seqüestro e roubo com arma em São Paulo em 1990, chegou a conclusão de que "a cor [era] um instrumento poderoso de discriminação na distribuição da justiça". O trabalho de Boris Fausto sobre crime na cidade de São Paulo durante o período 1880-1924 aponta a "discriminação avassaladora" como uma razão-chave para a prisão desproporcional de negros e mulatos, enquanto Antonio Costa, usando metodologia quantitativa para analisar os registros de crimes levados aos tribunais pelo júri no Rio de Janeiro entre 1880-1930, observou que negros e mulatos, embora processados na mesma proporção, tinham uma chance mais elevada de ser condenados do que acusados brancos. Para Costa Ribeiro, "a cor do acusado era o fator mais importante para determinar a condenação". Por outro lado, o *status* econômico e social atua como fator poderoso de diferenciação social, e a cor pode ser secundária (um velho ditado brasileiro diz que "dinheiro embranquece"). Já a discriminação racial pode ser por si mesma parcialmente responsável pelas desigualdades totais de riqueza e renda no Brasil. O que é mais importante? Fry não se decide, mas prefere entender que a *relação* entre classe e desigualdade racial é a pedra de toque das relações sociais brasileiras.

Um terceiro paradoxo aparente tem origem nas instituições legais e os lugares que ocupam na sociedade brasileira. Na nossa cultura anglo-saxã mais "legalista", mesmo evidência forte de discriminação violenta e abuso pouco fazem para diminuir a autoridade legal. No Brasil, ao contrário, o Estado de Direito por si só não é um valor incontestável. Como Fry observa, a cultura brasileira admira aqueles que tiram vantagem de sua esperteza, riqueza e/ou posição social para driblar a lei, enquanto deprecia aqueles que deixam de tirar vantagem desses mesmos privilégios. (É bom lembrar o fascínio brasileiro pelo presidente americano Nixon, que era muito admirado por sua "esperteza", e o desprezo pelo presidente Carter, cuja honestidade sulista batista colocava uma camisa-de-força moral em relação ao uso do superpoder americano.) Ao mesmo tempo, com apenas uma exceção até 1951, as sucessivas Constituições brasileiras e códigos penais preservaram o valor da igualdade perante a lei. Por outro lado, então, a manipulação das leis por aqueles que tinham o privilégio e o *status* para fazer isso (por definição, brancos, mais do que negros e a maioria dos mulatos) é vista como um valor positivo; por outro lado, a maioria das legislações brasileiras e a maior parte da jurisprudência brasileira — provavelmente expressando também a maioria dos instintos positivos da nação — determinam tratamento igual dos cidadãos formalmente iguais.

Complicando mais o quadro está a subcorrente de pensamento representada por Nina Rodrigues e outros pensadores "positivistas" que defendiam que desde que "a responsabilidade criminal variava de indivíduo para indivíduo, [...] o sistema penal deveria determinar tratamentos diferentes para indivíduos diferentes". Fry mostra que enquanto essas idéias eram amplamente mantidas a uma certa distância do aparato formal do sistema de justiça criminal, funcionavam "como um contraponto semiclandestino para o valor formal da igualdade perante a lei". A habilidade de Fry para provar seu argumento no pensamento social brasileiro profundo — coisa rara entre os analistas da cena contemporânea — é uma das suas grandes forças.

Um quarto paradoxo também envolve assuntos culturais e a legislação. Fry avalia o destino da legislação dedicada especificamente para penalizar a discriminação baseada na raça. A primeira, a lei Afonso Arinos, foi invocada apenas três vezes entre 1951 e 1991, resultando em duas condenações. (É interessante que a própria lei foi uma resposta a um incidente embaraçoso sofrido por uma americana negra que foi impedida de entrar num hotel de São Paulo. Aparentemente, a ocorrência comum de incidentes semelhantes entre os próprios brasileiros não mereceu um tratamento legal.) Os instrumentos legais posteriores foram mais duros. A Constituição de 1988, por exemplo, definiu a prática racista como um crime e não mais como uma mera contravenção. E de acordo com a nova Constituição, a Lei Alberto Caó nega fiança para aqueles acusados de "crimes resultantes de preconceito racial ou de cor" e estipula sentenças de um a cinco anos de prisão. Além disso, crimes resultantes de preconceito racial ou de cor não prescrevem. Como Fry conclui, entretanto, a nova lei não tem sido mais eficiente do que a antiga, nem para deter o racismo, nem para punir "práticas racistas".

Na parte mais criativa e original do capítulo, e o cerne de seu argumento, Fry observa que uma pesquisa mais recente tinha em vista denunciar o "mito da democracia racial". Junto com o ativo mas relativamente pequeno movimento negro, Fry mostra que essa pesquisa ajudou a criar uma drástica reviravolta na imagem e auto-imagem do Brasil. Se até o início dos anos 1950 o Brasil era visto como um modelo de tolerância e "harmonia racial" (o idílio de Freyre), o Brasil "é agora tido como tão racista, senão mais, do que os Estados Unidos, com o qual tinha sido antigamente comparado tão favoravelmente".

Aqui Fry se coloca um pouco como o homem de palha, estabelecendo a plataforma para seu repúdio a dois pontos importantes: primeiro, que o "mito da democracia racial" está, de certo modo, "fora" dos acordos de raça do Brasil, não se constituindo parte intrínseca das próprias "relações raciais"; segundo, que o sistema racial brasileiro complexo e gradual é muito ambíguo — um inimigo insidioso, infiltrado, ao estilo da guerrilha — e portanto inferior ao sistema racial americano claramente demarcado, cujas distorções facilmente identificáveis são mais fáceis de corrigir. Fry está na parte histórica e antropológica melhor do seu capítulo. Ele traça a imagem do Brasil desde a virada do século até os anos 1940, quando os líderes negros americanos estavam tão impressionados com a harmonia racial no Brasil que alguns aparentemente defenderam a emigração para lá. A virada foi um estudo pós-guerra da Unesco que abriu a "caixa de Pandora" da democracia racial e revelou seu racismo subjacente. Desde então, pesquisadores — em especial cientistas sociais tentando documentar a desigualdade racial no local de trabalho, no sistema educacional e no sistema de justiça criminal (as chamadas áreas "difíceis" da vida social onde ser negro causa de *fato* problemas) — forneceram forte evidência aos modelos de discriminação mutuamente reforçados. A descrição de Fry da pesquisa de Carlos Hasenbalg é em particular convincente a esse respeito. Não-brancos sofrem em cada estágio do ciclo da vida, das condições de saúde no nascimento, na educação, na inserção no mercado de trabalho e na mobilidade social. Esse aspecto combinado da discriminação fica também claro a partir do trabalho de Sérgio Adorno sobre sistema de justiça criminal, em que negros são derrotados em cada estágio do processo judicial.

Entretanto — e aqui encontra-se o "paradoxo" central do capítulo —, a despeito da demonstração da realidade do racismo, e do fato de que a maioria dos brasileiros de todas as cores concorde que o racismo existe, a maioria também assume que ela não discrimina e não sofre discriminação. Isso sugere que o debate real deveria ser a respeito do "mito da 'democracia racial'". Será que o mito, como Hanchard e outros sustentam, mascara a discriminação e o preconceito? E mesmo mais insidioso, o mito ajudaria a "neutralizar" a identificação racial entre os não-brancos? Fry obviamente assume um ponto de vista diferente — perto daquele sustentado por Paul Singer e pelo antropólogo Robin Sherrif — que vê na "democracia racial" "uma aspiração, um 'sonho', um princípio de tal força que impede o reconhecimento e conseqüente punição daqueles que ousam negá-lo".

Isso fornece a Fry outra explicação (além da ambivalência geral em relação à legislação) de porque os instrumentos legais têm um uso tão limitado contra o racismo brasileiro. Como ele argumenta, a visão de todas as partes — mesmo a das vítimas — é formada pela poderosa norma cultural da "democracia racial". Assim, elas relutam em estabelecer investigações e, mais ainda, relutam em condenar, a não ser que haja evidência sem controvérsia.

A seu favor, Fry então levanta uma questão prática importante: "[...] o que tem sido feito e pode ser feito para reduzir o preconceito e a discriminação contra o pobre em geral e contra as pessoas de pele com cor mais escura em particular?". Demonstrando a atualidade de seu conhecimento, Fry oferece um excelente sumário das mudanças do movimento negro do Brasil nos três últimos anos. Observa que a construção de uma identidade "racial" — para compensar a "máscara" da verdadeira divisão bipolar de brasileiros em brancos e negros pelo sistema de classificação racial gradual do Brasil — é ainda um objetivo para muitas organizações.

Entretanto, tem havido uma ênfase crescente em endereçar os assuntos concretos da desigualdade precisamente àquelas áreas mais "difíceis" da vida social onde eles têm sido mais bem documentados: no local de trabalho, no sistema educacional, em relação à saúde e às organizações religiosas. Isso tem dado aos negros os alvos próprios na luta contra as conseqüências econômicas e sociais da discriminação. Significativamente, organizações tais como o Centro de Articulação das Pessoas Marginalizadas (CEAP) no Rio de Janeiro e o Geledés em São Paulo estão intensificando seus esforços para levar processos de racismo aos tribunais. Apesar da resistência profundamente enraizada contra o reconhecimento do racismo, essas organizações estão tentando usar os tribunais como um "campo moral alto" para os negros brasileiros. Eles argumentam, com efeito, que a lei poderia cumprir sua promessa de garantir a "democracia racial" no Brasil.

Fry termina seu capítulo com uma clara nota de advertência sobre um dos assuntos mais quentes hoje no Brasil, o debate sobre a "ação afirmativa". Ele observa com satisfação os esforços sem precedentes do governo federal no Brasil para fortalecer os direitos e liberdades individuais mediante uma série de decretos e grupos de estudo para promulgar e disseminar medidas antidiscriminatórias. Ao mesmo tempo, é bastante crítico às intervenções propostas pelo Programa Nacional de Direitos Humanos que poderiam "[...] fortalecer uma definição bipolar de raça no Brasil e [...] implementar políticas específicas a favor dos brasileiros negros". Um exemplo é um plano para tornar o sistema brasileiro de classificação racial alinhado com aquele dos Estados Unidos, de tal modo que os dados do censo considerariam mulatos, pardos e pretos "negros". Ao mesmo tempo, o governo providenciaria apoio para programas econômicos e educacionais compensatórios para negros. Fry se arrepia com a idéia de formalizar "raça" como um critério para definir e orientar a política.

Além disso, ele fica chocado que o governo de um sociólogo com a reputação como a de Fernando Henrique Cardoso possa permitir uma legislação "que reconhece a existência e a importância de distinguir as comunidades raciais no Brasil". Isso realmente levanta a questão de por que o governo de Ferando Henrique Cardoso — que poderia dar uma verdadeira contribuição histórica reconhecendo oficialmente a existência da discriminação racial e designar programas para combater seus efeitos no lugar de trabalho, nas escolas e nos tribunais — desejaria ir além e promover a *discriminação positiva* — como o ter-mo ação afirmativa [*affirmative action*] é com freqüência traduzido para o português.

A experiência americana deixou bem claro que enquanto a "ação afirmativa" inegavelmente forçou a abertura de portas importantes para os negros, mulheres e outras vítimas de discriminação, que resultaram em ganhos reais em muitos casos, ela também polarizou o debate sobre os melhores caminhos para o avanço das minorias e das mulheres. Além disso, leis e políticas de ação afirmativa reforçaram perversamente as crenças profundamente enraizadas em diferenças raciais ou (gêneros) — o começo da ladeira escorregadia em direção à crença em inferioridade e desigualdade racial (ou de gênero) — ao ratificar raça (ou gênero) como critério legítimo para a ação pública.

Que o debate muito rapidamente tornou-se rude e mesmo literariamente violento também ficou evidente na campanha de ódio montada por grupos de advogados autodefinidos como "progressistas" como Ward Connerly. Ele próprio um bem-sucedido homem de negócios afro-americano, que alegou ter-se beneficiado pessoalmente de medidas da ação afirmativa na construção e contrato de seu próprio trabalho, é um dos professores regentes da Universidade da Califórnia que liderou a campanha para a Proposição 209, uma proposta para eliminar todas as preferências raciais no emprego público, contrato e educação no estado da Califórnia. Em 5 de novembro de 1996 a proposição foi aprovada, por 55% contra 45%, abrindo espaço para que outros estados a sigam, com conseqüências potencialmente dramáticas para a política pública e as "relações raciais" nos Estados Unidos. Significativamente, a Proposição 209 até agora tem sido preservada pelos tribunais, resistindo a desafios legais levantados por grupos de advogados poderosos em prol da ação afirmativa. Nos Estados Unidos, pelo menos, essa batalha provavelmente será realizada na arena legal no futuro previsível. A ação afirmativa também continuará a ser um assunto político contencioso, em especial em estados populosos como a Califórnia, o Texas e a Flórida, onde grupos minoritários estabelecidos há muito tempo devem competir por recursos econômicos ainda escassos em sucessivas ondas de grupos diferentes de imigrantes.

De sua parte, Fry de fato toma partido nesse assunto, a despeito de seus protestos em contrário. Ele reafirma sua crença de que a "democracia racial" é uma aspiração válida, e que o governo brasileiro deveria restringir suas ações a "expor e punir os males do racismo e do pensamento racista", enquanto combate a "superdesigualdade", o problema subjacente no Brasil. Mais uma vez ele demonstra sua crença de que a pobreza é o assunto principal, desde que "políticas que tenham como alvo as áreas mais pobres do Brasil automaticamente incluirão um grande número de brasileiros com cor de pele mais escura". Acima de tudo, o governo não deve fortalecer a "racionalização do Brasil". Dados indicam que brasileiros de todas as cores compartilham os mesmos valores básicos. Isso, afinal de contas, é uma das únicas vantagens do país, quando comparada, por exemplo, com a Guatemala ou com os países dos Andes, onde o abismo entre falantes de espanhol e populações indígenas vem sendo aprofundado há séculos, afetando ambos, conceito e prática de Nação-estado. O que separa os brasileiros uns dos outros é seu nível educacional e de renda. Acentuar sua divisão racial também pode ser altamente destrutivo.

Fry lança as bases e o desafio para um debate mais amplo sobre esses assuntos. Sua contextualização nuançada está baseada historicamente tanto na "raça" quanto na "legislação" e leva os dois conceitos a exames sérios. Sem essa perspectiva, criadores de política bem-intencionados poderão se acalmar com soluções simplistas — fadadas ao fracasso, como tantos outros programas que pretendiam promover a reforma judicial e legal, minorar a pobreza e acabar com a discriminação racial ou baseada em gênero.

## PARTE III

# REFORMA INSTITUCIONAL, INCLUSIVE ACESSO À JUSTIÇA

# 14

## REFORMA INSTITUCIONAL, INCLUSIVE ACESSO À JUSTIÇA: INTRODUÇÃO

JUAN E. MÉNDEZ

As seções anteriores descreveram os limites da democracia latino-americana no crepúsculo do século XX. A abordagem empírica de cada segmento da sociedade demonstra o que é talvez seu defeito mais dramático: a exclusão de amplos setores dos benefícios da democracia. As razões são variadas e específicas para cada país e para cada tema e, assim, desafiam generalizações simplificadas. Entretanto, há fatores subjacentes cruciais em comum: a fraqueza das instituições estatais para proteger as vítimas de comportamento abusivo, para lhes garantir compensação e para criar um fórum para a resolução de seus conflitos. A situação da administração da justiça no continente todo provavelmente não explica por si só a predominância da violência de todas as espécies, nem é a única razão por trás da discriminação de indivíduos que excluem grandes setores de nossas populações dos benefícios da democracia. Mas é bom dizer que se nossos sistemas de justiça fossem funcionais e eficientes para tornar a legislação escrita uma realidade, esses problemas não teriam um efeito tão devastador na qualidade de nossas democracias.

Como em todos os outros aspectos descritos neste livro, seria imprudente pintar a situação do Judiciário do continente inteiro com uma única pincelada. Há grandes diferenças entre os países e mesmo entre regiões e jurisdições num único país. Há também diferenças muito grandes no profissionalismo e até mesmo na probidade entre os Judiciários de um país para outro. Mas elas são, na essência, diferenças de grau. O fato é que não há um único país que possa se gabar de ter um Judiciário que esteja pronto para a tarefa desgastante de "dar a cada pessoa o que lhe pertence" nas circunstâncias complicadas de nossas sociedades. Em graus variados, todos os sistemas judiciários na América Latina padecem de grave necessidade de modernização e adaptação aos novos problemas da sociedade.

Apenas a modernização, entretanto, não seria suficiente, mesmo se levada a sério, para resolver o problema. Os Judiciários têm ficado para trás em relação ao crescimento econômico da região e às mudanças que algumas outras instituições estatais têm feito para enfrentar as novas realidades. De fato, na maioria dos lugares os tribunais têm enfrentado sérios retrocessos. A proporção dos orçamentos estatais que lhes é destinada, quase invariavelmente, é muito pequena para atender as necessidades de seus usuários, e a tendência, em muitos lugares, é de reduzir mais ainda essas verbas. Os prédios, equipamentos e outras condições físicas simplesmente não acompanham o crescimento na demanda por serviços jurídicos. Treinamento especial para juízes, magistrados e pessoal dos tribunais é virtualmente inexistente, e na maioria dos países os empregos são tão sem atrativos em termos de pagamento, benefícios e prestígio social, que o recrutamento para eles acontece entre estudantes e profissionais medíocres, na melhor das hipóteses.

Legislações substantivas e processuais que os tribunais aplicam estão ultrapassadas; assim mesmo, raramente são, se é que algum dia serão, emendadas para serem aplicáveis a realidades sociais mudadas. Os juízes são desencorajados consistentemente a fazer experimentos para adaptação criativa das leis antiquadas aos problemas que devem resolver diariamente. A herança da filosofia positivista de direito não permitiu uma evolução, e o resultado é um formalismo estulto que força os fatos da vida para dentro de categorias legais obsoletas ou simplesmente empurram os fatos da vida para fora dos tribunais. Quando o formalismo excessivo não é por si só um obstáculo à Justiça, atrasos exaustivos e reconstituições incessantes acabam tendo o mesmo efeito.

Os tribunais vêm perdendo terreno em um outro aspecto que é crucial para a sua eficiência: sua credibilidade e prestígio entre a opinião pública. Em grande parte, a perda de respeito na sociedade é herança de anos de negligência e de gerações de complacência com o *status quo* por parte dos líderes da magistratura. Mas, sem dúvida, esse problema já preocupante foi exacerbado nos anos recentes de propósito; alguns líderes eleitos não hesitaram em interferir no Judiciário a fim de assegurar seu alinhamento com sua própria visão do poder. País após país, os líderes eleitos na América Latina da safra mais recente solaparam a independência do Judiciário e manipularam os tribunais a seu favor. Em alguns casos, o propósito prático era assegurar que nenhuma investigação desconfortável fosse instaurada sobre denúncias de corrupção; em outros casos, o objetivo era mais ideológico: garantir que a opinião pessoal do mais alto líder sobre as necessidades do país não fosse atrapalhada por nenhuma investigação ou avaliação séria. Isso tem sido verdadeiro mesmo para países em que o Judiciário alcançou grande credibilidade durante os anos de transição, produzindo acusações dignas de crédito pelos crimes do passado recente. Manipulação de nomeações e de processos para remoção e criação de novas cadeiras ou de jurisdições completamente novas, o uso de juízes e promotores "sem identificação" e uma predileção especial pela inviolabilidade da justiça militar, tudo isso tornou a independência e a imparcialidade do Judiciário um conceito ocioso. O resultado é uma falta de credibilidade alarmante da noção de justiça na opinião pública em todos os países da América Latina.

Tem havido uma tendência de cooperação internacional para ajudar a promover as condições da administração da justiça em países subdesenvolvidos. Algumas das razões dessa tendência são exploradas nas próximas páginas. Quaisquer que sejam essas razões, em apenas alguns anos essas preocupações com a promoção da democracia acrescentaram, firmemente, uma preocupação salutar para a saúde relativa da administração da justiça no seu interesse tradicional de eleições livres e dignas. Entretanto, se isso se constitui em um progresso promissor nas relações internacionais, alguns resultados iniciais descritos nessa seção podem ser, definitivamente, considerados decepcionantes.

Os Judiciários, e aqueles que os lideram, têm sido em particular resistentes à mudança. Isso não surpreende em organizações de elite que habitualmente estão entre os setores e instituições mais conservadores da sociedade e do Estado. Na América Latina, entretanto, eles não têm, em geral, rejeitado as ofertas de assistência externa, mas em muitos casos têm sido particularmente sem imaginação em relação a como poderiam utilizar melhor essa assistência ou em identificar oportunidades e necessidades para uma reforma séria. Por essa razão, se muitos recursos têm sido gastos com infra-estrutura (p. ex., prédios, equipamentos e organização) sem um sentido claro de como eles poderiam ser usados para melhorar um serviço claramente deficiente, a falta não recai inteiramente na *naiveté* e inexperiência dos doadores internacionais.

A comunidade internacional cometeu, claramente, seus próprios erros nesse processo. A prioridade tem sido a prestação eficiente de serviços, em particular na luta contra crimes de interesse internacional e na resolução expedita de questões de investimento. Isso resultou em interesse na organização e infra-estrutura, inclusive sistemas computadorizados e pessoal adicional (embora não necessariamente mais treinados ou qualificados). Por outro lado, tem havido relativamente pouco interesse em enfatizar a imparcialidade total dos processos e de quaisquer decisões resultantes deles. A influência da assistência estrangeira raramente foi usada para incentivar os sistemas judiciários a procurar maneiras de dinamizar os procedimentos ineficientes e modernizar as normas jurídicas de modo a adaptar as condições dos juízes e promotores às demandas da vida cotidiana.

Uma deferência imprópria a falsos temas de soberania tem calado as preocupações com princípios, em particular com princípios primordiais de qualquer Judiciário democrático: a independência e a imparcialidade dos tribunais. De fato, num esforço para cortar o supérfluo, os fundos de cooperação têm sido canalizados para tribunais secretos e juízes e promotores "sem identificação" em alguns países, a despeito do fato óbvio de que sua própria existência contradiz as noções básicas de autonomia e independência do Judiciário dos outros ramos do governo. Em parte, esses erros originam-se do fato de que os doadores internacionais investiram uma grande quantidade de dinheiro sem consulta apropriada aos usuários de serviços de justiça ou com as comunidades beneficiárias. De fato, a consulta limitou-se a uns poucos funcionários nos Ministérios da Justiça e das Relações Exteriores dos governos que receberam as doações, com pouca participação mesmo dos magistrados e dos funcionários dos tribunais. Felizmente, os advogados, as associações de advogados e as organizações não-governamentais com interesse na administração da justiça estão protestando e reivindicando ser consultados nos futuros programas de apoio.

A proliferação de programas de assistência internacional teve outra vantagem: há agora mais consciência e especialização sobre o que está mais obviamente errado com o estado atual da administração da justiça. Sem preconceito com os problemas bem reais da falta de independência, imparcialidade e eficiência, o que mais se precisa hoje na América Latina é uma visão clara do que é necessário para fazer da justiça uma realidade para o marginalizado, o não-privilegiado e o excluído em nosso meio. O problema real é que as mulheres, as crianças, os povos indígenas os camponeses sem-terra, os presidiários, os doentes internados e outros setores igualmente carentes de nossas sociedades simplesmente não têm acesso à justiça.

É por isso que essa seção deste livro dedica atenção especial a esse problema. Por um lado, é claro que as ineficiências da prestação de serviços jurídicos afeta de modo desproporcional o pobre, pois ele não tem a vantagem do litigante que tem uma reserva de dinheiro e recursos para compensar as perdas causadas por atrasos e falta de receptividade. O formalismo excessivo também afeta-os de forma desproporcional, porque o formalismo favorece a inteligência e a obstrução em detrimento da razão e da justiça substantiva, e a inteligência e a obstrução — não devem ser confundidas com boa advocacia — são bens do mercado que podem ser obtidas por um preço.

Entretanto, os problemas de acesso à justiça vão além dos efeitos negativos da ineficiência e anacronismo. Os serviços legais para os pobres raramente estão disponíveis exceto pelo voluntarismo, e mesmo esses esforços são em geral desencorajados, quando não realmente perseguidos. Há também pouco, se é que algum, esforço para simplificar os processos ou fazê-los mais compreensíveis para os usuários dos serviços judiciários. O apoio lingüístico e a interpretação, pelo menos para os processos criminais, estão explicitamente inscritos em algumas Constituições e as obrigações internacionais solenes entram livremente em outros Estados, mas são, na realidade, muito raros.

Há uma necessidade crítica de se procurar seriamente métodos alternativos de resolução de conflito, não apenas para simplificar o processo mas também para ajudar a diminuir o enorme peso do acúmulo de casos. Ao mesmo tempo, as soluções fáceis não funcionam; é importante sermos sérios e determinados quando consideramos os sistemas alternativos de justiça, seja para criarmos de novo ou para modificarmos tradições e práticas antiquadas. Seria uma paródia se os mecanismos alternativos se tornassem uma forma de "justiça de segunda classe". Pelo menos, a revisão constitucional e outras formas de supervisão pelos tribunais profissionais devem ser preservadas, em especial os tribunais que estão envolvidos com a proteção dos direitos fundamentais do homem. Seguramente, a revisão e a supervisão devem ser consistentes em termos de uma justiça simples, efetiva e rápida.

Por fim, uma justiça acessível aos não-privilegiados é provavelmente a chave para a necessidade mais urgente nas nossas democracias do final do século: o desafio da inclusão. A não ser que consigamos resolver os problemas de marginalização e exclusão, os regimes que criamos e consolidamos não merecerão o adjetivo "democráticas". Nos capítulos seguintes, tentamos abrir o debate de como fazer a administração da justiça ter significado para amplos setores de nossa sociedade que atualmente têm pouca oportunidade de obter, algum dia, uma compensação de um tribunal de justiça. A não ser que alcancemos acesso geral e universal, o direito à justiça continuará a ser um privilégio, não um direito.

# 15

# ASPECTOS INTERNACIONAIS DOS ATUAIS ESFORÇOS DA REFORMA DO JUDICIÁRIO: A JUSTIÇA ARRUINADA DO HAITI

REED BRODY

*A necessidade de um sistema judiciário que permita que [os infratores dos direitos humanos] sejam submetidos à justiça é a maior preocupação, o maior desejo e o tema mais importante para a maioria dos haitianos. Precisamos nos certificar de que a justiça seja feita e que aqueles que cometeram tais crimes hediondos — crimes contra a humanidade — terão de enfrentar a justiça.*

Jean-Bertrand Aristide[1]

Um dos princípios mais importantes da assistência ao desenvolvimento é que os supostos beneficiários participem na determinação das prioridades e modalidades da assistência.[2] A assistência internacional para a reforma jurídica, como toda assistência internacional para o desenvolvimento, deve ser definida por aqueles que serão afetados mais diretamente. Parece, entretanto, que a assistência ao desenvolvimento, e em particular a assistência à reforma jurídica, sempre ignora esse princípio fundamental. A "reforma" judicial, como o Judiciário e a própria legislação, não é neutra. Ela procura promover dados interesses.[3] Os interesses do país doador podem ser diferentes dos do país receptor. Em muitos casos hoje na América Latina, como notou Jorge Correa Sutil,[4] o doador pode encarar a reforma jurídica como necessária para facilitar a transição para uma economia de livre mercado que abrirá oportunidades para o doador.[5] A assistência internacional para o desenvolvimento deve também aumentar, mais do que impedir, a realização dos direitos humanos.[6] A Conferência Mundial dos Direitos Humanos da ONU de 1993 pediu que "instituições de financiamento e desenvolvimento internacional e regional avaliassem [...] o impacto [das] políticas e programas sobre a realização dos direitos humanos".[7]

O caso da assistência norte-americana aos esforços do Haiti para executar sua reforma ilustra os resultados desastrosos quando a prioridade democraticamente determinada do país receptor — uma prioridade exigida pelos padrões internacionais de direitos humanos — choca-se com os interesses políticos do país doador que vai contra esses padrões.

Na história do Haiti, os governos repressivos e seus prepostos conseguiram literalmente matar impunemente. A lei tem sido usada para reafirmar e reforçar a dominação de uma pequena elite sobre a grande massa de camponeses e operários pobres, e quase nunca funcionou para punir nem os piores massacres. Mesmo quando os líderes ditatoriais eram depostos, era permitido que deixassem o país em segurança e se juntassem a suas contas bancárias. Como resultado, os pobres no Haiti têm, com razão, pouca fé no Estado haitiano em geral e no sistema legal em particular.[8]

O último e talvez mais trágico episódio desse ciclo ininterrupto de repressão e impunidade começou com o golpe de Estado de 1991 contra o presidente Jean-Bertrand Aristide, um líder popular que conseguiu se eleger com o apoio dos não-privilegiados e uma plataforma que reivindicava mudança social. O golpe deu lugar a um reinado do terror de três anos, durante os quais 3 a 5 mil pessoas foram executadas pelos militares e seus aliados paramilitares. Outras milhares mais de pessoas foram presas arbitrariamente, torturadas, estupradas, espancadas, enquanto um número ainda maior enfrentava ameaças e extorsão. As organizações populares e os ativistas locais foram particularmente perseguidos. Centenas de milhares de haitianos fugiram do terror procurando se exilar no exterior ou se escondendo no país.

Com o retorno do presidente Aristide, os haitianos acreditaram na possibilidade de que seus torturadores pudessem ser levados à justiça. O governo eleito colocou a justiça para as vítimas do golpe como uma de suas principais prioridades[9] e as organizações populares fizeram dela uma de suas principais reivindicações.[10] O dever do Haiti, sob os padrões internacionais dos direitos humanos, também requer que essas graves violações sejam julgadas, permitindo que as vítimas sejam recompensadas.[11]

Enquanto décadas de regime autoritário — consistentemente apoiado pelos Estados Unidos[12] — deixou o sistema legal haitiano fraco, na melhor das hipóteses, e predatório, na pior, o presidente Aristide reconheceu que se os tribunais pudessem julgar as vítimas da repressão mais recente, uma parte da confiança popular no sistema seria restaurada. Ele também achava que o julgamento e a compensação para as vítimas poderia ajudar a fortalecer os pobres, pelo reconhecimento oficial da importância de seu sofrimento. De fato, ele declarou que das várias razões pelas quais o Haiti necessitava de um "Judiciário independente que funcionasse" a "mais importante" era "para julgar aqueles que cometeram crimes contra o povo do Haiti".[13]

Porém, dois anos depois da restauração da democracia, apenas um punhado de criminosos do mais baixo escalão foi condenado ou sentenciado.[14] A impunidade tem sido quase total e, quando as pessoas vêem seus torturadores armados e circulando livremente, a confiança dos haitianos em seu sistema de justiça fica menor do que nunca, e a possibilidade de reforma significativa se evapora.

Há muitas razões para esse fracasso. O sistema jurídico e processual permanece extremamente fraco. A sede popular de justiça não se reflete nos profissionais do Judiciário ou da justiça legal, que vêm, a maior parte, do estrato mais elevado da sociedade haitiana — um sinal por si só significativo para mostrar como os pobres permanecem sem poder no Haiti formalmente democrático. O desarmamento dos antigos soldados e agentes paramilitares — em grande parte em decorrência da falta de ação deliberada dos EUA — liderada pela Força Multinacional e pela Missão de Paz da ONU[15] — e o medo desses elementos *macoute* ainda paira na cidade e no campo,[16] inibindo as pessoas de continuarem em frente denunciando seus repressores. Mesmo quando seus preconceitos de classe não interferem em seus julgamentos, os juízes treinados inadequadamente, mal pagos e totalmente desprotegidos têm muito pouco incentivo para ordenar a prisão desses criminosos armados. Sem prender os assassinos que estão nas ruas, naturalmente atingir aqueles que deram as ordens é quase impossível. A polícia é inteiramente nova e inexperiente, em particular com relação aos métodos de investigação. O próprio governo do Haiti tem sido inconsistente em seus esforços de investigação e acusação,[17] enquanto uma Comissão da Verdade — cujo relatório nunca foi lançado — desvia a atenção e os recursos das acusações.[18] O fracasso em prender os criminosos conhecidos cria um círculo vicioso pois as pessoas que poderiam de outra forma ter coragem, vêm pouca vantagem em continuar em frente. Elas, assim, se resignam à continuar com o modelo histórico de impunidade e dominação.

Ao mesmo tempo, a maior responsabilidade fica com os Estados Unidos e, num grau menor, com os atores internacionais. Os Estados Unidos, cujos desejos sempre foram comandar o Haiti, obstruíram ativamente o processo da justiça, enquanto as Nações Unidas e os outros doadores se negaram a ajudar de maneira significativa.

## A Obstrução da Justiça pelos EUA

As administrações Bush e Clinton consistentemente, mas sem sucesso, pressionaram o presidente Aristide, no exílio, a conceder uma anistia para os assassinatos e torturas praticados pelos líderes do golpe, muitos dos quais apareciam nas listas de pagamento das agências de inteligência americanas — como parte de um acordo que permitisse seu retorno.[19] Tal anistia teria violado a obrigação do Haiti de julgar os culpados por graves abusos aos direitos humanos.[20] A administração Clinton chegou a apresentar ao ministro da Justiça do Haiti um projeto de lei de anistia que cobria os abusos graves contra os direitos humanos.[21] Quando as tropas americanas estavam prontas para entrar no Haiti, o antigo presidente Jimmy Carter, com o apoio da administração, até mesmo prometeu aos líderes militares do Haiti uma anistia geral, que, felizmente, os EUA não puderam implementar unilateralmente. Tendo fracassado na tentativa de conseguir uma anistia *de jure*, entretanto, as ações dos EUA desde a restauração da democracia têm contribuído para uma impunidade *de facto*.

As tropas americanas entraram no Haiti em setembro de 1994 e simplesmente permitiram que a maioria dos criminosos mais importantes partisse. Muitos oficiais paramilitares da Frente para o Avanço e Progresso do Haiti (FRAPH), assim como os *attachés* do Exército e da polícia que tinham sido presos pelas autoridades haitianas ou pelas tropas norte-americanas de baixa patente, foram libertados após a intervenção dos oficiais norte-americanos de patentes mais altas.[22]

Em outubro de 1994, logo depois da aterrissagem no Haiti, as tropas dos EUA entraram nos quartéis central e regional da FRAPH e das Forças Armadas. Eles encontraram "fotografias troféus" que mostravam os membros da FRAPH com as pessoas que eles mataram ou torturaram[23] e cerca de 160 mil páginas de documentos. Esse material incluía documentos revelando as finanças, os membros e as atividades criminosas dos militares e da FRAPH. Considera-se que por meio dele se poderia, também, identificar depósitos secretos de armas ainda escondidas em todo o território haitiano. Sem notificar o governo do Haiti, os EUA confiscaram esse material e o embarcaram para o Pentágono. As autoridades haitianas levaram mais de dois anos tentando recuperar essas informações.

Em dezembro de 1995, depois que os jornais americanos noticiaram o roubo, o embaixador dos EUA no Haiti ofereceu-se para devolver o material para os oficiais da Justiça, mas somente se o Haiti concordasse em mantê-los em segredo e somente se os EUA pudessem "apagar ou retirar nomes e outras informações que identificavam individualmente cidadãos dos EUA",[24] acobertando, desse modo, o papel dos EUA no terror e protegendo muitos das duas nacionalidades. Como explicou um porta voz do Departamento do Estado:

> Nós queríamos refazer, para tirar alguns daqueles documentos e referências que achávamos que poderiam ser prejudiciais para os indivíduos, e mesmo, talvez, para uma parte dos interesses e preocupações americanas. Foi nessa base que oferecemos os documentos ao governo do Haiti.[25]

O então presidente Aristide, apoiado em um estudo do Congresso dos EUA,[26] insistiu no direito do Haiti de recuperar o material roubado "na forma como ele foi retirado". O governo haitiano ponderou que a prova confiscada era necessária para determinar a responsabilidade e construir as investigações de maneira apropriada contra os antigos oficiais militares e paramilitares por abusos graves aos direitos humanos cometidos durante o governo *de facto*. Os detalhes sobre os esconderijos secretos das armas também poderiam ser usados pelo governo haitiano para desarmar os facínoras que ainda aterrorizam o Haiti.

Os EUA também obstruíram a justiça haitiana ativamente, protegendo os líderes criminosos, como mostram as ações a favor do presidente da FRAPH Emmanuel Constant. Descrito pelo *The New York Times* como o "homem mais procurado" do país pelo seu papel durante a repressão,[27] Constant admitiu receber pagamentos regulares e encorajamento da CIA durante o período em que construiu sua rede de terror.[28] Constant é procurado em seu país para enfrentar as acusações de assassinato, tortura e provocação de incêndio, e o Haiti pediu sua extradição. Em um caso que investiguei, Constant supostamente liderou seus homens para incendiar uma favela da cidade que era favorável a Aristide, queimando 1.053 casas e matando mais de 30 pessoas.

Depois do retorno de Aristide, Constant foi chamado para depor no tribunal para um interrogatório sobre seu envolvimento nos crimes da FRAPH, mas fugiu do país. Entrou nos Estados Unidos como resultado de um alegado lapso burocrático mas, depois que se chamou a atenção pública sobre sua presença nos EUA, ele foi preso em Nova York em março de 1995 e seu visto foi revogado. O secretário de Estado dos EUA Warren Christopher, chamando a FRAPH de "uma organização paramilitar ilegítima cujos membros foram responsáveis por numerosas violações dos direitos humanos no Haiti," pediu ao Departamento de Justiça sua deportação imediata para o Haiti, declarando que

> [...] [p]ermitir que o sr. Constant permanecesse solto nos Estados Unidos [...] iria parecer uma afronta ao governo haitiano, e iria lançar dúvidas sobre a seriedade de nossa decisão de combater as violações dos direitos humanos.[29]

Entretanto, Constant não foi deportado. Ao contrário, foi detido na prisão do INS até junho de 1995 quando foi solto nas ruas de Nova York. Embora o Departamento de Estado tenha descrito a decisão de libertá-lo como um simples "retardamento" na deportação de Constant, a fim de permitir que o sistema jurídico do Haiti estivesse mais bem preparado, um acordo secreto entre o governo dos EUA e Constant — revelado pelo jornal *Baltimore Sun* — bem entendido, permite ao líder do esquadrão da morte se "auto-exilar" a qualquer hora para um terceiro país de sua escolha, permitindo, efetivamente, que ele escape da Justiça no Haiti.[30] A libertação de Constant também parece violar o compromisso dos Estados Unidos assumido na Convenção de Tortura da ONU de extraditar ou levar a julgamento os suspeitos de serem torturadores.

De acordo com o Departamento de Estado, o "retorno de [Constant] neste momento colocaria uma sobrecarga indevida sobre o sistema penal e jurídico do Haiti".[31] Assim mesmo, as autoridades do Haiti decidiram de forma diferente, preenchendo um pedido de extradição para seu retorno. No Haiti, sua libertação causou protestos dos grupos de direitos humanos e representantes das vítimas da repressão.

# O Papel das Nações Unidas na Luta contra a Impunidade

Embora o governo do Haiti tenha colocado a luta contra a impunidade como uma de suas prioridades programáticas mais importantes, não encontrou nenhum doador estrangeiro para ajudar nesse esforço. Junto com o ministro da Justiça, encontrei-me com representantes da União Européia e o Centro de Direitos Humanos da ONU em Genebra para discutir uma proposta de criar uma Secretaria Especial de Promotoria para centralizar as acusações nas mãos de profissionais bem treinados e bem protegidos que pudessem devotar tempo integral a essa tarefa. Entretanto, ambos decidiram de outra forma.

A Missão Civil Nações Unidas/OEA no Haiti (MICIVIH) teve um papel excepcional gravando e chamando atenção para os abusos durante o governo *de facto*. Entretanto, foi particularmente decepcionante que o MICIVIH tenha decidido que ajudar o governo do Haiti a processar os crimes de direitos humanos estava fora de seu amplo mandato para "ajudar o sistema judiciário a reforçar os meios legais garantindo o exercício dos direitos humanos e o respeito aos processos legais". Muitos, tanto na missão como no governo, ressaltaram que o julgamento dos crimes de direitos humanos era o dever dos direitos humanos do Haiti.[32] Mesmo assim, o MICIVIH recusou um pedido direto do presidente Aristide em outubro de 1994 para designar pessoal para trabalhar com o Ministério da Justiça nos processos dos crimes de direitos humanos e somente apresentou com parcimônia as informações sobre tais crimes durante os anos do golpe.[33] O pessoal idealista do MICIVIH descontente com a proibição da coordenação que interditava a ajuda para as vítimas buscou reparações legais. Um funcionário regional reclamou de

[...] uma prática do pessoal do MICIVIH (da coordenação) de desencorajar ou aconselhar os observadores que seguiam casos importantes de direitos humanos a evitar virtualmente qualquer forma de aconselhamento, assistência ou, em pelo menos dois casos, até mesmo a simples observação.[34]

# A Assistência da Usaid para a Reforma da Justiça

Ironicamente, exatamente ao mesmo tempo que os EUA bloqueavam a justiça para as vítimas do golpe — o portão de entrada para a reforma que o governo do Haiti tinha escolhido para ser a prioridade número um no campo da justiça — a Agência dos EUA para o Desenvolvimento Internacional (Usaid) empreendia um generoso auxílio (embora com freqüência mal orientada) a outros aspectos da "reforma jurídica", destinando $18 milhões em seis anos, a maior parte por intermédio de sua contratada Checchi & Co., baseada em Washington D.C.[35] Treinamento de emergência foi proporcionado para aproximadamente 400 juízes e promotores. Em fevereiro de 1995, um programa de Mentores Jurídicos forneceu cópias das legislações para os juízes e realizou um inventário de todos os tribunais, prisões e mercadorias em falta. Em julho de 1995, a Escola Nacional de Magistrados foi aberta, cumprindo um mandato da Constituição de 1987, e começou a treinar juízes de paz, promotores, investigadores de justiça e juízes de tribunais. O Departamento de Justiça dos EUA, o Ministério da Justiça, o Centro Nacional dos Tribunais do Estado e os membros da Faculdade de Direito do Haiti trabalharam juntos para desenvolver um currículo de treinamento jurídico. Desde a abertura da escola, o treinamento consistiu de três programas quinzenais com 40 funcionários do Judiciário por classe.[36]

Com o apoio da Usaid foi criada uma Secretaria de Supervisão Jurídica dentro do Ministério da Justiça para assessorar a atuação de juízes e promotores no país todo. Além disso, os prédios dos tribunais foram renovados em duas localidades para servirem de modelos para outras renovações, e outros 18 prédios de tribunais foram reabilitados por iniciativa da comunidade. Os esforços para melhorar as faculdades de direito no Haiti continuam, uma biblioteca pública de direito foi criada e a Escola de Magistratura foi fortalecida.[37] A Usaid também está fundando ONGs locais para oferecer assistência jurídica aos acusados indigentes. De janeiro a maio de 1996, 1.507 casos foram recebidos pelas diferentes ONGs.[38]

Esses programas, embora generosos, foram duramente criticados pelos grupos de direitos humanos tanto do Haiti como dos EUA, principalmente porque foram projetados com muito pouca participação dos atores sociais.[39] Por mais de um ano, a Usaid e a Checchi não tiveram virtualmente nenhum contato com os grupos de direitos humanos do Haiti[40] ou com a (pequena) parte da advocacia privada que colabora com as ONGs de direitos humanos.[41] Em outubro de 1995, o *Human Rights Watch* relatava:

> [Um] grupo de advogados haitianos e professores de direito organizou um simpósio de três dias sobre a reforma legal no começo de junho. As discussões foram animadas, provocativas e esclarecedoras. Um dos organizadores lamentou, entretanto, que embora tenham recebido três convites, ninguém, nem da AID nem da embaixada dos EUA, compareceu à conferência. Quando indagados sobre o que pensavam do projeto de reforma judicial da AID, vários advogados haitianos importantes responderam que não conheciam nada sobre ele, portanto, não podiam comentá-lo. Um antigo funcionário do Ministério da Justiça do Haiti disse o mesmo.[42]

Pouco foi feito para que se utilizasse o conhecimento do MICIVIH no desenvolvimento do Programa. Funcionários do governo haitiano também reclamaram que eram os EUA e não o Haiti que estavam determinando que espécies de reformas eram fundamentais.

Essas críticas — que a Usaid mais tarde realizou esforços importantes para tratar — são leves, entretanto, quando comparadas às obstruções abertas dos EUA ao processo de estabelecimento de culpa dos crimes da época do golpe, uma obstrução que está destruindo todo o esforço de reforma. Enquanto os haitianos continuarem a ver que seus torturadores perambulam pelo país impunemente, e que o sistema jurídico não pode ou não quer tocar neles, continuarão a considerar o sistema aleatório, um instrumento da elite dominante.

## O Caso Malary

O efeito da obstrução dos EUA foi ilustrada dramaticamente pela seqüência de acontecimentos que levaram à absolvição, em julho de 1996, de dois pistoleiros acusados do assassinato em 1993 do antigo ministro da Justiça Guy Malary.[43] O famoso chefe de Polícia de Port-au-Prince Michel François acusado de ter ordenado a morte de Malary (e tido pelo canal de televisão NBC como um dos que constavam na lista de pagamento dos EUA), foi um dos que as forças dos EUA permitiram que fugisse em 1994 para a República Dominicana. Lá, num movimento bizarro e inexplicável, ele foi preso em 1996 e mandado não para o Haiti onde já havia sido condenado à revelia por um outro assassinato político, mas para Honduras. Foi também permitida a fuga do general-brigadeiro Philippe Biamby, o chefe de pessoal do Exército haitiano, também acusado de envolvimento com o assassinato. Um de seus sócios, o antigo membro da Agência de Repressão às Drogas Marcel Morissaint, foi preso no Haiti, entretanto, e condenado pela morte de Malary. Morissaint estava cooperando com meu grupo de investigadores sobre o caso Malary e tinha aceitado continuar fazendo isso em relação a outros casos menos importantes nos quais ele também estava implicado. Em setembro de 1995, entretanto, ele foi misteriosamente retirado da prisão. O ministro da Justiça do Haiti alegou que Morissaint tinha fugido com a proteção dos EUA,[44] um serviço que os funcionários americanos negaram. Os promotores haitianos também não sabiam que os EUA estavam retendo um relatório da CIA declarando que Constant e Biamby "coordenaram o assassinato do ministro da Justiça Guy Malary".[45] Com os líderes e os informantes pagos pelos EUA e com os EUA ainda bloqueando o acesso às informações sobre o Exército e a polícia, e ao mesmo tempo omitindo outras informações, o caso contra os dois pistoleiros acusados de atirar ficou dependendo do testemunho ocular. Em razão do medo generalizado que ainda persiste no Haiti por causa do fracasso em desarmar os esquadrões do terror, apenas dois pedintes da rua reconheceram ter visto o assassinato em plena luz do dia. Seus depoimentos foram rejeitados por um júri de classe alta,[46] entretanto, e os dois acusados foram absolvidos.[47]

## Conclusão

As prioridades da assistência externa para a reforma judicial deveriam ser democraticamente determinadas pelo país que recebe a ajuda, deveriam estar de acordo com as normas internacionais de direitos humanos e deveriam ser implementadas consultando os grupos mais afetados. No caso do Haiti, o governo haitiano eleito democraticamente determinou, em conformidade com os padrões internacionais de direitos humanos, que sua primeira prioridade judicial — um passo necessário para restaurar a confiança popular no sistema judicial e pavimentar o caminho para uma reforma jurídica mais duradoura — era estabelecer a responsabilidade e a justiça para os crimes da época do golpe. Os Estados Unidos, principais doadores para o sistema de justiça haitiano, se opuseram ao estabelecimento da justiça e da responsabilidade e atrapalharam ativamente a busca por esses objetivos.

## Notas

Este capítulo é baseado nas experiências do autor nos anos de 1995 e 1996 como parte de um grupo de advogados internacionais convocados pelo presidente Aristide para prestar assistência jurídica na tentativa de condenação dos responsáveis pelos crimes cometidos durante o regime golpista. Os pontos de vista expressos são do próprio autor.

1. Presidente Jean-Bertrand Aristide, *The Role of the Judiciary in the Transition to Democracy, in* Transition To Democracy in Latin America: The Role of the Judiciary, Irwin P. Stotsky ed., Boulder: Westview Press, 1993.

2. *Ver,* por exemplo, Organization for Economic Co-operation and Development (OECD), Participatory Development and Good Government, Paris: OECD, 1995, Desenvolvimento participativo — definido como um "processo pelo qual as pessoas desempenham um papel ativo e influente para decidir aquilo que afeta suas vidas" — "é uma preocupação central sobre o destino e utilização da assistência ao desenvolvimento". Os "próprios países em desenvolvimento são responsáveis, em última instância, por seus próprios desenvolvimentos". *Ver também* Interaction, *InterAction Standards for Private Voluntary Organizations* (Washington, D.C.) "7.1.2 Os participantes de todos os grupos afetados devem, ser responsáveis, o máximo possível, pelo destino, implementação e avaliação de projetos e programas"; disponível em http://wwwInteractionorg/ia/mb/pvo/standards.html. Infelizmente, este princípio é freqüentemente ignorado. *Ver* Graham Hancock, Lords of Poverty: The Power, Prestige, and Corruption of the International Aid Business, Nova York: Atlantic Monthly Press, 1989.

3. Nos anos 1980, por exemplo, o ímpeto de assistência política dos Estados Unidos na América Latina era para ajudar a "resistir à expansão da esquerda promovendo as transições dos governos militares de direita para governos moderados de civis eleitos". Tom H. Carothers, *In the Name of Democracy: U.S. Policy Toward Latin America* 223, Berkeley: Univ. of California Press, 1991.

4. Ver em geral o capítulo neste volume de Jorge Correa Sutil.

5.Como um funcionário do Banco Mundial responsável por desenvolver e avaliar os programas de reforma jurídica na América Latina declarou: "O reconhecimento da necessidade de uma reforma jurídica está crescendo porque aumenta o reconhecimento de que a reforma política e econômica é corolário-chave para a reforma *econômica*. Um *mercado livre e robusto* só pode vingar num sistema político em que as liberdades individuais e o direito de propriedade são respeitados de comum acordo e em que a compensação por violações a esses direitos possam ser apresentadas em tribunias justos e igualitários". Maria Dakolia, *A Strategy for Judicial Reform: The Experience of Latin America*, V.A. J. INT'LL. 167-68, 1995, [ênfase acrescentada]. De fato, o Banco Mundial só ajuda nos esforços para reformas que visem ao "desenvolvimento de uma estrutura legal apropriada a uma economia de mercado" e não ajudará projetos que apenas retificam a reforma da lei criminal. Comitê de Advogados de Direitos Humanos e o Programa Venezuelano de Direitos Humanos e Educação, *Halfway to Reform: The World Bank and the Venezuelan Justice System* 25, Nova York: Lawyers Committee for Human Rights, 1996.

6. *Ver InterAction Standards for Private Voluntary Organizations, supra* nota 2, 7.1.4: "Em suas atividades programadas, os membros devem respeitar e garantir os direitos humanos, tanto socioeconômicos como político-civis".

7. *Vienna Declaration and Program of Action*, 25 de junho de 1993, na parte 2, art. 2.

8. Ver especialmente Lawyers Committee for Human Rights, *Paper Laws, Steel Bayonets: Breakdown of the Rule of Law in Haiti*, Nova York: Lawyers Committee for Human Rights, 1990.

9. Ver nota 1, *supra*.

10. Ver, p. ex., Larry Rohter, *As Haiti's People Call for Justice, Its Penal System Is Slow to Reform, New York Times*, 29 de janeiro de 1995, "Três meses depois de o presidente Jean-Bertrand Aristide ter retornado ao poder prometendo justiça e reconciliação, os haitianos estão exigindo que o seu governo comece a julgar os soldados, os oficiais de polícia e os paramilitares armados que mataram, roubaram e executaram pilhagem durante três anos na ditadura militar".

11. De acordo com a Comissão Interamericana de Direitos Humanos, "[...] o Estado tem um dever legal [...] de tomar medidas razoáveis para [...] usar os meios à sua disposição para realizar uma investigação séria das violações cometidas dentro de sua jurisdição, de identificar os responsáveis, de impor a punição adequada e de assegurar para a vítima compensação adequa-

da". *Velasquez Rodriguez*, IAHCR, julgamento de 29 de julho de 1988, Séries C N/4, § 174.

12. Como notou um grupo da liderança dos direitos humanos: "A política norte-americana em relação ao Haiti nos últimos 80 anos dificilmente mostrou alguma preocupação com o Estado de Direito e essa marca restringe a natureza do envolvimento norte-americano nos esforços pela reforma". *Paper Laws*, STEEL *Bayonets, supra* nota 8, 214.

13. Aristide, *supra* nota 1. Como Jaime Malamud-Goti disse, referindo-se à Argentina: "Nosso senso de dignidade, de vergonha e de culpa exige um 'reparo político'. Somente a admissão pública pelas instituições políticas de que nós estávamos errados nos legitimará aos nossos próprios olhos". Jaime Malamud-Goti, *Human Rights Abuses in Fledgling Democracies, in* Transition To Democracy in Latin America: The Role of the Judiciary 225, 231, Irwin P. Stotsky ed., Boulder: Westview Press, 1993.

14. Em agosto de 1995, o *attaché* militar Gérard Gustave, codnome "Zimbabwe", foi condenado no assassinato do empresário prominente e partidário de Aristide, Antoine Izmery, enquanto numerosos outros, incluindo o chefe de polícia Michel Frantois, foram condenados à revelia. Várias dezenas de agentes militares e paramilitares estão atualmente presos e alguns julgamentos estão em andamento. Em maio de 1996, por exemplo, um tribunal de Mirebalais condenou dois ex-cabos e um *attaché* pela prisão ilegal e tortura de um líder de uma organização popular. Em julho de 1996, um tribunal perto de Hinche condenou um antigo soldado e um chefe assistente de seção no assassinato de um outro líder camponês. O antigo capitão Castera Cenaflis, comandante da zona Gonaives, está preso esperando julgamento por seu papel no massacre de abril de 1994 na favela de Raboteau em Gonaives. Acusações de assassinato, tortura e incêndio premeditado também foram feitas contra o líder do FRAPH Emmanuel Constant, cuja extradição está sendo solicitada aos Estados Unidos (ver abaixo).

15. "[A] cautela impede os soldados de executarem as tarefas de desarmar e prender membros do grupo haitiano militar e paramilitar conhecido como Fraph." Editorial: *Danger Signs in Haiti, New York Times*, 9 de setembro de 1996.

16. Laurie Richardson, *Disarmament Derailed*, NACLA Report on the Americas (maio/junho 1996), 1l.

17. O governo haitiano tem sido atrapalhado pela falta de continuidade nos esforços da justiça. Entre o início de 1995 e o início de 1996, o país teve não menos que quatro ministros da Justiça. O presidente Aristide criou

os "balcões de queixas" (*bureaux de doleances*) e depois um *Bureau d'Assistance Legale* nacional para assistir as vítimas nos preenchimentos das queixas. Cerca de 300 casos de abuso foram apresentados por esses mecanismos, que nunca receberam nem fundos nem publicidade adequados, entretanto, e eventualmente acabaram sem produzir resultados concretos. No verão de 1995, o presidente Aristide criou o *Bureau des Avocats Internationaux,* um grupo internacional de advogados e investigadores do qual o autor fazia parte, para trabalhar com as autoridades haitianas na investigação de crimes contra os direitos humanos. O Bureau ajudou a fundar, em outubro de 1995, uma nova Brigada Criminal da Polícia Haitiana para investigar 77 crimes contra os direitos humanos. Além de sua falta de experiência (como toda a polícia haitiana) a Brigada tem tido seu trabalho dificultado pela falta de orientação e apoio e pela inabilidade de desenvolver um relacionamento consistente com o Judiciário e os promotores. A despeito de tentativas da Comissão da Verdade, do *Bureau,* do MICIVIH, e de outros órgãos, o governo nunca implementou a idéia de criar uma Secretaria Especial de Promotoria para centralizar as acusações de direitos humanos.

18. Em dezembro de 1994, o presidente Aristide criou a Comissão Nacional da Verdade e da Justiça (CNVJ) com três haitianos e três comissários internacionais. O relatório da CNVJ, concluído em fevereiro de 1996, mas ainda secreto, exceto para suas recomendações, inclui cerca de 600 páginas de texto e 600 páginas de dados, levou dez meses para ser preparado e envolveu o testemunho de quase 5.450 pessoas em toda a nação. Identificou cerca de 8.600 vítimas e quase 20 mil violações cometidas durante a época do golpe. As recomendações incluem propostas detalhadas para mudanças urgentes a ser executadas no Judiciário, do sistema processual, da força policial e do código legal do Haiti. Elas exigiam a acusação imediata, por uma Secretaria Especial de Promotoria, daqueles listados em um anexo.

A maior parte da informação recolhida pela CNVJ foi tomada dos depoimentos de vítimas; entretanto, eram, portanto, bastante conhecidas do público. A Comissão não teve acesso, por negativa dos EUA, ao Exército do Haiti, à polícia e aos arquivos paramilitares (ver a seguir), um fato que ela denunciou. E ainda mais importante, a CNVJ usou recursos que poderiam ter sido destinados para os processos e registrou as queixas de milhares de haitianos que, se não fosse isso, poderiam ter procurado o sistema de justiça.

19. De acordo com o Human Rights Watch, "[...] Aristide ficou sob pressão consistente do Caputo enviado especial da ONU e do Bem. Lawrence Pezzullo, enviado especial do presidente Clinton, para fazer concessões sobre

a responsabilidade do exército haitiano por seus crimes". Inclusive as reivindicações do general Cedtras para a imunidade de seu alto comando. *Human Rights Watch World Report 1994* 108, Nova York: Human Rights Watch, 1994). Depois, "[d]urante a primeira metade de 1994, os oficiais dos EUA promoveram ativamente uma anistia branca para as violações dos direitos humanos praticados desde o golpe". *Human Rights Watch Report* 1995 101, Nova York: Human Rights Watch, 1995.

20. Em duas importantes decisões, envolvendo a Argentina e o Uruguai, a Comissão de Direitos Humanos decidiu que as anistias por abusos graves contra os direitos humanos violavam a Convenção Americana sobre Direitos Humanos, em particular o dever do Estado de assegurar e proteger os direitos humanos, e direito das vítimas de buscar justiça. O Relatório Anual da Comissão Interamericana sobre Direitos Humanos 1992-1993. AS Doc. Ser. L/V/II/83 doc. 14, corr. 1. Relatório 28/29 (Argentina), 41 e Relatório 29/92 (Uruguai), 154. Ver também Diane Orentlicher, *Settling Accounts: The Duty to Prosecute Human Rights Violations of a Prior Regime,* 100 Yale L. J. 2537 (1991); Jaime Malamud-Goti, *Transitional Governments en the Breach: Why Punish Criminals?,* 12 (1) *Hum. RTS.* Q. 12 (1990); Robert E. Norris, *Leyes de Impunidad y los Derechos Humanos en las Américas: una respuesta legal,* 15 *Revista IIDH* 47, Instituto Interamericano de derechos Humanos, 1991.

21. Human Rights Watch/Americas and National Coalition for Haitian Refugees, *Terror Prevails In Haiti: Human Rights Violations and Failed Democracy* 35, Nova York: Human Rights Watch, 1994.

22. *Ver* Allan Nairn, *Haiti Under the Gun, The Nation,* 8-15 de janeiro de 1996, em 11; Editorial: *Danger Signs in Haiti, New York Times,* 9 de setembro de 1996, "Desde a intervenção, as tropas americanas permitiram que alguns homens procurados por crimes brutais escapassem da justiça haitiana, e mesmo libertassem vários dos que já estavam presos".

23. Larry Rohter, *Haiti Accuses US of Holding Data Recovered by G.I.'s, New York Times,* 28 de novembro de 1995, 1.

24. Memorandum of Understanding Concerning the Return of Haitian Documents and Other Materials (s/d), para. 7.

25. U.S. Department of State Daily Press Briefing, 24 de junho 1996.

26. Memorandum of Harry Gourevitch, American Law Division, Congressional Rechearch Service, Livraria do Congresso, 12 de dezembro de 1995, segundo a Legislação Internacional, os militares americanos não tinham autorização de seqüestrar os documentos.

27. Larry Rohter, *A Haitian Set for Deportation Is Instead Set Free by the US, New York Times*, 22 de junho de 1996, 5.

28. *Ver* Allan Nairn, *Behind Haiti's Paramilitaries*, The Nation, 24 de out., 1994. Os EUA aparentemente usaram a FRAPH como um modo de pressionar Aristide a fazer concessões aos militares. De acordo com Lawrence Pezzullo, antigo Enviado Especial dos EUA no Haiti, a FRAPH era "o contraponto para o Lavalas (movimento político de Aristide)". Id. Colonel Pattrick Collins, antigo colaborador de Constant na Defense Intelligence Agency, "congratulava Constant por contrabalançar o 'extremismo' de Aristide." Allan Nairn, *He's Our S.O.B.*, The Nation, 31 de outubro de 1994.

29. Carta do secretário de Estado Warren Christopher para o advogado Geral Janet Reno, 29 de março de 1995.

30. Myers, *Haitian's Deal with Us could let him avoid trial en atrocities, The Baltimore Sun*, 27 de julho de 1996.

31. Rohter, *A Haitian Set for Deportation Is Instead Set Free by the US, supra* nota 27.

32. Ver nota 1, *supra*.

33. Muitos haitianos que apresentaram queixas ao MICIVIH (e à Comissão de Verdade) acreditavam, incorretamente, que tais queixas dariam lugar à possibilidade de processo ou compensação econômica. Em 1995, o governo do Haiti encorajou o MICIVIH a fazer um esforço sistemático para recontatar os queixosos para verificar se eles tinham ido em frente com suas queixas a fim de conseguir compensações legais e se eles consentiriam em ter suas queixas transferidas para as autoridades haitianas. O MICIVIH eventualmente entregou para a polícia haitiana sumários de dossiê de vários crimes de prioridade máxima.

34. Em um memorando interno, o funcionário regional citou vários casos. Um, em particular, destaca-se:

No caso da morte do partidário de Aristide ["X"] — um caso levado ao sistema judicial pela organização popular [ONG "Y"] — o observador perguntou se, com o consentimento da família da vítima, o MICIVIH poderia liberar informação probatória em seus dossiês para as autoridades judiciais haitianas. A resposta dos [MICIVIH dos quartéis] estava repleta de desculpas tais como "nós não somos capazes de fornecer apoio técnico", "nós não podemos atuar como conselheiros legais" e "nós não podemos nos oferecer para dar evidência". Os parentes até assinaram uma liberação esboçada informalmente, segundo um modelo de uma da Comissão de Verdade. O [MICIVIH dos quartéis] considerou-a inaceitável mas, entretanto, não forneceu nenhuma forma feita pelo seu pessoal. Em uma recente audiência sobre esse assunto, um antigo FADH citado no *plainte* se exonerou alegando que ele era amigo de ["X"] e que tinha tentado ajudá-lo. O observador teve de ficar sentado calado, sabendo que seus próprios dossiês continham declarações feitas por ["X"] ao MICIVIH antes de sua morte onde ele citava aquele mesmo soldado como um dos que estavam atrás dele e tinha declarado que, porque ele era "lavalas", ele "não tinha direito de viver" e que quando eles se encontrassem novamente, ele estaria "acabado".

Memorandum from Regional Office X to MICIVIH headquarters, Base [Z] Weekly Report, 2-8 oct. 1995, MICIVIH (cópia com autor.)

O antigo soldado absolvido foi colocado a serviço da *caserna* em que um *attaché* que também estava preso por envolvimento no assassinato de X escapou logo depois. No mesmo caso, o *Juge d'Instruction* solicitou permissão para usar a máquina de fax da Secretaria Regional para transmitir garantias importantes de prisão para outra cidade. Segundo a secretaria regional: "Dado o fato de que uma prisão já tinha acontecido no dia anterior e que isso seria com certeza espalhado rapidamente resultando na provável fuga do acusado, o tempo era essencial. Entretanto, Montagne Noire respondeu que tal ajuda não 'estava no mandato' e que conceder seria criar um 'mal precedente'. Nenhuma cláusula do mandato foi citada e não há nenhuma". MICIVIH Memorandum, id.

35. Até o final de 1995, outras contribuições incluíram: da França, FF$.6 milhões em dois anos; do Canadá CDN$ 8.65 em dois anos ; UNDP US$ 467 mil em dois anos; e da União Européia 439 mil ECUS em um ano. *Ver* Ministère de la Justice, *Contribution des Bailleurs de Fonds au Secteur Justice*, Port-au-Prince: Haiti, 1995.

36. Em maio e junho de 1996, cerca de 342 funcionários do Judiciário participaram nas sessões ordinárias, 104 em uma sessão de uma semana sobre as relações entre juízes e a polícia e 30 em uma sessão de uma semana sobre a administração do *parquet*. Projet d'Administration Judiciare maio-junho de 1996.

37. Ver Ministère de la Justice, *supra* nota 35.

38. Projet d'Administration Judiciare, maio-junho 1996. A escolha da Usaid de ONGs credenciadas tem sido questionável, na melhor das hipóteses. Nenhuma é conhecida pela comunidade de direitos humanos ou tem qualquer experiência em fornecer assistência legal. O Memorandum de Robert Weiner, do Comitê dos Advogados para Direitos Humanos, *Observations on Judicial Reform*, 18 de abril de 1996 [que doravante chamaremos de Weiner Memo]. Um grupo em Gonaive, que aparentemente foi criado só quando o dinheiro

da Usaid tornou-se disponível, foi instrumentalizado no seu primeiro mês de trabalho para obter a libertação de dois criminosos da época do golpe porque as acusações contra eles não estavam traduzidas para *O creole* como a Constituição requer, mas raramente acontece na prática.

39. Ver Human Rights Watch/Americas and National Coalition for Haitian Refugees, *Haiti: Human Rights After President Aristide's Return,* outubro de 1995, 21-22; Weiner Memo, *supra* nota 38. Isso também viola um princípio fundamental de assistência ao desenvolvimento. *Ver InterAction Standards for Private Voluntary Organizations, supra* nota 2, 7.1.3: "Um membro deve dar prioridade em trabalhar com ou mediante instituições ou grupos nacionais, encorajando a criação destes onde eles ainda não existam, ou fortalecendo os já existentes".

40. De acordo com a Plataforma das Organizações de Direitos Humanos, que reúne as principais ONGs de direitos humanos do Haiti, até o começo de 1996, nenhum representante da Checchi visitou a Plataforma.

41. Weiner Memo, *supra* nota 38.

42. *Haiti: Human Rights After President Aristide's Return, supra* nota 39, 23.

43. Ironicamente, foi Malary, entre outros, que não aceitou as tentativas dos EUA de criar uma lei de anistia no Haiti — uma anistia que poderia ter acobertado seus assassinos.

44. Allan Nairn, *Our Payroll, Haitian Hit,* The Nation, 9 de outubro de 1995.

45. O documento, *Haiti's Far Right: Taking the Offensive [word blacked out],* datado de 28 de outubro de 1993, foi liberado para o Centro de Direito Constitucional com sede em Nova York em setembro de 1996, como parte de uma ação judicial.

46. O preconceito de classe do sistema judicial penetra também o corpo de jurados. A Junta de Jurados é composta por nomes submetidos aos juízes de Paz. Em um país altamente não-alfabetizado, quase todas as 200 pessoas da Junta para a sessão do tribunal que incluíam o caso Malary eram profissionais, e cerca de 30% eram advogados. Apenas 28 jurados em potencial apareceram para a seleção; entretanto, dos 14 jurados e suplentes escolhidos, pelo menos seis eram advogados e dois estudantes de direito. Um era âncora de televisão durante o golpe.

47. Ver Reed Brody, *Impunity Continues in Haiti,* NACLA Report on the Americas, set./out. 1996, 1.

# 16

## COMENTÁRIOS SOBRE BRODY
## E UMA DISCUSSÃO SOBRE OS ESFORÇOS
## DE REFORMA INTERNACIONAL

LEONARDO FRANCO

As experiências recentes da comunidade internacional apoiando os processos de reforma na América Latina e em outros lugares do mundo subestimaram a importância da reforma judicial como um elemento vital no fortalecimento e na permanência do Estado de Direito. De fato, o avanço da reforma judicial tornou-se inextricavelmente ligado à transição para a democracia e mudança socioeconômica abrangente. Nesse processo delicado e freqüentemente doloroso, o Judiciário é muitas vezes o foco das aspirações ou frustrações dos cidadãos e atua como um barômetro do progresso da reforma da sociedade.

Enquanto os sistemas legais nacionais possam diferir enormemente, os direitos fundamentais do homem e as garantias processuais a eles relacionadas, o próprio processo de lei, tem o *status* de princípios gerais da legislação internacional, normalmente canonizados nas Constituições nacionais e na implementação da legislação principal. A importância de um Judiciário independente, eficiente e acessível em relação com o Estado de Direito é claro, e baseado na noção presumida de que:

[...] dentro de um Estado, os direitos devem ser eles próprios protegidos por lei; e qualquer disputa sobre eles não deve ser resolvida pelo exercício de uma decisão arbitrária, mas deve ser consistentemente capaz de ser submetida a julgamento em um tribunal competente, imparcial e independente, que aplique os procedimentos que assegurarão completa igualdade e justiça para todas as partes, e que determine a questão de acordo com leis claras, específicas e preexistentes, conhecidas e proclamadas abertamente.[1]

Porém, enquanto há um reconhecimento crescente do papel central da reforma judicial no processo de mudança da sociedade, a experiência atual aponta para uma certa falta de coerência, se não fracasso, dos agentes internacionais envolvidos, sejam eles instituições bilaterais ou multilaterais ou grupos do setor privado, a adaptarem os esforços da reforma judicial a sociedades que estão profundamente fraturadas por uma história de conflito, constantes violações dos direitos humanos e tradições enraizadas de governo autoritário e dominação militar, para não mencionar a desigualdade socioeconômica.

O capítulo de Reed Brody ilustra muitas das fraquezas típicas encontradas nos esforços de apoio internacional para as reformas judiciárias, tanto dentro como fora da América Latina. O principal ponto levantado em seu capítulo é que os doadores bilaterais impedem — ou pelo menos não apóiam — a aplicação da justiça aos violadores dos direitos humanos no Haiti enquanto ao mesmo tempo fornecem apoio financeiro e técnico para o programa de reforma jurídica no país.[2]

## Esforços Internacionais nas Reformas Judiciais e no Fortalecimento das Instituições de Direitos Humanos

O capítulo de Brody levanta questões fundamentais sobre precondições, princípios e as melhores práticas no campo da construção de prédios e assistência técnica no apoio da reforma judicial e fortalecimento do Estado de Direito. Preocupações semelhantes podem também surgir do exame de várias iniciativas apoiadas internacionalmente que visam à reforma jurídica, a criação de condições legais e fortalecimento das instituições de direitos humanos. É óbvio que a tarefa de fortalecer as instituições nacionais é fundamentalmente uma responsabilidade nacional. Entretanto, a preocupação internacional de um bom governo e a importância dada ao Estado de Direito e a observância de direitos humanos na transição para a democracia e sua consolidação têm servido como um incentivo para promover o crescimento das ações multinacionais e bilaterais de apoio às iniciativas nacionais.

Seria útil — embora talvez simplista — distinguir três abordagens internacionais envolvendo diferentes motivações gerais, metodologias e passados institucionais e examinar seus respectivos impactos sobre a justiça e o fortalecimento dos direitos humanos, quais sejam os esforços dos Estados Unidos de construção da paz após o término de um conflito, as missões dos EUA no campo dos direitos humanos e as instituições financeiras.

## Construção da Paz Pós-conflito

Mesmo que as experiências pós-Segunda Guerra Mundial na reconstrução européia não sirvam como exemplos aplicáveis ao mundo de hoje, a construção da paz pós-conflito permanece como uma aspiração significativa para a comunidade internacional na sua tentativa de reconstruir países devastados por conflito interno. Como observa um relatório da ONU, "para serem verdadeiramente bem-sucedidas, as operações da ONU de manter a paz são freqüentemente seguidas por esforços para consolidar a paz que são, em geral, chamadas de construção de paz pós-conflito. Tais medidas, destinadas a tratar das causas da origem de um conflito, incluem não somente a promoção do desenvolvimento ou assistência humanitária" mas também, *inter alia*, "a construção ou o fortalecimento do judiciário e outras instituições públicas e promover os direitos humanos".[3] Deve-se reconhecer, entretanto, que por enquanto tais esforços de construção da paz não são mais do que um trabalho ainda em andamento.

De uma perspectiva do Alto Comissariado das Nações Unidas para Refugiados (ACNUR), a construção das condições judiciais e legais em Estados perturbados por conflitos prolongados é vista principalmente como um meio de "reforçar a capacidade dos Estados de cumprir suas obrigações legais internacionais e fortalecer o Estado de Direito e fazer respeitar os direitos humanos naqueles Estados".[4] O ACNUR considera tais medidas essenciais para assegurar uma reintegração tranqüila de refugiados nos países de origem, constituindo desse modo uma fonte de prevenção contra novos deslocamentos e fluxos de refugiados. Esses problemas foram discutidos em um *workshop*, ocorrido em outubro de 1996, organizado conjuntamente pelo Banco Mundial e o ACNUR.[5] O *workshop* enfocou as "melhores práticas" e as "lições aprendidas" em relação à construção de condições em geral, inclusive fortalecimento do Estado de Direito como um componente indispensável e complementário da reabilitação e da estratégia de reconstrução socioeconômica normalmente apoiadas pela comunidade internacional. Na expressão crítica da transição da guerra para a paz, o fortalecimento do

Estado de Direito deveria normalmente envolver o apoio ao estabelecimento das instituições democráticas, restauração e reforma do quadro nacional legal (a Constituição e legislação implementada no que diz respeito ao código civil e criminal) e assegurar o respeito pelos direitos fundamentais do homem, fortalecimento da administração da justiça e acesso, desse modo, à promoção dos mecanismos de resolução de conflito e nível da comunidade, e estabelecer uma força policial civil para restaurar e manter a ordem pública e a segurança.

Entretanto, como foi observado durante esse *workshop*, a construção de condições apoiada internacionalmente é muitas vezes mal-adaptada ou mesmo fraca quando aplicada nas frágeis condições pós-conflito:

Muitas vezes, as abordagens de treinamento e/ou materiais não são apropriadas ou são insensíveis à cultura local e aos contextos lingüísticos. O treinamento por si só não necessariamente constrói as condições. Um bom treinamento pode ser dado para uma causa má ou vice-versa. Normalmente, a aparente falta de condição não tem origem simplesmente em uma ausência só de conhecimento técnico, que pode ser consertado com uma abordagem "rápida" dirigida externamente, mas também de fatores profundamente enraizados políticos e estruturais que só podem ser enfrentados por meio de compromissos nacionais e desejo político na sociedade em questão. Como exemplo, os esforços para construir um Judiciário independente não podem depender unicamente de seminários de treinamento para dar aos juízes mais conhecimento sobre a legislação. As causas primeiras da falta de independência devem ser diagnosticadas e simultaneamente enfrentadas como parte de uma estratégia abrangente do setor.[6]

Apesar de ter aumentado a consciência sobre a importância do fortalecimento do Estado de Direito no contexto da transição guerra–paz, reconciliação nacional e reconstrução da nação, tais atividades não estão sempre presentes nos esforços de reforma apoiados internacionalmente. Ao mesmo tempo que uma clara falta de recursos técnicos e financeiros para essa tarefa possa ser parte do problema, é também verdade que a reforma legal e jurídica, em especial em relação ao sistema de justiça criminal, com freqüência envolve um relacionamento difícil com os governos nacionais e poderosos grupos nacionais com interesses específicos, alguns dos quais podem estar implicados em violações dos direitos humanos. Isso pode complicar as relações entre as agências tradicionais da ONU e os governos. Como resultado, a abordagem até agora tem sido fragmentada tanto por parte das agências bilaterais como das multilaterais.

Mais recentemente, entretanto, parece que a reforma jurídica está saindo da coxia para ocupar o centro do palco. Esse movimento aparece nos progressos recentes de dois aspectos diferentes dos esforços internacionais, isto é, as atividades das missões da ONU no campo dos direitos humanos e as instituições financeiras internacionais (IFIs).

## Missões da ONU no Campo dos Direitos Humanos (a Experiência da Guatemala)

Nos anos recentes, as experiências das missões das Nações Unidas no campo dos direitos humanos têm, cada vez mais, provado que o monitoramento e a verificação dos direitos humanos devem ser complementados por um esforço para fortalecer as instituições jurídicas. Realmente, as recomendações do Instituto Aspen são claras a esse respeito:

As Nações Unidas devem encorajar a construção de instituições, a reforma legal e a educação sobre direitos humanos; tais projetos a longo prazo devem ser considerados elementos importantes das operações no campo de direitos humanos da ONU.

A Missão das Nações Unidas para Supervisionar os Direitos Humanos na Guatemala (Minugua) representa a "segunda geração" de missões de supervisão de direitos humanos e a primeira experiência formal da ONU de combinar a supervisão de direitos humanos com o apoio para a construção de instituição desde seu começo. Na Guatemala, os partidos da negociação de paz, o governo da Guatemala e a Unidad Revolucionaria Nacional Guatemalteca (URNG) pediram às Nações Unidas para supervisionar o respeito aos direitos humanos por ambas as partes, enquanto reconheciam fraqueza inerente do Estado para proteger efetivamente aqueles direitos. O Acordo Abrangente sobre Direitos Humanos, assinado pelas partes em 29 de março de 1994, delegou às Nações Unidas o poder das entidades governamentais e não-governamentais que protegem os direitos humanos mesmo antes da assinatura de um acordo de paz final. A essas responsabilidades foram acrescidos os aspectos de supervisão e construção de instituição do Acordo sobre a Identidade e os Direitos dos Povos Indígenas, assinado pelos partidos em março de 1995. Isso foi um progresso particularmente significativo, dada a exclusão histórica da população indígena maia majoritária no país.

Sob o gerenciamento de seu próprio grupo de especialistas, o Minugua tem, desde novembro de 1994, prestado apoio técnico para várias instituições relacionadas com a proteção dos direitos humanos (i.e., o sistema judicial, a Promotoria Geral, o *ombudsman* de direitos humanos, o sistema penal e a polícia, os dois últimos como "órgãos auxiliares" do sistema de justiça), assim como ao setor não-governamental. No centro da estratégia da Missão de construção de instituição [*institution building*] estava a luta contra a impunidade, um problema endêmico na Guatemala, apontado pelo primeiro relatório da Minugua de março de 1994:

> A impunidade na Guatemala é um fenômeno que vai além da esfera dos direitos humanos e afeta outros aspectos da vida nacional. A Missão está também preocupada com a impunidade gozada pelos criminosos comuns, que cria um sentimento de incapacidade de se defender na sociedade guatemalteca e destrói os valores básicos, tais como segurança pública, o conceito de justiça e igualdade originárias da impunidade a fim de eliminá-las. A Missão, levando em conta a evidência descoberta durante sua supervisão, deseja ressaltar, *inter alia*, o funcionamento defeituoso da administração da justiça.[7]

Os programas de construção de instituição da Missão seguiram uma estratégia dupla de melhorar a administração da justiça, por um lado, e de "promover uma cultura de respeito aos direitos humanos na Guatemala", por outro. Com esse objetivo, uma abordagem abrangente do setor foi elaborada, envolvendo:

- Um "diagnóstico" preliminar do sistema de justiça, realizado antes do início do programa, consultando os setores interessados da sociedade guatemalteca (p. ex., as ONGs de Direitos Humanos) e a comunidade doadora. Isso é especialmente importante, não apenas para mostrar os traços característicos das diferentes instituições, mas também para assegurar que os esforços internacionais não fortaleçam inadvertidamente o aparato repressivo do Estado.

- Em primeiro lugar, um programa de estratégia consiste, tanto nas intervenções a longo como a curto prazo, definida com o apoio do Programa de Desenvolvimento das Nações Unidas (PNUD), e o benefício firme e indispensável do apoio do doador. O objetivo da estratégia a curto prazo (financiada via programa de Fundo de Investimento [Fund Trust] de cerca de US$ 7 milhões em dois anos) era gerar mudanças imediatas e tangíveis no funcionamento do sistema de justiça assim como uma medida vital de construção de confiança para o processo de paz em andamento. Para esse fim, os especialistas internacionais foram contratados para acompanhar e dar treinamento aos parceiros nacionais das diferentes instituições. Inicialmente, foi dada prioridade à Promotoria Geral para melhorar a aplicação do código de procedimento criminal então recentemente adotado. Esse novo código promovia julgamentos orais, um sistema de intérpretes judiciais, advogados públicos gratuitos e a criação da Promotoria Geral com poderes exclusivos para processos criminais, separada e distinta da Procuradoria Geral responsável pela defesa do Estado. O segundo programa de estratégia consistia em compromisso nacional firme com os objetivos do programa, especificado em acordos formais com vários parceiros nacionais.
- Apoio para aumentar o acesso à justiça, em especial para a população indígena maia do país, por uma série de projetos em nível local, que envolviam treinamento do Judiciário em leis de costume e direitos indígenas, programas de ajuda legal e centros integrados de justiça nas partes do país remotas e afetadas pela guerra. Deve-se notar que a exclusão histórica dessa população somente será enfrentada com uma reforma socioeconômica mais ampla e abrangente.
- Apoio à reforma legal prioritária, mediante apoio técnico ao Congresso guatemalteco, em áreas cruciais para a proteção dos direitos humanos (p. ex., regulando as condições das prisões e limitando o alcance da justiça militar).
- Um programa intenso de educação, promoção e disseminação dos direitos humanos usando métodos e materiais adaptados às necessidades das comunidades rurais, amplamente analfabetas, e tradicionalmente isoladas.

Qual é, até agora, o resultado desses esforços? Na Guatemala, como em muitos outros países, a natureza a longo prazo do processo de reforma judicial não pode ser supervalorizado, dada a complexidade inerente do setor e os interesses poderosos envolvidos contra a reforma. Em tal contexto, um programa a curto prazo tal como o da Minugua, entretanto, pode criar possibilidades melhores para uma reforma a longo prazo. Tais esforços estão, por sua vez, relacionados intimamente com medidas para enfrentar a desigualdade socioeconômica crônica que afeta as populações indígenas. Em vista do pessoal competente envolvido na Missão no programa de construção de instituições, as principais "lições aprendidas" são:

- De modo geral, as instituições estatais têm sido receptivas ao apoio externo, embora a absorção das condições tenha variado entre elas, algumas delas sem uma agenda de prioridades organizada, levando a atrasos grandes na implementação. Isso é particularmente verdadeiro no caso, por exemplo, das forças policiais.
- Uma resistência natural à mudança tem também provado ser difícil de superar, fazendo necessário que se desenvolva uma larga gama de ações e assistência em instituições públicas mais novas e menores (p. ex.: a Secretaria de Promotoria Geral e a Secretaria de Procuradoria Pública).
- A natureza interinstitucional da mudança implica uma necessidade de iniciar avanços significativos em mais de uma instituição ao mesmo tempo, a fim de obter resultados mensuráveis. Por exemplo, melhorar as condições da investigação criminal requer melhoramentos em vários níveis no sistema policial, no ministério público e nos tribunais.

Parece-me, entretanto, que o programa da Missão está tendo um impacto tangível na proteção dos direitos humanos na Guatemala, pela melhoria das condições técnicas dos órgãos judiciais e correlatos, e estimulando a consciência pública para os temas relacionados à justiça, que resulta em reivindicação de reforma. Sem dúvida, o progresso feito até agora deve-se, em grande parte, tanto ao impacto público das informações sobre o funcionamento institucional adquirido pela averiguação dos direitos humanos, pela rede de funcionários da Missão espalhados pelo país e a publicação dos relatórios regulares da Diretoria da Missão para o Secretário Geral das Nações Unidas, quanto ao desejo e compromisso político indispensáveis demonstrados pelo governo para iniciar as medidas da reforma, inclusive, por exemplo, aquelas que limitam o poder e a influência dos militares.[8]

## Instituições Financeiras Multinacionais

Dada a natureza de longo prazo inerente às mudanças estruturais e aos investimentos (tanto nacionais como externos) implicada pela reforma do setor público, inclusive o setor judiciário, vale a pena salientar as políticas desenvolvidas nesta área pelas instituições financeiras internacionais (IFIs), tais como o Banco Mundial e o Banco Interamericano de Desenvolvimento.

Um estudo realizado pelo Comitê de Advogados de Direitos Humanos e o Programa Venezuelano para Educação em Direitos Humanos contém valiosas informações sobre as experiências do Banco Mundial e a reforma judicial na Venezuela, em particular, e na América Latina em geral.[9] Esse estudo é o mais importante por revelar que o Banco Mundial — que encara o Estado de Direito como o "ambiente propício" para seus investimentos econômicos — é hoje o agente não-estatal mais importante nesse campo no mundo. Os esforços de reforma apoiados pelo Banco Mundial não têm deixado de levantar controvérsias, entretanto, desde que seu departamento legal concluiu que o alvará do Banco Mundial limita as espécies de iniciativas de reforma que podem ser apoiadas àquelas diretamente relacionadas com assuntos econômicos.

Na avaliação deles sobre a atuação do Banco Mundial na Venezuela, os seguintes pontos são de relevância particular:

- o projeto não fazia parte de uma estratégia abrangente de reforma;
- não havia um compromisso amplo do governo com a reforma;
- as estratégias da reforma não enfrentaram os impedimentos estruturais cruciais para um Judiciário independente;
- as estratégias da reforma estavam baseadas sobre distinções econômicas e não-econômicas artificiais em áreas importantes;
- as preocupações com o acesso à Justiça não foram abordadas;
- não houve grande participação das bases na elaboração e desenvolvimento do projeto.

Ainda assim, como o relatório demonstra, o envolvimento do Banco Mundial na reforma judicial é relativamente recente e continua a se desenvolver, em particular a partir da experiência ganha com o colapso dos regimes autoritários na América Latina, Europa do Leste e África. Há evidência de que o Banco Mundial reconhece que, "[...] sem uma estrutura legal sólida, sem um Judiciário independente e honesto, o desenvolvimento econômico e social corre o risco de entrar em colapso".

De sua parte, o Banco Interamericano de Desenvolvimento (BID) tem adotado, inequivocamente, a reforma da justiça, o respeito aos direitos humanos e o fortalecimento da sociedade civil como características indispensáveis para sua política de modernização do Estado e promoção de condições favoráveis para o crescimento econômico e estabilidade. Os programas do Banco apóiam os países no estabelecimento de um sistema de justiça que seja independente, eficiente e não-discriminatório, dando prioridade a áreas novas estrategicamente vitais, tais como métodos alternativos de resolução de conflitos e programas de educação e ajuda legal dirigidas à população em geral.

## Conclusões

Levando em conta as várias abordagens e experiências descritas em relação aos aspectos internacionais de fortalecimento do Estado de Direito, apresento para consideração as seguintes conclusões básicas:

- Não se pode separar a administração da reforma da justiça da submissão à justiça para as violações dos direitos humanos. Esse ponto elucida outro tema crucial já confrontado tanto na América Latina como em outros lugares: a prática de conceder anistias como um preço político a ser pago na transição para a democracia, quando a causa da justiça pode ser sacrificada a favor do interesse de reconciliação nacional.
- "Solução rápida" e abordagens desconexas (tais como cursos "intensivos" e doações de equipamento) para a reforma judicial não podem ser bem-sucedidas a longo termo, a não ser que estejam ligadas a medidas para enfrentar os fatores políticos, técnicos e estruturais profundamente enraizados que inibem o funcionamento efetivo do Judiciário. Freqüentemente, os esforços internacionais procuram aplicar modelos estrangeiros que são mal adaptados às estruturas frágeis das democracias emergentes.

- Abordagens de "cima para baixo" de reforma judicial — sem procurar envolver a sociedade civil, inclusive as associações de advogados e as ONGs — estão destinadas a fracassar em face dos seus objetivos. De fato, o maior desafio é promover uma reivindicação popular por justiça, por parte das populações tradicionalmente excluídas, como parte de uma expectativa legítima por maior responsabilidade e transparência das estruturas governamentais em geral.
- A reforma judicial não é neutra em nenhuma sociedade — o processo de mudança servirá a certos interesses da sociedade e entrará em conflito com outros de grupos poderosos.
- A preocupação com os direitos humanos deve formar um foco central da reforma judicial e para os esforços de fortalecer o Estado de Direito, mas dentro de contexto de uma abordagem abrangente do setor, baseado em um diagnóstico anterior que orientará tanto as ações como a participação e uma estratégia programada que cubra a reforma legal, o acesso à justiça e a educação e promoção dos direitos humanos, especialmente por meio de ONGs e da sociedade civil.
- Em situações pós-conflito, os esforços de construção de condições apoiadas internacionalmente deveriam objetivar a construção de estruturas radicalmente diferentes e alternativas, que fossem capazes de "cicatrizar as feridas da guerra", em especial na esfera da comunidade, mais do que somente fortalecer as estruturas desacreditadas que existiam antes do conflito.

# Notas

O autor é ex-diretor de Missão Guatemalteca de Verificação dos Direitos Humanos das Nações Unidas (Minugua) e ex-diretor de Proteção Internacional do Alto Comissariado para Refugiados das Nações Unidas. Os pontos de vista expressos neste capítulo são meus e não refletem, necessariamente, aqueles da ONU. Este capítulo foi preparado com a valiosa contribuição de Jenifer Otsea, baseada na sua participação na Conferência Internacional sobre Refugiados na América Central (CIREFCA) e na Minugua.

1. Paul Siegart, The International Law of Human Rights 18, Oxford: Clarendon Press, 1983.

2. Nenhuma anistia formal foi acordada durante a transição política no Haiti. Porém, como Ian Martin, diretor da Missão de Direitos Humanos da

ONU na época , declarou: "Os negociadores da ONU/OAS e EUA obviamente vêem o pedido de anistia como necessário para assegurar a saída pacífica do governo militar. Além disso, havia uma grande preocupação em promover a reconciliação e evitar a vingança. A relutância de Aristide a respeito de uma anistia branca foi encarada com suspeita justificada de que ele promoveria vingança; houve pouca compreensão de que quando os atos de vingança ocorreram no Haiti, eles foram um sintoma de uma situação em que as violações de direitos humanos tinham sido perpetradas e não havia esperança de justiça mediante o processo devido de lei. A comunidade internacional esperava que Aristide fosse capaz de promover a reconciliação e evitasse a vingança, enquanto ao mesmo tempo lhe negava a habilidade de fazer isso promovendo a verdade e a justiça". (Ver Honouring Human Rights and Keeping the Peace: Lessons From el Salvador, Cambodia and Haiti — Recommendations for the United Nations 114, Aspen Institute, 1995.

3. H. L. Hernández & S. Kuyama, *Strengthening the United Nations System Capacity for Conflict Prevention 35*, U.N. Joint Inspection Report, Nova York: United Nations, 1995.

4. UNHCR's *Role in National Legal and Judicial Capacity Building*, UNHCR Executive Committee Doc. nº EC/46/SC/CRP. 31 de maio de 1996.

5. "Adapting Capacity Building Strategies to the Needs of War-torn Societies", Washington, D.C., 21 a 24 de outubro de 1996.

6. Jenifer Otsea, "Adapting Capacity Building Strategies to the Needs of Wartorn Societies", UNHCR Document, outubro de 1996.

7. Minugua, "U.N. Human Rights Verification Mission to Guatemala", U.N. Doc. A/49/856, março 1994, no § 202. Os outros elementos de impunidade mencionados no relatório incluem o seguinte: a existência de associações ilícitas ligadas ao tráfico de drogas, roubo de automóvel e extração de madeira e com interesses financeiros e outros que podem ter o apoio, a cumplicidade ou a tolerância dos agentes do Estado; a autonomia das Forças Armadas nas suas atividades de contra-revolução e anti-subversiva e também os procedimentos que eles usam na sua esfera e interpretação ampla dada àqueles conceitos; o controle exercido sobre as comunidades rurais pelos comissários militares e as CVDCs (Patrulhas de Defesa Civil); e a proliferação e a falta de controle sobre a posse de armas nas mãos de particulares. Id.

8. É da maior importância ressaltar que depois deste artigo ter sido apresentado no Simpósio da Notre Dame, o Acordo de Paz final foi assinado pelo governo da Guatemala e o URNG em dezembro de 1996 na presença do secretário-geral da ONU. Além disso, um dos acordos setoriais que precederam a as-

sinatura do Acordo Final tratou especificamente do tema do fortalecimento do papel do Estado e das autoridades civis.

9. Lawyers Committee for Human Rights and the Venezuelan Program for Human Rights Education and Action, *Halfway to Reform: The World Bank and the Venezuelan Justice System*, Nova York: Lawyers Committee for Human Rights, 1996.

# 17

## REFORMAS JUDICIÁRIAS NA AMÉRICA LATINA: BOAS NOTÍCIAS PARA OS NÃO-PRIVILEGIADOS

JORGE CORREA SUTIL

Qualquer tentativa de apresentar um quadro geral e sistemático do processo de reformas judiciárias na América Latina corre vários riscos. O primeiro é que o observador fique atordoado com a quantidade, natureza e grau das diferentes iniciativas. Há com certeza mais mudanças sendo propostas, aprovadas ou em processo de implementação do que as instituições de fato podem tolerar.

Recentemente, quase todos os países latino-americanos decidiram ou tentaram mudar a maneira como seus sistemas judiciários são governados. Na última década, e muitas vezes como parte importante de suas transições para a democracia, Peru, Argentina, El Salvador, Panamá, Costa Rica, Colômbia, Paraguai e Equador mudaram sua Constituição a fim de criar os Consejos de la Magistratura para governar seus Judiciários, seguindo o modelo pós-guerra europeu.[1] O Chile, Guatemala, Honduras e Nicarágua recentemente discutiram esforços no mesmo sentido para emendar sua Constituição a fim de criar esses novos conselhos. O Uruguai, por outro lado, extinguiu seu próprio Conselho logo depois de restabelecer a democracia. Há um número semelhante de países que emendou suas constituições para garantir que uma porcentagem de seus orçamentos públicos fosse para o Judiciário, estabelecendo ao mesmo tempo, muitas vezes, o direito dos Consejos administrarem esses orçamentos.[2] Ao mesmo tempo, vários países mudaram nos últimos anos as leis que regulamentam a forma de nomeação dos juízes, seus mandatos e condições de suas funções.[3] Não é menor o número de países que está fazendo esforços para mudar sua legislação de processo penal para torná-la mais oral e menos inquisitorial, tentando fazer enormes mudanças na promotoria pública e no ministério público.[4]

Em quase todos os países latino-americanos pode-se constatar esforços para melhorar a educação dos juízes, inclusive a criação de escolas nacionais de direito que oferecem programas de preparação para juízes ou que complementam sua educação.[5] Em todos os países da América Latina há programas de reforço das procuradorias públicas, discussões para criar ou dar maior ou menor jurisdição aos Defensores del Pueblo (derivados do modelo sueco de advogado do povo, ou *ombudsman*), e esforços para criar ou reforçar os sistemas de resolução alternativa de disputa, para reformar a polícia e criar jurisdições especializadas.

Na América Latina são tempos de reforma judiciária. A Usaid concedeu não menos do que US$200 milhões entre 1985 e 1995 para a modernização da justiça na Costa Rica, Honduras, Guatemala, El Salvador e Panamá. A mesma agência estabeleceu programas de modernização do Judiciário na Argentina, Chile, Uruguai, Bolívia, Colômbia e Paraguai. O Banco Mundial tem sido muito ativo nessa área, em especial na Bolívia e Venezuela, e recentemente no Paraguai e na Argentina. Na Venezuela, o Banco Mundial aprovou um empréstimo de US$30 milhões para a modernização do Judiciário, com a promessa de que o governo venezuelano acrescente outros US$30 milhões neste mesmo projeto.[6] O Banco Interamericano de Desenvolvimento recentemente reestruturou seu departamento jurídico tradicional e criou todo um novo departamento para tratar da modernização do Estado e em especial da reforma judiciária.[7] Na última década têm sido feitos esforços substanciais para mudar o Judiciário em toda a América Latina. Entretanto, há riscos a levar em conta. Não é fácil avaliar exatamente para onde essas mudanças estão levando. É também difícil identificar os esforços que se tornarão efetivos e prever como estes mudarão a situação dos pobres.

Um segundo risco, quando se tenta descrever os recentes esforços da reforma judiciária na América Latina, é aceitar ingenuamente a retórica da reforma, acreditando que é suficiente colocar boas idéias em textos legais a fim de criar novas realidades. A quantidade de esforços e iniciativas de certo não são garantia para o sucesso, nem mesmo para a melhoria dos serviços judiciários para o povo. Conheço bem poucos estudos que avaliam o impacto do que tem sido feito. Ainda assim, pode-se encontrar vozes importantes alertando para o fato de que a maioria desses esforços não será bem-sucedida porque não está centrada nos problemas mais relevantes que os sistemas judiciários da América Latina realmente enfrentam.[8]

Um terceiro risco que está presente em qualquer esforço para avaliar as reformas judiciárias recentes é confundir essa reforma com a instabilidade judicial. Na maioria dos países latino-americanos, o Judiciário tradicionalmente tem sido uma instituição instável, principalmente por sua sua falta de independência da política e à instabilidade generalizada na democracias da região.

O que este capítulo tenta fazer é reconhecer a presença de grupos não-privilegiados no processo de mudança dos sistemas judiciários na América Latina, e tentar prever o impacto que os resultados dessa mudança poderão vir a ter para esses grupos. A próxima seção tentará caracterizar os esforços que estão sendo efetuados para mudar aspectos relevantes do Judiciário na América Latina. Como seria muito longo e não muito sábio começar com uma lista das reformas que foram aprovadas ou estão sendo seriamente discutidas, esta seção analisará onde o processo de reforma está acontecendo, e o impacto que poderia ter para os não-privilegiados.

## Uma Caracterização dos Esforços de Reforma do Judiciário: suas Causas e Objetivos

*Por Que Tantas Mudanças Agora?*

Qualquer observador da história da América Latina ficaria surpreso com a quantidade de esforços em curso. O Judiciário certamente não está entre as prioridades dos temas que interessam aos grupos dominantes na América Latina. Embora muitas das elites latino-americanas do século XIX que se esforçaram para construir os sistemas constitucionais encarassem a lei como um instrumento privilegiado para manter os valores do Iluminismo, é difícil reconhecer programas diferenciados que tenham sido postos em prática para o fortalecimento do Judiciário. Afinal de contas, o modelo do continente europeu que nossos criadores de códigos do século passado estavam seguindo não estavam procurando um departamento do governo que pudesse controlar os outros como no modelo norte-americano de Madison, mas sim "figuras inanimadas" que pudessem aplicar a lei. Eles procuravam servidores civis honestos que pudessem se tornar "a boca que pronuncia as palavras da lei". Conseqüentemente, apesar da importância que algumas elites latino-americanas do Iluminismo do século XIX influenciadas pela ideologia da codificação atribuíram à lei,[9] não foi dada muita atenção ao Judiciário.

O movimento a favor do Estado de bem-estar social que ocorreu em muitos países latino-americanos a partir de meados dos anos 1920 também não se ocupou com o Judiciário. Esse ramo do poder não era o que distribuía os benefícios. Foi o momento em que o poder executivo e sua burocracia cresceram. As elites não deram poder ao ramo judiciário para controlar ou eliminar a expansão do Estado e seus poderes reguladores; entretanto, essas elites, com apoio do povo mediante o populismo, consolidaram o desequilíbrio endêmico da América Latina em favor do Poder Executivo, um processo que ocorreu em detrimento dos outros poderes, quando não da sociedade civil.

Durante esse período, o Poder Judiciário tornou-se apenas uma outra parte dos aparatos burocráticos dos governos latino-americanos. Mais uma instituição para o poder político controlar, mais uma repartição pública para a qual eles podiam indicar seus correligionários a fim de retribuir seu apoio, garantir sua lealdade e assegurar-se de que nenhuma decisão tomada pelos juízes viesse a prejudicar os interesses do partido.

Durante os anos 1950 e 1960, os anos do domínio da ideologia de substituição de importações e do desenvolvimento centrado no Estado, nem a legislação nem o Judiciário estiveram na linha de frente das novas estratégias para superar o subdesenvolvimento. A legislação era encarada pelas novas elites, compostas em especial por engenheiros, economistas e cientistas sociais, como um obstáculo para a mudança, um domínio cuja influência deveria ser diminuída a fim de assegurar que ela não frustrasse os novos modos de organização da produção e do trabalho. O Judiciário era insignificante para a esquerda revolucionária que, graças à revolução cubana, tornou-se importante durante o fim dos anos 1960 e começo dos anos 1970. Os revolucionários estavam muito preocupados com os temas mais importantes de estrutura da justiça social, para prestarem atenção aos temas tidos como menores, de justiça individual nos tribunais.[10] Por sua vez, os regimes militares autoritários dos anos 1970 e 1980 certamente não desejaram fortalecer um Judiciário que pudesse limitar suas políticas repressivas.

Por quase dois séculos de história independente dos países latino-americanos, seus sistemas judiciários tiveram um papel menor, quando não irrelevante. Em muitos casos, o Judiciário não foi mais que um mera repartição pública de governo, altamente politizado, muito fraco para fazer cumprir a lei contra o governo ou qualquer outro grupo dominante, e muitas vezes enfraquecido pela corrupção.[11] Afinal o que mudou no final dos anos 1980 e nos anos 1990 que resultou mais que palavras, discussões, investimentos e programas para o Judiciário? Para tentar responder a essa questão, discutirei os diferentes fatores que têm influenciado a reforma judiciária. Tentarei caracterizar o tipo de reforma ou reformas que cada fator está provocando.

*Transição para as Democracias:*
*A Necessidade de "Democratizar" o Judiciário*

O primeiro fator que tem provocado a reforma judiciária na América Latina na história recente é o estabelecimento dos sistemas políticos democráticos ou o retorno à democracia e o modo como esse fenômeno tem contribuído para aumentar a importância do papel do Judiciário sob as novas condições políticas. Em muitos países latino-americanos, a história de suas transições recentes para a democracia tem estado tão emaranhada com a história de como lidaram com as violações passadas dos direitos humanos que é quase impossível falar de uma sem discutir a outra.[12]

Talvez o melhor exemplo seja a transição argentina, cujo ponto inicial quase coincide com o processo público contra os generais que estiveram no poder, que foram julgados por suas responsabilidades nas violações passadas dos direitos humanos. Os processos foram televisionados integralmente. Uma acusação criminal, um tribunal em funcionamento e as decisões dos juízes foram provavelmente as cenas mais espetaculares e dramáticas da transição que os argentinos assistiram. Os juízes e suas habilidades de fazerem cumprir o Estado de Direito fizeram-no aparecer como os principais atores dos novos tempos políticos. Alguns observadores dizem que daquele dia em diante, o Judiciário argentino vem se transformando num fórum onde os cidadãos falam, discutem e legitimam muitas de suas reivindicações políticas.[13]

Mais importante ainda, a nova retórica de proteção dos direitos humanos, o reconhecimento do fraco desempenho que os juízes tiveram na maioria dos países em relação às violações dos direitos humanos durante as ditaduras e a crença de que a independência do Judiciário era um fator crucial para a consolidação da democracia têm sido elementos-chave para explicar alguns dos esforços de reforma.[14] Naturalmente, em cada tendência para a mudança pode-se também encontrar uma série de motivos diferentes concorrendo que variam de país para país. Ainda assim, no fenômeno da transição para a democracia, pode-se traçar a principal causa de duas reformas que em diferentes graus e com natureza diferente têm estado presentes na última década em muitos países latino-americanos. Ambas são esforços para estabelecer um novo relacionamento entre o Judiciário e os outros setores do poder. Gostaria de propor que são esforços para integrar o sistema judiciário à democracia, tornando os juízes afinados com os valores democráticos e por esses limitados, e ao mesmo tempo para torná-los independentes dos interesses a curto prazo dos partidos políticos no poder.

Uma dessas reformas está relacionada com a criação e o fortalecimento das carreiras judiciais. Em alguns países latino-americanos, os juízes ainda não têm estabilidade vitalícia e são, de acordo com a legislação ou pela tradição, *de facto* removíveis pela mudança das autoridades políticas. El Salvador, Honduras, Panamá, Guatemala, Paraguai, Peru, Chile, Venezuela e Bolívia mudaram recentemente ou estão discutindo as principais mudanças nas legislações que definem as formas de escolha dos juízes, sua avaliação, prestação de contas ou sanção por seus erros.[15]

Outro tema comum em muitos países latino-americanos tem sido, como já foi mencionado, o objetivo de criar uma nova instituição que possa mediar e tornar mais transparentes as relações entre o poder político e o Judiciário. Seguindo o modelo pós-guerra europeu, Peru, Argentina, El Salvador, Panamá, Costa Rica, Colômbia, Paraguai e Equador criaram recentemente os *Consejos de la Magistratura* ou *Consejos del Poder Judicial*.[16] Chile, Guatemala, Honduras e Nicarágua têm discutido leis na mesma direção. Na maioria dos casos, a criação desses conselhos tem respondido ao objetivo de evitar o controle político do Judiciário pelo Poder Executivo ou pelas elites político-partidárias. Os conselhos são instituições constituídas por indivíduos, eleitos pelos diversos poderes, mas que não representam os interesses imediatos dos outros setores de governo e que não podem ser removidos por esses mesmo setores que os elegeram ou serem responsabilizados [*accounta-ble*] perante o Executivo ou o Legislativo. Os conselhos têm por função importante participação na nomeação de juízes e nas políticas judiciárias, inclusive o direito de propor o orçamento do Judiciário, administrar seus recursos e propor leis relacionadas ao Judiciário.

Provavelmente seja cedo demais para avaliar essas mudanças. Devemos ter cautela para não sermos muito otimistas com os resultados das duas reformas aqui descritas. Nessas reformas, interesses políticos imediatos têm estado presentes. Muitas vezes, sob a retórica de estabelecer novas bases para um Judiciário independente, a forma de nomeação dos membros dos conselhos está longe de garantir a independência dos juízes. Em alguns casos, os conselhos têm tido conflitos com a Corte Suprema ou têm sido acusados de enfraquecer a independência política dos juízes.[17]

*As Economias de Mercado Livre:*
*A Descentralização dos Fóruns de Resolução de Disputa*

A última década na América Latina tem sido dominada pelas tendências para economias de mercado aberto. Todos os países da região, exceto Cuba, passaram por uma mudança do Estado regulador e de bem-estar social para a liberdade dos mercados. Conquanto haja diferenças no grau de tais mudanças e no grau de consenso político que aquelas geram de um país para o outro, as mesmas tendências aparecem em cada um deles e em todos.

Uma economia de mercado aberto descentraliza os fóruns de resolução de disputa. Enquanto o governo era o grande investidor nas sociedades latino-americanas, que controlava os preços, os sindicatos e a maioria dos empregos, os partidos políticos e as instituições do Executivo e Legislativo eram os fóruns mais importantes onde se colocavam as expectativas e as soluções dos conflitos entre os grupos sociais. Os conflitos mais importantes que surgem hoje em dia na América Latina normalmente não acabam mais em exigências para o governo mudar o modo como os benefícios sociais são distribuídos. Ao contrário, os agentes privados se confrontam no mercado ou nos tribunais. Numa economia de mercado livre, os tribunais são fóruns freqüentes e importantes para a implementação das leis que regulam o mercado e para a resolução de disputas que o mercado não é capaz de resolver. O desajuste da economia na América Latina tem mudado dramaticamente a quantidade e a natureza dos litígios judiciais em quase todos os seus países. Esse fenômeno está na origem de vários esforços de reforma do Judiciário.

## As Economias de Mercado Livre e mais Conflitos no Judiciário: Quanto Judiciário? Requisitos para Melhorar a Eficiência

O processo de abertura dos mercados e a permissão deles receberem mais recursos que nunca têm multiplicado a quantidade de litígios. Esse fato é em especial verdadeiro porque a transição dos mercados altamente regulados e controlados para mais abertos e livres tem provocado muitas falências e demissão de servidores públicos. Litígios relacionados a dívidas coletivas aumentaram de maneira exponencial nesses períodos, causando o colapso dos sistemas judiciais. Algo parecido acontece com os conflitos trabalhistas e litígios relacionados com a interpretação do cumprimento de contratos.

A primeira reação da maioria dos países latino-americanos tem sido incrementar mais o que já existe, aumentando os orçamentos judiciários e o número de tribunais disponíveis.[18] Logo a necessidade de respostas mais sofisticadas tornou-se clara, em parte porque a reivindicação por justiça é bastante inflexível, e em parte porque os gastos com a justiça não eram a favor dos pobres — os grupos mais ricos tendem a absorver todos os novos recursos que o sistema cria.

Novas tendências de reforma estão agora aparecendo no horizonte latino-americano para arcar com o aumento de litígio. Uma tendência é a tentativa de aumentar o serviço judiciário pela melhoria da eficiência dos tribunais. Embora os sistemas de estatísticas judiciais na América Latina sejam em geral inadequados, está claro que o funcionamento dos tribunais padece de graves defeitos. Um estudo mostrou que em 1991 os tribunais civis na Argentina conseguiram resolver apenas 6% dos casos iniciados naquele ano. Na Bolívia, a média de duração de um processo criminal é cinco anos. No Paraguai, apenas um caso é resolvido para cada 11 que entram no sistema. [19]

Uma nova retórica de eficiência administrativa, trazida do setor privado, tem invadido as instituições públicas da América Latina. Os tribunais não são exceção. Em cada país, o conceito de administração dos tribunais tem florescido. Isso tem criado muita controvérsia nos Judiciários, não acostumados à idéia de prestarem conta pela quantidade ou qualidade dos serviços que oferecem ao público. É embaraçoso para uma instituição formalmente independente do governo aceitar que agências externas intervenham ou dêem opiniões sobre a administração de seus recursos e avaliem seu desempenho.

Muitos países têm aumentado os recursos financeiros destinados ao sistema judiciário. Um número significativo de países tem estabelecido em sua Constituição que um porcentual determinado de seus orçamentos públicos deve ir para o sistema judiciário. Os números não são pequenos, oscilando entre 2 e 6%. Entretanto, essa norma constitucional raramente é totalmente cumprida.[20] Ao mesmo tempo que países aumentam a quantidade que investem em seus sistemas judiciais, reivindicam um controle para garantir que o esforço efetivamente melhore os serviços judiciais para a população em geral. O que leva à necessidade de ter maior e melhor informação sobre o desempenho dos tribunais e de introduzir o conhecimento e os instrumentos de uma administração moderna nas velhas estruturas e processos dos sistemas judiciários.

### Economias de Mercado Livre e o Crescimento dos Conflitos Judiciais: A Busca por Resoluções Alternativas de Disputa

Mesmo que a administração dos tribunais melhore, o prognóstico é que o sistema do tribunal não será capaz de arcar com a quantidade de novos litígios. A maioria dos especialistas e agentes judiciários na América Latina está convencida de que a quantidade crescente de litígios não pode ser enfrentada com um Judiciário fraco e que a solução não é simplesmente multiplicar o número de tribunais em um sistema que não apenas tem sido mal financiado mas também sofre de estrutura e cultura profissional inadequadas. Em conseqüência, a América Latina tem aderido entusiasticamente a um amplo movimento mundial para criar mecanismos de resolução alternativa de disputa.

Entretanto, exceto no Peru, não há muitas experiências de fórum informal criado pelo povo e tolerado ou reconhecido pelo Estado para a solução de disputas.[21] Os países latino-americanos, com exceção do Peru, Guatemala, México e de algum modo o Equador, não têm-se voltado para suas próprias tradições históricas de resolução de conflitos mas, ao invés, tendem a construir ou fortalecer a mediação ou a arbitragem dos modelos que têm sido bem-sucedidos em países como a França e os Estados Unidos. As agências internacionais, em especial o Banco Interamericano de Desenvolvimento, têm encorajado ativamente essas iniciativas. [22]

O entusiasmo tem sido tal que o governo argentino, mesmo antes de saber o que fazer a respeito das resoluções alternativas de disputa, declarou formalmente em um decreto presidencial que a mediação era um assunto de interesse nacional.[23] A fim de impulsionar as resoluções alternativas de disputa, a maioria dos países mudou recentemente seus códigos de processo civil, autorizando ou exigindo que o juiz, no começo e durante o julgamento, chame as partes e tente resolver a disputa. Essa mudança na legislação não se tornou ainda um instrumento de sucesso porque os juízes e as instituições judiciais entraram em colapso com a sobrecarga de trabalho e têm pouca ou nenhuma experiência em mediar ou orientar acordos. Ao mesmo tempo, há uma série de outras reformas em muitos países latino-americanos que tentam estabelecer a arbitragem como um fórum regular de resolução de disputas, especialmente aquelas relacionadas com as questões comerciais. O que pode ser mais importante para os pobres é que alguns países têm promulgado ou estão discutindo leis para criar agências mediadoras onde alguns temas têm de ser abordados antes que possam alcançar o processo judicial. Essas experiências têm-se tornado especialmente populares para os conflitos de família.[24]

É muito cedo para dizer se essas iniciativas são boas novas para os pobres. Não se tem ainda certeza se esses esforços para criar fóruns alternativos vão significar que os pobres finalmente terão um lugar onde poderão ser ouvidos, confrontar seus adversários e tentar soluções fora da estrutura judicial e da linguagem ininteligível que habitualmente os marginalizam, ou se tudo isso se transformará em mais um obstáculo ineficiente e tortuoso que os pobres terão de superar antes de alcançar a decisão judicial.

## As Economias de Mercado Livre — Não Apenas Maior Número de Conflitos, Mas Também mais Complexos

Regulamentar a economia, diminuir o papel do governo e abrir mercados não têm apenas provocado um aumento da quantidade de litígio na América Latina, também têm transformado a natureza do lítigio, aumentando a complexidade e a diversidade das disputas que os juízes têm de enfrentar. Os novos métodos de comércio, as formas sutis de controlar mercados ou de violar a legislação antitruste, dificuldades de proteger informação dos bancos de dados e outros problemas similares de alta complexidade entraram dramaticamente nos países, mercados e tribunais latino-americanos, bem antes que seus sistemas legais pudessem regulamentá-los ou os juízes pudessem compreender os obstáculos que esses temas implicam.

Os juízes devem cada vez mais responder a temas bastante relevantes e sofisticados a respeito de economia, inclusive os temas relacionados ao direito de limitar ou banir alguns projetos industriais para proteger o meio ambiente.[25] O tipo de análise custo-benefício em que o juiz tem de se envolver a fim de resolver esses tipos de problemas está longe das habilidades e do conhecimento que os juízes latino-americanos têm necessitado tradicionalmente. A tradição e a cultura são obstáculos sérios para os juízes que devem se adaptar aos novos papéis que incluem temas novos a serem resolvidos ou outros que têm historicamente deixado nas mãos das agências de controle do governo na América Latina.

Esse problema de novos tipos de disputas judiciais para as quais os juízes não estão preparados têm sido um dos principais fatores que exigem mais e melhor educação judicial. As escolas de juízes têm prosperado em toda a América Latina.[26] Essas são geralmente uma das primeiras iniciativas propostas sob o guarda-chuva da modernização judicial, um *slogan* que é sempre usado, mas raramente definido. Essas escolas de juízes ou academias são normalmente agências do Estado, organizadas como entidades autônomas ou dependentes da Corte Suprema ou dos *Consejos de la Justicia*. Os modelos espanhol e francês têm tido influência, assim como alguma inspiração sobre conteúdo e metodologias de contribuições de agências norte-americanas.

O setor privado tem em geral apoiado essas escolas de juízes. Sua reivindicação é basicamente por juízes com mais conhecimento, em especial conhecimento relacionado com comércio, economia e negócios. Outros membros do setor privado, assim como outros agentes sociais, encaram as escolas judiciais como uma oportunidade para conseguir independência judicial e fortalecimento do poder judicial contra a corrupção. Sua reivindicação é por conteúdos educacionais relacionados a ideologia e cultura judiciais. Outros ainda encaram as escolas de juízes como uma boa oportunidade para levar a estes idéias sobre administração moderna, de modo a torná-los de fato preocupados com a eficiência e com uma prestação de serviço melhor para o povo. [27]

## Crime e Insegurança: Reformas na Justiça Criminal

Outra tendência de reformas importantes no Judiciário latino-americano está relacionada ao aumento do crime e à maneira como ele enfraquece a democracia. Essa relação entre crime e democracia pode se estabelecer de dois modos na América Latina. Primeiro, depois de suas transições para a democracia, a reivindicação por segurança tem aparecido como um dos principais temas de inquietação na maioria dos países latino-americanos. Os novos regimes democráticos são com freqüência acusados de não serem capazes de arcar com o crescimento do crime nas cidades.[28] Por outro lado, o controle do crime organizado, e em especial do crime envolvendo drogas e corrupção, tornou-se o tema principal nessas democracias. Ambos os problemas estão relacionados com o desempenho do sistema judiciário.

Alguns estudiosos desses problemas na América Latina têm acusado o Judiciário de ser ineficiente ao tratar com o crime comum e enfrentar o crime organizado. Dessa percepção, surge uma outra reivindicação para a reforma judiciária, algumas vezes expressa dramaticamente. Por exemplo, o presidente Fujimori do Peru interrompeu o funcionamento do sistema judiciário em 5 de abril de 1992. Um dos principais argumentos apresentados foi que o Judiciário era corrupto e ineficiente a tal ponto que estava provocando a perda de prestígio da democracia e da lei. Fujimori interveio no Judiciário e removeu muitos juízes.[29] Outro exemplo é o frustrado golpe de Estado na Venezuela em fevereiro de 1992, quando uma das principais queixas dos soldados revoltosos era a completa falta de confiança na Corte Suprema e a incapacidade dos juízes de acabar com a corrupção.

Os críticos e os reformadores da justiça criminal que estão clamando por mais eficiência contra o crime têm sido acompanhados pelos grupos progressistas preocupados com as distâncias entre o processo devido e o processo criminal nos países latino-americanos. Por anos esses grupos têm denunciado as violações dos direitos humanos, inclusive denunciando o número de prisioneiros presos sem um verecdito final criminal que abundam em prisões latino-americanas. Embora persista alguma tensão entre os dois grupos, há um movimento comum para a reforma: a eficiência na repressão ao crime e a proteção dos direitos do acusado. As agências internacionais, em especial as norte-americanas, têm apoiado esses esforços.

Essas mudanças no sistema de justiça criminal na América Latina podem ser caracterizadas como mudanças na estrutura, processo e ideologia. Elas são um esforço para se passar do modelo escrito e inquisitorial da justiça criminal que a maioria dos países herdou da tradição espanhola para um processo oral no qual há um envolvimento pessoal e direto do juiz nos principais estágios do julgamento. Há também um esforço bastante difundido de reorganizar as procuradorias públicas, especialmente oferecendo-lhes meios melhores para investigar crimes e se confrontar com a polícia.[30]

Até que ponto essas notícias são boas para os pobres ou outros grupos não-privilegiados é difícil de analisar, tanto pela complexidade dos temas envolvidos quanto porque a maioria das reformas estão em estágio de discussão ou implementação legislativa.[31] Os pobres na América Latina sem dúvida estão entre as vítimas de crime mais freqüentes;[32] desse modo, se o sistema de sancionar o crime ficar mais eficiente e o crime diminuir, os pobres teoricamente viriam a ser beneficiados. Entretanto, as reformas ainda não alcançaram o ponto em que é possível medir com precisão seus impactos na taxa de criminalidade.

Por outro lado, aqueles acusados de crime pela polícia e algumas vezes processados pelo sistema criminal de justiça são quase todos pobres. Os pobres são os principais clientes do sistema criminal e as principais vítimas de seus excessos e violações aos direitos humanos.[33] É relevante para o interesse deles verificar se a brutalidade policial será mais controlada pelo novo papel do ministério público ou se a necessidade de segurança sentida nas cidades aumentará a repressão ilegal e se as autoridades civis continuarão a tolerá-la.

## As Reformas e os Não-privilegiados na América Latina

Certamente, os esforços aqui mencionados não dão conta de todas as reformas judiciárias em andamento na América Latina, mas creio que a discussão apresentada é uma descrição justa das reformas mais importantes e as mais comuns, acompanhadas de uma explicação de suas causas.

Essas reformas significam boas novas para os não-privilegiados? Neste capítulo, consegui mencionar os pobres da América Latina apenas duas vezes tendo alguma relação com essas reformas. Não me referi a eles como parte de um movimento organizado para promover reformas, como o grupo cujos interesses inspiram as reformas, nem como o setor-alvo a ser beneficiado por elas.

Pode-se explorar mais a fundo as relações sutis entre os pobres e as reformas do Judiciário do que fiz nas seções precedentes. Pode-se também focalizar outras reformas judiciais que alguns países estão tentando e que são menos estruturais ou significativas, e achar que aquelas são mais intimamente relacionadas aos pobres, tais como a criação dos *Defensores del Pueblo,* ou advogados do povo, e os esforços para fortalecer os sistemas de defesa pública. Ainda assim, seria enganoso afirmar que essas são as áreas para as quais mais recursos estão sendo direcionados na América Latina.

O fato é que seria possível fazer uma descrição geral das reformas mais relevantes dos sistemas judiciais na América Latina, analisando suas causas e objetivos sem nunca se referir aos pobres como atores relevantes. Uma conclusão preliminar e não muito otimista seria de que as reformas judiciárias que estão sendo tentadas na América Latina estão definitivamente mais ligadas à abertura dos mercados do que a qualquer outro fator. Essas não estão sendo provocadas pelos grupos não-privilegiados e não têm esses grupos como alvo. Resta apenas a esperança de que alguns efeitos colaterais menos importantes possam beneficiar os grupos não-privilegiados. No entanto, tal conclusão deve ser amenizada — há muito interesse na reforma jurídica e provavelmente muito pouco interesse sobre a espécie de transformação geral que os fatores que estão provocando tais reformas possam, em última instância, produzir.

Se fosse para falar de uma grande mudança nos sistemas judiciários da América Latina, diria que há uma mudança do poder e do fórum de tomada de decisão e de resolução de conflitos. Tudo que se pode tentar nesse momento é uma descrição dessa mudança e uma análise resumida dos riscos e oportunidades que a situação implica para os pobres.

## O Que Está Mudando?

A mudança mais importante na América Latina é provavelmente o fato de os governos estarem diminuindo seus papéis, em alguns países de modo radical. Durante quase todo o século XX, os grupos que estavam marginalizados entraram no sistema político e ganharam benefícios sociais por meio da organização e da participação política. Os partidos políticos e uma divisão do poder foram o modo mais importante pelo qual numerosos latino-americanos adquiriram algum poder e uma divisão dos benefícios sociais, tais como casa, saúde e educação.

Hoje, os governos estão diminuindo radicalmente seus papéis. Estão também se tornando menos importantes como fóruns de participação e como veículos de mobilização social. A era do Estado do bem-estar social na América Latina está chegando ao fim. A maioria dos processos de decisão e muito do poder que o governo está perdendo estão sendo transferidos para o mercado. O mercado é agora o principal fórum em que os grupos aumentam suas participações e resolvem seus conflitos.

Esse fato é má notícia para os pobres. Os mercados não são os melhores lugares para os pobres lutarem por suas causas. Para os não-privilegiados, é principalmente nos mercados que suas fraquezas aparecem com mais eloqüência. Os perdedores no mercado devem encontrar outras arenas onde possam reivindicar melhores condições, que com freqüência avançam sob a retórica da justiça social e da dignidade humana. Enquanto esse tipo de argumento não conta no mercado, pode contar nas instituições públicas.

Durante o século XX na América Latina, os governos, os partidos políticos e várias instituições públicas usaram a linguagem da justiça social e da dignidade humana. Os não-privilegiados aprenderam por mais de 50 anos como se integrar à sociedade e conseguir os benefícios sociais por meio desses canais políticos. Mas como foi indicado anteriormente, hoje esses canais políticos perderam muito do seu peso. O Judiciário, que com certeza não tem sido na tradição latino-americana um fórum importante para os não-privilegiados apresentarem as suas reivindicações, pode tornar-se, finalmente, sob as novas condições, um lugar importante para integrar a justiça social. Essa afirmação é mais do que um desejo. Há alguns sinais recentes de que grupos não-privilegiados têm levado suas causas e casos para o sistema judiciário para melhorar suas situações. Por exemplo, há casos em que a lei de interesse

público e a ação judicial popular têm sido usadas para avançar os interesses dos grupos não-privilegiados.[34]

O uso do Judiciário para proteger os não-privilegiados na América
Latina é algo novo. A ação judicial para proteger e promover publicamente a causa dos direitos humanos em defesa dos dissidentes dos regimes militares durante os anos 1970, principalmente no Chile, deve ser destaca-
do como um dos primeiros exemplos. Na Argentina, houve muitos casos
que foram julgados a favor das minorias. Há também vários casos de brutalidade policial que foram processados nos tribunais para proteger os
grupos indígenas e seu meio ambiente. A Colômbia teve ações judiciais
de interesse público julgadas pelos tribunais sobre o tema de proteção ambiental. No Peru, há casos de lei de interesse público nas áreas de direitos
humanos e proteção do consumidor. Esses casos são novos e não representam ainda uma característica da vida pública na América Latina.
Mesmo assim, constituem uma tendência que deveria ser seguida de perto. Para os não-privilegiados, podem significar a mudança institucional
mais importante nos sistemas judiciais latino-americanos.

## Os Limites e as Oportunidades dessa Tendência Emergente

É muito cedo para analisar de modo completo as oportunidades
e os limites que as novas práticas de uso do fórum judiciário implica
para o avanço dos interesses dos não-privilegiados. Certamente, o Judiciário é um fórum onde os argumentos de justiça, igualdade, discriminação e injustiça encontram um lugar apropriado. Ao mesmo tempo,
o uso do Judiciário para o avanço em relação aos direitos econômicos
representa sérios riscos, principalmente nos países onde os juízes não
estão acostumados a ouvir os argumentos baseados nos dados das ciências sociais ou a prever os efeitos gerais que uma decisão particular pro-
duz sobre a sociedade. Pode-se também se perguntar se um fórum que
tradicionalmente tem-se ocupado de litígios de interesse público será
capaz de lidar com sabedoria dos novos problemas, ou perguntar se o
Judiciário não perdeu muita da sua legitimidade aos olhos dos não-privilegiados para que eles o usem.

Se o quadro apresentado neste capítulo é correto, o Judiciário está
sendo reformado na América Latina para responder a várias reivindicações sociais e exercer um papel maior e mais forte. Mesmo que esse papel venha sendo reivindicado pelos grupos não-privilegiados ou adotado

com a finalidade de protegê-los, esses grupos podem, entretanto, não se beneficiar com o processo. Se as reformas resultarem em um Judiciário mais forte, com os juízes sendo mais independentes e sintonizados com os valores democráticos, então os não-privilegiados da América Latina poderão encontrar um novo fórum para avançar seus interesses.

Além disso, os fóruns judiciários têm duas características processuais que podem se tornar muito importantes nos casos que envolvem a proteção dos não-privilegiados. Em primeiro lugar, no processo judicial, as partes devem confrontar uma a outra. Isso significa que os grupos poderosos não serão capazes de simplesmente ignorar os argumentos dos não-privilegiados. Eles têm de enfrentá-los. Isso não é um tema menor quando está se falando de reivindicações de grupos que são sistematicamente marginalizados e ignorados na discussão pública. Em segundo, no processo judicial as partes devem basear seus argumentos em princípios ou normas comuns. O fórum judicial pode, assim, oferecer uma voz aos não-privilegiados que não é ouvida no mercado ou na arena política. Finalmente, com o objetivo de acrescentar correções e limites ao resultado da competição, no fórum judicial os pobres podem usar a mesma retórica que é tão comum a tribunais e advogados: a linguagem da discriminação.

## Notas

1. Os *Consejos de la Magistratura* ou *Consejos del Poder Judicial* são concebidos tipicamente como instituições criadas para dirigir o Poder Judiciário. Seu papel é participar, de modo relevante, na indicação de juízes superiores, exercer um papel de disciplinar todo o Judiciário, de preparar e propor o orçamento judicial, lidar com a administração dos tribunais, inclusive sua supervisão, e fazer propostas para seu melhoramento, dirigir ou supervisionar programas educacionais para juízes e outros similares.

Normalmente esses conselhos são formados por representantes dos três poderes do Estado. Tal composição destina-se, por um lado, a evitar o isolamento judicial. Em razão desse objetivo, os *Consejos* não são formados exclusivamente por juízes, para que os pontos de vista das pessoas de fora e com representação popular direta ou indireta sejam ali integrados. Por um lado, é uma maneira de proteger a independência judicial, assegurando que as nomeações de juízes e as políticas públicas sobre assuntos judiciais não fiquem apenas nas mãos de políticos, mas parcialmente nas mãos dos juízes. Em muitos países da América Latina, a criação dos *Consejos* tem feito parte das agendas para iniciar ou consolidar a democracia.

Para uma visão geral e comparativa do papel dos *Consejos* na América Latina, *ver* Mario Verdugo Marinkovic, Los Consejos de la Magistratura en Latinoamérica y el Proyecto Chileno Sobre la Institución, Cuadernos de Trabajo, Departamento de Investigación, Santiago: Universidad Diego Portales, 1992; Héctor Fix Zamudio, *Gobierno y Administración de los Tribunales. El Consejo de la Magistratura,* texto apresentado no seminário *Justicia y Sociedad,* Cidade do México, setembro de 1993. Para uma visão geral da mesma instituição nos países europeus, *ver* Andrés De la Oliva Santos, *El Consejo de Magistratura en España, in* Justicia y Sociedad, Universidad Nacional Autónoma de Mexico, 1994, Augusto Victor Coelho, *El Consejo de Magistratura en Portugal,* em Justicia y Sociedad, Universidad Nacional Autónoma de Mexico, 1994; e Giovanni Giacoblie, *El Consejo de Magistratura en Italia,* em Justicia y Sociedad, *id.* Para uma análise crítica interessante do tópico, *ver* Eugenio Raúl Zaffaroni, *Dimensión Política de un Poder Judicial Democrático,* Quito: Corporación Latinoamericana para el Dessarrollo, 1994.

2. A tabela seguinte mostra os países com uma provisão constitucional e legal que garante que um certo porcentual do orçamento do Estado seja aplicado no Judiciário. A segunda coluna mostra o montante de cada porcentual, garantido na Constituição. A terceira coluna mostra o montante efetivamente gasto por esses mesmos países em 1994, quando conhecidos.

| País | % do orçamento do Estado garantido para o Judiciário na Constituição | % do orçamento efetivamente gasto com o Judiciário |
|---|---|---|
| Costa Rica | 6% | 5.5% |
| El Salvador | Não menos que 6% | 3.6% |
| Guatemala | 2% | 1.8% |
| Honduras | 3% | 1.0% |
| Panamá | 2% | 0.5% |
| Bolívia | 3%* | ND |
| Paraguai | Não menos que 3% | 2.4% |
| Equador | 2.5%** | ND |

*A Constituição fala de um "porcentual", sem fixar o montante. A *Ley de Organización Judicial* determinou esse percentual como 3%. Isto foi suspenso pela lei de orçamento.

** Uma provisão legal válida apenas para os anos 1994 a 1996.

ND – Não disponível.

3. Alguns dos países que recentemente mudaram de forma significativa as regras que regulam a carreira de seus juízes, ou o modo pelos quais eles são nomeados. Essas regras são as seguintes:

A Argentina reformou sua Constituição de 1994. Com a criação do Conselho da Magistratura, o sistema de nomeação dos juízes deve mudar. Ainda não está em vigor.

O Uruguai eliminou seu *Consejo* quando o país voltou ao sistema democrático.

Imediatamente após seu retorno à democracia, muitos países na América Central emendaram suas medidas relativas às nomeações judiciais e estabeleceram alguma base para uma carreira judicial. Este foi o caso de El Salvador e Panamá em 1991, Honduras em 1992, e Guatemala em 1985. Na Costa Rica, a reforma maior foi realizada em 1993.

Na Colômbia, as maiores mudanças foram introduzidas nos sistemas de nomeação judicial com a criação do *Consejo Superior de la Judicatura*

No Paraguai o sistema mudou em 1992.

No Equador, houve mudanças para adaptar a legislação sobre as nomeações judiciais à reforma constitucional de 1992.

No Chile, houve algumas mudanças relevantes no sistema da carreira judicial em 1995, em especial a respeito do modo pelo qual os trabalhos eram selecionados e avaliados. A Constituição não foi alterada. Em 1997 havia uma lei sendo discutida no Congresso para modificar a composição da Corte Suprema.

No Peru, os juízes interinos foram removidos ou declarados removíveis depois do *Fujimorazo* em abril de 1992.

4. O próximo quadro mostra o *status* das regras de direito processual criminal na maioria dos países latino-americanos.

| | |
|---|---|
| Argentina | Reforma relevante aprovada em 1991. |
| Costa Rica | Reformada em 1973. Novos projetos em discussão. |
| El Salvador | Reformado em 1973. Novos projetos em discussão. |
| Nicarágua | Alterado em 1979. |
| Honduras | Alterado em 1984. |
| Panamá | Alterado em 1984. |
| Colômbia | Reformas, especialmente lidando com a criação do promotor público independente, em vias de implementação. |
| Chile | Uma reforma abrangente está sendo discutida no Congresso. Uma emenda constitucional passou em 1997 criando o Ministério Público. |

5. Alguns dos países latino-americanos que recentemente criaram escolas judiciais são as seguintes: a Costa Rica estabeleceu sua escola judicial em 1964, El Salvador, em 1991, Guatemala, em 1992, Honduras, em 1991 e o Panamá, em 1993. A Bolívia criou um *Instituto de Capacitación da Judiciatura y Ministerio Público que* que ainda não tem desempenhado seu papel com regularidade. Na Colômbia, a *Escuela Judicial* é chamada de *Rodrigo Lara Bonilla.* No Paraguai, a Constituição de 1992 determinou sua criação. No Chile, a *Academia Judicial* foi criada em 1995 e começou a funcionar tanto para a preparação de juízes quanto para a educação permanente de todo o pessoal judicial em 1996. O Peru tem uma longa tradição de educação judicial. Ali foi posta em função uma escola chamada *Academia de la Magistratura* em 1996. No Uruguai, o *Centro de Estudios Judiciales,* dependente da Corte Suprema, tem desenvolvido um sistema de educação permanente para juízes, especialmente a fim de prepará-los para adaptar-se as reformas processuais.

6. Para uma descrição e avaliação do Projeto Venezuelano e em geral sobre a política do Banco Mundial para a reforma judicial na América Latina, ver Lawyers Committee for Human Rights and the Venezuelan Program for Human Rights Education and Action, *Halfway to Reform: The World Bank and the Venezuelan Justice System,* Nova York Lawyers Committe for Human Rights, 1996. Para uma descrição geral das políticas do Banco Mundial, ver Malcom Rowat, Waleed Malik, & Maria Dakolias,*Judical Reform in Latin America and the Caribbean,* World Bank Technical Paper nº 280, Washington D.C: The World Bank, 1995.

7. Para uma descrição geral dos pontos de vista do Banco Interamericano de Desenvolvimento, BID, ver Strategic Planning and Operational Policy Department, Frame of Reference Bank Action in Programs for Modernization of the State and Strenghtening of Civil Society l, Washington, D.C.: IBD [BID], 1996.

8. *Situación y Politicas Judiciales em América Latina,* Cuadernos de Analisis Jurídico nº 2, (Jorge Correa ed., Santiago: Universidad Diego Portales, 1993. A mesma visão cética pode ser encontrada *in Halfway to reform, supra* note 6; e José Maria Rico, Report to the IDB, Inter-American Development Bank) sobre reforma judicial na América Central. Washington, D.C.: IDB, inédito.

9. O processo de codificação, com toda sua crença na razão, mostra suas expectativas otimistas com vistas ao trabalho racional dos legisladores. Espera-se que a lei nos códigos seja clara, operativa, justa, efetiva e capaz de regular qualquer caso relevante. Desse modo, o papel dos juízes se reduzirá a ser unicamente mecânico.

10. Provavelmente a única exceção da América Latina é o Peru, que desenvolveu algumas importantes políticas no período, expressas pela assembléia eleita. Para uma visão geral desse fenômeno da falta de políticas judiciais no Chile, ver Jorge Correa, *Formação de Juízes para a Democracia, in* Filosofia del Derecho y Derecho y Democracia, Revista de Ciencias Sociales n. 34/35, Valparaiso, Universidad de Valparaíso, 1989-1990.

11. O quadro obviamente não é homogêneo em todos os países da América Latina. A Costa Rica é certamente uma exceção com um Judiciário razoavelmente estável e independente. O Uruguai tem uma tradição de um poderoso Judiciário e uma imagem pública melhor do que em muitos países latino-americanos. O Chile tem tido um Judiciário fraco, que desempenhou uma papel menor nos anos 1980. Apesar disso, tem sido muito estável e tem um alto padrão de independência, até mesmo livre da interferência política. Para uma análise da independência da magistratura no Chile, ver Jorge Correa, *The Judiciary and the Political System in Chile: the Dilemmas of Judicial Independence During the Transition to Democracy, in* Transition to Democracy in Latin America, Irwin P. Stotzki ed., Boulder, Westview, 1993. A Argentina é um caso complexo. Sem haver ali uma carreira judicial regulamentada e com uma tradição de interferência política na Corte Suprema tem havido uma tradição de estabilidade nas cortes inferiores e um alto grau de nomeações judiciais de pessoas originárias da carreira da magistratura e que são recomendadas por juízes superiores. Provavelmente um dos riscos maiores e mais importantes que correm os Judiciários dos países do Cone Sul é o espírito corporativo abrangente entre seus membros. Para uma descrição desse fenômeno ver Eugenio R. Zaffaroni, *Estruturas Judiciales*, Buenos Aires: EDIAR, 1994; e Correa, *The Judiciary and the Political System in Chile, supra.*

12. Para uma análise geral da relação entre transição para a democracia e a questão de como lidar com violações passadas de direitos humanos, ver Transitional Justice: How Emerging Democracies Reckon with Former Regimes, Neil J. Kritz, vol. 1, Washington, D.C.: U.S Institute of Peace Press, 1995. Particularmente relacionados com esse tópico são os artigos de Jose Zalaquett, Guillermo O'Donnell, Philippe C. Scmitter, David Pion-Berlin, e Ruti Teitel included in Transitional Justice, *id.* ver também transitional justice and the rule of law in new democracies (A. James McAdams ed. University of Notre Dame Press, 1997).

13. Catalina Smulovitz, *Ciudadanos, Derecho y Poltica, in* Las Accinoes de Interés Público, Felipe Gonzalez (ed.), Santiago: Cuaderno de Análisis Juridico Serie Publicaciones Especiales, nº 7, 1997.

14. No caso do Chile, a relação entre o papel desempenhado pelos juízes durante o regime militar e os esforços desenvolvidos para reformar o Judiciário durante o primeiro período de transição para a democracia é bastante claro. Ver Jorge Correa, *No victorious Army Has Ever Been Prosecuted, in* Transitional Justice and the Rule of Law in Democracies, James McAdams ed., Notre Dame University Press, 1997.

15. Para uma breve visão geral das carreiras da magistratura na América Latina ver Luis Salas & José Maris Rico, *Carrera Judicial en America Latina*, San Jose, CAJ, 1990. Uma referência à situação de estabilidade das carreiras das magistratura e as mudanças recentes mais relevantes nas normas relativas a essas carreiras estão indicado no quadro seguinte:

| País | Ano da reforma mais recente | Principal tema da reforma ou situação atual da carreira |
| --- | --- | --- |
| Costa Rica | 1993 | Depois de um ano em função juízes não podem ser removidos |
| Honduras | 1992 | Provisões foram alteradas com vistas a garantir a carreira. Resta ver se serão efetivas contra uma longa tradição duradoura de intervenção política. |
| Panamá | 1991 | Juízes não podem ser removidos. |
| Guatemala | 1985 | Não há leis que tornem efetiva as provisões gerais garantindo independência. |
| Venezuela | | Mudanças legais não foram tornadas efetivas para pôr fim às intervenções políticas tradicionais no Judiciário venezuelano. |
| Peru | 1992 | Juízes têm sido removidos por um comitê designado pelas autoridades políticas. |
| Bolívia | | Tradição política de intervenção no Judiciário. |
| Chile | 1994 | Há uma carreira da magistratura desde o século XIX. Mudanças mais recentes tratam especialmente da forma pela qual os juízes são periodicamente avaliados por seus pares na cortes superiores. Uma mudança na forma pela qual os juízes da Suprema Corte são nomeados deve ser aprovada em 1997. |
| Colômbia | 1991 | A criação do *Consejo Superior de la Judicatura* dá a esse conselho o direito de nomear os juízes. Eles não podem ser removidos. |
| Paraguai | 1992 | A nova Constituição estabelece a independência do Judiciário e da vitalicidade. Tradicionalmente os juízes têm sido eleitos por cinco anos, o que os torna altamente vulneráveis às maiores políticas. |
| Equador | 1992 | Apesar das provisões constitucionais, os juízes são muito dependentes dos líderes políticos. |

| Argentina | 1994 | Há um alto grau de participação *de facto* dos juízes em razão da nomeação dos novos juízes. O desempenho do *Consejo* criado pela nova reforma constitucional ainda está para ser vista. Ainda não está funcionando em razão da tensão que cerca sua integração. Há uma tradição de intervenção presidencial na remoção de juízes da Suprema Corte toda vez que o país perde ou recupera a democracia. |
|---|---|---|

16. Para uma explicação desses termos, ver nota 1, *supra*.

17. O *Consejo* venezuelano tem sido freqüentemente acusado de incentivar a intervenção política no Judiciário. Na Colômbia, a atividade do *Consejo Superior de la Judicatura* tem criado atritos com a Corte Suprema.

18. Para uma descrição dessa tendência na Colômbia ver Eduardo Velez *et al., Jueces y Justicia en Colombia* (Bogotá: Instituto Ser de Investigación, 1987); para o caso da Argentina, ver Martinez A. Cavagna *et al., El Poder Judicial de la Nación: una Propuesta de Conversión* (Buenos Aires, La Ley, 1994); no caso do Chile, ver Carlos Peña Gonzalez, *Poder Judicial y Sistema Político*, em *Poder Judicial en la Encrucijada*, Cuadernos de Analisis Jurídico nº 22, Santiago, Universidad Diego Portales, 1992.

19. Universidad Externado de Colombia, *La Administración de Justicia en Argentina, Bolívia, Ecuador, Jamaica, Mexico, Panama, Paraguay y Uruguay*, em *Justicia y Desarrollo en America Latina y el Caribe*, Washington, D.C. IDB, 1993.

20. Ver *supra* nota 2.

21. Numa larga medida, a *Justicia de Paz* no Peru foi uma criação popular, reconhecida pelo Estado central, menos do que criada por ele. Isto é certamente o caso das *Rondas Campesinas*. Para uma bibliografia dos sistemas peruanos de justiça popular, ver Hans J. Brandt, *Justicia Popular: Nativos Campesinos*, Lima, Centro de Investigaciones Judiciales da Corte Suprema de Justiça, Fundação Friedrich Naumann, 1986, e Hans J. Brandt, *En nombre de la Paz Comunal: un Analisis de la Justicia de Paz en el Peru*, Lima, Fundación Friedrich Naumann, 1990.

22. Para uma visão geral dessa tendência e sobre o entusiasmo do Banco Interamericano por ele, ver Nestor-Humberto Martinez Neira, *El BID y la Administración de la Justicia*, em *Justicia y Desarollo en America Latina y el Caribe*, Washington, D.C, IDB, 1993; *Primer Encuentro Interamericano sobre Resolución Alternativa de Disputas, Relatório Final*, Buenos Aires, Centro Nacional dos Tribunais do Estado, Fundação Libra, 1994.

23. O decreto presidencial que proclama a mediação como tema de interesse nacional é o nº1480 de 1992, citado em Carlos Manuel Garrido, *Informe sobre Argentina*, em *Situación y Políticas Judiciales en América Latina*, *supra* nota 8.

24. No caso do Uruguai, há uma cláusula que requer conciliação ou estabelecimento de esforços no sistema de Tribunal da Paz antes de se estabelecer o processo civil. Juan Enrique Vargas, em um relatório para o BID, cita um texto não publicado chamado *Mediación, Negociación y Conciliación* por Luís Torello, então presidente da Corte Suprema do Uruguai. Nesse texto, essa autoridade afirma que as estatísticas mostram que o funcionamento desse sistema, em especial o da conciliação prévia, não alcançou os resultados desejados, não obstante a existência de normas exigindo a participação das partes.

A Constituição da Costa Rica estabelece o direito à arbitragem. A Corte Suprema desse país, com a ajuda da Usaid, criou em 1993 um programa de resolução alternativa de disputa.

No Paraguai, Equador, El Salvador, Guatemala, Honduras, Bolívia e Panamá há cláusulas legais encorajando a arbitragem e acordo de disputas durante o processo judicial, aparentemente com poucos resultados efetivos.

Na Colômbia, depois da reforma constitucional de 1991, têm havido esforços para estimular programas de resolução alternativa de disputa. Eles têm desenvolvido a arbitragem, os centros de acordo de disputas, a capacidade dos oficiais de polícia tratar dos crimes menores e o processo de barganha autorizado no ministério público.

A Argentina enfrentou a frustração com o acordo de disputas por juízes e em 1995 começou um programa para desviar as disputas dos tribunais para os centros de mediação fora dos tribunais antes de continuar os processos judiciais.

O Chile tem uma tradição bem estabelecida de arbitragem, em especial nas disputas comerciais. Os esforços para fazer os juízes resolverem as disputas têm sido bastante ineficiente, exceto nos tribunais do trabalho e da família. Há algumas experiências interessantes de mediação nos escritórios de ajuda legal, e recentemente nas disputas familiares.

25. Isso é especialmente verdadeiro nos casos da Colômbia e do Chile. Smulovitz, *supra* nota 13.

26. Para uma visão geral dos programas de educação judicial na América Latina, Ver *Situación y Políticas Judiciales en América Latina*, *supra* nota 8; Eugenio R. Zaffaroni, *Estruturas Judiciales*, *supra* nota 11; e María Josefina Haeussler, *Experiencias Comparadas de Formación Judicial* (Santiago: Corporación de Promoción Universitaria, 1993).

27. Para uma análise dos objetivos de uma abordagem crítica das expectativas sobre a educação judicial, *ver* Jorge Correa Sutil, *Capacitación y Carrera Judicial en Hispanoamérica*, em *Justicia y Sociedad, supra* nota 1.

28. Para uma descrição geral desse fenômeno em seis países latino-americanos, ver *Acceso de los Pobres a la Justicia*, Franz Vanderschueren & Enrique Oviedo eds., Santiago: Ediciones Sur, 1995.

29. No discurso à Nação no dia que o presidente Fujimori decidiu fechar o Congresso e intervir no Judiciário, ele declarou que a administração da justiça tinha sido dominada por partidarismo político, corrupção e irresponsabilidade. Ele declarou que "a corrupção e a influência política tinham chegado a um estágio em que estava presente em todas as instâncias do Judiciário". "No Peru", ele acrescentou, "a justiça tem sido sempre uma mercadoria que você compra ou vende pelos melhores preços que os partidos podem pagar". Lorenzo Zolezzi, *Informe sobre Peru*, em *Situación y Políticas Judiciales en América Latina, supra* nota 8.

30. Para alguns dos esforços de reforma da procuradoria pública, ver os artigos do cap. 2 do livro *Justicia y Sociedad, supra* nota 1; ver também *El Ministerio Público* (Santiago: Corporación de Promoción Universitária, 1994).

31. Ver *supra* nota 4 para uma tabela que descreve as mudanças mais recentes no processo criminal. Para uma descrição geral dessas reformas, ver *Reformas Procesales en América Latina*, Santiago: Corporación de Promoción Universitaria, 1993.

32. *Acceso de los Pobres a la Justicia supra* nota 28.

33. *Id.* Ver também Eugenio R. Zaffaroni, *Sistemas Penales y Derechos Humanos en América Latina*, Buenos Aires: Depalma, 1986.

34. Ver *Las Acciones de Interés Público supra* nota 13.

# 18

# ACESSO À JUSTIÇA PARA OS POBRES NA AMÉRICA LATINA

ALEJANDRO M. GARRO

A lei deveria funcionar como o grande equalizador, pois ricos e pobres são igualmente livres para reivindicar seus direitos no tribunal para obter "justiça igual perante a lei". A possibilidade daqueles com poucos recursos recorrerem aos tribunais tem sido usada como um importante indicador para medir o nível de consolidação de uma democracia submetida ao controle dos cidadãos [*accountable*].[1] O acesso à justiça é também crítico para pequenas e médias empresas que tentam fazer cumprir seus contratos, estabelecer a responsabilidade por práticas ilegais, defender os direitos da propriedade intelectual, ou reivindicar direitos constitucionais básicos. O significado do "acesso à justiça" precisa ser reconhecido à luz da globalização e regulamentação das economias dos países da América Latina. Suas experiências recentes com a transição na economia, de um modelo controlado pelo Estado para um de livre mercado, trouxeram para dentro do continente a relevância da "segurança legal" e o acesso à justiça como componentes essenciais do desenvolvimento econômico sustentável.[2] A persistência de padrões tradicionais de desigualdade de renda, agravada agora pelo impacto recente das políticas econômicas neoliberais, sugere que programas subsidiados de assistência legal para os pobres deveriam ter algum papel para assegurar padrões mais igualitários de distribuição de renda.[3] Há, portanto, mais de uma razão para se preocupar com o "acesso à justiça".

Nos sistemas legais modernos, a reivindicação de acesso à justiça parte da suposição de que em uma sociedade civilizada o Estado deveria garantir a seus cidadãos a possibilidade de reivindicar seus direitos, seja contra os seus concidadãos seja contra o próprio Estado. As democracias liberais modernas proclamam que o acesso à justiça é um direito fundamental, que pode ser caracterizado como um direito civil e político, por um lado, ou como um direito "social" e "econômico", por outro. Mas deixando de lado as discussões acadêmicas e as proclamações nobres, mesmo o melhor sistema legal do mundo não teria condições de proporcionar justiça se a maioria das pessoas não tivesse acesso a ela. Os tribunais e os serviços legais são em teoria disponíveis para todos, do mesmo modo que no Sheraton Hotel qualquer um pode entrar; tudo que se precisa ter é dinheiro.[4] A verdade é que a justiça é uma mercadoria cara, mesmo naqueles países com os mais altos níveis de educação e uma generosa alocação de despesas com bem-estar social.[5] Na América Latina em particular, a triste verdade é que a máquina da justiça tem estado, historicamente, fora do alcance da massa da população, aliás a mesma que recebe uma pequena parte da renda nacional.

O próprio termo "acesso à justiça" implica que a "justiça" é distribuída por algumas pessoas ou instituições e que há obstáculos para alcançar essas pessoas e instituições. Tanto na área rural como na urbana, os pobres não têm, virtualmente, acesso ao serviço legal, tribunais e instituições formais legais. Por ignorância, falta de poder de barganha, cinismo, ou mesmo o medo de que a máquina judiciária (que é considerada manipulada pelos interesses da elite no poder) funcionará contra eles, a falta de confiança no Judiciário é um problema presente por toda a parte na América Latina,[6] principalmente entre os cidadãos com baixa renda.[7] Mais do que causa, essa opinião aparece como um reflexo de como o serviço de administração da justiça é precário quando se trata dos pobres. "Acesso" e "justiça", entretanto, podem estar tendo um significado além do acesso formal para os programas subsidiados, advogados, tribunais e o processo judicial. Se nós incluirmos as diversas variedades de assistência legal preventiva e ações legais coletivas em benefício dos setores vulneráveis da sociedade, o acesso aos e uso dos serviços são ainda mais raros e difíceis.

Apesar desse cenário sombrio, não há muito debate na América Latina sobre a garantia para todos do acesso à justiça. O princípio da "igualdade perante a lei" tem sido tradicionalmente incorporado às Constituições, pelas corporações dos advogados, e o Judiciário na América Latina é considerado um componente essencial da administração da justiça. Dada a pequena participação efetiva nos processos legais em geral entende-se ser necessário fazer com que o sistema legal cumpra seus padrões escritos. Todos os sistemas legais latino-americanos professam compromissos com a igualdade legal de seus cidadãos e ao Estado de Direito, e muitos programas de assistência legal para os pobres existem já faz tempo em muitos países da região.[8] Entretanto, regras e princípios de como as instituições devem funcionar são indicações fracas para sabermos o que realmente acontece. Essa distância entre a teoria e a prática deve estar presente em todo lugar, mas as "particularidades" idiossincráticas latino-americanas a respeito do cumprimento real da lei têm agravado os problemas que envolvem o acesso à justiça pelos pobres.[9]

Por não estarem os termos do debate sobre "acesso à justiça" centrados em se os pobres podem ter acesso à justiça, mas sim em como torná-la mais acessível, o foco deste capítulo foi convenientemente estreitado para discutir as diferentes abordagens aqui adotadas e suas potencialidades de serem influentes. Desse modo, o propósito deste capítulo não é discutir os planos de assistência legal que estão em vigor (que têm sido inadequados por diversas razões), mas sim refletir a respeito das abordagens que têm mais possibilidade de ter algum impacto. Um assunto relacionado com esse tema é o relacionamento entre "acesso à justiça" da perspectiva dos programas de assistência legal para os pobres e os programas em andamento de reforma legal na América Latina. Até que ponto as necessidades de assistência legal, e o sucesso global dos programas de assistência legal, dependem dos processos judiciais dentro dos quais funcionam tribunais e advogados?

A resposta a essa questão é que mudanças globais no sistema legal e no processo judicial são um componente essencial de qualquer programa de assistência legal. Nas jurisdições em que a administração da justiça é caracterizada por procedimentos demorados e formais, uma burocracia igualmente extensa e *seus* custos de atendimento são os que apresentam maiores obstáculos para o acesso dos pobres à justiça. Mesmo com um conjunto de regulamentos bem elaborados para dar assistência legal aos pobres, e com os mais generosos esforços do governo para subsidiar a assistência legal, o nível de crescimento econômico e concomitante desenvolvimento do bem-estar social da maioria dos países da região é improvável que satisfaça a grande necessidade de assistência legal. A assistência legal provavelmente não sobrevive sem subsídio, mas qualquer que seja o tipo de programa de assistência legal que esteja em curso, seus benefícios provavelmente não alcançarão a maioria dos elementos marginais da sociedade, a não ser que os problemas de acesso sejam atacados constituindo uma parte daqueles que afetam o sistema legal como um todo. Se o acesso à justiça for visto como parte de um processo global de mudança, no qual os agentes da sociedade civil e política estejam ativamente envolvidos, os programas de assistência legal, junto com a reforma judicial e legal, provavelmente assegurarão algum alívio para a injustiça social.

A primeira parte deste capítulo apresenta uma tipologia dos programas de serviços legais, discutindo, em termos de eficácia, as diferentes espécies de serviços legais para os pobres que estão em curso na maioria dos países latino-americanos. A segunda parte sustenta que o objetivo tradicional desses serviços tem sido abordado, reativado e orientado individualmente sendo, assim, incapaz de ter um impacto substancial sobre as enormes demandas de acesso à justiça pelos pobres. A parte terceira e final apresenta uma descrição das áreas de reforma institucional que, se concebidas como componentes essenciais do processo global de facilitar o acesso à justiça pelos pobres, são mais prováveis de produzir uma mudança significativa para os grupos não-privilegiados na América Latina.

## A Tipologia dos Programas Existentes de Assistência Jurídica

A literatura disponível sobre os programas de serviços legais latino-americanos recorre a vários critérios de classificação a fim de descrever as diferentes abordagens da assistência legal para os pobres. Cada um desses programas tenta, à sua maneira, proporcionar uma pequena participação efetiva dos pobres no processo legal, mas a maioria é mal organizada, sobrecarregada, com falta de funcionários e geralmente sem recursos financeiros. Não surpreende, pois, que esses programas de assistência legal alcancem apenas um pequeno número de pobres.

Um dos critérios para distinguir entre os diferentes programas de assistência jurídica baseia-se nas áreas do país servidas pelos planos de assistência. Desse modo, pode-se distinguir entre serviços legais destinados a alcançar os setores marginais da sociedade que vivem nos subúrbios urbanos acoplados às cidades latino-americanas maiores (p. ex., os *barrios* de Caracas, os *pueblos jóvenes* de Lima, as *villas meserias* de Buenos Aires, ou as *favelas* do Rio de Janeiro), dos programas destinados às áreas rurais mais remotas e inacessíveis do interior. A grande maioria dos pobres vive fora da economia de mercado e a penetração na estrutura legal formal nesses subúrbios urbanos ou comunidades rurais é normalmente incompleta ou inexistente. O poder real está nas mãos de donos de terra locais; muitas disputas são resolvidas, quando são, pelo *patrón* ou por líderes locais.[10] Como os membros da profissão legal estão enclausurados nas cidades, assim como as ordens influentes de advogados e as universidades, a maioria dos planos de assistência legal organizados na América Latina funciona apenas na capital da nação ou nas capitais das províncias.[11] Pouquíssimos serviços legais chegam até o interior rural.[12]

Outro método de distinguir entre diferentes programas de assistência legal é baseado na questão da disputa ou reivindicação específica que busca ser compensada. Assim, pode-se distinguir entre os serviços legais disponíveis para os acusados de crime, trabalhadores, arrendatários (cujas reivindicações podem estar relacionadas à terra para agricultura ou a moradias urbanas), povos indígenas, mulheres (cujas reivindicações quase sempre estão relacionadas à pensão alimentícia, violência doméstica, estupro e outras questões de gênero) e outras pessoas de baixa renda que podem estabelecer queixas acerca de serviços básicos na áreas de saúde e serviços públicos. Em contingentes similares das populações de baixa renda, alguns grupos sociais enfrentam uma barreira maior para obter justiça do que outros. As mulheres, por exemplo: é provável que elas sejam não apenas mais pobres do que os homens, mas também que apresentem níveis mais altos de analfabetismo.[13] Elas geralmente estão no centro das disputas familiares, compreendendo um terço dos casos atendidos nos tribunais da América Latina.[14] O acesso à justiça para os povos indígenas é dificultado não apenas pela pobreza e falta de familiaridade com o sistema oficial dos tribunais, mas também pelas barreiras da linguagem,[15] de modo que neste campo particular o acesso à justiça requer a disponibilidade de serviços adequados de tradução.

Os programas de assistência legal são muito distintos, dependendo das instituições que patrocinam o programa de serviços legais. Assim, pode-se fazer referências a programas de assistência jurídica patrocinados pelo próprio governo (na esfera nacional, estadual/provincial ou municipal): aqueles que dependem da advocacia dativa (também chamado de sistema de assistência judiciária gratuita); aqueles oferecidos no âmbito da formação de advogados em programas de clínicas legais das faculdades de direitos; e aqueles fornecidos por associações de advogados, grupos comunitários apoiados pela Igreja e outras organizações não-governamentais que visam à representação legal dos grupos mais vulneráveis na sociedade.

O programa típico com financiamento público é oferecido por advogados pagos pelo Estado numa base de tempo integral. Esses advogados (promotores ou procuradores) fornecidos pelo governo pertencem ao ministério público ou a outros departamentos do governo central ou local. Os serviços legais fornecidos pelos advogados públicos assalariados são os mais populares da América Latina. Os acusados de crime (pobres ou não) têm direito a representação legal gratuita por um defensor público (*defensor de ofício, defensor oficial*) a fim de implementar a garantia constitucional do direito de defesa.[16] Algumas jurisdições incluem advogados fornecidos pelo governo não apenas para os acusados de crimes, mas também para outros grupos vulneráveis como mineiros, operários e populações rurais ou indígenas.[17] Quase invariavelmente, a qualidade da representação legal fornecida por esses advogados do governo é muito pequena[18] — a defensoria pública padece de uma falta crônica de pessoal, está sempre sobrecarregada[19] e a natureza da função ou do serviço dos defensores públicos é com freqüência vista negativamente tanto pelo defensor público quanto pela pessoa que ele ou ela representa.[20] O modelo de defensoria pública assalariada está também em crise nos Estados Unidos, em especial depois que o Congresso cortou a maior parte dos fundos e colocou restrições sobre a Corporação de Serviços Legais [*Legal Services Corporation*], que desde 1974 tem representado os pobres nos assuntos civis.[21]

Os serviços legais mantidos pelo Estado que empregam advogados que trabalham em tempo parcial também padecem de uma imensa sobrecarga de casos.[22] Em algumas jurisdições, os planos de assistência legal do governo se valem da colaboração das associações de advogados para oferecer aos pobres a assistência legal, seja na base da representação *pro-bono* assumida pelos membros da ordem dos advogados, seja com o apoio do governo.[23] Entretanto, mesmo no Chile, um país tido como o líder latino-americano em termos de programas legais para os pobres, sendo os mais antigos e com relativo grau de sucesso, é amplamente reconhecido que os funcionários advogados são mal compensados monetariamente e sobrecarregados com uma carga contínua de trabalho.[24]

A assim chamada "advocacia dativa" ou "sistema de assistência jurídica" vale-se de advogados privados designados pelo tribunal. Em alguns países da América Latina, o Judiciário exerce um papel administrativo maior ao requerer advogados privados para oferecer assistência legal nos casos não-criminais para "pessoas indigentes". De acordo com esse esquema, a audiência do caso no tribunal é em geral responsável por uma avaliação, feita após a audiência da outra parte, se o requerente pode ser qualificado como "indigente".[25] Obtendo o privilégio de litígio sem custos (também chamado de *amparo de pobreza* ou privilégio de pobreza) em geral dependem da demonstração que o caso tem perspectivas suficientes de sucesso e não seja apenas baseado em alegações inconsistentes. Algumas jurisdições estabelecem um teto financeiro fixado na renda para determinar se o requerente pode pagar os custos legais;[26] outros aplicam um teste flexível para determinar a indigência.[27]

Em algumas jurisdições, o requerente pode escolher o advogado que o/a representará sem custos e, se não prevalecer essa opção, o tribunal faz a indicação a partir de uma lista disponível de advogados com prática no distrito judiciário. Em termos de seu nível de sucesso na qualidade de representação legal, a distinção mais relevante entre os programas de advocacia dativa ou de assistência judiciária gratuita parece estar baseado em se o programa oferece remuneração para os advogados ou simplesmente depende de seus serviços voluntários. Não surpreende, portanto, que as jurisdições que remuneram os advogados que atendem os pobres têm melhores condições de obter sucesso em fornecer efetiva assistência legal do que aqueles que dependem somente de serviços ou voluntários ou convocados da comunidade legal.[28]

Os advogados de assistência jurídica, entretanto, podem e de fato recebem alguma compensação mediante honorários percebidos de litígios da parte perdedora. Isso é conhecido como "regra inglesa" nos Estados Unidos, embora seja praticado na maioria dos países de legislação civil, nos quais os custos do litígio devidos pelo perdedor incluem o pagamento dos honorários de advogados da parte vencedora. Aqueles que se qualificam para a assistência estão isentos de pagamento dos honorários dos advogados se eles perderem o caso, embora em algumas jurisdições a pessoa assistida que perde a causa pode ainda ter de pagar o preço dos dossiês, taxas de selo e arcar com outros custos como aqueles de seu ou de sua testemunha e especialistas.[29] Por outro lado, se o assistido ganha, o advogado designado tem o direito de recuperar o valor de seus honorários da parte que perde. O advogado designado pelo tribunal funciona principalmente em disputas trabalhistas e aquelas que envolvem relações domésticas como divórcio, pensão alimentícia ou guarda de criança. Nesses casos, as perspectivas de vencer o caso e recuperar o honorário dos advogados não funciona como um incentivo financeiro suficiente em relação à quantidade de trabalho que a assistência jurídica requer.[30]

Programas de clínicas legais administrados por escolas de direito seguem um outro esquema organizacional que visa ao acesso mais amplo dos pobres à justiça. Em algumas jurisdições na América Latina, as escolas de direito oferecem diferentes programas clínicos que funcionam na base do voluntariado; outras jurisdições estabelecem tais programas como um requisito compulsório para a graduação na universidade (Trinidad Tobago);[31] e outras jurisdições ainda impõem esse requisito depois da graduação como um pré-requisito para ser admitido na prática (Chile).[32] Embora esses programas de clínica jurídica tenham vantagens óbvias em termos de independência organizacional, muitos deles enfrentam sérias limitações financeiras.[33] Evidentemente, os planos de assistência legal administrados por clínicas de escolas de direito têm um objetivo duplo: oferecer treinamento prático aos estudantes assim como assistência jurídica e representação aos pobres. Além disso, o sucesso desses programas mede-se principalmente em termos de experiência educacional adquirida pelos estudantes, mais do que em termos do sucesso real em cumprir as necessidades legais que afetam os pobres.[34]

Em alguns países latino-americanos, os projetos de assistência legal têm sido financiados pelas organizações não-governamentais que tentam organizar e promover a assistência legal para vários grupos pobres. Algumas dessas organizações privadas fornecem assistência jurídica para acusados de crimes, operários, inquilinos, mulheres, camponeses e povos indígenas, assim como para os pobres moradores das grandes áreas metropolitanas que invadem terras do governo ou privadas.[35] Sem nenhum apoio financeiro do governo ou das associações de advogados, os advogados das organizações não-governamentais oferecem a mais competente e honesta assistência legal que lhes é possível. A emergência desses novos grupos de interesse é notável e espera-se que cresça.[36] Entretanto, a ausência de uma tradição de prestação filantrópica e advocacia de interesse público limita de forma severa a capacidade dessas organizações privadas de alcançar os pobres.

## Os Objetivos Tradicionais dos Serviços Legais para os Pobres

A maioria dos programas de serviços legais descrita anteriormente é preparada ou para defender reivindicações individuais no tribunal ou nos processos administrativos ou estabelecer as reclamações judiciais com o propósito de assegurar um ganho individual específico ou evitar uma perda específica individual. Desse modo, o esquema global de assistência legal é basicamente conservadora, uma vez que os serviços são oferecidos para os pobres numa base individual e com o propósito de gerar acesso aos tribunais pela representação gratuita ou com pagamento acessível. Os serviços legais oferecidos desse modo são, portanto, direcionados para o trabalho nas salas dos tribunais. Essa abordagem, adotada individualmente e orientada para os tribunais, embora capaz de corrigir injustiças de casos individuais, não é apropriada para estabelecer uma justiça igual para os pobres.[37]

Oferecer aos pobres conselho e representação gratuitos, assegurando a ele ou a ela a apresentação no tribunal, é uma prática consistente com os mandatos constitucionais do devido processo legal e do papel tradicional do advogado, i.e., um advogado que é treinado para lidar com doutrinas técnicas e abstratas para beneficiar os clientes individuais. Mas esse tipo de advocacia provavelmente não terá um impacto global em moldar a legislação com a finalidade de aumentar o poder dos pobres de impetrar ação judicial. Pode ser suficiente para pressionar o cumprimento efetivo daquelas leis que favoreçam os pobres em um caso individual, mas a lei aplicada dessa maneira provavelmente terá pouco impacto em virtude do tradicional distanciamento entre a "lei na teoria" e a "lei na prática". Algum outro modo de "serviço legal" é necessário para de fato mudar as leis e as respostas que funcionam contra os interesses dos pobres. Evidentemente, é necessário assegurar a disponibilidade de advogados que defendam uma interpretação da lei que, imparcialmente, leve em conta as desigualdades existentes na distribuição de renda. É ainda necessário adotar um sistema legal que opere com juízes independentes que resolvam as disputas sob um processo judicial razoavelmente célere capaz de assegurar que as regras existentes sejam de fato cumpridas. Isso requer mudanças que vão além dos planos de assistência legal.

Em primeiro lugar, requer-se uma imagem do advogado que ultrapasse aquela do advogado de casos individuais diante de um tribunal de justiça. Uma imagem que esteja mais próxima daquela de um jurista com mentalidade política, cujo principal papel seja o de um "engenheiro social" procurando soluções inovadoras para os pobres. Tal papel de advogado não implica mudanças revolucionárias, mas requer uma participação ativa dos advogados nos programas ou iniciativas de reforma especificamente destinadas a mudar as decisões governamentais que afetam a igualdade de oportunidades e a distribuição de renda. Em segundo lugar, as funções de advogar, com vistas a esse propósito, exigem o surgimento de organizações populares capazes de estabelecer ações coletivas em benefício dos pobres ou das pessoas marginalizadas. Em terceiro, esse tipo de serviço legal só poderá ser oferecido em um quadro institucional condizente com a advocacia coletiva e que favoreça a resolução de disputas de forma conveniente e justa. Em resumo, a fim de ser bem-sucedido, qualquer programa governamental ou não-governamental que vise a um acesso crescente da justiça pelos pobres deve ser acompanhado por uma reforma institucional. É para as características essenciais desse programa de reforma que dirigimos agora nossa atenção.

## Acesso à Justiça e Reforma Institucional

A assistência legal, qualquer que seja a forma que assuma, é um atributo básico mas não suficiente de acesso à justiça. A reforma da legislação é um componente essencial de qualquer programa que tenha por objetivo oferecer assistência legal aos pobres. Projetos de reforma judiciária na América Latina, como observou Correa Sutil, são atualmente executados por várias agências internacionais ou pelo menos são parte de seus programas.[38] Evidentemente, ainda resta verificar se os programas de fato trarão benefícios aos grupos não-privilegiados,[39] mas mesmo assumindo que alguns dos esforços dos reformadores nem sempre tem êxito, qualquer sistema que resulte dificilmente poderá ser pior do que um caracterizado por atrasos longos, corrupção e tendências de favorecer aqueles com os bolsos recheados. Já que a barreira limiar para acesso à justiça é a ignorância dos usuários em potencial de seus direitos, qualquer iniciativa de reforma deve promover o acesso atacando as principais barreiras econômicas, psicológicas, de informação e física que tradicionalmente têm impedido o acesso à justiça. Assim, é necessário orientar os esforços de reforma em direção a um sistema legal que seja capaz de assegurar o acesso, porque a justiça fácil e igualitária para tribunais questionáveis operando sob normas questionáveis provavelmente não sustenta o Estado de Direito. Finalmente, é necessário proporcionar reformas legais que permitam que o sistema legal esteja a altura de favorecer um acesso crescente e capaz de atender a essa demanda.

Várias áreas que requerem reforma institucional podem ser lembradas. Essas incluem redução de custos de litígio e das causas de atraso; o estabelecimento de procedimentos convenientes e informais para pequenas causas; a promoção de maiores incentivos para alcançar um acordo prévio e meios alternativos de resolução de litígios; leis liberais de representação; e a adoção do ideal de "advocacia de interesse público" como um componente essencial de educação legal, treinamento profissional e prática do direito. Segue-se uma descrição de cada uma dessas áreas.

*Custos e atrasos nos tribunais.* Os custos eventuais de litígio incluem não apenas os honorários dos advogados, mas também cobrança dos papéis, taxas de selos e outros, nem todos justos e de acordo com o tipo de caso e de requerente. Custos excessivos de litígio em alguns países da América Latina já haviam sido indicados no Projeto Florence de Acesso à Justiça nos anos 1970.[40] Os atrasos excessivos no tribunal em alguns outros países foram medidos mais recentemente e diagnosticados pelo Banco Mundial.[41] As razões dos altos custos e dos atrasos são muitas e complexas. Algumas das causas estão relacionadas à natureza ritualística fútil de muitas regras de procedimento que visam oferecer um processo apropriado, mas que de fato enredam os casos em uma porção de tecnicalidades. Outros atrasos resultam das apelações interlocutórias [*interlocutory appeals*] ou regras complicadas para apresentação de provas. Uma das causas de aumento dos custos do litígio está obviamente relacionada ao tamanho dos processos, que, por sua vez, está relacionado a causas tais como leis complicadas e vagas ou a necessidade de regulamentar os mesmos temas repetidamente em razão da falta de confiança nos precedentes.[42] A ausência de incentivos para queixosos e acusados chegarem a um acordo logo também contribui para que o litígio se arraste por anos.[43] Algumas jurisdições não permitem acordos contingentes de honorário (*pacto de cuota litis*), impedindo, assim, efetivamente, o acesso à justiça para os queixosos pobres com reclamações de danos consideráveis.[44] Custos da ação judicial podem incluir incentivos pecuniários "informais" visando motivar os funcionários do sistema judiciário. É sabido, ainda que pouco documentado, que a corrupção assola a administração na justiça em muitos países latino-americanos.[45] Isso representa uma ameaça maior tanto para os não-privilegiados (que são a parte menos indicada para arcar com o pagamento de uma propina) como para a integridade do sistema de justiça.[46] Mesmo que muitas acusações de corrupção sejam infundadas, a ausência de um processo judicial relativamente rápido, transparente e com credibilidade para averiguar influências indevidas e o pagamento de propinas mancha a credibilidade da justiça e corrói ainda mais a confiança nos tribunais.

*Reformas processuais visando um acesso à justiça mais abrangente.* Muitos dos problemas que afetam os pobres envolvem um grande número de indivíduos que sofrem danos semelhantes originados pelas mesmas causas. Não é difícil perceber que os custos de ação judicial tendem a diminuir se um partido ou organização for intitulado para apresentar uma reivindicação única em benefício do grupo de queixosos considerados como um todo. Também o impacto real e preventivo de julgar será maior, se um julgamento errôneo aplicar-se não a um indivíduo, mas a um grupo de indivíduos. O projeto técnico e a implementação real dos procedimentos que visam à fusão e simultaneamente ao estabelecimento de um grande número de reivindicações de indivíduos intimamente relacionados é um dos desafios maiores e mais urgentes para melhorar o acesso à justiça.

Os sistemas legais latino-americanos permitem o agrupamento de queixosos contra um acusado comum (*litisconsorcio activo*) e o agrupamento de casos diferentes (*acumulación de autos*) que tenham sido apresentados em separado, desde que certos requisitos estejam presentes (p. ex., as reivindicações devem estar sustentadas pelos mesmos fatos e partilharem de uma causa comum, não podendo ser inconsistentes, e todas devem, independentemente, satisfazer os requisitos juridicionais).[47] Entretanto, essa acumulação de queixosos, reivindicações, ou casos nem sempre implica vantagens de custos ou redução significativa no tamanho dos processos. Em primeiro lugar, nenhum dos queixosos pode assumir a representação do grupo como tal, a não ser e até o ponto em que cada queixoso individualmente confira poderes ao advogado na representação. Em segundo, cada queixa individual permanece substantivamente distinta a despeito da junção, o que significa que cada queixoso retém o direito de ser ouvido ou de produzir evidência separadamente, como se a associação não tivesse acontecido. Em terceiro e mais importante, a decisão dada para o caso não é obrigatória e, assim, tem pouca conseqüência para as pessoas que não se juntaram à ação mas que permanecem submetidas à mesma ameaça que afetou os queixosos que fizeram a ação.[48]

A fim de aumentar o acesso à justiça, os sistemas legais latino-americanos requerem um alargamento da possibilidade de processar, como meio com maior custo-benefício para indicar os direitos de fazer implementar regulamentações e evitar danos, para milhares de pessoas. Alargar a capacidade de ação judicial contribui para aumentar o poder do Judiciário e mudar a política social da administração. Entretanto, não está totalmente claro se os Estados estão prontos para aceitar ou para lidar com o tipo de processos de ação de classe que se têm tornado uma das marcas registradas do sistema americano de justiça civil. Alguma espécie de mecanismo processual deve ser inventada para a representação dos interesses "coletivos" ou "difusos", reduzindo assim não apenas as barreiras psicológicas e informáticas, mas também diminuindo os custos do processo para cada indivíduo. A experiência tem mostrado que o poder dado aos promotores públicos para independentemente iniciar processos em benefício dos não-privilegiados (p. ex., menores, ausentes e incompetentes) ou em defesa do "interesse público" têm, em grande parte, fracassado.[49] Assim, é necessário garantir um papel para as associações e organizações não-governamentais (grupos de ambientalistas, de consumidores e de direitos humanos) de tal forma que eles possam abrir processo em benefício do interesse público ou do bem comum.[50]

*Estabelecimento de tribunais e procedimentos informais para atender pequenas causas.* Uma outra opção para reduzir os atrasos nos casos e melhorar o acesso à justiça é estabelecer tribunais cuja composição e procedimento são especificamente destinados a atender reivindicações até um certo teto monetário. A experiência com o tribunal de pequenas causas e tribunais do bairro na América Latina tem sido mista. Em alguns países, os juízes de paz (*juzgados de paz*) ou juízes municipais, embora criados com o propósito de atender pequenas causas rapidamente, têm-se tornado cada vez mais burocratizados.[51] Em outros países, a experiência tem sido extremamente favorável.[52] Um processo oral simplificado ou concentrado, em que as partes podem se apresentar *pro se*, provavelmente permite o acordo de disputas que, em virtude dos atrasos e demoras dos tribunais comuns, seriam deixadas sem remédio.

*A reforma legal em áreas substantivas da legislação.* O acesso à justiça pode também ser realçado pela adoção de reformas de lei substantiva formuladas para permitir uma resolução mais conveniente das questões que afetam os setores mais vulneráveis da sociedade. As disputas trabalhistas dizem respeito a temas tais como a formalização dos contratos empregatícios e demissão injusta de emprego. Propriedade e legislação contratual freqüentemente levam a disputas que afetam os camponeses e os moradores de favelas das cidades que desejam assegurar um título formal legal, os direitos dos arrendatários de terra agrícola, ou os assentamentos urbanos precários.[53] Na área da família, os temas mais recorrentes envolvendo os não-privilegiados são aqueles relacionados ao divórcio e à divisão da propriedade do casal,[54] à custódia e o sustento das crianças, às ações de paternidade[55] e pensões. O acesso e distribuição dos direitos a água potável, irrigação e proteção contra a poluição do meio ambiente também afetam os pobres. Temas relacionados à violência policial, às graves violações de direitos humanos e ao crime em geral têm nos pobres seus clientes regulares, seja como vítimas ou como acusados. Cada um desses temas necessita de uma reforma legal da mais variada natureza visando à simplificação das leis ou à prova dos fatos que podem determinar o resultado de um litígio. Esforços para reformar devem levar em conta que a maior parte dos protagonistas das disputas pode não estar informada de seus direitos ou pode não dispor de um advogado para representá-la.

*Resolução alternativa de litígios.* A resolução de litígios por meios alternativos (RAL), tais como mediação, conciliação e arbítrio, deve ser encorajada porque, dependendo da natureza do litígio, oferece uma opção mais atraente do que o processo judicial convencional, lento e, às vezes, impossível de prever.[56] A RAL é uma alternativa importante para atrasos ou corrupção que caracterizam a maioria dos métodos formais/judiciais de estabelecer disputas. Argumenta-se que assumir os sistemas privados de justiça adotados com sucesso cada vez maior nos EUA pode isolar o primeiro e o segundo níveis de administração judicial nos quais os não-privilegiados são deixados para estabelecer suas disputas, nos tribunais públicos congestionados, enquanto os privilegiados se aproveitam da resolução rápida das disputas por meio da RAL. Essa alegação é muito generalizada para detratar os méritos da RAL, embora possa ser considerada com seriedade. Em primeiro lugar, a maioria dos métodos da RAL deve ser consensual, e se a mediação tiver de ser imposta, como um pré-requisito do litígio, a decisão do mediador não é obrigatória para as partes. Em segundo, a conveniência de uma forma particular da RAL depende muito da natureza da disputa e das partes envolvidas, e não pretende substituir os tribunais públicos naquelas áreas que dizem respeito à política pública que não são arbitráveis, p. ex., a violência doméstica e os assuntos criminais (não-patrimoniais). Em terceiro lugar, além de reconhecer que a RAL não é a panacéia para os problemas estruturais que afetam a administração da justiça, é mesmo até mais importante enfatizar que ela não pode ser bem-sucedida a não ser que tenha ao mesmo tempo a compreensão e o apoio dos tribunais públicos. De fato, a melhor abordagem para experimentar e gradualmente introduzir a mediação e a arbitragem é mediante programas pilotos subsidiados e supervisionados pelos tribunais ordinários.[57] As tentativas recentes de introduzir a RAL em algumas jurisdições latino-americanas têm mostrado uma média substancial de sucesso.[58] Embora o estabelecimento dos programas de mediação seja muito recente para permitir conclusões suficientes em relação ao seu sucesso, não há dúvida de que a RAL abre uma nova direção que vale a pena seguir.

*Educação e treinamento legal.* Um dos principais problemas de acesso à justiça é a ausência de treinamento legal especificamente programado em relação a uma compreensão das diferenças legais, econômicas e sociais, e do fato de que essas deficiências reduzem ou impedem o acesso à justiça pelos pobres. Se os advogados não se consideram eles próprios tendo um papel a representar na mudança das leis responsáveis por muitos dos problemas legais que afetam os pobres, isso é o resultado, em grande medida, da ausência de treinamento legal orientado para o serviço público. O currículo atual das faculdades de direito na maioria das escolas de direito latino-americanas oferecem pouco no sentido de discutir e examinar o que a legislação faz para e pelas pessoas de baixa renda. Não há cursos sobre legislação de interesse público e o termo como tal é bastante desconhecido. De fato, o currículo da escola de direito tradicional tende a ser altamente teórico, divorciado da prática da profissão legal e das realidades enfrentadas pelos pobres.[59] A ausência de perspectivas acadêmicas no direito de interesse público e a falta de consciência por parte dos advogados privados sobre a advocacia de interesse público deve ser uma das principais áreas de preocupação dos programas de reforma da justiça na América Latina. Afinal, a responsabilidade primária de assegurar a justiça igual sob a lei não se apóia tanto sobre os programas de assistência legal, mas sobre os advogados privados, as ordens dos advogados e as organizações não-governamentais. Os serviços legais para os pobres e o aumento do acesso à justiça são mais prováveis de se tornarem efetivos a longo prazo por meio de uma nova geração de advogados com interesse público, sólida reforma incrementada da legislação, aumento do uso da RAL e pessoal adequado nos tribunais e treinamento de juízes, do que mediante "band-aids" oferecidos pela representação subsidiada de queixosos ou acusados individuais indigentes.

# Notas

1. Durante as décadas de ditadura militar, guerra civil, governo autoritário, o controle judicial da ação do Executivo e a proteção das liberdades civis deram um passo atrás. O processo de democratização que percorreu a região durante os últimos anos da década de 1980 trouxe com ela uma maior percepção da necessidade de um sistema legal capaz de garantir os direitos individuais contra o Estado. Uma vez que o Estado de Direito foi estabelecido como a base da autoridade legítima, as reivindicações por acesso à justiça ganharam importância. Muitas das frustrações iniciais sofridas no despertar das transições dos governos autoritários para os democráticos foram na maior parte das vezes sofridas pela falta de habilidade dos novos governos eleitos de levar à justiça aqueles responsáveis pelos abusos passados aos direitos humanos.

2. A fim de ser "eficiente", uma economia de mercado operacional também precisa de um certo nível de credibilidade para operar, exigindo um con-

junto de direitos de propriedade definidos claramente, com "regras do jogo" predizíveis e tribunais neutros para resolver as disputas comerciais. Assim, o acesso a tribunais confiáveis independentes e processos judiciais convenientes, é crítico tanto para os grandes como para os pequenos empresários tentar garantir contratos, buscar compensação monetária contra atos errados, ou obter injunções contra o mercado comercial, a patente, ou outras violações dos direitos de propriedade intelectual.

3. Para uma análise conceitual dos modos pelos quais os serviços legais para os pobres poderiam influenciar a distribuição de renda, ver David M. Trubek, *Unequal Protection: Thoughts on Legal Services, Social Welfare, and Income Distribution in Latin America,* 13 Texas Int'l L. J., 1978.

4. Lord McCluskey, *Problems of Access to Justice in International and National Disputes.* Nota apresentada na 22ª Conferência Bienal da Associação Internacional dos Advogados, Buenos Aires, setembro de 1988. Reproduzida em *International, Legal Practitioner* 13, 1988.

5. Erhard Blakenburg, *Comparing Legal Aid Schemes in Europe.* 11 Civil Justice Quarterly (1992).

6. Todas as pesquisas que tentam medir as atitudes públicas do Judiciário na América Latina indicam que o nível de confiança pública neste é alarmantemente baixo. *Ver* p. ex., Eduardo Buscaglia Jr., *Judicial Reform in Latin America: The Obstacles Ahead,* Latin American Affairs 4 (outono/inverno 1995), World Bank Technical Paper nº 350, que compara o nível da confiança pública no Judiciário em 35 países desenvolvidos e em desenvolvimento. Todos os países da América Latina, com a exceção do Chile, estão no nível de 15%. De fato, "[as pesquisas realizadas na Argentina, Brasil, Equador e Peru mostram que entre 55 e 75% do público têm uma consideração muito baixa pelo Judiciário. Mais especificamente, na Argentina, 46 % dos entrevistados consideram o setor judicial inacessível. O mesmo ocorre no Brasil, Equador e Venezuela, onde as porcentagens são 56, 47 e 67%, respectivamente." Id.

7. Assim, foi constatado no Chile que os pobres que não tiveram experiência com o Judiciário tinham uma média de 20% de confiança neste, mas aqueles indivíduos que tinham tido experiência com o Judiciário tinham um nível de confiança um pouco melhor. Ver María Dakolias, *A Strategy for Judicial Reform: The Experience in Latin America,* 36 VA. J. Int'l L 167, 168, 1995.

8. Para uma pesquisa mais abrangente dos diferentes programas de auxílio legal na América Latina, ver *Legal Aid and World Poverty. A Survey of Asia,*

*Africa and Latin America* 77-131, C. Foster Knight ed., Nova York: Praeger, 1974.

9. *Ver* Guillermo O'Donnell, *Another Institutionalization: Latin America and Elsewhere*, Kellogg Institute Working Paper n⁰ 46, Kellogg Institute, Notre Dame University, 1995, que se refere ao clientelismo, patrocínio, nepotismo, favores, "jeitos" e outras "particularidades" que caracterizam o cumprimento real dos Estados de Direito formais. Ver também, com referência particular ao impacto dessas "particularidades" no sistema legal como um todo, Keith Rosenn, *Brazil's Legal Culture: The Jeito Revisited,* I Fla. Int'l L. J., 1985. Como conseqüência dessas características "estruturais" ou "culturais" na maneira de fazer negócio e proporcionar conselho legal para os clientes nos EUA, *ver* Michael Gordon, *Of Aspirations and Operations: The Governance of Multinational Enterprises by Third World Nations,* 16 INTER-AM. L. VER. (1984); and Eugene Robinson, *The South American Graft,* The Washington Post, dezembro de 1990.

10. *Ver* Dwight B. Heath, *New Patrons for Old: Changing Patron-Client Relationships in the Bolivian Yungas,* em Structure and Process in Latin America: Patronage, Clientage and Power Systems 101, 120 (Alan Strickon & Sydney Greenfield eds., Albuquerque: University of New Mexico Press, 1972); Kenneth Karst, Murray Schwartz & Audrey Schwartz, *The Evolution of the Law in The Barrios in Caracas* (Los Angeles: University of California, 1973), reproduzido em parte em *Law and Development in Latin America: A Case Book* 574-628 (Keith Rosenn & Kenneth Karst eds., Berkeley: University of California Press, 1975).

11. Por exemplo, o Ministério da Justiça peruano estabeleceu sete secretarias de assistência legal apenas na cidade de Lima, e apenas mais oito secretarias para servir o restante do país. Dakolias, *supra* nota 7, 208.

12. Legal Aid and World Poverty, *supra* nota 8, em 104. Há uma escassez de informação a respeito da prática da lei na América Latina. Os números sobre o total de advogados licenciados podem ocasionalmente ser encontrados. Luis Bates Hidalgo & Ira Leitel, *Legal Services for the Poor in Chile,* em Legal Aid and World Poverty, *id,* 134, 134, relatam uma média de 400 advogados chilenos para cada milhão de habitantes em 1970. Esse número é muito pequeno se comparado com os números de densidade de advogados nos países industrializados. Edward Bankengurg, *Comparing Legal Schemes in Europe,* 11 Civil Justice Q. 106, 109-10 (abril de 1992), relata uma média de 300 advogados californianos para cada 100 mil da população do estado, e números comparáveis de 150 advogados e requerentes para 100 mil habitantes na Inglater-

ra e País de Gales, 77 na Alemanha Oriental e 37 na Holanda. Esses números por si só não têm grande significado, a não ser que combinados com informação sobre distribuição funcional e territorial dos serviços e a qualidade do serviço profissional fornecido por esses advogados. Assim, a despeito da idéia anterior de que há um excesso de advogados em todas as maiores capitais da América Latina, a escassez dos serviços legais pode ainda resultar da distribuição inadequada desses serviços no que diz respeito às necessidades do mercado, especialmente as necessidades dos pobres de assistência legal.

13. As mulheres latino-americanas têm uma probabilidade de 34% de estarem incluídas entre os 20% mais baixos da distribuição de renda, em comparação à probabilidade de 15% dos homens. George Psacharopoulos, Samuel Morley, Ariel Fizbein *et al.*, *La pobreza y la distribucioón de los ingresos en América Latina: Historia del decenio de 1980,* World Bank technical Paper nº 350 (Washington, D.C.: The World Bank, 1993). Shahid Javed Burki & Sebastión Edwards, *Consolidating Economic Reforms in Latin America and the Caribbean,* Finance & Development 7-8 (março de 1995), descobriram que o impacto da pobreza que aumentou nos anos recentes recaiu mais sobre as mulheres latino-americanas; que o segundo fator mais importante para determinar a pobreza é o gênero, e que as mulheres solteiras chefes de família, com probabilidade de ficarem abaixo da linha de pobreza, são atualmente um fenômeno comum. De acordo com Carlos Peña Gonzales, el Acceso a la Justicia (1995), 30,5% das mulheres chilenas e 21,7% dos homens têm um nível mais baixo de conhecimento sobre seus direitos e do papel do sistema judiciário que protege esses direitos. Um relatório de 1995 da Comissão Permanente dos Direitos da Mulher e das Crianças destaca que 73% da população analfabeta do Peru são compostas por mulheres, e que as mulheres que vivem nas áreas rurais são ainda mais sujeitas à probabilidade de receberem menos educação do que aquelas que vivem nas cidades.

14. *Ver* Maria Dakolias, *The Judicial Sector in Latin America and the Caribbean: Elements of Reform,* World Bank Technical Paper nº 319 (Washington, D.C.: The World Bank, 1996). As disputas envolvendo pensão alimentícia e custódia são o tipo de reclamação processado com mais freqüência pelas clínicas de assistência legal da Associação dos Advogados de Lima. The World Bank, *Peru: Judicial Sector Assessment,* Internal World Bank Document nº 1378-PE (Washington, D.C.: The World Bank, 1994).

15. Dakolias, *A Strategy for Judicial Reform, supra* nota 7, 212-213. O sistema legal equatoriano não presta serviços de tradução para os povos indígenas que não entendem ou falam espanhol. *Id.*

16. Cláusulas estatutárias relativas ao trabalho de defensor público são encontradas nos códigos de processo penal ou ocasionalmente em legislação especial. Esse trabalho é geralmente subordinado a diferentes níveis dos tribunais criminais, e os defensores públicos de muitos países trabalham em tempo integral como funcionários do Ministério da Justiça.

17. Assim, a legislação venezuelana concede um conselho de governo em assuntos criminais (*defensores públicos)*, para operários e mineiros e para as populações rurais e indígenas. O Comitê de Advogados de Direitos Humanos, e o Programa Venezuelano de Direitos Humanos, Educação e Ação, *Halfway to Reform: The World Bank and the Venezuelan Justice System* (Nova York: Lawyers Committee for Human Rigths, 1996).

18. Para uma crítica da qualidade da representação exercida pelos defensores públicos na América Latina, *ver* Legal Aid and World Poverty, *supra* nota 8, em 79 ("Como assunto prático, a maquinária para cumprir o direito ao conselho não é eficiente para a maioria dos pobres. Os acusados não podem ter conselho designado (se tiverem) até depois das principais etapas do julgamento terem sido completadas. Os tribunais fazem um pequeno ou nenhum esforço para fornecerem ajuda monetária necessária para pagar as testemunhas ou conduzir uma investigação em benefício do acusado. Além disso, a qualidade da representação legal oferecida pelo conselho designado é muito baixa, fazendo juz à falta de incentivo financeiro"). No *workshop* de Notre Dame, o juiz Schffrin observou que na jurisdição Circuito Federal do Tribunal de La Plata (Argentina) onde ele trabalha, sete defensores em tempo integral atendem aproximadamente 80% de todos os casos tratados por quatro juízes de instrução e duas cortes de julgamento. Na cidade de Buenos Aires, 41 defensores públicos representam todos os casos criminais de 73 juízes de instrução, 49 tribunais de julgamento e 15 tribunais de apelação.

19. *Ver Halfway to Reform, supra* nota 17, com referência ao fato de que na Venezuela o número de defensores públicos é insuficiente para tratar dos casos existentes, 157 defensores públicos dividem um total de 45.702 casos, uma média de 291 casos por advogado. "O Conselho Judicial Venezuelano estimou que precisaria de no mínimo de mais 84 defensores públicos em 1994 para responder às necessidades nacionais, mas apenas dois advogados foram contratados. A média dos casos por advogado, em conseqüência, aumentou para 348 em 1995. Em vários estados, a média de 1995 era de 450 casos por advogado, no estado de Sucre, esse número saltou para 625." Foi relatado que o Equador tem um total de 21 defensores públicos, Quito e Guaiaquil (com uma população de mais do que 2 e 3 milhões de pessoas, respectivamente)

tendo apenas quatro defensores públicos cada. *Como citado por* Dakolias, *supra* nota 7, 208.

20. Desse modo, observou-se que os defensores públicos na Venezuela geralmente "sentem uma grande distância social entre eles próprios e seus clientes, os vêem como culpados e claramente não estão dispostos a fazer qualquer esforço para defendê-los". Rafael Pérez Perdomo, *Informe sobre Venezuela, in* Situación y Políticas Judiciales en América Latina, Cuadernos de Análisis Jurídico 588 (Jorge Correa Sutil ed., Santiago: Universidad Diego Portales, 1993). O mesmo autor se refere a percepções de disfunção semelhantes do prisioneiro que o defensor público deve representar. "O contato entre os acusados e os defensores públicos é tão superficial que muitos prisioneiros entrevistados ignoravam o fato de que eles tinham um conselho público e quando perguntados sobre o papel do defensor público nas audiências nos tribunais onde a presença do conselho público é requisitada, os prisioneiros não fazem distinção entre os papéis [do juíz e do defensor público]; ao contrário, todos os funcionários do Judiciário são vistos em conjunto como 'aqueles que querem nos ferrar'[ os prisioneiros]," *Halfway to Reform, supra* nota 17, em 65. Vale a pena repetir que esse defeito na função do defensor público é também observado em outras jurisdições.

21. *Ver* David Barringer, *Downsized,* Aba Journal 60-66 (julho de 1996); e Richard C. Reuben, *Keeping Legal Aid Alive,* Aba Journal 20 (novembro de 1996). Os programas de defesa de indigentes para acusados criminosos têm sofrido problemas graves em muitas jurisdições dos Estados Unidos. *Ver* American Bar Association, *P. D. Funding Struck Down,* Aba Journal 18 (maio de 1992), refere-se à "carga inimaginável de trabalho" da cidade de New Orleans, que fracassa em "cumprir nossos padrões mínimos de competência". Incapaz de contar com um quadro de defensores públicos em tempo integral, muitos tribunais municipais nos Estados Unidos têm de contar com o sistema de conselho designado pelo tribunal, no qual os acusados de crime são representados por advogados que podem nunca ter visto um tribunal por dentro. De acordo com o *The New York Times,* "Em cerca de 40% dos tribunais municipais de New Jersey, não há defensores públicos pagos. Ao invés, os advogados de defesa são apontados ao acaso, muitas vezes no último minuto, e devem trabalhar de graça. São designações que a ordem dos advogados chama de mandatos *pro bono* e que muitos advogados consideram inconstitucional — ruins tanto para os advogados como para os acusados". *New Jersey's Public Defender System Pleases Few,* The New York Times, 24 de fevereiro de 1994.

22. De acordo com um relatório oficial sobre o programa de serviços legais administrados no Brasil pelo estado do Rio de Janeiro, o programa emprega 160 advogados em tempo parcial que têm contato com 45 mil pessoas por mês, tendo atendido 90 mil casos em 1976, o que significa que a média dos advogados é de 10 minutos por caso atendido. *Ver* Associação da Assistência Judiciária do Estado do Rio de Janeiro, *O Atendimento Judiciário Gratuito do Estado do Rio de Janeiro* (1977), citado em David M. Trubek, *Unequal Protection: Thoughts on Legal Services, Social Welfare, and Income Distribution in Latin America,* 13 Tex. Int'l L.J. 243, 260 (1978) *supra* nota 8, 77, 86 ("O objetivo subjacente é limitado à providência de representação gratuita de indigentes nos processos dos tribunais. Representação gratuita nos casos civis é, em geral, limitada aos acusados. Ausente de qualquer significado é a noção de que os serviços legais incluem educação legal para a comunidade sobre a legislação preventiva e a atividade de reforma judiciária... Nenhum esforço real é feito para alcançar os pobres. Essa abordagem efetivamente elimina 90 a 95% dos pobres, que não estão dispostos a levar seus problemas para um escritório de assistência legal organizado pelos ricos e pelas pessoas mais poderosas".)

23. No Peru, a associação dos advogados conta com fundos de 16 clínicas de assistência legal, cada uma com um advogado e cinco funcionários, que trataram de 19.719 casos em 1992. *Ver Peru: Judicial Sector Assessment, supra* nota 14, *citado por* Dakolias, *A Strategy for Judicial Reform, supra* nota 7, 208.

24. O principal programa nacional de assistência legal do Chile é financiado pelo governo mas administrado pela Associação dos Advogados Chilenos desde 1928, primeiro por um *Servicio de Asistencia Judicial* (SAJ) e desde 1981 pela chamada Corporaciones de Asistencia Judicial (CAJ). Há um CAJ em cada Região Metropolitana, Valparaiso e Região de Bio-Bio, e um quarto CAJ baseado em Iquique foi estabelecido em 1987 para Antofagasta e Tarapac. Michael A. Samway, *Accesss to Justice: A Study of Legal Assistance Programs for the Poor in Santiago, Chile,* 6 Duke J. Int'l & Comp.L. 347-49 (1996). A despeito dos efeitos benéficos dos SAJ's e CAJ's para os pobres, tem sido relatado que é inadequado para as necessidades dos pobres da nação. De acordo com Knight em *Legal Aid and World Poverty, supra* nota 8, 89), os advogados do SAJ são mal pagos, os graduados de direito são sobrecarregados com uma carga de trabalho contínua de 80 a 90 casos, os escritórios do SAJ (talvez com exceção do Escritório Central) são mal mobiliados (faltam prédios para bibliotecas, carteiras, máquinas de escrever, aquecimento durante o inverno etc.); tudo isso sugere que o moral é baixo. Knight também afirma: "As considerações orça-

mentárias tornam impossível ter um grupo adequado para atender a demanda. A atitude dos graduados em direito em relação ao SAJ não é de dedicação para a tarefa de assistir os pobres enquanto aperfeiçoam suas habilidades. O peso acumulado desses fatores sugere que a qualidade da assistência legal oferecida pelo SAJ não é boa". *Id.* Os escritórios de assistência legal no CAJ contam com 130 advogados que ganham aproximadamente US$ 440 por mês; os 30 funcionários sociais que trabalham no CAJ ganham significativamente menos; e os graduados recentes da escola de direito (postulantes) executam seus serviços sem pagamento. Samway, *supra,* 358.

25. Os códigos do processo civil e comercial de muitos países latino americanos geralmente incluem um conjunto de cláusulas sobre como qualificar o "privilégio de litígio sem custos". Após uma averiguação sobre a renda do requerente, um "certificado de pobreza" é fornecido e o requerente fica isento de pagamento dos custos do tribunal e dos honorários dos advogados. *Ver,* p. ex., Código Nacional de processo Civil e Comercial (*Código Procesal Civil y Comercial de la Nación*), nos arts. 78-86 [doravante ArgCCivComProc].

26. Em razão da alta procura por serviços legais em proporção aos recursos que estão disponíveis, algumas jurisdições estabeleceram níveis praticamente miseráveis de renda a fim de que a pessoa seja qualificada para a assistência legal. *Ver* Dakolias, *A Strategy for Judicial Reform, supra* nota 7, 208 (referente ao escritório de assistência legal em Trinidad Tobago, que em 1993 recebeu mais do que 10 mil pedidos de assistência, e aceitou apenas menos do que 10% em virtude do requerimento de limite de baixa renda.)

27. *Ver,* p. ex. ArgCCivComProc., *supra* nota 25, no art. 78, § 2, que estabelece: "A garantia do privilégio de litígio sem custos não pode ser impedida por que o requerente tem possibilidade de arcar com as despesas, a despeito da fonte de sua renda". Essa cláusula foi feita com o sentido de que o atestado de pobreza não é necessário, sendo suficiente demonstrar que o requerente não tem a renda necessária para pagar as despesas legais. Serantes Peña & J. F. Palma, Código Procesal Civil y Comercial de la Nación y Normas Complementarias: Comentado, Concordado y Anotado Com Jurisprudencia 86 (1993).

28. Para uma discussão comparativa dos modelos de "conselho designado" ou "assistência jurídica" de assistência legal na Europa Ocidental e nos Estados Unidos, *ver* Mauro Cappelletti *et al., Access to Justice Variations and Continuity of a World-Wide Movement,* 54 Revista Jurídica de la Universidad de Puerto Rico 221(1985), que compara a operação de tais programas na Suécia,

França, Bélgica, Inglaterra e Alemanha); Heribert Hirte, *Accesss to the Courts for Indigent Persons: A Comparative Analysis of the Legal Framework in the United Kindom, United States, and Germany,* 40 Int'l & Comp. L.Q. 91 (1991), que compara os programas de assistência legal na Inglaterra, País de Gales, Holanda e Alemanha. Ao contrário, os emolumentos, caso existam, recebidos pelos advogados fornecidos pelo governo nos países em desenvolvimento são muito baixos. Assim, os advogados da assistência legal em Trinidad e Tobago recebem um honorário que é geralmente um sexto da média do mercado. Dakolias, *A Strategy for Judicial Reform, supra* nota 7, 208.

29. Há informações de que os tribunais, que deveriam em teoria arcar com esses custos, geralmente estão sem fundos para essas despesas. Legal Aid and World Poverty, *supra* nota 8, 80.

30. À medida que o sistema de conselho designado funciona de fato, ele provavelmente opera principalmente em processos criminais no nível de apelação. Nos casos civis o conselho designado é usado com menos freqüência e principalmente onde a parte assistida é um acusado... Não é difícil imaginar que somente uma pequena fração dos pobres da América Latina tem reivindicado seus direitos por conselho designado e defensores públicos. *Id.*

31. Os estudantes de direito do segundo ano em Trinidad e Tobago são requisitados para atuar no mínimo num caso no programa de assistência legal da escola de direito a fim de se graduarem. Dakolias, *A Strategy for Judicial Reform, supra* nota 7, 209.

32. Dakolias, *A Strategy for Judicial Reform, id.* em 209 e 218 nº 219 (refere-se ao Chile e à Venezuela como os países latino-americanos que exigem treino prático antes de conferir a licença para praticar a advocacia). Os postulantes à graduação nas escolas de direito chilenas atualmente são obrigados a completar um trabalho interno sem pagamento por seis meses no escritório de assistência legal para receber uma licença para prática da Corte Suprema. *Id.,* 218, nº 220. Ver também Steve Lowenstein, Lawyers, Legal, Education and Development: An Examination of the Process of Reform in Chile (1970). Um graduado típico pode pegar entre 80 a 110 casos em um período de seis meses. *Ver Samway, supra* nota 24, 358-59 ("O elemento estudante postulante é um importante mecanismo de bem-estar social que coloca o Chile a parte dos outros países nas Américas, inclusive os Estados Unidos, que não exige serviço de assistência legal após a escola de direito").

33. Ver Legal Aid and World Poverty, *supra* nota 8, 117 ("Diante do que eles consideram as necessidades mais importantes (tais como salários mais altos ou melhores condições físicas), as escolas de direito latino-americanas re-

lutam a fornecer o financiamento necessário para o projeto de assistência legal").

34. Legal Aid and World Poverty, *ID*. EM 104 ("O uso de estudantes é louvável quando fornece uma experiência educacional que os estudantes acharão valorosas quando entrarem para a prática. Mas deve-se reconhecer que o trabalho do estudante tem um valor diferente — ele pode ser barato e pode ser facilmente manipulado pela criação de exigência compulsória para a graduação na universidade e a *licenciatura* (licença para a prática). Os melhores consultores jurídicos são caros, valiosos em termos educacionais e oferecem um serviço de alta qualidade para os clientes. O pior é a exploração do trabalho estudantil, a indiferença do estudante temporário ou a animosidade em relação aos problemas legais dos pobres, e o oferecimento de serviço inferior aos clientes.").

35. *Id., 112.*

36. *Ver*, p. ex., o surgimento da Asociación Nacional de Abogados Democraticos ("ANAD"), estabelecida no México em 1991. Foi registrado que em 1993, a ANAD compreendia cerca de 250 membros na Cidade do México e outros 200 em 12 dos 31 estados do México. Outras organizações não-governamentais filiadas à ANAD estão a serviço da organização de programas de treinamento sobre educação legal (El Despacho de Orientación y Asesoria Legal, DOAL, na Cidade do México), tratando dos problemas legais de família das mulheres, tais como violência doméstica (Mujeres en Acción Sindical, MAS, também na Cidade do México), e representam os camponeses e povos indígenas (Tierra y Liberdad na Cidade do México e Chiltak em Chiapas). *Ver em geral* Carl M. Selinger, *Public Interest Lawyering in Mexico and the United States,* 27 INTER-AMERICA L. VER. 343, 352-53 (1995-96).

37. *Ver em geral* Legal Aid and World Poverty, *supra* nota 8, 109 ("A justiça de igualdade deveria significar mais do que ter os direitos do cliente pobre reivindicados em um caso particular; deveria significar pelo menos que o sistema legal funciona para beneficiar os pobres como classe na mesma proporção em que funciona de maneira reconhecida para beneficiar os interesses sociais dos ricos e poderosos."); e Trubek, *supra* nota 3, 261 ("Os programas de serviços legais públicos raramente, se é que alguma vez, estão engajados em uma advocacia coletiva, que pode ser essencial se a assistência legal quiser ter um impacto substancial sobre o desígnio ou a administração do programa de bem-estar social").

38. *Ver* o capítulo de Jorge Correa Sutil neste volume. Correa Sutil observa que a Usaid concedeu não menos do que $200 milhões de dólares de

1985 a 1995 para os programas sobre o melhoramento da administração da justiça na Costa Rica, Honduras, Guatemala, El Salvador e Panamá. Outros programas da Usaid estão encaminhados na Argentina, Bolívia, Colômbia, Chile, Equador, Paraguai e Uruguai. O Banco Mundial está realizando um programa na Venezuela e outros programas estão programados para a Bolívia e o Paraguai. Finalmente, o Banco Interamericano de Desenvolvimento, como parte de seu programa sobre "Modernização do Estado" na América Latina, também está planejando investir em reforma judiciária em alguns países da América Latina.

39. *Ver* Correa Sutil, *id.*

40. *Ver* Access to Justice: A World Survey I.1 (Mauro Cappelleti & Bryant G. Garth eds., Milan: Gituffré, Sijthoff, 1978). Naquele tempo, os custos de tribunal na Colômbia eram estimados em 50% do valor da causa envolvendo $3.500 e aproximadamente 60% do total das causas que não excedem $700. *Ver* M. Fernández, *Access to Justice in Colombia,* em Access to Justice, *id.* 398-99. No Uruguai, os custos totais do tribunal para causas envolvendo $5.000 foram estimados em 32% do total de litígios, 40% de uma causa de $500, e 50% de causas menores do que $500. Enrique Vescovi, *Access to Justice in Uruguay, in* Access to Justice, *id.* 1028.

41. Eduardo Buscaglia & Maria Dakolias, *Judicial Reform in Latin America Courts: The Experience in Argentina and Ecuador* 3, World Bank Technical Paper nº 350(1996). Os autores observam que em 1993 a média de tempo gasto antes da disposição do caso na Argentina, Equador e Venezuela era 2,5; 1,9; e 2,4 anos, respectivamente; esses períodos cresceram 76% desde 1987.

42. Embora a lei de "stare decisis" não faça parte da tradição legal na América Latina, o uso real de precedentes para estabelecer casos que apresentam fatos materiais similares é mais um assunto de prática do que de dogma. *Ver* Raúl Brañes, *Access to Justice in Chile,* em Access to Justice, *supra* nota 40, 368: "Julgamentos de casos individuais só podem beneficiar outros requerentes em potencial se a doutrina legal em que eles se apóiam está consistentemente firmada em casos subseqüentes. Caso contrário, o princípio do Código Civil, Artigo 3, de que as decisões judiciais não têm efeito exceto nos casos em que eles são anunciados, aplica-se sem exceção." Conf. Com Fernández, *Accesss to Justice in Colombia, supra* nota 40, 414, onde o autor observa que os juízes colombianos "não usam muito 'o caso de lei' para chegar às suas decisões", a despeito da existência de um estatuto de 1896 (Lei nº 169) que encoraja os juízes a aplicar a doutrina firmada por três decisões uniformes da Suprema Corte.

43. Essa tem sido uma das áreas em foco dos recentes esforços para uma reforma judiciária no Reino Unido, onde o sistema de justiça civil é tido como criado para satisfazer mais os advogados do que os consumidores. A última proposta oficial para tornar a justiça civil mais barata foi escrita por Lord Woolf, que encabeçou um relatório de uma comissão sobre o fato de os tribunais civis na Inglaterra e no País de Gales "serem um pesadelo para aqueles presos pelos procedimentos bizantinos". *Ver More Justice is More Just,* The Economist, 27 de julho de 1996, 15. A mensagem do relatório de Lord Woolf é que a maior parte da culpa deve ser colocada sobre o fato de que os advogados têm um interesse em fazer os casos durarem o quanto mais eles conseguirem. *Ver em geral Lord Woolf's Access to Justice: Plusça chance...,* 59 MOD. LAW REV. 773-96 (1996).

44. Um acordo entre o advogado e o cliente, proporcionando compensação expressa em termos de uma porcentagem do que se espera ser recuperado, embora assunto da prática do dia-a-dia nos Estados Unidos, é considerado antiético e evitado em muitos, se não na maioria, dos países de legislação civil. *Ver* Rudolph Schlesinger, Hans W. Baade, M. Damaska, & Peter Herzog, Comparative Law: Cases, Text, Materials 358 (5ª ed. 1988). Desse modo, sob a lei do "perdedor paga tudo" que prevalece na maioria dos países de legislação civil, um queixoso que não pode manter um advogado em uma base de honorário contingente, que está enfrentando o risco de ter de pagar os advogados de seu oponente se o caso sair de maneira errada, pensará duas vezes antes que ele/ela decida iniciar uma ação judicial.

45. Para um índex de corrupção baseado em país, compilado de sete pesquisas realizadas por instituições de diferentes países, *ver A Global Gauge of Greased Palms, The New York Times,* 20 de agosto de 1995, 3. *Ver também A World Fed Up With Bribes, The New York Times,* 28 de novembro de 1996, D-1.

46. *Ver* Keith Rosenn, *The Protection of Judicial Independence in Latin America,* 19 U. Miami L. VER. 1,13 (1987).

47. *Ver,* p.ex., Federal Code of Civil and Commercial Procedure (Argentina), arts. 87-89; Code of Civil Procedure (Bolívia), arts. 65-66; Code of Civil Procedure (Brazil), arts. 46-50.

48. *Ver* Vescovi, *Access to Justice in Uruguay, supra* nota 40, em 1035-36; Brañes, *Access to Justice in Chile, supra* nota 42, 365-66; e Fernández, *Access to Justice in Colombia, supra* nota 40, 413-4.

49. *Ver,* p. ex., Vescovi, *Access to Justice in Uruguay, supra* nota 40, 1037 ("A despeito do poder do Ministério Público de representar os interesses coletivos, na prática o Ministério não tem feito nada para proteger os consumidores, as liberdades constitucionais ou o meio ambiente").

50. Para uma discussão da legislação italiana recentemente adotada visando alargar o alcance de processar das associações, *ver* Douglas L. Parker, *Standing to Litigate "Abstract Social Interests" in the United States and Italy: Reexamining "Injuty in Fact"*,33 Colum. J. Transnat'l. L. 259 (1995). Para uma discussão do potencial dos mecanismos de ação coletiva para reduzir os custos do litígio e mudar a política pública, do ponto de vista da teoria pública da escolha, *ver* Mancur Olson, The Logic of Collective Action, Public Goods and The Theory of Groups (Harvard University Press, 1971).

51. *Ver* Fernández, *Access to Justice in Colombia, supra* nota 40, em 399-400 (relatório sobre a experiência de tribunais municipais em Bogotá, onde os processos duram uma média de um ano).

52. Para uma discussão da experiência brasileira, *ver* Marcos Afonso Borges, *La Justicia de Pequeñas Causas en el Brasil,* em Justicia y Sociedad 657 (1994); para uma discussão da experiência mexicana, *ver* Héctor Molina Gonzáles, *Tribunales de Mínima Cuantía,* em Justicia y Sociedad 669 (1994). Para um estudo comparativo de tribunais de pequenas causas em países de legislação civil, *ver* Christopher J. Whelan, *Small Claims Courts: Heritage and Adjustment,* em Small Claims Courts: A Comparative Study 207 (Christopher J. Whelan ed., 1990).

53. O relaxamento de requerimentos formais para os contratos de trabalho e arrendatário de propriedade real urbana tem sido mencionado como um dos aspectos da legislação chilena (Código de Trabalho, Art. 119; Decreto-Lei nº 964 de 1975) que levou em conta a situação das classes não privilegiadas. *Ver* Brañes, *Access to Justice in Chile, supra* nota 42, 363-4.

54. *Ver* Vescovi, *Access to Justice in Uruguay, supra* nota 40, 1034-5 (referente às leis processuais e substantivas que governam a ação do divórcio que volta para 1909 e preparada para tornar o processo relativamente simples, barato e rápido).

55. *Ver* Fernández, *Access to Justice in Colombia, supra* nota 40, 412-3 (referente a uma reforma de 1968 que tinha por objetivo simplificar a prova para estabelecer quem é o pai de uma criança nascida fora do casamento; enquanto sob a legislação formal a carga evidenciária para estabelecer a paternidade requer uma demonstração de "relações sexuais estáveis e notórias", sob as reformas de 1968, a paternidade pode ser inferida de prova de relações sexuais e conduta da mãe e do presumido pai).

56. *Ver em geral* Mauro Cappelletti, *Alternative Dispute Resolution Processes within the Framework of the World-Wilde Access-to-Justice-Movement,* 56 Mod. Law Ver. 282 (1993).

57. *Ver* Dakolias, *The Judicial Sector in Latin America and the Caribbean, supra* nota 14, 52 (recomendando que os programas de reforma judicial incluam tanto os tribunais anexados como as RAL particulares como parte dos programas).

58. *Ver* Dakolias, *A Strategy for Judicial Reform, supra* nota 7, 200 (relatando uma taxa de 70% de sucesso para os processos de mediação no Chile); em 202 (relatando uma taxa de 65% de sucesso para os processos de mediação na Argentina sob um esquema de mediação mandatória recentemente adotado, e também relatando uma taxa alta de sucesso para os processos de mediação em casos de guarda de criança e pensão alimentícia conduzidos pela Procuradoria em El Salvador).

59. Para uma referência específica à educação legal mexicana, *ver* James E. Herget & Jorge Camil, *The Legal System of Mexico, in* Modern Legal Systems Cyclopedia B 1.30.61.65 (Kenneth Robert Redden ed., Buffalo: W.S. Hein, 1988). As observações feitas a respeito da educação legal na maioria das escolas de direito mexicanas podem ser estendidas à maior parte da América Latina.

# 19

# POLIARQUIAS E A (IN)EFETIVIDADE DA LEI NA AMÉRICA LATINA: UMA CONCLUSÃO PARCIAL

GUILLERMO O'DONNELL

*Aos meus amigos, tudo; aos meus inimigos, a lei.*
Getúlio Vargas

## Introdução

Impressionados com a ineficácia, quando não as violações recorrentes, de muitos direitos básicos na América Latina, vários autores questionam a propriedade de se aplicar o rótulo "democracia" à maioria dos países da região. No mínimo, como diz Juan Méndez, essas falhas indicam uma séria "abdicação da autoridade democrática". Essas dúvidas e objeções quanto à condição democrática desses países nascem, por um lado, da justificada indignação em face da situação sombria em termos de direitos básicos dos fracos e dos pobres. Por outro lado, essas mesmas dúvidas e objeções refletem os significados vagos e variáveis atribuídos ao termo "democracia", não só no uso comum mas também no acadêmico. Esse problema se tornou mais agudo porque nas últimas duas décadas expandiu-se enormemente, no Sul e no Leste, o número de países que se reivindicam democráticos. Essa expansão obrigou a teoria democrática a tornar-se mais amplamente comparativa do que era quando seu referente empírico estava limitado quase exclusivamente a países situados no quadrante noroeste do mundo. Todavia, argumentei em trabalhos recentes[1] que, ao ampliar seu escopo geográfico, a teoria democrática carregou consigo demasiados pressupostos não examinados,[2] refletindo, ao fazê-lo, as condições prevalecentes durante o surgimento e a institucionalização da democracia no mundo altamente desenvolvido. Argumentei também que, dada a presente gama de variação entre os casos pertinentes, alguns desses pressupostos precisam ser explicitados e submetidos ao exame crítico, se quisermos chegar a uma teoria com escopo adequado e fundamento empírico. Neste texto, baseado numa discussão do Estado de Direito e suas ramificações em termos da conceitualização de democracia, cidadania e Estado, tento avançar nessa direção.

## Poliarquia

O país X é uma democracia política, ou poliarquia: realiza eleições competitivas regularmente programadas, os indivíduos podem criar ou participar livremente de organizações, entre elas os partidos políticos, há liberdade de expressão, inclusive uma imprensa razoavelmente livre, e assim por diante.[3] O país X, no entanto, é prejudicado por uma vasta pobreza e uma profunda desigualdade. Os autores que concordam com uma definição estritamente política, basicamente schumpeteriana, argumentariam que, embora as características socioeconômicas de X possam ser lamentáveis, esse país pertence sem dúvida ao conjunto das democracias. Essa é uma visão da democracia como um tipo de regime político, independente das características do Estado e da sociedade. Outros autores, ao contrário, vêem a democracia como um atributo sistêmico, dependente da existência de um grau significativo de igualdade socioeconômica, e/ou de uma organização social e política geral orientada para a realização dessa igualdade. Esses autores descartariam o país X como "não verdadeiramente" democrático, ou como uma democracia "de fachada".

A literatura contemporânea produziu fartas definições de democracia.[4] Se as opções se limitassem às duas que acabei de esboçar, eu optaria pela primeira. A definição que combina democracia com um grau substancial de justiça ou igualdade social não é útil em termos de análise. Além do mais, é perigosa, pois tende a condenar qualquer democracia existente e, portanto, favorece o autoritarismo — na América Latina, aprendemos isso por esforço próprio nas décadas de 1960 e 70. Por outro lado, estou convencido de que um componente "politicista", ou baseado unicamente no regime, é necessário mas insuficiente para uma definição adequada de democracia. A prática acadêmica não pode ignorar completamente as origens históricas e as conotações normativas do termo que adota. O ponto fundamental que vou desenvolver aqui é que há uma ligação estreita entre democracia e certos aspectos da igualdade entre indivíduos que são postulados não apenas como indivíduos, mas como pessoas legais, e em conseqüência como cidadãos — isto é, como portadores de direitos e obrigações que derivam de seu pertencimento a uma comunidade política e de lhes ser atribuído certo grau de autonomia pessoal e, conseqüentemente, de responsabilidade por suas ações. Sejam quais forem as definições de democracia, desde Atenas até hoje, esse é um cerne histórico comum.

Nas democracias, ou poliarquias, contemporâneas os cidadãos têm, pelo menos, o direito de votar em eleições competitivas. Isso significa que se supõe que eles façam uma escolha entre no mínimo cinco opções.[5] Essa escolha não teria sentido se eles não tivessem (ou, mais precisamente, se a estrutura legal/institucional existente não lhes concedesse) um grau suficiente de autonomia pessoal para fazê-la conscientemente.[6] Nesse sentido, a democracia é uma aposta coletiva: ainda que de má vontade, cada *ego* aceita[7] que todos os outros *alter* tenham o mesmo direito de (isto é, sejam iguais em relação a) participar na crucial decisão coletiva que determina quem os governará durante certo tempo. A despeito do peso infinitesimal de cada voto nessa decisão, a sensação de não serem mais meros súditos, mas cidadãos que exercem seu direito eqüitativo de escolher quem os governará, contribui muito para explicar o enorme entusiasmo que costuma acompanhar as primeiras eleições depois do fim do governo autoritário.[8]

Isso é ainda mais claro em relação a outros direitos políticos. Se, como decorre da definição de poliarquia, recebo o direito de expressar livremente opiniões sobre assuntos públicos, pressupõe-se que eu tenha autonomia suficiente para ter tais opiniões (mesmo que eu esteja imitando as opiniões de outros, ainda assim sou eu quem as adota); essa mesma autonomia me torna responsável por essas opiniões, por exemplo, se elas me tornarem sujeito a um processo por calúnia. Isso nos leva a um segundo ponto: não apenas a poliarquia como regime político, mas todo o sistema legal das sociedades ocidentais (e das ocidentalizadas) é construído sobre a premissa de que todos são dotados de um grau básico de autonomia e responsabilidade, salvo uma conclusiva e altamente elaborada prova em contrário. Este é o pressuposto que torna todo indivíduo uma *pessoa legal*, um portador de direitos e obrigações formalmente iguais não só no domínio político mas também nas obrigações contratuais, civis, criminais e tributárias, nas relações com órgãos estatais e em muitas outras esferas da vida social. Esse fato, que faz parte tanto da história da democracia como da história do capitalismo e do Estado baseado territorialmente, significa que, nas múltiplas transações sociais se presume que somos tão autônomos e responsáveis quanto as outras partes que atuam nessas transações. Desde Karl Marx, é possível descartar esse tipo de igualdade como "puramente formal" ou, pior, como um modo altamente eficaz de ocultar as desigualdades realmente importantes.[9] Penso que esse é um argumento sério, mas não dá conta da história inteira: formais ou não, essas *são* igualdades, e têm amplas potencialidades de levar a uma maior equalização.

O que observei é verdade também em relação a atividades que requerem maior investimento de atividade pessoal do que votar ou assinar um contrato de emprego já impresso. Por exemplo, expressar opiniões, participar de uma campanha eleitoral ou ingressar num partido político requer não só que alguém tenha a disposição de fazê-lo, mas também alguns recursos, como tempo, informação e mesmo simples energia,[10] bem como proteções legais contra a possibilidade de sofrer sanções por realizar tais atividades. Na falta dessas condições propícias, só alguns indivíduos excepcionalmente motivados levam a cabo essas atividades. Isso também é verdade num nível menos diretamente político, como em ocasiões em que se processa um proprietário de terra explorador, um cônjuge abusivo ou um policial que se comporta de forma ilegal. Como argumentou Amartya Sen, a atuação de cada indivíduo (isto é, as atividades que ele pode realmente levar a cabo) depende do conjunto de capacidades reais com que cada um é dotado por uma constelação ampla de fatores sociais (Sen, 1992).[11] Se em qualquer caso dado certas ações (em razão da privação dos recursos necessários, por exemplo) não estiverem incluídas no conjunto das capacidades do ator, a liberdade de agir daquele modo será atribuída a esse ator de modo espúrio. Nesse sentido, se no país X existe uma condição difusa de pobreza extrema (a qual afeta muito mais capacidades do que aquelas baseadas unicamente em recursos econômicos), seus cidadãos são *de facto* privados da possibilidade de exercer sua autonomia, exceto talvez em esferas que se relacionem diretamente com sua própria sobrevivência. Se a privação de capacidades decorrente da pobreza extrema significa que muitos enfrentam enormes dificuldades para exercer sua autonomia em muitas esferas de sua vida, parece haver algo errado, em termos tanto morais quanto empíricos, na proposição de que a democracia não tem nada a ver com esses obstáculos socialmente determinados. Em realidade, dizer que ela não tem nada a ver é muito forte: os autores que aceitam uma definição baseada no regime advertem com freqüência que, se essas misérias não forem enfrentadas de algum modo, a democracia, mesmo numa definição estreita, estará ameaçada. Esse é um argumento prático, sujeito a testes empíricos que, de fato, mostram que as sociedades mais pobres e/ou mais desigualitárias têm menor probabilidade de ter poliarquias duradouras.[12] Essa questão é importante, mas não é a única de que trato aqui.

## Direitos Formais

A análise precedente implica que há uma dimensão intermediária entre o regime político e as características socioeconômicas amplas de um dado país. No nível intermediário, este está fadado a ser influenciado tanto pelo regime quanto pela estrutura socioeconômica, de modo que, seja qual for essa dimensão, ela é — para ressuscitar um termo reconhecidamente ambíguo — relativamente autônoma desses dois níveis. Eu argumento que esse nível se define pela extensão em que o Estado de Direito é efetivo, para vários tipos de questões, regiões e atores sociais, ou, de forma equivalente, pela extensão em que a cidadania plena, civil e política foi alcançada pelo conjunto da população adulta.

Estado de Direito (ou termos que veremos ser parcialmente coincidentes, como *Rechtsstaat*, *Etat de droit* ou *Estado de Derecho*) é um termo controvertido. Por ora, permitam-me afirmar que seu significado mínimo (e historicamente original) é que, qualquer que seja a legislação existente, ela é aplicada de forma justa pelas instituições estatais pertinentes, incluído, mas não exclusivamente, o Judiciário. O que entendo por "de forma justa" é a aplicação administrativa ou a decisão judicial de normas legais ser coerente em casos equivalentes, sem levar em consideração diferenças de classe, condição social ou poder dos participantes nesses processos, adotando procedimentos que são preestabelecidos e reconhecíveis por todos. Esse é um critério mínimo, mas não insignificante: se se atribui igualdade (e, pelo menos implicitamente, a mesma autonomia) ao *ego* em relação a outro *alter*, mais poderoso, com quem o primeiro faz um acordo de plantio em parceria, ou contrato de emprego, ou de casamento, então é lógico que ele tem o direito de es-

341

perar tratamento igual das instituições estatais que têm, ou podem assumir, jurisdição sobre esses atos.

Importa notar que essa igualdade é formal em dois sentidos. Primeiro, ela é estabelecida em e por normas legais que são válidas (no mínimo)[13] por terem sido sancionadas de acordo com procedimentos prévia e cuidadosamente ditados, com freqüência regulados em última instância pelas normas constitucionais. Segundo, os direitos e obrigações especificados são universalistas, no sentido de que são atribuídos a cada indivíduo *qua* pessoa legal, independentemente de sua posição social, com a única exigência de que o indivíduo tenha alcançado a maioridade (isto é, uma certa idade, legalmente prescrita) e não se tenha provado que ele sofra de algum tipo de incapacidade desqualificante (estritamente definida e legalmente prescrita). Esses direitos formais sustentam a reivindicação de tratamento igual nas situações legalmente definidas que tanto subjazem como podem seguir-se do tipo de atores exemplificado acima. "Igualdade [de todos] perante a lei" é a expectativa inscrita tendencialmente nesse tipo de igualdade.[14] Nesse momento quero mencionar um ponto ao qual voltarei depois: as premissas e características desses direitos e obrigações da pessoa legal como membro da sociedade (os quais, a bem da brevidade, chamarei de direitos civis ou cidadania civil)[15] são exatamente as mesmas que as dos direitos e obrigações conferidos no domínio político aos mesmos indivíduos[16] por um regime poliárquico. Em realidade, os direitos e obrigações formais atribuídos pela poliarquia à cidadania política são um subconjunto dos direitos e obrigações atribuídos a uma pessoa legal.

## Um Breve Panorama da Evolução e das Seqüências de Direitos

Desde Platão e Aristóteles, sabemos que a igualdade formal é insuficiente. Logo fica evidente para as autoridades políticas que, para que esses direitos não sejam "puramente" formais, devem ser tomadas algumas medidas equalizadoras. O corolário dessa observação induziu, juntamente com as críticas da esquerda às "liberdades formais", a duas grandes conquistas. Uma é o reconhecimento da necessidade de políticas destinadas a gerar uma equalização (ou, ao menos, a corrigir algumas desigualdades notórias), de modo que camponeses, trabalhadores, mulheres e outros atores desprivilegiados possam ter chances reais de exercer seus direitos. Em alguns países isso levou à complexa institucionalidade do Estado de bem-estar. A segunda resultou do reconhecimento de que, mesmo que essas medidas equalizadoras fossem razoavelmente adequadas a grupos altamente organizados ou eleitorados com grande número de filiados, ainda haveria uma série de situações que requereriam, para que a igualdade se tornasse realmente mais próxima, medidas ainda mais específicas. Conseqüentemente, vários tipos de medidas de auxílio social e legal para os pobres, e/ou aqueles que por alguma razão têm dificuldade para defender legalmente seus direitos, tornaram-se mais uma característica, em especial dos países altamente desenvolvidos.

O resultado geral dessas mudanças foi um movimento de afastamento do universalismo da lei, em vista de situações que se julgava exigirem, por razões de equalização formal e substantiva, a implementação de normas legais voltadas especificamente para certas categorias sociais. Essas decisões foram em parte o produto de lutas políticas dos grupos conseqüentemente contemplados, e em parte o resultado de intervenções estatais paternalistas preventivas, numa combinação que variou de acordo com o país e o momento.[17] Esses processos levaram a duras críticas, provenientes da direita e da esquerda, assim como de alguns comunitaristas, à "poluição legal"[18] daí resultante. Quero enfatizar, no entanto, que nessa questão as conseqüências são importantes: essas críticas implicam que nos países altamente desenvolvidos a particularização do sistema legal se baseou historicamente na ampliação prévia da legislação universalista formal e a teve como premissa. Alguns dos críticos mais duros dos sistemas legais parecem esquecer que a própria possibilidade de eles questionarem esses sistemas (até mesmo perante os tribunais) sem correr risco pessoal se baseia em direitos formais que persistem com bastante vigor a despeito da "poluição legal" ocorrida. Veremos que raramente é esse o caso fora do mundo altamente desenvolvido, e daí extrairemos algumas conseqüências.

Habermas propôs uma seqüência tipológica útil.[19] Ele observa que na maioria dos casos europeus surgiu, sob o Absolutismo, um Estado que generalizou o conceito de pessoa legal como portadora de direitos "burgueses", incorporados tipicamente nos códigos civis e comerciais. Esse foi um primeiro passo rumo à juridificação generalizada da sociedade, a qual, eu acrescento agora de acordo com Max Weber,[20] foi ao mesmo tempo o processo de formação dos Estados nacionais e de expansão do capitalismo. O segundo passo foi o do *Rechtsstaat* (ou, em seu significado original, Estado de Direito), que estabeleceu "a regulação constitucional da autoridade do Executivo [sob] o princípio da legalidade administrativa", mesmo que ainda não fossem concedidos aos indivíduos direitos políticos, entre os quais o de eleger seus governantes. Isso só aconteceu num terceiro estágio, em algum momento do século XIX, quando, por meio de processos variados, a população adulta masculina adquiriu direitos políticos plenos. O quarto estágio que Habermas aponta é o do Estado de bem-estar com os direitos que o acompanham. Esse período assinalou um claro avanço na eqüidade social e na democratização, mas reduziu o universalismo legal dos estágios anteriores. Na verdade, essa tipologia do desenvolvimento não é muito adequada a vários dos casos europeus que pretende abarcar, e não é nada adequada a todos os outros casos importantes, como o dos Estados Unidos. Todavia, ela é útil em dois aspectos. O primeiro, desenvolvido por Habermas e por outros autores alemães,[21] é que os processos de mudança social acima referidos incluíram uma dimensão de intensa juridificação, ou seja, "a *expansão* [por meio da] regulação legal de situações sociais novas, até então reguladas informalmente, [e] o *adensamento* da lei, ou seja, a decomposição especializada das definições legais globais em definições mais individualizadas".[22] A maior complexidade dos conjuntos de direitos e obrigações vinculados ao conceito de pessoa legal é uma expressão desse processo. Ele, por sua vez, foi o produto do surgimento de Estados que tentaram ordenar de vários modos as relações sociais em seu território, um dos quais a sua própria legislação.

O segundo aspecto que considero útil no esquema de Habermas[23] é que ele serve para realçar uma diferença crucial na qual quero insistir: a expansão e o adensamento dos direitos civis em países altamente desenvolvidos ocorreram basicamente antes da aquisição de direitos políticos e de bem-estar. Na verdade, isso admite exceções importantes, notadamente a seqüência mais lenta, e em grande medida diferente, da extensão de direitos às mulheres e a várias minorias raciais.[24] Mas mesmo com essas ressalvas a diferença se mantém: na maioria dos países latino-americanos contemporâneos, agora que os direitos políticos impostos por esse regime se tornaram em geral vigentes, a extensão de direitos civis a todos os adultos é muito incompleta.

# América Latina

Podemos agora voltar a nosso país hipotético, a poliarquia X. Ela é, como observei, altamente desigual e grande parte de sua população vive na pobreza. É também um país em que existem rudimentos de um Estado de bem-estar. Todavia, esse Estado de bem-estar é muito menos articulado que aqueles dos países altamente desenvolvidos, seu desempenho é ainda menos satisfatório, ele cresceu quase exclusivamente por meio de intervenções estatais paternalistas e mal alcança os muito pobres.[25] Materializando um pouco meu exemplo, o que acabo de descrever se aplica, com diferenças que são irrelevantes para os propósitos do presente texto, às poliarquias contemporâneas da América Latina — e, nesse aspecto, a várias novas poliarquias de outras partes do mundo. Mas nesse pano de fundo comum há uma grande diferença que põe de parte a Costa Rica e o Uruguai.[26] Nesses dois países existe um Estado que há muito tempo (e apesar da interrupção autoritária sofrida pelo Uruguai) estabeleceu um sistema legal que, de forma geral, funciona de um modo que satisfaz, em todo o seu território e em relação à maioria das categorias sociais, a definição preliminar de Estado de Direito que apresentei. Esses são países onde o Estado de Direito é razoavelmente efetivo; seus cidadãos são plenos, no sentido de que gozam de direitos políticos e civis.

Não é esse o caso dos outros países latino-americanos, tanto dos que são novas poliarquias como daqueles — Colômbia e Venezuela — que o são há várias décadas. Nesses países, como discuti em outros textos,[27] existem enormes hiatos, tanto em termos territoriais quanto em relação às várias categorias sociais, na vigência do que quer que concordemos que signifique o Estado de Direito. No que se segue descreverei brevemente essas deficiências.[28]

*Falhas na legislação existente.* Apesar dos progressos ocorridos recentemente, ainda existem leis e regulações administrativas que discriminam de diversos modos as mulheres[29] e várias minorias,[30] e que estabelecem para os acusados em casos criminais, os detentos e encarcerados condições que são repugnantes segundo qualquer noção de processo justo.[31]

*Aplicação da lei.* Como deixa claro a epígrafe do artigo, a aplicação discricionária, e amiúde excessivamente severa, da lei aos fracos pode ser um eficiente meio de opressão. O lado oposto disso são as múltiplas maneiras pelas quais os privilegiados, seja diretamente,[32] seja por meio de ligações pessoais apropriadas,[33] se isentam de cumprir a lei. Na América Latina há uma longa tradição[34] de ignorar a lei ou, quando ela é acatada, de distorcê-la em favor dos poderosos e da repressão ou contenção dos fracos. Quando um empresário de reputação duvidosa disse na Argentina: "Ser poderoso é ter impunidade [legal]",[35] expressou um sentimento presumivelmente disseminado de que, primeiro, cumprir voluntariamente a lei é algo que só os idiotas fazem[36] e, segundo, estar sujeito à lei não é ser portador de direitos vigentes, mas sim um sinal seguro de fraqueza social.[37] Isso é em particular verdadeiro, e perigoso, em embates que podem desencadear a violência do Estado ou de agentes privados poderosos, mas um olhar atento pode detectá-lo também na recusa obstinada dos privilegiados a submeter-se a procedimentos administrativos regulares, sem falar da escandalosa impunidade criminal que eles costumam obter.

*Relações das burocracias com os "cidadãos comuns".* Embora essa observação esteja incluída na anterior, merece um comentário à parte. Talvez nada sublinhe melhor a privação de direitos dos pobres e socialmente fracos do que quando eles interagem com as burocracias das quais precisam obter trabalho, ou permissão para trabalhar, ou quando se candidatam a benefícios de aposentadoria, ou apenas (mas amiúde tragicamente) quando têm de ir a um hospital ou delegacia de polícia.[38] Esta é, para os privilegiados, a outra face da lua, e para evitá-la eles montam elaboradas estratégias e redes de relações.[39] Para os outros, aqueles que não podem evitar essa face horrível do Estado, não é apenas a imensa dificuldade que eles enfrentam para obter, se tanto, o que nominalmente é seu direito; é também o modo indiferente, quando não desdenhoso, como são tratados, e a óbvia desigualdade acarretada pelo esquivamento privilegiado dessas provações. Que esse tipo de mundo está muito distante do respeito básico pela dignidade humana exigido, entre outros, por Lane e Dworkin[40] é evidenciado pelo fato de que, se alguém não tem a condição ou as ligações sociais "apropriadas", agir diante dessas burocracias como portador de um direito, não como suplicante de um favor, é praticamente uma garantia de penosas dificuldades.

*Acesso ao Judiciário e a processos justos.* Dado o que já disse, não oferecerei outros detalhes sobre esse tópico, que se revelou muito vexatório mesmo em países altamente desenvolvidos.[41] Na maior parte da

América Latina, o Judiciário (exceto quando executa procedimentos criminais que costumam descuidar dos direitos dos acusados antes, durante e depois do julgamento) é distante, embaraçoso, caro e lento demais para que os desprivilegiados tentem até mesmo ter acesso a ele. E quando eles conseguem ter acesso à justiça, as evidências, como seria previsível, apontam para várias discriminações.[42]

*Ilegalidade pura e simples.* Essa é a questão que mais enfatizei num trabalho anterior, em que argumentei que é um erro confundir o Estado com seu aparelho burocrático.[43] À medida que a maior parte da legislação formalmente aprovada existente num território seja promulgada e sustentada pelo Estado, e que se suponha que as próprias instituições do Estado ajam de acordo com as normas legais, devemos reconhecer (como há muito reconheceram os teóricos europeus continentais[44] e os anglo-saxões ignoraram) que o sistema legal é parte constituinte do Estado. O que eu chamo de "Estado legal", isto é, a parte do Estado que é personificada num sistema legal, penetra e estrutura a sociedade, fornecendo um elemento básico de previsibilidade e estabilidade às relações sociais.[45] Todavia, na maioria dos países da América Latina o alcance do Estado legal é limitado. Em muitas regiões, não só as geograficamente distantes dos centros políticos, mas também aquelas situadas nas periferias de grandes cidades, o Estado burocrático pode estar presente, na forma de prédios e funcionários pagos pelos orçamentos públicos. Mas o Estado legal está ausente: qualquer que seja a legislação formalmente aprovada existente, ela é aplicada, se tanto, de forma intermitente e diferenciada. E, mais importante, essa legislação segmentada é englobada pela legislação informal baixada pelos poderes privatizados[46] que realmente dominam esses lugares. Isso conduz a situações complexas, das quais infelizmente sabemos muito pouco, mas que acarretam com freqüência uma renegociação contínua dos limites entre essas legalidades, formal e informal, em processos sociais nos quais é (às vezes literalmente) vital entender os dois tipos de lei e as relações de poder extremamente desiguais que eles reproduzem.[47] O sistema legal informal dominante que resulta, pontuado por reintroduções arbitrárias do sistema formal, sustenta um mundo de violência extrema, como mostram dados abundantes, tanto das regiões urbanas quanto das rurais. Esses são sistemas subnacionais de poder que, estranhos à maioria das teorias do Estado e da democracia, têm uma base territorial e um sistema legal informal mas muito eficiente e coexistem com um regime que, pelo menos no centro da política nacional, é poliárquico.

Os problemas que sumariei na presente seção indicam uma grave incompletude do Estado, em especial de sua dimensão legal. Na maioria dos casos, na América Latina e em outros lugares, essa incompletude cresceu durante os períodos de democratização, ao ritmo das crises econômicas e de políticas econômicas fortemente antiestatistas que prevaleceram até bem pouco tempo. Há algumas evidências, também, de que essa deficiência foi alimentada pelo desejo de políticos nacionais de formar coalizões eleitorais vitoriosas e, em conseqüência, de incluir candidatos das áreas perversamente "privatizadas" às quais estou me referindo.[48] Como observou Scott Mainwaring em relação ao Brasil, esses políticos comportam-se como "embaixadores" de suas regiões, com muito poucas orientações políticas exceto a obtenção de recursos do centro para essas regiões.[49] Também faz parte da lógica da situação que esses políticos usem os votos que controlam e os postos institucionais que atingem no centro para ajudar assiduamente a reprodução dos sistemas de poder privatizado que eles representam. Como exemplo disso, e de forma interessante para os argumentos que estou levantando aqui, pelo menos nos dois países que conheço mais de perto, Argentina e Brasil, os legisladores dessas regiões têm mostrado um interesse semelhante (e amiúde bem-sucedido) em dominar comissões legislativas que nomeiam juízes federais naquelas regiões; esse é por certo um modo eficaz de isolar ainda mais seus feudos do alcance do Estado legal.

É difícil fugir à conclusão de que as circunstâncias que acabo de descrever afetam profundamente o funcionamento real dessas poliarquias, aí incluídas suas instituições situadas no centro da política nacional. Essa conclusão é, no entanto, reconhecidamente baseada numa descrição superficial de questões complexas. Isso se deve em parte a limitações de espaço e em parte ao fato de que o tipo de fenômenos que descrevi foi documentado por alguns antropólogos, sociólogos e romancistas, mas, com poucas exceções,[50] não recebeu atenção de cientistas políticos. Uma vez que se supõe que os cientistas políticos estejam especialmente credenciados para descrever e teorizar a democracia e *as democracias*, essa negligência é problemática. É óbvio que para esses propósitos precisamos conhecer os partidos, o Congresso, as Presidências e outras instituições do regime, e os muitos esforços correntes investidos nesses campos são extremamente bem-vindos. Todavia, acredito que o conhecimento sobre os fenômenos e práticas que esbocei também é importante, tanto *per se* como porque se pode presumir que tenham conseqüências importantes para os modos como essas instituições do regime realmente funcionam e tendem a mudar.[51]

Além do mais, a desatenção para com esses fenômenos leva a desprezar alguns problemas e questões de interesse, até mesmo no nível da caracterização tipológica do próprio regime. Nos casos a que estou me referindo, por definição os direitos de poliarquia são preservados. Todavia, embora isso seja verdade no nível nacional, a situação nas áreas periféricas às vezes é muito diferente. A escassez de pesquisas nessas áreas não me autoriza a fazer generalizações seguras, mas fica claro pelas obras já citadas, assim como por abundantes informações jornalísticas e por vários relatórios de organizações de defesa dos direitos humanos, que algumas dessas regiões funcionam de um modo que não chega a ser poliárquico. Nessas áreas, por razões das quais não me ocuparei aqui, as eleições presidenciais e para os Legislativos nacionais (em particular aquelas que são realizadas simultaneamente com as primeiras) são razoavelmente limpas. Mas as eleições das autoridades locais são muito menos puras, incluindo muitos casos prejudicados pela intimidação e pela fraude. E, o que é ainda pior, com a exceção da Costa Rica e do Uruguai, e nesse aspecto também do Chile, em todos os países com os quais estou razoavelmente familiarizado esses problemas tenderam a piorar, não a melhorar, durante a existência das atuais poliarquias. Além disso, muitas dessas áreas são rurais, e tendem a ser fortemente sobre-representadas nos Legislativos nacionais.[52] Isso realça a questão de quem representa e do que é representado nas instituições do regime nacional e, mais especificamente, de como se conceitua um regime poliárquico que contém sistemas regionais que não são absolutamente poliárquicos[53].

## Sobre o Estado de Direito

Nesse ponto precisamos refinar a definição inicial de Estado de Direito. Não basta que certos atos, quer de funcionários públicos, quer de atores privados, sejam regidos pela lei, isto é, que eles ajam *secundum legem*, em conformidade com o que uma dada legislação prescreve. Esses atos podem impor a aplicação de uma lei discriminatória e/ou que viole direitos básicos, ou a aplicação seletiva de uma lei contra alguns enquanto outros são arbitrariamente isentos dela. A primeira possibilidade acarreta uma violação dos padrões morais que a maioria dos países inscreve em suas Constituições e que hoje em dia, sob a rubrica dos direitos humanos, esses países têm a obrigação, assumida internacionalmente, de respeitar. A segunda possibilidade acarreta a violação de um princípio crucial tanto de justiça quanto do Estado de Direito, o de que casos iguais recebam tratamento igual.[54] Outra possibilidade ainda é que num dado caso a lei seja adequadamente aplicada, mas em razão da decisão de uma autoridade que não é, e não se sente, obrigada a proceder do mesmo modo em ocasiões equivalentes no futuro. A vigência do Estado de Direito acarreta certeza e *accountability*. A aplicação apropriada da lei é uma obrigação da autoridade competente: espera-se que normalmente ela tome a mesma decisão em situações equivalentes e, quando não for esse o caso, que outra autoridade, adequadamente habilitada, aplique sanção à precedente e tente reparar as conseqüências. Isso é equivalente a dizer que o Estado de Direito não é apenas um amontoado de normas legais, mesmo que elas tenham sido adequadamente promulgadas; ele é um *sistema legal*, um conjunto de normas que possuem várias características além do fato de terem sido adequadamente promulgadas. Esse argumento nos ocupará no restante da presente seção.

Os conceitos de *Estado de Direito* (ou *Rechtsstaat*, ou *État de droite*, ou termos equivalentes em outras línguas de países pertencentes à tradição legal da Europa continental) não são sinônimos. Além do mais, cada um desses termos está sujeito a várias controvérsias de definição e normativas.[55] Em vista disso, tenho de me limitar aqui a algumas observações básicas. Para começar, a maioria das definições tem um cerne comum: a visão de que o sistema legal é um sistema hierárquico (normalmente coroado por normas constitucionais) que objetiva a completude, embora nunca a alcance plenamente.[56] Isso significa que as relações entre as regras legais são elas próprias legalmente regidas e que não há nenhum momento no qual a vontade de um determinado ator possa justificadamente cancelar ou suspender as regras que governam seu comportamento.[57] Ninguém, nem mesmo os funcionários situados nos postos mais altos, é *de legibus solutus*.[58] Segue-se que "o governo deve ser regido pela lei e a ela se sujeitar",[59] inclusive quando se tratar da "criação da lei [que] é ela própria legalmente regulada".[60] O sistema legal, ou Estado legal, é um aspecto da ordem social geral que, quando funciona adequadamente, "traz definição, especificidade, clareza e, portanto, previsibilidade para as interações humanas".[61]

Uma condição necessária para que se produza esse resultado é que as leis tenham algumas características além daquelas já citadas. Entre as muitas listagens dessas características que foram propostas, sigo aqui aquela adotada por Raz:

1. Todas as leis devem ser prospectivas, públicas e claras; 2. As leis devem ser relativamente estáveis; 3. A feitura de leis particulares [...] deve ser guiada por regras públicas, estáveis, claras e gerais; 4. A independência do Judiciário deve ser garantida; 5. Os princípios de justiça natural devem ser observados (isto é, audiência pública e justa e ausência de pressupostos); 6. Os tribunais devem ter poderes [...] para assegurar conformidade ao Estado de Direito; 7. Os tribunais devem ser facilmente acessíveis; e 8. Não se pode permitir que o arbítrio dos órgãos de prevenção ao crime deturpe a lei.[62]

Os pontos 1 a 3 se referem a características gerais das próprias leis; fazem parte de sua promulgação e conteúdo apropriados, assim como a um fato comportamental que este autor e outros enfatizam: as leis devem ser passíveis de ser seguidas, o que significa que elas (e aqueles que as interpretam) não devem fazer exigências cognitivas ou comportamentais que estejam além do razoável a seus destinatários. Os outros pontos da listagem de Raz se referem aos tribunais, e só indiretamente a outros órgãos estatais. O ponto 4 requer especificação: que a "independência dos tribunais" (em si mesma uma idéia obscura[63] que não discutirei aqui) é uma meta valiosa é mostrado, *a contrario*, pelo comportamento costumeiramente servil dessas instituições em relação a governantes autoritários. Mas essa independência pode ser usada apenas para alimentar privilégios setoriais do corpo de funcionários do Judiciário, ou para tornar inquestionáveis interpretações arbitrárias da lei. Conseqüentemente, também parece necessário "que os encarregados de interpretar e aplicar as leis as considerem com seriedade primordial"[64] e, eu acrescentaria, que estejam harmonizados com a sustentação e a expansão da poliarquia, a qual, em contraste com o passado autoritário, confere a eles essa independência. Conseguir isso é uma exigência excessiva em qualquer lugar, incluindo-se certamente a América Latina.

Nessa região, realizações não menos difíceis são implicadas pelo ponto 6, em especial com respeito à supervisão da legalidade das ações de presidentes que se sentem autorizados eleitoralmente a fazer o que lhes convier durante seus mandatos.[65] Já mencionei a negação real aos desprivilegiados dos pontos 5 e 7, e ela é amplamente ilustrada pelas obras já citadas. O mesmo vale para o ponto 8, em especial em relação à impunidade da polícia e de outros órgãos (assim chamados) de segurança, bem como à violência perpetrada por agentes privados, juntamente com a atitude freqüente de indiferença, quando não de cumplicidade, da polícia e dos tribunais para com esses atos.

Nesse ponto devemos observar que a expressão inglesa *"rule of law"* [Estado de Direito] e o tipo de definição que transcrevi não contêm nenhuma referência direta, como fazem *Estado de Direito* e seus equivalentes, a órgãos estatais que não sejam os tribunais. Isso não é de surpreender dadas as respectivas tradições, incluindo-se o papel particularmente forte desempenhado pelos tribunais no desenvolvimento político dos Estados Unidos.[66] Não obstante, supõe-se que todo o aparelho do Estado e seus agentes se submetam ao Estado de Direito, e de fato já observei que as flagrantes transgressões de seja qual for a legalidade existente são cometidas durante contatos desses agentes com os pobres e os fracos.

Além disso, se se supõe que o sistema legal estrutura, estabiliza e ordena múltiplas relações sociais,[67] então não apenas quando os agentes estatais, mas também os atores privados, violam a lei com impunidade, o Estado de Direito é no melhor dos casos truncado. Que agentes do Estado perpetrem eles próprios atos ilegais ou que eles *de facto* liberem atores privados a fazê-lo não faz muita diferença, seja para as vítimas dessas ações, seja para a (in)efetividade do princípio da lei.

O corolário dessas reflexões é que, quando concebido como um aspecto da teoria da democracia, o princípio da lei, ou o Estado de Direito, deve ser concebido não apenas como uma característica genérica do sistema legal e do desempenho dos tribunais. Nesse contexto, o Estado de Direito deveria, sim, ser visto como um governo de um Estado democrático com base legal. Isso implica que existe um sistema legal que é ele próprio democrático em três sentidos. Primeiro, o de que ele preserva as liberdades e garantias políticas da poliarquia. Segundo, o de que preserva os direitos civis de toda a população. E terceiro, no sentido de que estabelece redes de responsabilidade e *accountability*[68] que impõem que todos os agentes, privados e públicos, inclusive os funcionários dos escalões mais altos do regime, estão sujeitos a controles apropriados, legalmente estabelecidos, da ilegalidade de seus atos. Uma vez que preencha essas três condições, esse Estado é não apenas governado pela lei; é um Estado legal democrático, ou um *Estado de Direito democrático*.

Quero insistir em que os direitos de cidadania política e civil são formais, no duplo sentido de que são universalistas e são aprovados por meio de procedimentos estabelecidos por regras de autoridade e representação resultantes de um regime poliárquico.[69] A cidadania política da poliarquia é homóloga à cidadania civil dos aspectos universalistas do sistema legal: os direitos de votar e de ingressar num partido político, de celebrar um contrato, de não sofrer violência, de esperar tratamento justo de um órgão estatal, e assim por diante, têm todos como premissa a existência de indivíduos que partilham a autonomia e a responsabilidade que os torna pessoas legais e agentes autônomos de suas próprias ações. Essa é uma premissa universalista de igualdade que aparece em numerosas facetas de um sistema legal democrático. Ela sublinha o enorme apelo normativo que, embora expressas de forma vaga e inconsistente, as aspirações democráticas demonstraram nas mais variadas condições históricas e culturais.

## Desigualdades, o Estado e os Direitos Liberais

É possível argumentar-se que estou trilhando um caminho excessivamente tortuoso para justificar o Estado de Direito, quando ele pode ser suficientemente justificado em termos instrumentais,[70] por sua contribuição para a estabilidade das relações sociais, ou argumentando que suas deficiências podem ser tão sérias que impeçam a viabilidade de uma poliarquia. Esses são argumentos sensatos, e hoje em dia abundantes, em especial em termos da contribuição que a legislação apropriada dá ao investimento privado e, supostamente, ao crescimento econômico em última instância. Atualmente vários órgãos internacionais estão dispostos a apoiar essa meta, e legiões de especialistas se ocupam com vários aspectos dela. Todavia, estou convencido de que, independentemente de suas conseqüências benéficas, uma justificação adequada do Estado de Direito deve estar baseada na igualdade formal, mas de forma alguma insignificante, acarretada pela existência de pessoas legais às quais se atribui uma ação autônoma e responsável (e na dignidade básica e na obrigação de respeito humano que deriva dessa atribuição, embora eu não tenha elaborado esse ponto[71]).

Além do mais, no presente contexto da América Latina, o tipo de justificação do Estado de Direito que se prefira tende a fazer grande diferença em termos das políticas que podem ser advogadas. Há, em particular, o perigo derivado do fato de que hoje as reformas legal e judiciária (e os recursos internacionais e domésticos alocados para apoiálas) são fortemente orientadas para os supostos interesses dos setores dominantes (basicamente legislação comercial nacional e internacional, alguns aspectos da legislação civil e os aspectos mais puramente repressivos da legislação criminal).[72] Isso pode ser útil para fomentar o investimento, mas tende a produzir um "desenvolvimento dualista do sistema de justiça", centrado naqueles aspectos

[...] que dizem preocupam os setores modernizantes da elite econômica em matérias de natureza econômica, comercial ou financeira [enquanto] outras áreas de litígio e acesso à justiça permanecem essencialmente intocadas, corrompidas e persistentemente carentes de infra-estrutura e recursos.[73]

Em sociedades que são profundamente desiguais, essas tendências podem muito bem reforçar a exclusão de muitos do Estado de Direito, ao mesmo tempo que exageram as vantagens de que os privilegiados desfrutam, por meio de leis e tribunais aprimorados no interesse direto deles. Em contraste, a justificação substantiva do Estado de Direito que proponho aqui conduz diretamente à questão de como ela se aplica, ou não, a todos os indivíduos, incluindo-se aqueles que têm pouco efeito direto sobre o investimento privado.

Cabem agora dois comentários. Um, empírico e já feito, é que, embora haja variações de caso a caso das quais não posso tratar aqui, muitas novas poliarquias, na América Latina e em outras regiões, exibem numerosos pontos de ruptura nos circuitos legais que delineei. Uma vez que isso seja verdade, temos de supor que nesses casos o Estado de Direito tem, se tanto, existência apenas intermitente e parcial. Ademais, essa observação no nível do Estado legal é a imagem espelhada de numerosas violações da lei no nível social, as quais, como argumentei em outro lugar, correspondem a uma cidadania truncada ou de baixa intensidade.[74] Nos países que nos preocupam, muitos indivíduos são cidadãos no que diz respeito a seus direitos políticos, mas não em termos de seus direitos civis.

O segundo comentário é teórico. Nas páginas precedentes chegamos implicitamente a uma importante conclusão que agora quero destacar. Há uma única e específica diferença da poliarquia em relação a outros regimes.[75] É que os postos mais altos do regime (com exceção dos tribunais) são ocupados em conseqüência de eleições livres, justas e competitivas. Os vários outros direitos e garantias especificados na definição desse regime são derivados do primeiro, isto é, são condições determinadas ponderadamente e derivadas de forma indutiva para a existência daquele tipo de eleição.[76] Por sua vez, a característica específica do Estado de Direito como um atributo do aspecto legal de um Estado democrático, em contraste com todos os tipos de governo autoritário, é a existência de uma rede completa de *accountabilities* definidas legalmente que impõe que ninguém seja *de legibus solutus*. A primeira característica específica faz parte do regime político, uma poliarquia; a segunda faz parte do Estado, ou e, mais precisamente, da face do Estado que é incorporada num sistema legal democrático. Ambas se baseiam no mesmo tipo de direitos e atribuições (formais) da ação humana, e ambas são o produto de longos processos históricos, originados no quadrante noroeste do mundo, de ampliação de direitos políticos e civis.

Por essas razões acredito que, mesmo que isso crie problemas conceituais intricados dos quais estaremos desobrigados se reduzirmos a democracia unicamente a um atributo do regime,[77] devemos pensar, além da "democraticidade" desse último, na "democraticidade" do Estado, em especial do Estado concebido em sua dimensão legal. Nesse nível a questão pertinente se refere aos vários graus, atores e dimensões em que os três atributos de um Estado de Direito democrático, estão ou não presentes num determinado caso. A democracia não é só um regime político (poliárquico), mas também um modo particular de relacionamento, entre Estado e cidadãos[78] e entre os próprios cidadãos, sob um tipo de Estado de Direito que, além da cidadania política, preserva a cidadania civil e uma rede completa de *accountability*.

Outra conclusão resulta dessa discussão. Da forma como a defini, a plena vigência do Estado de Direito não foi alcançada em nenhum país. Ele é um horizonte móvel, já que a mudança societal e a própria aquisição de alguns direitos provocam novas demandas e aspirações, ao passo que a vigência continuada daqueles que foram ganhos nunca pode ser dada como certa. Vista desse ângulo, a democracia perde as conotações estáticas que tende a ter quando concebida unicamente como um regime, e mostra que é ela própria esse horizonte móvel (e, por essa razão, a despeito das numerosas decepções com seu funcionamento real, é a fonte e o referente de um intenso apelo normativo). Se isso estiver correto, o modo adequado de conceber nossos esforços intelectuais é vê-los como voltados para uma teoria de democratização como algo infindável e sempre potencialmente reversível, e não para a democracia *tout court*.

Nesse ponto o leitor certamente já percebeu que só estou fazendo referências de passagem a questões de desigualdade socioeconômica. Isso não ocorre porque eu considere essas questões sem importância. Ao contrário. Na primeira seção mencionei os principais inconvenientes gerados pela inclusão da igualdade geral (ou de qualquer medida substantiva de bem-estar social) na definição de democracia. Mas acrescentei que o nível intermediário que eu iria delinear não é independente das características estruturais mais gerais da sociedade. Para começar, a Costa Rica e o Uruguai (que, como já mencionei, são os únicos países latino-americanos onde, juntamente com os direitos políticos, os direitos civis e a *accountability* horizontal são razoavelmente vigentes) sugerem que uma das direções de causação vai desses direitos para a estrutura social. Esses países estão entre aqueles que, na América Latina, têm a menor proporção de pobres. E, o que é mais significativo, Costa Rica e Uruguai têm a distribuição de renda menos desigual da América Latina (exceto, presumivelmente, Cuba). Por fim, ao lado de outra poliarquia relativamente antiga, mas presentemente instável, a Colômbia, esses países, em nítido contraste com os restantes, emergiram das duas últimas décadas de crise econômica e ajuste com basicamente a mesma distribuição de renda (Costa Rica) ou até uma distribuição de renda um pouco melhor (Uruguai).[79] Embora esse seja outro tema que necessite de muita pesquisa, parece que o gozo da cidadania plena fomenta padrões de desigualdade menos intensos, e social e politicamente menos incapacitantes, do que em países onde, no melhor dos casos, só os direitos políticos plenos são preservados.

Por outro lado, o vínculo aparentemente mais forte, embora muito difícil de avaliar, é a direção que vai de uma estrutura socioeconômica desigual para a fraqueza dos direitos políticos e, especialmente, civis. Há, em minha opinião, dois fatores principais. O primeiro, bastante óbvio, é a dramática redução de capacidades decorrente da profunda desigualdade e da pobreza séria e generalizada que costuma acompanhá-la. O segundo, que me parece tão importante quanto desconsiderado, é que as imensas distâncias sociais impostas pela profunda desigualdade alimentam múltiplos padrões de relações autoritárias em todos os tipos de contato entre os privilegiados e os outros. Uma conseqüência disso é a enorme dificuldade dos primeiros para reconhecer os últimos como agentes tão autônomos e responsáveis quanto eles. Essa dificuldade difusa, que um olhar atento pode facilmente descobrir nesses países,[80] é um importante obstáculo à obtenção da cidadania plena. A desigualdade estrutural é um problema em todos os lugares. Mas ele é mais agudo na América Latina, uma região que não só partilha com outras uma pobreza generalizada, mas também tem a distribuição de renda mais desigual de todas. Os direitos e garantias não "existem simplesmente"; precisam ser exercidos e defendidos contra tentações autoritárias persistentes, e para isso são decisivas as capacidades que a sociedade fornece a seus membros.

Devemos levar em conta que a lei, em seu conteúdo e em sua aplicação, é basicamente (como é o Estado do qual ela faz parte) uma condensação dinâmica de relações de poder, não apenas uma técnica racionalizada para ordenar as relações sociais.[81] Se, por um lado, a pobreza e a desigualdade assinalam a longa estrada a ser percorrida para a ampliação da cidadania civil (sem falar da realização de sociedades menos desiguais), o que acabei de dizer sobre a lei sugere um motivo de esperança e uma estratégia de longo alcance. O motivo é que ser o portador de direitos formais, sociais ou políticos, é, pelo menos potencialmente, um aspecto da habilitação dos indivíduos e de suas associações.[82] Isso tem sido reconhecido em todo o mundo em numerosas lutas de setores subordinados, voltadas para a validação legal de direitos que eles reivindicavam. Com isso eles contribuíram para o processo de intensa juridificação que mencionei, e tornaram a lei uma condensação dinâmica das relações de poder em jogo. A despeito das críticas que os direitos formais suscitaram de vários quadrantes, parece claro que, quando conquistados e exercidos, eles fornecem uma base valiosa para lutar por outros direitos, mais específicos e substantivos.

Isso é verdade mesmo quando temos de lembrar outro ponto que não posso desenvolver aqui: esse mesmo sistema legal é a lei de uma sociedade capitalista e, enquanto tal, estrutura e garante algumas relações sociais que são intrinsecamente desiguais. Mas, independentemente de quão desigual seja uma dada relação, se *ego* pode impor seus direitos civis e políticos a outros, controla capacidades que ajudam a protegê-lo e projetam sua própria ação, individual e coletiva, no futuro.[83] Juntamente com as liberdades políticas da poliarquia, os direitos civis são o principal sustentáculo do pluralismo e da diversidade da sociedade. Em conseqüência, e mesmo que em algumas situações isso possa ser verdadeiro em relação ao Estado burocrático, é errado pensar o Estado legal ocupando uma posição de soma-zero em relação à sociedade. Bem ao contrário, quanto mais o primeiro se expande como o garantidor do princípio democrático da lei, mais comumente ele sustenta a independência e a força da última. Um Estado legal democrático forte — que efetivamente estenda seu poder regulatório sobre a totalidade de seu território e por todos os setores sociais — é um correlato crucial de uma sociedade forte. Inversamente, a inefetividade dos direitos civis, seja sob o governo autoritário, seja sob um Estado legal fraco, obstrui a capacidade de ação que a lei atribui nominalmente a todos.

É hora de lembrar que os direitos civis são basicamente as liberdades e garantias liberais clássicas. Isso leva a uma situação aparentemente paradoxal: os casos latino-americanos que venho discutindo podem ser apropriadamente chamados de democráticos, uma vez que preservam os direitos democráticos de participação decorrentes da poliarquia, mas raramente apresentam outro componente das democracias existentes no mundo altamente desenvolvido, o liberal. Além disso, por razões que não posso discutir aqui,[84] outro componente importante, o republicanismo, também é fraco nesses casos. Uma conseqüência na qual quero insistir é que, uma vez que estamos lidando com casos em que o componente liberal da democracia é fraco, embora ao mesmo tempo os direitos políticos da poliarquia sejam efetivos, na maior parte da América Latina e em outros lugares há uma inversão da seqüência histórica seguida pelos países mais altamente desenvolvidos. Quando aplicada aos primeiros casos, a suposição implícita da efetividade dos direitos civis e da *accountability*, feita pela maioria das teorias da democracia existentes, é insustentável. Em vez disso, como venho insistindo, a ausência ou a marcada fraqueza desses componentes, assim como do republicanismo, deve ser problematizada explicitamente por qualquer teoria que pretenda abranger todas as poliarquias existentes. Sem resvalar para o erro de identificar democracia com igualdade ou bem-estar substantivos, nossas teorias têm de reconhecer a grande importância prática e analítica que tem, em cada caso, a relativa efetividade não apenas da cidadania política mas também da civil e da *accountability* — ou, para dizê-lo em termos equivalentes, à medida que um regime poliárquico coexiste com um Estado de Direito adequadamente democrático (ou um Estado democrático de direito). Com esse propósito, como também venho insistindo, muito embora isso expanda muito o escopo da análise, é necessário concluir que um foco baseado unicamente no regime é insuficiente.

Essas reflexões propõem o que talvez seja a singular tarefa da política democrática e de orientação progressista na América Latina: levar a cabo lutas liberais pela efetividade de direitos civis formais e universalistas para todos. Mesmo que nas origens da poliarquia o liberalismo tenha às vezes (e com freqüência ao longo da história da América Latina) agido como um freio aos impulsos democráticos, nas circunstâncias contemporâneas dessas e de outras regiões do mundo, os impulsos democratizantes mais promissores devem vir de demandas em favor da ampliação da cidadania civil. Isso, decerto, é válido por si só. É também o caminho para a criação de áreas de auto-habilitação dos muitos que são hoje cidadãos truncados. No horizonte dessas esperanças, ainda que não necessariamente no futuro previsível, está uma sociedade muito mais igualitária, que se torne, mediante a generalização do princípio democrático da lei, uma sociedade decente — uma sociedade, como diz Margalit, "na qual as instituições não humilhem as pessoas".[85]

## Observações Finais

O leitor foi obrigado a tolerar a estranheza de um léxico que fala de democracias que são democráticas *qua* poliarquias mas não são democráticas, ou o são de modo muito incompleto, se vistas do ângulo do Estado de Direito e do Estado legal; de casos que são normalmente chamados "democracias liberais" mas são escassamente liberais; de regimes que são poliárquicos no nível nacional mas às vezes não o são no nível subnacional; e de uma democracia que faz parte tanto da face legal do Estado como do regime. Além de meus parcos talentos literários, a razão para esse estranhamento é que nosso vocabulário foi moldado por um escopo teórico restrito resultante dos pressupostos implícitos mencionados no início do texto e discutidos ao longo dele. Apesar dessas deficiências, espero ter mostrado que os temas do Estado, especialmente o Estado legal, e da efetiva ampliação da cidadania civil e da *accountability* sob o Estado de Direito devem ser vistos tanto como uma parte central da *problématique* da democracia quanto como o estudo de seu regime (poliárquico).

Creio que é nesse contexto que alguns aspectos políticos dos ricos, fascinantes e com freqüência justificadamente melancólicos capítulos deste volume[86] devem ser interpretados. A maioria dos países latino-americanos aos quais esses capítulos se referem é poliarquia. Ter alcançado essa condição é, na verdade, um progresso extremamente importante em relação à extrema arbitrariedade e violência dos sistemas autoritários que, na maioria dos casos, precederam essas poliarquias. Nesse sentido específico, centrado no regime, não partilho a relutância de alguns de nossos autores em chamar esses casos de "democracias", embora eu prefira nomeá-los poliarquias, ou democracias políticas. Por outro lado, como esses mesmos autores deixam muito claro, a obtenção de uma democracia mais plena que inclua o governo democrático da lei é uma realização urgente e, nas circunstâncias detalhadas neste volume, distante. O fato de que as lutas visando essa meta podem se basear, como devem, nas liberdades políticas da poliarquia assinala o potencial desse tipo de regime, ainda que prejudicado por uma cidadania truncada e uma *accountability* fraca.

## Notas

Este texto foi publicado em *Novos Estudos Cebrap 51, pp, 37-61; a tradução do inglês é de Otacílio Nunes.*

Agradeço os comentários de David Collier, Ernesto Funes, Gabriela Ippolito-O'Donnell, Ary Kacowicz, Xochitl Lara, Marcelo Leiras, Sebastián Mazzuca, José Molinas, Gerardo Munck, Juan Méndez, Paulo Sérgio Pinheiro, Héctor Schamis, Dietrich Rueschemeyer e Ruth Zimmerling, bem como aos participantes da Oficina Acadêmica e do Fórum de Políticas Públicas, que originaram o volume acima mencionado. Sou grato também pelos comentários dos participantes do painel "The quality of democracy and democratic consolidation", Encontro Anual da American Political Science Association, Washington, D.C., agosto, 28-31, 1997.

1. *Ver* Guilhermo O'Donnell, *On the State, Democratization and Some Conceptual Problems: A Latin American View with Glances at Some Post-communist Countries,* 21(8) World Development 1355-69 (1993); *Delegative Democracy,* 5 (1) J. of Democracy 55-69 (1994); *Illusions about Consolidation,* 7 (2) J. of Democracy 34-51 (1996); *Poverty and Inequality in Latin America: Some Political Reflections,* em Poverty and Inequality in Latin America: Issues and New Challenges (Víctor Tokman & Guilhermo O'Donnelleds., University of Notre Dame Press, 1998); e *Horizontal Accountability and New Polyarchies,* em The Self-Restraining State: Power and Accountability In New Democracies (Andreas Schedler, Larry Diamond e Mark Plattner eds., Boulder: Lynne Rienner Publishers, 1999). Como essas publicações, como a atual, fazem parte de um esforço mais amplo no qual eu analiso as características e dinâmicas das novas poliarquias, peço desculpas adiantadas às várias referências que farei aos meus próprios trabalhos.

2. Ou, nos termos de Robert Dahl (1989, p. 3): "Essas premissas meio ocultas, pressupostos não-explorados e antecedentes não-explicitados [que] formam uma teoria espectral [da democracia] vagamente identificada". Robert Dahl, Democracy and its Critics 3 (New Haven: Yale University Press, 1989).

3. *Ver*, especialmente, Dahl, 1989, p. 221. Os atributos enunciados por Dahl são: 1) autoridades eleitas; 2) eleições livres e justas; 3) sufrágio inclusivo; 4) direito de concorrer a cargos eletivos; 5) liberdade de expressão; 6) meios alternativos de informação; e 7) liberdade de associação. Em O'Donnell (1996) propus acrescentar: 8) autoridades eleitas (e alguns indivíduos indicados, como os juízes dos tribunais superiores) não devem ser destituídas arbitrariamente antes do fim de seus mandatos estabelecidos constitucionalmente; 9) os funcionários eleitos não devem estar sujeitos a restrições severas, vetos ou exclusão de certos domínios políticos por outros atores não-eleitos, especialmente as Forças Armadas; e 10) deve haver um território incontestado que defina claramente a população votante (para argumentos convincentes sobre esse último ponto, ver especialmente Linz e Stepan, 1996). Considero que esses dez atributos em conjunto definem a poliarquia.

4. Ver o interessante apanhado dos numerosos adjetivos adicionados ao termo "democracia" em David Collier & Steven Levitsky, *Democracy with Adjectives: Conceptual Innovation in Comparative Research,* 49(3) World Politics 430-51 (1997). Para reflexões sobre os significados variáveis da democracia num determinado contexto, a França, que em vários sentidos está mais próxi-

ma do que os Estados Unidos da tradição latino-americana, *ver* Pierre Rosan-vallon, la Monarchie Impossible: Les Chartes de 1814 et de 1830 (Paris: Fa-yard, 1994).

5. Supondo que para que essas eleições sejam competitivas sejam necessários no mínimo dois partidos políticos, essas opções são: votar no partido A, votar no partido B, votar em branco, votar nulo e não votar.

6. O tema da autonomia pessoal e seus correlatos suscitaram recentemente muita atenção na filosofia política, mas até agora não influenciaram muito a teoria da democracia. A bibliografia básica e uma discussão ponderada sobre esse tema podem ser encontradas em Jack Crittenden, *The Social Nature of Autonomy*, 54 The Review of Politics 35-65 (1992). Para contribuições que considero particularmente esclarecedoras sobre esse assunto, *ver* Joseph Raz, The Morality of Freedom (Oxford Clarendon Press 1986); Joseph Raz, Ethics In The Public Domain: Essays In The Morality of Law and Politics 195-211 (Oxford Clarendon Press 1994); e Jeremy Waldron, Liberal Rights, Collected Papers 1981-1991 (Cambridge UK: Cambridge University Press, 1993).

7. A história dessa aceitação freqüentemente de má vontade é a da incorporação à cidadania de trabalhadores urbanos, camponeses, mulheres e outros. Inversamente, sua recusa é o ponto de partida do governo autoritário: guardiães, vanguardas iluminadas, juntas militares, teocracias e coisas semelhantes têm em comum a negação, pelo menos na esfera política, da autonomia de seus súditos.

8. Para uma discussão dessas eleições e do estado de espírito coletivo que normalmente as cerca, *ver* Guilhermo O'donnell & Philippe Schmitter, Transitions from Authoritarian Rule: Tentative Conclusions About Uncertain Democracies (Johns Hopkins University Press, 1986). Examinei as micromotivações subjacentes a esses fenômenos em Guilhermo O'Donnell, *On the Fruitful Convergences of Hirschman's 'Exit, Voice, and Loyalty' and 'Shifting Involvements': Reflections From the Recent Argentine Experience,* em Development, Democracy, and The Art of Tresp Assig: essays in honor of albert hirschman 249-68 (Alejandro Foxley, Michael McPherson, & Guilhermo O'Donnell eds., University of Notre Dame Press, 1967).

9. Evidentemente, o enunciado clássico sobre essa matéria é Karl Marx, *The Jewish Question,* em Karl Marx: Essential Writings (Nova York: Harper & Row, 1972). *Ver também* Otto Kirchheimer, *The 'Rechsstaat' as Magic Wall,* em The Critical Spirit: Essays In Honor of Herbert Marcuse 428-52 (Barrington Moore Jr. ed., Boston: Beacon Press, 1967).

10. Para pesquisa sobre os Estados Unidos que exemplifiquem a importância dessas e de outras fontes em termos das diferentes espécies de participação política, *ver* Sidney Verba, Hay L. Schlozman, & Henry Brady, Voiceand Equality: Civic Voluntarismin America Politics (Harvard University Press, 1995).

11. Amartya Sen, Inequality Reexamined (Harvard university Press, 1992). *Ver também* Partha Dasgupta, an Inquiry Intowell-Being and Destitution (Oxford Clarendon Press, 1993); e para uma perspectiva mais filosófica extremamente interessante, *ver* Charles Taylor, *What's Wrong with Negative Liberty*, em Philosophy and the Human Sciences, Philosophical Papers 2, 211-29 (Cambridge UK: Cambridge University Press, 1985).

12. Extraído do trabalho de Adam Przeworski e seus associados, em Adam Przeworski, Michael Alvarez, José António Cheibub & Fernando Limongi, *What Makes Democracies Endure?*, 7(1) J. Of Democracy 39-56 (1996); e Adam Przeworski & Fernando Limongi, *Modernization: Theories and Facts,* 49(2) World Politics 155-83 (1997).

13. Com essa expressão parentética estou deixando de lado algumas questões complexas de teoria do direito que não julgo necessário tratar aqui.

14. Pesquisas nos Estados Unidos mostram que a maioria das pessoas atribui alto valor à sensação de que são tratadas por meio de processos justos pelos tribunais e pela polícia, num grau que basicamente independe do resultado concreto do processo. Tom R. Tyler, Why People Obey the Law (Yale University Press, 1980). Em Robert Lane, *Procedural Goods in a Democracy: How One is Treated Versus What One Gets, 2(3) Social Justice Research 177-92* (1988), Lane argumenta de forma convincente que um tópico importante, embora negligenciado, da teoria democrática é não só quem consegue o que por meio de quem, mas também como as instituições tratam as pessoas, o grau em que as instituições são justas e respeitadoras da dignidade igual de todos os indivíduos. O teórico do direito Ronald Dworkin tornou o ser tratado "com igual consideração e respeito" a marca distintiva de uma sociedade adequadamente ordenada. Ronald Dworkin, Taking Rights Seriously (Harvard University Press, 1977).

15. Uso o termo neste contexto com alguma hesitação em razão das fortes críticas ao esquema de influência de T. H. Marshall. T. H. Marshall, Class, Citizenship and Social Development (University of Chicago Press, 1950). *Ver,* entre outros, Michael Mann, *Ruling Class Strategies and Citizenship*, 21 (3) Sociology 33-54 (1987); e Bryan Turner, *Outline of a Theory of Citizenship,* 24 (3) Sociology 189-217 (1990).

16. Com exceção, é claro, daqueles direitos políticos que são normalmente reservados aos nacionais.

17. Há extensa literatura sobre esse assunto. Entre as obras que acentuam os aspectos legais, considero particularmente úteis: Ulrich Preuss, *The Concept of Rights and the Welfare State,* em Dilemmas of Law In The Welfare State 151-72 (Gunther Teubner ed., Nova York and Berlim: de Gruyter, 1988); Ulrich Preuss, *Two Challenges to European Citizenship,* 44 (3) Political Studies 534-52 (1996); Roger Cotterrell, The Politics of Jurisprudence: A Critical Introduction to Legal Philosophy (University of Pennsylvania Press, 1989); Jürgen Habermas, *Law as a Medium and as an Institution,* em Dilemmas of Law in The Welfsre State 203-30, id; e Jürgen Habermas, Between Facts and Norms (MIT Press, 1996).

18. Como expressou Teubner em Dilemmas of Law In The Welfare State *supra* nota 17. Na verdade, a questão é mais complicada, e confusa. Os ataques aos atuais sistemas legais de países altamente desenvolvidos se referem tanto a seus remanescentes de universalismo "formal" quanto a inumeráveis peças de legislação particularizada promulgadas não só por legisladores mas também por órgãos administrativos, basicamente no contexto de políticas de regulação e de bem-estar. A insatisfação quanto a esses sistemas é amplamente compartilhada, mas não há acordo sobre por que e em que direção eles deveriam ser mudados.

19. Habermas, *Law as a Medium and as an Institution, supra* nota 17. Para uma discussão mais detalhada, ver Habermas, Between Facts and Norms, *supra* nota 17.

20. Max Weber, Economy and Society: An Outline of Interpretative Sociology (2vols., Berkeley: University of California Press, 1978). Para uma análise da sociologia de direito de Weber e de suas afinidades eletivas com o desenvolvimento do capitalismo, *ver* Anthony Kronman, Max Weber (Stanford: Stanford University Press, 1983).

21. Ver *especialmente* os trabalhos citados na nota 17, *supra.*

22. Habermas, *Law as a Medium and as an Institution, supra* nota 17, 204.

23. E a tipologia do desenvolvimento, que nesse sentido não é muito diferente, de T. H. Marshall, Class, Citizenship and Social Development (University of Chicago Press, 1950).

24. Em relação aos direitos das mulheres, *ver especialmente* Sylvia Walby, *Is Citizenship Gendered?,* 28(2) Sociology 379-95 (1994).

25. Sobre as características do Estado de bem-estar na América Latina, os trabalhos básicos são Carmelo Mesa-Largo, Social Security in Latin Ameri-

ca: Pressure Groups, Stratification and Inequality (University os Pittsburgh Press, 1979); e James Malloy, The Politics of Social Security In Brazil (University of Pittsburgh Press, 1979). *Ver também* James Malloy, *Statecraft, Social Policy, and Governance in Latin America* (Trabalho n. 151, University of Notre Dame, Kellogg Institute, 1991). Para análises da situação contemporânea da América Latina em termos de pobreza e desigualdade, ver os estudos incluídos em Poverty and Inequality In Latin America: Issues and New Clallenges, *supra* nota 1.

26. Neste sentido, o Chile é um caso marginal. Vários tipos de direitos civis são mais extensivos e efetivos nesse país do que na maior parte do restante da América Latina. Todavia, não apenas as restrições políticas impostas pela constituição herdada do regime de Pinochet, mas também um Judiciário, também herdado desse período, altamente penetrado por visões autoritárias me levam a não classificar esse país juntamente com a Costa Rica e o Uruguai

27. Ver *particularmente* O'Donnell, *On the State, supra* nota 1.

28. De outros ângulos, essas falhas são abundante, embora sombriamente, detalhadas neste volume.

29. Ver Mariclaire Acosta, *Overcoming the Discrimination Against Women in México: A Task for Sisyphus,* e o Comentário a esse capítulo por Dorothy Thomas, neste volume.

30. Ver Jorge Dandler, *Povos Indígenas e o Estado de Direito na América Latina: Eles Têm Alguma Chance?,* e Peter Fry, *Cor e Estado de Direito no Brasil,* assim como os respectivos comentários a esses capítulos por Shelton Davis e Joan Dassin, neste volume.

31. Ver Juan E. Méndez, *Problemas da Violência Ilegal: Introdução,* e Nigel Rodley, *Tortura e Condições de Detenção na América Latina,* neste volume.

32. A obra de Roberto DaMatta, especialmente sua análise da expressão "Você sabe com quem está falando?", é uma excelente ilustração disso. Roberto DaMatta, Carnivals, Rogues and Heroes: An Interpetation of the Brazilian Dilemma (University of Notre Dame Press, 1991); e DaMatta, *The Question of Citizenship in a Relational Universe,* em State and Society In Brazil: Continuity and Change 307-35 (John Wirth *et al.* Eds., Boulder: Westview Press, 1987).

33. Em O'Donnell, *Illusions about Consolidation, supra* nota 1. Enfatizo a importância que vários tipos de relações particulares têm no funcionamento social e político desses países.

34. O ditado dos tempos coloniais "La ley se acata pero no se cumple" resume essa tradição. Esse não é um fenômeno exclusivamente latino-americano. Sobre os países pós-comunistas, entre eles os da Europa central, *ver,* entre

outros, Aleksander Smolnar, *Civil Society in Post-Communist Europe,* trabalho apresentado na conferência "Consolidating the Third Wave Democracies" (Taipei, ag. 1995); Martin Krygier, *Virtuous Circles: Antipodean Reflections on Power, Institutions and Civil Society, 11(1) East European Politics & Society* 36-88 (1997); e The Rule of Law After Communism (D. Czarnota & Martin Krygier eds., Aldershot: Dartmouth Publishing, 1997); Mas, assim como no caso da América Latina, não vi até agora nenhuma tentativa sistemática de ligar esses fenômenos ao funcionamento dos respectivos regimes.

35. Clarin, 10 de maio, 1997, 8.

36. Ou estrangeiros ingênuos ou suicidas potenciais, como seria o caso se, ao dirigir, eles seguissem as regras formais de trânsito; comentei esse tema em Guilhermo O'Donnell, *Y a mi qué me importa? Notas Sobre Sociabilidad y Política en Argentina y Brasil* (Working Paper n, 9, University of Notre Dame, Kellogg Institute, 1984) incluído também (em Inglês) em meu Counterpoints: Selected Essays on Authoritarism and Democratization (University of Notre Dame Press, 1999).

37. Esse ponto importante mas sempre negligenciado é discutido em DaMatta, *The Quest for Citizenship in a Relational Universe, supra* nota 32; Damatta, Carnivals, Rogues, and Heroes, *supra* nota 32; e Marcelo Neves, *Entre Subintegração e Sobreintegração: A Cidadania Inexistente,* 37(2) Dados 253-75 (1994).

38. A terrível e recorrente violência a que os pobres estão sujeitos em muitas partes, rurais e urbanas, da América Latina foi analisada com particular detalhe e eloqüência na obra de Paulo Sérgio Pinheiro e seus associados da Universidade de São Paulo; *ver especialmente* Paulo Sérgio Pinheiro, *The Legacy of Authoritarism in Democratic Brazil,* em Latin America Development and Public Policy 237-53 (Stuart S. Nagel ed., 1994); e Paulo Sérgio Pinheiro e Malak El-Chichini Poppovic, *Poverty, Marginalization, Violence and the Realization of Human Rights,* Preparatory Committee, United Nations World Conference on Human Rights (Genebra, abril, 1993, cópia). Sobre a polícia, *ver* Paul Chevigny, Edge of the Knife: Police Violence In The Americas (New York: New Press, 1995); e Paul Chevigny, *Definindo o Papel da Polícia na América latina,* e os "Comentários" de Jean-Paul Brodeur, neste volume. Um relato etnográfico fascinante, apesar de sombrio, do comportamento da polícia no Brasil pode ser encontrado em Guaracy Mingardi, Tiras, Gansos e Trutas: Cotidiano e Reforma na Polícia Civil (São Paulo: Página Aberta, 1992).

39. O que pode contribuir muito para explicar por que os atuais esforços para melhorar o funcionamento do aparelho do Estado negligenciaram

tanto esse lado. Discuto essa questão em O'Donnell, *Poverty and Inequality in Latin America: Some Political Reflections, supra* nota 1.

40. *Ver*, entre outros, Dworkin, *supra* nota 14; e Lane, *supra* nota 14.

41. Sobre esse assunto, *ver* Jorge Correa Sutil, *Reformas Judiciais na América Latina: Boas novas para os Não-privilegiados?*, e Alejandro Garro, *Acesso à Justiça para os Pobres na América Latina*, neste volume. *Ver também* Pilar Domingo Villegas, *Rule of Law and Judicial Systems in the Context of Democratization and Economic Liberalization: a Framework for Comparison and Analysis in Latin America* (Mexico, D.F.: CIDE, 1994, cópia); Pilar Domingo Villegas, *The Judiciary and Democratization in Latin America*, trabalho apresentado para o "Vienna Dialogue on Democracy and Institutionalization of Horizontal Accountability" (Vienna, 1997); e Hugo Fruling, *Judicial Reform and Democratization in Latin America* (Miami: North-South Center, 1995, cópia).

42. Além das obras já citadas na presente seção, vale a pena mencionar que num levantamento que fiz em dezembro de 1992 na área metropolitana de São Paulo (n: 800) uma esmagadora maioria de 93% responderam "não" a uma questão perguntando se a lei era aplicada com igualdade no Brasil, e 6% não sabiam ou não responderam. Num veio similar, em levantamento realizado recentemente na área metropolitana de Buenos Aires (n: 1.400, Guzmán Heredia y Asociados), 89% dos entrevistados indicaram vários graus de falta de confiança nos tribunais, 9% expressaram ter alguma confiança e só 1% disse que tinha muita confiança.

43. O'Donnell, *On the State, supra* nota 1.

44. *Ver*, p. ex. Norberto Bobbio, Democracy and Ditatorship: The Nature and Limits of State Power (University of Minnesota Press, 1989). Uma posição extrema, com total conflito do Estado com o sistema legal, foi articulada por Kelsen. *Ver* Hans Kelsen, General Theory of Law and State (Nova York: Russell & Russell, 1945); Hans Kelsen, Pure Theory of Law (Berkeley: University of California Press, 1967).

45. Ou, na formulação de Rawls, "a lei define o quadro básico dentro do qual o exercício de todas as outras atividades ocorre". John Rawls, A Theory of Justice 236 (Harvard University Press, 1971).

46. Uso o termo "privatizado" para indicar que esses costumam ser atores privados que agem em conjunto com outros que têm algum tipo de emprego estatal mas orientam seu comportamento para metas que têm muito pouco a ver com sua filiação.

47. Blanca Heredia, *Making Economic Reform Politically Viable: The Mexican Experience,* em Latin America Political Economy in The Age of Neo-Li-

beral Reform: Democracy, Markets, and Structural Reform 265-96 (William C. Smith, Carlos Acuña, & Eduardo Gamarra eds., Brunswick: Transaction Publishers, 1994); Damatta, Carnivals, Rogues, and Heroes, *supra* nota 37; e Villegas, *Rule of Law and Judicial Systems in the Context of Democratization and Economic Liberalisation, supra* nota 41. Esses autores indicam as complexas manipulações das interseções entre sistemas legais formais e informais que são necessárias para uma navegação social bem-sucedida nesse tipo de mundo. Estudos interessantes desse tipo de navegação por setores subordinados podem ser encontrados em Boaventura de Sousa Santos, *The Law of the Oppressed:The Construction and Reproduction of Legality in Pasargada,* 12 Law and Society 5-126 (outono 1977); James Holston, *The Misrule of Law: Land and Usurpation in Brazil,* 33(4) Comp. Studies In Soc. & Hist. (1991); E James Holston & Teresa P. R. Caldeira, *Democracy, Law and Violence: Disjunctions of Brazilian Citizenship,* em Fault Lines of Democratic Governance In The Americas (Felipe Agüero & Jeffrey Stark eds., Miami: North-South Center & Lynne Rienner Publishers, 1998). Todavia, como enfatiza Neves, por meio desses processos expressam-se e reproduzem-se enormes diferenciais de poder. Neves, *supra* nota 37. Para alguns exemplos, entre muitos, do grau em que vários tipos de sistemas de poder privatizado (e basicamente criminosos) baseados territorialmente existe, *ver* Human Rights Watch, *Forced Labor in Brazil Revisited,* 5 America's Watch (1993); Human Rights Watch/Americas, Police Brutality In Urban Brazil (Nova York: Human Rights Watch, 1997); Centro de Estudios Legales y Sociales (CELS), *Informe sobre la Situación de los Derechos Humanos en la Argentina:Año 1994* (Buenos Aires, Universidad Nacional de Buenos Aires, 1995); Carlos Medina Gallego, Autodefensas, Paramilitares y Narcotráfico en Colombia (Bogotá: Editorial Difusora Periodística, 1990); Comisión Colombiana de Juristas, Colombia, Derechos Humanos e Derecho Humanitario: 1996 (Bogotá: Comisión Colombiana de Juristas, 1977); e Jorge Montenegro & Nicolás Zicolillo, los Saadi (Buenos Aires: Legasa, 1991).

48. *Ver* O'Donnell, *On the State, supra* nota 1, para uma descrição e discussão dessas áreas "marrons", sistemas de dominação de base territorial mal atingidos pela lei do Estado que podem chegar a cobrir grandes extensões, às vezes maiores que um país europeu de tamanho médio (*ver. p. ex.* Veja, outubro de 1997; e Comisión Colombiana de Juristas, Colombia, Derechos Humanos y Derecho Humanitario: 1996, *supra* nota 47.

49. Scott Mainwaring & David Julian Samuels, *Robust Federalism and Democracy in Contemporary Brazil,* trabalho apresentado no encontro da International Political Science Association (Seoul, ag. 1997). Para observações

concorrentes sobre a Argentina *ver* Edward Gibson & Ernesto Calvo, *Electoral Coalitions and Market Reforms: Evidence from Argentine* (Northwestern University, 1966, cópia); e Edward Gibson, *The Populist Road to Market Reform; Policy and Electoral Coalitions in Mexico and Argentina,* 49(3) World Politics 339-70, (1997).

50. Principalmente, que eu saiba, as já citadas obras de Paulo Sérgio Pinheiro e seus associados, *supra* nota 38; assim como Jonathan Fox, *The Difficult Transition from Clientelism to Citizenship,* 46(2) World Politics 151-84 (1994); Jonathan Fox, *Latin America's Emerging Local Politics,* 5(2) J. of Democracy 105-16 (1995); Marcos Novaro, Piloto de Tormentas: Crisis de Representación y Personalización de la Política en la Argentina (1989-1993) (Buenos Aires: Letra Buena, 1994); e Anthony W. Pereira, The End of the Peasantry: The Rural Labor Movement In Northeast Brazil, 1961-1988 (Pittsburg University Press, 1997). Para descrições sociológicas vivas de situações de ausência de Estado legal *de facto, ver* Jorge Parodi, Los Pobres, La Ciudad y La Politica (Lima, Peru: Cedys, 1993); e Sergio Zermeño, La Sociedad Derrotada: El Desorden Mexicano de Fin de Siglo (Mexico, D. F.: Siglo XXI, 1996).

51. Suspeito que uma outra razão para essa negligência seja que o nível institucional do regime se presta mais prontamente à pesquisa empírica do que os fenômenos que apontei acima. Os cientistas políticos não são treinados para observar esses últimos, e o tipo normalmente muito desagregado e qualitativo de dados (amiúde com um caráter etnográfico) que eles tendem a gerar é de difícil interpretação, especialmente em termos de suas implicações para o funcionamento da política em nível nacional. Além disso, na medida em que alguns desses fenômenos se relacionam com assuntos legais, eles também requerem um conhecimento que raramente é fornecido em nossa disciplina, ao passo que os advogados que estudam esses fenômenos legais informais também são poucos e marginais em sua área. Em cenários onde os padrões de carreira e de promoção premiam o trabalho em tópicos e abordagens convencionais, as habilidades transdisciplinares exigidas por esses fenômenos e, pelo menos por enquanto, as dificuldades em traduzir as conclusões em conjuntos de dados sólidos e comparáveis, desencorajam esse tipo de pesquisa.

52. *Ver especialmente* Linz & Stepan, Problems on Democratic Transition and Consolidation: Southern Europe, Latin America, and Post-Communist Europe, *supra* nota 3; e Mainwaring & Samuels, *supra* nota 49.

53. Podemos lembrar que o autoritarismo secular do sul dos Estados Unidos, entrelaçado com um regime poliárquico nacional, gerou uma literatura interessante, que pode ser utilmente reexaminada pelos cientistas políti-

cos que trabalham com o tipo de caso que estou discutindo aqui. *Ver* Kim Q. Hill, Democracy In The Fifty States (Lincoln: University of Nebraska Press,1994), e a literatura lá citada.

54. *Ver especialmente* Peter Ingram, *Maintaining the Rule of Law,* 35 Philosophical Quarterly 141, 359-81 (1985).

55. Para discussões centradas noa Estados Unidos, *ver especialmente* The Rule of Law: Nomos XXXVI (Ian Shapiro ed., New York University Press, 1994); e na Europa Continental, *ver* Michel Troper, *Le Concept de l'Etat de Droit,* 15 Droits: Revue Française de Théorie Juridique 51-63 (1992); Jacques Chevalier, L'etat de Droit (2d ed., Paris: Montchrestien, 1994); e Léo Hamon, *L'Etat de Droit et son Essence,* 4 Revue Française de Droit Constitutionnel 699-712 (1990).

56. Para uma análise detalhada desse tema, *ver* Carloa Alchourrón & Eugenio Bulygin, Normative Systems (Nova York e Viena: Springer-Verlag, 1971). Argumentos sobre a incompletude tendencial dos sistemas legais, elaborados de várias perspectivas teóricas são encontrados em Dworkin, *supra* nota 14; H. L. A. Hart, The Concept of Law (Oxford: Clarendon Press, 1961); Ingram, *supra* nota 54; Kelsen, Pure Theory of Law, *supra* nota 44. 1945 e 1961.

57. Nem é preciso dizer que essa é uma descrição idealizada, que não é plenamente satisfeita por nenhum país. Mas o grau e a freqüência de afastamento dessa norma acarretam importantes diferenças entre os casos.

58. Em contraste, a marca distintiva de todos os tipos de governo autoritário, mesmo aqueles que são altamente institucionalizados e legalmente formalizados (um *Rechtsstaat,* no sentido original do termo) é ter alguém (um rei, uma junta, um comitê partidário, uma teocracia ou coisas semelhantes) que é soberano no sentido clássico: se e quando julgar necessário, eles podem decidir sem nenhuma restrição legal.

59. Joseph Raz, *The Rule of Law and its Virtue,* 93 Law Quarterly REV/VER. 196 (1997).

60. Hart, *supra* nota 56, 97.

61. John Finnis, Natural Law and Natural Rights 268 (Oxford: Clarendon Press, 1980).

62. Raz, *The Rule of Law and its Virtue, supra* nota 59, 198-201. Para listagens similares, *ver* Finnis, *supra* nota 61; e Lon Fuller, The Morality of Law (Yale University Press, ver. Ed. 1969).

63. Para uma discussão apropriada, *ver* Martin Shapiro, Courts: A Comparative and Political Analysis (University of Chicago Press, 1987).

64. Fuller, *supra* nota 62.

65. Em O'Donnell, *Delegative Democracy, supra* nota 1, chamei de "delegativas" essas visões plebiscitárias inerentemente anti-institucionais e o tipo de regime que eles tendem a gerar.

66. Stephen Skowronek, Building a New America State: The Expansion of National Administrative Capabilities (New York: Cambridge University Press, 1982); Martin Shefter, Political Parties and The State: The American Historical Experience (Princeton University Press, 1994); e Theda Skocpol, Protecting Soldiers and Mothers: The Political Origins of Social Policy in The United States (Harvard University Press, 1992).

67. Ou, como diz Krygier, em observações irrefutáveis sobre as deficiências do estado de direito na Europa central contemporânea: "No mínimo [...] o mérito do Estado de Direito — e sua grande contribuição normativa para a vida social e política — é relativamente simples: as pessoas devem ser capazes de confiar na lei quando agem. Isso requer que ela exista, que possa ser conhecida, que suas implicações sejam relativamente determinadas e que se possa esperar com confiança que ela estabeleça limites dentro dos quais os principais atores, incluindo-se o governo, agirão". Krygier, *Virtuous Circles, supra* nota 34, 47.

68. Devido a restrições de espaço e porque discuti essa questão extensivamente num trabalho recente (*ver Horizontal Accountability and New Polyarchies, supra* nota 1), no presente texto me referirei apenas de passagem à *accountability*. Todavia, espero que fique claro que eu considero a *accountability*, inclusive a que chamo de "horizontal" (isto é, o controle que alguns órgãos estatais exercem sobre a ilegalidade das ações de outros desses agentes) uma das três dimensões constitutivas do Estado de Direito democrático.

69. Recentemente, Habermas insistiu nesse aspecto como uma característica central da lei nas democracias contemporâneas. *Ver* Habermas, Between Facts and Norms, *supra* nota 17.

70. Para uma discussão dos vários tipos de justificação do Estado de Direito, *ver* Margaret Jane Radin, *Reconsidering the Rule of Law,* 69 Boston U. L. REV. 4, 781-819 (1989).

71. Nesse sentido, Raz está inteiramente correto quando afirma que "o estado de direito fornece a base para o respeito legal pela dignidade humana". Raz, *The Rule of Law and Its Virtue, supra* nota 59, 204-5.

72. Devemos considerar também uma tendência discernível a endurecer o sistema de justiça criminal contra os suspeitos "comuns". Em outro assunto pertinente, as organizações dedicadas aos direitos humanos expressaram

sérias preocupações com procedimentos que violam praticamente qualquer princípio de julgamento justo, adotado — com assistência de órgãos estrangeiros que nem sonhariam em estabelecer procedimentos semelhantes em seus próprios países — contra suspeitos no tráfico de drogas.

73. Villegas, *Rule of Law and Judicial Systems, supra* nota 41. Para dar mais substância a esses conceitos, *ver* Villegas, *The Judiciary and Democratization in Latin America, supra* nota 41; assim como os capítulos de Correa Sutil e Garro neste volume.

74. O'Donnell, *On the State, supra* nota 1.

75. Nem as eleições *per se*, nem o voto adulto universal, a limitação temporal dos mandatos, a divisão de poderes, nem qualquer outra coisa é exclusiva da poliarquia. Para uma discussão esclarecedora sobre esse assunto, ver Sartori, 1987.

76. Suspeito que essa derivação (provavelmente inevitável) ponderada e não analítica é a razão para as infindáveis disputas sobre quais são os atributos apropriados da poliarquia, mesmo entre aqueles que concordam sobre a utilidade desse e de outros conceitos similares. Elaboro esse e outros assuntos relacionados num trabalho atualmente em curso.

77. A parcimônia é uma virtude da teoria, mas não deveria ser obtida à custa de seu próprio escopo. Sobre um assunto relacionado, tenho a impressão de que o interesse crescente na "qualidade" da democracia (ver, entre outros, Linz e Stepan, *A Transição e Consolidação da Democracia: a Experiência do Sul da Europa e da América do Sul* (Paz e Terra, 1999) (*supra* nota 3) expressa preocupações e intuições voltadas na direção que discuti aqui. Nesse sentido, o presente texto pode ser visto como um esforço de refinar conceitualmente e tornar mais acessíveis empiricamente as conotações do termo "qualidade" tal como é usado nesse contexto.

78. Esse ponto é questionado por Schmitter e Karl, 1991.

79. Ver Oscar Altimir, *Inequality, Poverty, and Employment in Latin America,* em Poverty and Inequality In Latin America: Issues and New Challenges, *supra* nota 1.

80. Convido a algumas observações não-científicas mas relevantes: comparemos qualquer tipo de interação entre indivíduos situados em posições altas e baixas na Costa Rica e no Uruguai com interações semelhantes em outros países que têm uma longa tradição de profunda desigualdade. A atitude altamente deferente, com freqüência servil, que se observa nos últimos raramente será vista nos primeiros. A Argentina é de certo modo um caso diferente, de igualitarismo relativo passado, semelhante à Costa Rica e ao Uruguai,

que ainda repercute nesse tipo de interações; mas ele foi alcançado sob o populismo, não sob a democracia, e, em contraste com o caso desses últimos países, foi fortemente revertido nas duas últimas décadas. Para maior discussão sobre essas questões, *ver* O'Donnell, *Y a mi qué me importa?, supra* nota 36.

81. Há um interessante paralelismo entre as reivindicações de racionalidade técnica apolítica feitas por alguns juristas e por muitos economistas da corrente dominante. Como sabemos, esses últimos são e os primeiros estão se tornando enormemente influentes, especialmente sob os auspícios de esforços instrumentalmente inspirados de aprimorar os sistemas legais das novas poliarquias.

82. Para argumentos nesse sentido, *ver* Jean Cohen & Andrew Arato, Civil Society and Political Theory (Londres: MIT Press, 1992); embora se concentre nas regras constitucionais, enquanto eu me refiro a todo o sistema legal, *ver também* Stephen Holmes, *Constitutionalism*, em The Encyclopedia of Democracy (S. M. Lipset ed., Londres: Routledge, 1995).

83. Essa característica da autonomia como ação projetada no futuro é enfatizada por Raz, *The Rule of Law and Its Virtue, supra* nota 59.

84. Discuto esse tema em O'Donnell, *Horizontal Accountability, supra* nota 1, inclusive suas implicações em termos de fraca *accountability* horizontal.

85. Avishai Margalit, The Decent Society 1 (Harvard University Press, 1996).

# POSFÁCIO

Desde 1993, o Helen Kellogg Institute for International Studies da Universidade de Notre Dame, por intermédio de seu Project Latin America 2000 (generosamente financiado pela The Coca-Cola Company) tem procurado ampliar sua contribuição para compreender as questões políticas, econômicas e sociais mais importantes enfrentadas pela América Latina no limiar do novo século. Isso vem sendo levado a cabo mediante suas próprias prioridades de pesquisa acadêmica sobre essas questões e diálogos construtivos sobre os resultados dessas pesquisas, travados com pesquisadores, professores, membros do governo, empresários e executivos de empresas nacionais e internacionais, associações civis e a mídia. Nossa esperança é que pesquisa e diálogo, juntos, contribuam para as agendas políticas nos setores público e privado, esclarecendo temas e questões, analisando opções e indicando o caminho para alternativas políticas públicas e privadas mais efetivas e eqüitativas.

O formato seguido para concretizar esses eventos começou por um *workshop* acadêmico, no qual eminentes personalidades ligadas à academia escreveram e comentaram tópicos diretamente relacionados ao tema principal. O *workshop* teve continuidade com um fórum político constituído por uma mesa-redonda sobre os mesmos tópicos, na qual líderes de vários locais da vida pública e privada refletiram sobre suas próprias experiências, levando em conta suas descobertas e as questões levantadas pelo *wokshop* acadêmico.

O primeiro desses eventos, em 1993, enfocou a "Integração Econômica no Hemisfério Oeste". Seus principais resultados foram apresentados em um livro com o mesmo título, co-editado por Roberto

Bouzas e Jaime Ros e publicado pela Universidade de Notre Dame em 1994. Para o segundo evento, decidimos fazer um balanço da situação atual e das perspectivas futuras da democracia nas Américas. As contribuições para o *workshop* sobre esse tópico foram publicadas como trabalhos do Kellogg Institute e estão disponíveis a pedido.[1]

O evento seguinte aconteceu em setembro de 1995, abordando a pobreza e a desigualdade na América Latina como problemas extremamente sérios em si mesmos, e em termos de seus impactos sobre os regimes democráticos que existem hoje na região. O volume resultante, co-editado por Víctor Tokman e Guilhermo O'Donnell, foi publicado em 1998 pela University of Notre Dame Press com o título *Poverty and Inequality in Latin America: Issues and New Challenges*. O atual volume resulta do quarto evento do Projeto América Latina 2000, que ocorreu em novembro de 1996, no qual os participantes do *wokshop* acadêmico e do fórum político consideraram vários temas relativos ao Estado de Direito na América Latina e suas falências, especialmente em relação às minorias e outros setores não-privilegiados. O tema do último dos cinco eventos (setembro de 1997) dos planejados para a série Projeto América Latina 2000 foi "The Changing Status of Children in Latin America: Issues in Child Health and Children's Rights". No momento, está sendo preparado um volume com os textos e comentários apresentados na ocasião.

Os capítulos publicados no presente volume foram elaborados pelos autores dos textos principais no *workshop* acadêmico "O Estado de Direito e os Não-privilegiados na América Latina". Os co-editores incluíram também a maioria dos comentários a esses textos, que foram igualmente preparados para o *workshop*. Observamos que, na perspectiva da maior parte dessas contribuições, os co-editores mudaram o título do livro *The Rule of Law ... to The (Un)Rule of Law....*, como uma maneira de realçar o contraste agudo demonstrado entre a emergência dos regimes democráticos na maior parte dos países latino-americanos e a falta do estado de direito nesses mesmos países.

Tivemos a sorte de ter, nessa tarefa, a colaboração de Juan Méndez, então diretor-executivo do Instituto Interamericano de Direitos Humanos, e Paulo Sérgio Pinheiro, professor da Universidade de São Paulo e coordenador do Núcleo de Estudos da Violência da USP. Méndez e Pinheiro contribuíram não apenas com dedicação generosa e com grande prestígio internacional, mas também com seus conhecimentos e relacionamentos profissionais. O *workshop* acadêmico e o fórum político foram desse modo eficazes na convocação de alguns dos mais importante estudiosos e ativistas nos diversos campos de especialidade representados nessa tarefa. Desde sua concepção, o Kellogg Institute tem-se orgulhado de sua habilidade em estabelecer relacionamentos duradouros e de confiança mútua, respeito e cooperação produtiva com instituições e indivíduos de outros países, em especial na América Latina. O presente volume é mais uma expressão do espírito de colaboração e respeito mútuos.

Finalmente, desejamos agradecer o quadro de pessoal do Instituto Kellogg por suas contribuições extremamente úteis para os eventos acima mencionados. Somos também gratos a Kelly D. Askin por editar os capítulos que seguem, e a Caroline Domingo por suas valiosas contribuições para dessa empreitada nos seus estágios finais.

ERNEST BARTELL, C.S.C.
Ex-diretor Executivo
GUILLERMO O'DONNELL
Ex-diretor Acadêmico
The Helen Kellogg Institute for International Studies
Notre Dame, junho 1998.

# Nota

1. Projecto Latin America 2000 Working Papre nº 1,1994, Catherine Conaghan, "Democracy that Matters: The Search for Authenticity, Legitimacy, and Civic Competence in the Andes"; nº 2, Scott Mainwaring, "Democracy in Brazil and the Southern Cone: Achievements and Problems"; nº 3, Jorge G. Castaneda, com comentários de Robert Dahl, "Three Challenges to U.S. Democracy: Accountability, Representativeness, and Intellectual Diversity"; nº 4 Lawrence Whitehead, "The Peculiarities of 'Transition' *a la Mexicana*" ; nº 5, Terry Lynn Karl, "Central America in the Twenty-First Century: The Prospects for a Democratic Region"; e nº 6, resumo do *workshop*, Volker Frank and Charles Kenney, "Democracy in the Americas: Approaching the Year 2000, A Rapporteurs'Report".

# ÍNDICE REMISSIVO

## A

aborto, 187, 190

acesso à justiça: e reformas judiciais, 316-22; na Guatemala, 274; para o pobre, 247, 307-10; para povos indígenas, 172, 176

ações coletivas de base, 316

Acordo Abrangente sobre os Direitos Humanos (Guatemala) 272

Acordo de Paz Chiapas, 162-5

Acordo sobre a Identidade e os Direitos dos Povos Indígenas (Guatemala), 272

Acosta, Mariclaire, 21, 128, 201, 205

Adorno, Sérgio, 22, 25, 210-11, 234, 237

advocacia coletiva, 316

advocacia dativa, 312, 313

advogados como defensores da reforma, 316

agricultura de exportação, 112

agricultura, 106, 108, 112, 116, 122

Aguayo, Sergio, 66, 73

Allende, Salvador, 115

alternativos de resolução de conflitos, 289-90, 320

Anistia Internacional, sobre violência rural, 120

anistia, para os líderes do golpe haitiano, 252-3

Ano Internacional das Populações Indígenas do Mundo (1993), 143

antropologia criminal, 212

arbitragem, 289-90, 321. *Veja também* alternativos de resolução de conflitos

Área Florestal do Chimane, 167

Argentina: desaparecimento forçado, 41; Aristide, Jean-Bertrand, 102, 250, 252, 253, 255

Arzú, Alvaro, 157-8

As Raças Humanas e a Responsabilidade no Brasil (Nina Rodrigues), 213

*Asociación de Mutuales Israelitas de la Argentina (AMIA)*, 80

Assembléia da Sociedade Civil (Guatemala), 158

Assembléia Nacional de Mulheres para a Transição Democrática (México), 195

assistência ao desenvolvimento internacional, 249-50

ativistas, maus-tratos de, 42

autodeterminação, 143, 164

autonomia pessoal, 339-41

autonomia, dos povos indígenas, 164

autoridade da lei: aliança com a democracia, 68; como alvo móvel, 355-6; como base legal da democracia, 352; definições, 349-52; existência

379

intermitente, 354; subordinação da polícia, 90-3; vs lei criminal, 100; autoritarismo, 36, 58, 339
auxílio legal patrocinado pelo governo, 312

## B

Banco Interamericano de Desenvolvimento, 146, 176, 275-6, 282
Banco Mundial, 145, 180, 181, 275-6, 282
Barcelos, Caco, 71
Barco, Virgilio, 150
Beccaria, Cesare Bonesana, 95
Bélgica, políticas para os povos indígenas, 146
Biamby, Philippe, 258
Biggs, Cyril, 215
boias-frias, 108. *Veja também* trabalhadores migrantes
Bolívar, Ligia, 16
Bolívia, economias de plantação, 122; povos indígenas, 152-5, 166-9; reforma agrária, 106, 116; reforma judiciária, 282, 286; revolução social, 113-4; sistema legal, 173-4;
Brand, Miguel, 74
Brasil: condições das prisões, 45, 47, 50, 51; desigualdade, 235; desradicalização, 221-6; direitos humanos, 296; discriminação racial, 214-5; feudos sem lei, 348; força fatal usada, 69-72; medidas anti discriminatórias, 221-3; militarização do campo, 118; mito da democracia racial, 215-21, 236-7; movimentos negros, 218, 219, 221; polícia, 73, 74, 75, 81-4; povos indígenas, 148-9; proteção às testemunhas, 83; reforma agrária, 106, 116; seqüestro, 79-80; supressão do movimento social, 69; tortura, 68, 69, 77; vigilantismo, 72; violência doméstica, 203; violência rural, 119-20

Brodeur, Jean-Paul, 14, 18, 19
Brody, Reed, 24, 267, 268
burocracias, 284, 346

## C

Canadá, 91-2, 93-4
Caó, Carlos Alberto, 214-5
Cárdenas, Victor Hugo, 153, 169
Cardoso, Fernando Henrique, 120, 223, 238
Carter, Jimmy, 252
casos jurídicos, junção de, 319
castigo físico, atitudes em relação a, 58-9
Castro, Fidel, 105, 114
Cedras, Raoul, 102
Centro de Apoio para Mulheres Violentadas (COAPEVI), 191
Centro de Pesquisa e Documentação da História Brasileira Contemporânea (CPDOC), 209, 217, 226
*Centro de Terapia de Apoyo a Víctimas de Delitos Sexuales* (México), 189
Centro para a Articulação Populações Marginalizadas (CEAP), 207-22, 238
Centro para o Atendimento da Violência Intrafamiliar (CAVI), 192
Chevigny, Paul, 17, 18, 89-92, 97-98
Chile: desaparecimento forçado, 41; detenção incomunicada, 60; emprego temporário na agricultura, 108; litígio de direitos humanos, 296; militarização do interior, 99; programas de clínica jurídica, 314; reforma agrária, 106, 115; reforma judicial, 281, 282, 286; representação legal *pro-bono*, 312; segregação de prisioneiro, 47; tortura, 42-4, 68
Christopher, Warren, 254
Classes desprivilegiadas, 58, 63. *Veja também* pobres
classes dominantes, 79-80, 92-3
cleptocracia, 93
codificação, ideologia da, 284
Coello Trejo, Javier, 189;

Colômbia: desaparecimento forçado, 41-2; desordem civil e vigilantismo, 72; direitos civis, 345; distribuição de renda, 356; litígio de direitos humanos, 296; polícia, 40, 75; povos indígenas, 149-51, 173; reforma agrária, 106, 116; reforma judicial, 281, 282, 286; regime de longo tempo, 62-3; seqüestro, 79, tortura, 42, 68, 69; violência rural, 120

Colosio, Luis Donaldo, 77

Comissão da Verdade (Haiti), 251

Comissão Econômica da América Latina, 107

Comissão Interamericana de Direitos Humanos (CIDH), 41, 52, 144,, 176-7

Comissão Nacional pelos Direitos Humanos (México), 46, 50, 74, 78, 83, 165

Comissão Pastoral da Terra do Brasil, 19

comunidades campesinas e nativas, 154

conciliação, 320

*Confederación de Pueblos Indígenas del Oriente Boliviano (CIDOB)*, 153

Conferência Mundial sobre as Mulheres em Beijing, 195

Conferência sobre Ação Afirmativa e Multiculturalismo (Brasil), 224

confissões, coerção de, 44

Congresso Indígena Interamericano, 145

Connerly, Ward, 239

*Consejos de la Magistratura*, 281

*Consejos del Poder Judicial*, 286

conselhos indígenas, 150

Constant Emmanuel, 253-4, 258

construção da paz após o conflito, 269-71

contracepção, 184, 187

Convenção Americana de Direitos Humanos (CADH), 45, 138 Checci & Co., 256

Convenção de Pátzcuaro (1940), 144-5

Convenção Interamericana para a Prevenção, Punição e Erradicação da Violência contra a mulher, 190-1

Convenção Internacional de Eliminação de Todas as Formas de Discriminação Racial, Comissão Mollen sobre a corrupção, 79

Convenção OIT n., 169, 138-42, 146, 153, 158, 172-3

Corona Sapién, Norma, 78

corporativismo, 119

Correa Sutil, Jorge, 24-5, 249, 316

Corte Interamericana de Direitos Humanos, 144

cortes secretas, 246

cortes: atraso em, 317; eficiência das, 288-9

Costa Ribeiro, Carlos Antonio, 212, 234-5

Costa Rica, 281, 282, 286, 345, 356

crime organizado, 292

crime: atitudes públicas em relação ao, 36-7, 67-8; impunidade, 34, 100, 101-2; políticas de prevenção, 17; relacionamento com a democracia, 266

criminosos de guerra, 102-3

crise do peso, 181

Cuba, 69, 72, 105, 114

cultura mestiça, 137

## D

DaMatta, Roberto, 219

Dandler, Jorge, 20, 127, 171-2, 177

Dassin, Joan, 23, 129

Davis, Shelton, 21, 127

De León Carpio, Ramiro, 157-8

Década Internacional para as Populações Indígenas do Mundo (1995-2004), 143

Declaração Americana dos Direitos e Deveres do Homem, 138; base de governo, 96-7; base do contrato social, 97; relacionamento entre o estado e os cidadãos, 355; democracia: definições de, 337, 338-9; e regimento das leis.

68, 352; relacionamento com o crime, 292; transição para, 285-7; violações dos direitos humanos sob a, 62-3

Declaração de Punta del Este, 115

Declaração Universal dos Direitos dos Povos Indígenas, 142-4

Declaração Universal dos Direitos Humanos, 138

declarações internacionais de direitos, 101-2

*Defensores del Pueblo. Veja* defensores públicos

defensores públicos, 273, 282, 294

Defensoria de Ofício Indígena (México), 165

Degler, Carl, 218

democracia baseada na autoridade, 96-7

democracia racial, 214-20, 221-5, 236-7, 237-8, 240

democracias políticas, 338. Veja também poliarquias

desaparecimento forçado, 39, 41-2

desigualdade no local de trabalho, 221, 237

desigualdade socioeconômica, 274, 356-7

desigualdade: no Brasil, 235; na educação, 221, 237; na sociedade mexicana, 182-3; no ambiente de trabalho, 221, 237; nos sistemas de justiça criminal, 237; socioeconômica, 274, 356-7

desnutrição, 182

desracialização, 220-226

detenção incomunicada, 60. *Veja também* processos concluídos direitos humanos: desigualdade estrutural, 357 declarações vs lei criminal, 101-2; programas de educação, 274; globalização, 137; povos indígenas, acordo sobre, 157-62; reforma legal, 320; litígio; 295, 296; treinamento policial, 38, 81, 91; políticos de visão, 52; programas de motivação, 83; mudança de visão, 37; fortalecimento

das instituições, 268-9; missões de verificação, 271-5; violações sob a democracia, 62-3

detenção, 59, 73. *Veja também* processos concluídos

Dinamarca, políticas dos povos indígenas, 146

direito de voto, 339, 355

direitos burgueses, 343

direitos civis, 160-1, 342-4, 354, 356, 357-8

direitos da vítima, 62

direitos de bem-estar, 34

direitos legais vs direitos reais, 187-8, 202, 315-6

discriminação de gênero, 21, 192-3, 201-5

discriminação racial: áreas difíceis e fáceis da vida social, 209-10, 237, 238; encarceramento de afro-americanos, 93; evidência demográfica, 216-7; exemplos, 207-8; introdução, 22-3; legislação contrária, 214-5, 235-6; medidas anti-discriminatórias no Brasil, 220-22; protestos contrários, 226; sistemas de justiça criminal, 210-5, 234

discriminação, 20-3, 100-1, 127-33, 159, 349. *Veja também* discriminação de gênero, discriminação racial

dissidentes políticos, 69, 92, 204

ditadores no exílio, 102-3

do judiciário, 37, 281, 286; das organizações de cumprimento da lei, 36

DuBois, W. E. B., 215

Dunham, Katherine, 214

Dworkin, Ronald, 346-7

# E

Eccles Peter, 214

economias agrícolas, 112

economias de mercado livre, 180-3, 287-92

economias globais, 131, 136-7

educação bilíngüe, 155
educação judiciária, 152-3, 282, 290-2, 321-2
educação, 154, 155, 184, 221, 237
El Salvador, 41, 117-8, 281, 282, 286
eleições, 338, 349, 355
elemento macoute, no Haiti, 251, 253
Elias, Norbert, 94
Empresas multicomunais, 154
Exército Zapatista de Libertação Nacional (EZLN) 162-6
Escola Nacional de Magistrados (Haiti), 256
escravidão, 97, 202
escritórios de promotores públicos, 282
espancamentos, na prisão, 50
Espírito Santo, Vicente Francisco do, 208, 215, 222, 234
Estado de direito, 349-53
Estado: contrato social, 96-8; falta de mudança no aparato de segurança, 59-60; monopólio da violência física, 94-6; responsabilidade legal, 350, 352, 355; responsabilidades, 131-3
Estados Unidos: assistência a reforma judiciária no Haiti, 250; atividades das agências de inteligência, 252-3; Corporação de Serviços Legais, 312; estatísticas de encarceiramento, 93; obstrução da justiça no Haiti, 252-4, 255-6; pressão sobre Aristide, 252-3; processo devido da lei, 91-2; sentenças discriminatórias, 100-1
Estados de bem-estar, 284, 295, 343, 344
Estatuto de Autonomia para as Comunidades das Região da Costa do Atlântico, 148
Estatuto do Índio, 149
estupro, 188, 189, 190, 201, 203, 204
evolução dos direitos, 342-4
exércitos privados, 35

**F**
família, a importância da ... no México, 179, 183

Farrakhan, Louis 226
Fausto, Boris, 211-2, 234
favorecimento de classes em sistemas judiciais, 251, 257
Ferreira Pansera, Rogério, 207-8
Ferri, Enrico, 212
feudalismo sem lei, 348
força letal, uso policial da, 69-72
Foucault, Michel, 94
Franco, Leonardo, 24
François, Michel, 257
Franqui, Carlos, 57, 60
Frente de Avanço e Progresso do Haiti (FRAPH), 252-4
Fry, Peter, 22-3, 128-9, 128-9, 233-40
Fujimori, Alberto, 42, 52, 292
Fundação Friedrich Naumann (Alemanha) 175
Fundação Palmares (Brasil), 222
Fundo Internacional de Desenvolvimento Agrícola (FAO), 107
Fundo Monetário Internacional (FMI), 181

**G**
Garcia, Alan, 52
Garófalo, Raffaele, 212
Garro, Alejandro, 25
Geledés, 222, 238
Golpe de estado, 250, 292
Grupo de Trabalho para a Eliminação da Discriminação no Local de Trabalho (Brasil), 223
grupos de guerrilha, 151, 189
grupos progressivos de defesa, 239
Guatemala: acesso à justiça, 349; assistência legal ao homem do campo, 120-1; desaparecimento forçado, 41; desordem civil e vigilantismo, 72; impunidade, 272; militarização do interior, 117-8; povos indígenas, 122, 147-8, 157-62; reforma agrária, 113, reforma judiciária, 274, 281, 282, 286; resolução alternativa de conflitos, 289-90; seqüestro, 79;

# H

Habermas, Jurgen, 343-4
Hacienda, 105, 108, 113-4, 116
Haiti: anistia para os líderes do golpe,
   252-3; desordem civil e vigilantismo,
   72; elemento macoute, 231, 251;
   impunidade, 255; obstrução americana
   da justiça, 252-4; reforma judiciária,
   249-52, 256-8; regimes ditatoriais,
   250; violência sexual, 203-4
Hanchard, Michael George, 218, 219,
   237
Hart, H. L. A., 100
Hasenbalg, Carlos, 216, 237
hegemonia racial, 218
Heller, Agnes, 27
Hobbes, Thomas, 94
Holanda, políticas para os povos
   indígenas, 146
homossexualismo nas prisões, 50, 61
Honduras, 41, 68, 281, 282, 286
Human Rights Watch (HRW), 44-5,
   48, 52-3, 120, 202, 257

# I

Identidade e Direitos dos Povos
   Indígenas 147-8
Igrejas: povos indígenas sustentados por,
   148; assistência legal fornecida por,
   312; racismo, 221
igualdade formal, 341-2, 342-4
igualdade social, 350
imigração européia, 112
impunidade: a posição contrária da
   ONU, 255; a violência contra os
   pobres da região, rural, 120; ciclo, 36,
   38; controle 75-81; na Guatemala,
   272; o comando do golpe do Haiti,
   250-1, 252; o debate de Notre Dame,
   90-100; o poder, 346;
indesejáveis sociais, maus-tratos, 42
indesejáveis, eliminação, 72
instituições de correção, *Veja* prisões,
   corrupção, 78-81, 92, 93, 285, 292,
   318

instituições financeiras internacionais:
   avaliação de demora da justiça, 318;
   contra a pobreza, 119; na crise
   econômica mexicana, 181; povos
   indígenas, 145-6; reforma judiciária,
   174, 275-6, 282;
Instituto Aspen, 271
Instituto Brasileiro de Geografia e
   Estatística (IBGE), 223
Instituto Indigenista Interamericano,
   144
Instituto Nacional do Índio (INI)
   (México), 165
Instituto para o Estudo da Religião
   (ISER), 209, 217, 226
Institutos de detenção preventiva, 43-4.
   *Veja também* prisões
integração, 138, 156

# J

judiciários: acesso, 346; impunidade da
   polícia, 80; independência, 351;
   modernização, 244; reforma, 83;
   resistência à mudança, 245-6;
   responsabilidade, 37, 281, 287
juridificação da sociedade, 344
jurisdição indígena, 150, 151, 153, 154,
   168
jurisdição militar, 245
justiça dos sistemas de paz, 320
justiça natural, 351
justiça rural, 120-1

# K

Krenak, Airton, 148
Kuhlmann, Stella, 78

# L

Lane, Robert, 346-7
legislação trabalhista, 109, 113, 114,
   120
legislação: contra discriminação racial,
   214-5, 235-6; para povos indígenas,
   146-57; revolucionário; 112-3;
   trabalho; 109, 113, 114, 120

legitimidade, 94-5
Lei de Assistência e Prevenção da
Violência Intrafamiliar (México),
193-4
Lei de Participação Popular (Bolívia),
153
Lei Orgânica de Ordenamento
Territorial (Colômbia), 151
Lei Afonso Arinos, 214, 236
Lei Caó, 214-5, 221, 222, 236
Lei de costumes, 152, 155, 156-7, 165,
172. *Veja também* sistemas legais
tradicionais
Lei de reforma de contrato, 320
Lei: aplicação discricionária, 345;
características, 351; como instrumento
de justiça social, 109-10;
discriminação racial, 214-5; evolução,
244; fortalecimento do indivíduo,
357-8; influência das facções
conservadoras, 111-2; influências das
facções liberais, 111-2; informal vs
formal, 347; instrumento de
moderação para forças de mercado,
121; manipulação, 235, 245; reforma
econômica, 111-7,
Leis sobre minerais, 157
Leis sobre o petróleo, 157
Leis sobre vadiagem, 73
Leviatã (Hobbes), 94
liberdade de expressão, 33
linchamento de suspeitos, 183
Língua Quechua, 154, 175
Língua Aymara, 154
línguas indígenas, 171-2
litígio de direitos humanos, 296;
litígio: aumentos, 245, 288-9, 290;
custos de, 317-8; mudança da
natureza, 290-1; pelos direitos
humanos, 296; taxas mudando para a
parte perdedora, 313;
Lombroso, Cesare, 212

# M
Mainwaring, Scott, 348

Malary, Guy; 257-8
Marcha de Brasília, 226
Marcha de Washington, 226
*Marcha por la Dignidad y el Territorio,*
166
Margalit, Avishai, 359
marginais (excluídos), 70
Marx, Karl, 340
massacre Wilde, 71, 80, 81
Mediação, 101, 287-8, 321. *Veja
também* resolução alternativa de
questões
medidas de contenção de taxas, 318
Menchú, Rigoberta, 147, 158
Méndez, Juan, 337
Menem, Carlos Saul, 66
Metraux, Alfred, 216
México: condições penitenciárias, 45-6,
48; crise econômica, 181-2;
desaparecimento forçado, 41; direitos
das mulheres, 187-8; discriminação de
gênero, 204-5; economias de
plantação, 112; legislação
revolucionária; violência rural, 120;
polícia, 74, 82-4; povos indígenas,
151-2, 162-6; privatização das terras
agrárias, 122-3; resolução alternativa
de questões, 289-90; seqüestro, 79;
supressão de movimentos sociais, 69;
tortura, 41, 62-3, 76
Ministérios Públicos, 282
Missão Civil no Haiti da ONU/OEA
(MICIVIH), 255
monarquias absolutas, tortura nas, 95
Morissaint, Marcel, 258
Movimento ecológico, 166-9
Movimento Revolucionário Túpac
Amaru (MRTA), 53
movimentos negros, no Brasil, 218,
219, 221
movimentos sociais, 69, 186
mulheres: demografia, 183-4; direitos
legais vs direitos reais, 188-9;
discriminação, 165, 201, educação,
184, efeito da economia de mercado

livre, 180-2; homicídio, 194-95; ocupações e renda, 184-6, participação política, 186-7; perspectivas futuras, 195-7; saúde e expectativa de vida, 187; segregação carcerária masculina, 46-7; serviços legais, 312; violência, 189-95, 201

## N

Nações Unidas: Alto Comissariado Para Refugiados(ACNUR), 269-70; Centro pelos Direitos Humanos, 255 Comissão de Campo dos Direitos Humanos, 271-5; Comissão dos Direitos Humanos, 176; Conferência Mundial Sobre as Mulheres, 187; Conferência Mundial Sobre os Direitos Humanos, 249-50; contra a impunidade no Haiti, 255; Convenção sobre a Tortura, 254; Fórum Indígena Permanente, 143; Grupo de Trabalho Desaparecimentos Forçados ou Involuntários, 41; Grupo de Trabalho sobre as Populações Indígenas, 142-4; Missão para a Verificação dos Direitos Humanos na Guatemala (MINUGUA), 162, 271-5; operações pela manutenção da paz, 269-71, reconhecimento dos povos indígenas, 177; Regras de Padrão Mínimo para o Tratamento de Prisioneiros(RPM), 45-7, 50, 61; Tratado Especial sobre a Tortura, 42; Tribunal Criminal Internacional para Ruanda, 202; verificação do acordo de paz guatemalteco, 162
natalidade, morte em, 187
neoliberalismo, 109, 121
Nicarágua, 40, 68, 118, 148, 281, 286
Nina Rodrigues, Raymundo, 213, 215-6, 235
Noe, Ernesto, 167
Núñes, Andrés, 74

## O

O'Donnell, Guillermo, 12, 27, 337
Operação Rio, 70
opinião pública: impunidade da polícia, 75-7; influência da mídia, 91; mortes causadas pela polícia, 71; preconceito racial, 216-8; punição, 99-100; sob as determinações da lei, 209, 225; sobre o crime, 36-7, 62; sobre o sistema judiciário, 244-5; violência da polícia, 66
Organização dos Estados Americanos (OEA), 115, 144, 177
Organização Educacional, Científica e Cultural da ONU (UNESCO), 216
Organização Internacional do Trabalho, 138, 177. *Veja também* Convenção OIT, 188
Organização Mundial da Saúde (OMS), 57; organizações indígenas da Amazônia, 155
organizações de camponeses, 117
organizações não-governamentais (ONGs), 39, 61-2, 186-7, 312, 314
organizações territoriais de base, 153

## P

Pacto Internacional sobre Direitos Políticos e Civis (PIDCP), 45
Pactos Internacionais sobre os Direitos Humanos, 138
Paes de Barros, Ricardo, 217, 225
Panamá, 281, 286; reforma judicial, 286
Paraguai, 68, 73, 120, 152, 281, 282, 286
Parsons, Talcott, 219
Partido da Revolução Democrática (PRD), 77-8
Patti, Luis, 66
Paz Estenssoro, Víctor, 168
Paz Zamora, Jaime, 167
Penal Reform International (PRI), 47
Peru: desaparecimento forçado, 41-2; povos indígenas, 154-5; reforma agrária, 106, 115-6; resolução alternativa de questões, 289-90

pesquisa da Folha de São Paulo/-
Datafolha, 217-8, 226
pesquisa de ciência social, 130-1
Pietá, Eloi, 47
Pinheiro, Paulo Sérgio, 210
Pinochet, Augusto, 102
Plant, Roger, 20
pobres: acesso à justiça, 247, 308-9;
exclusão política, 58; reforma
judiciária, 293-7; resolução alternativa
de questões, 295; serviços legais, 312,
313, 314, 315-6; violência, 66, 72,
293
pobreza rural, 107-8, 118-22, 311-2,
313
pobreza, 57, 108, 340
poliarquias, 338-41, 345-9, 354-5,
358-9
polícia militar, 66
polícia, 73, 74, 82
polícia: abordagem militar, 65-6, 70-1;
abusos de poder, 43; editais, 73, 83;
estupro, 203; falta de treinamento, 60;
impunidade, 72-5, 78-81, 352;
introdução, 15-6; medidas
disciplinares, 73-5; mortes, 34-5, 70;
qualificações acadêmicas, 82, 83;
reformas, 81-4; resistência ao controle
democrático, 36; salários, 83; sob o
regime da lei, 90-3; vigilantismo, 77-8
políticas de bem-estar, 181
positivismo, 212-3, 235
Povos Garifuna, 159, 160
Povos Maias, 147, 158-62
Povos Xinica, 159, 160
povos indígenas, 150, 153
Povos indígenas: acesso à justiça, 172,
176; acordo de paz da Guatemala,
157-62; comissões, 161-2; condições
de emprego, 141; desafios, 136-7;
desigualdade socioeconômica, 274;
direitos culturais, 159-60; direitos,
142-4, 147-8, 157-62, 177, 271;
identidade, 159; introdução; 20-1; lei
internacional, 138-46; no México,

162, 165; "Povos Indígenas e a Terra"
(conferência, 1981), 142;
reconhecimento constitucional, 146-
57; serviços legais, 312-3
princípio de não intervenção na
economia, 109, 112
prisioneiros políticos, 160-1, 344
prisões: administração, 50; atitudes
relacionadas, 58; condições, 16, 35,
59, 60; massacres, 46, 51-3; separação
de categorias de prisioneiros, 45-7;
sobre, 44-5; superpopulação, 47-50,
99-100
privatização da terra, 112, 121-2
processos de ação de classe, 319
processos de interesse público, 319-20
Programa de Desenvolvimento da ONU
(PNUD), 145-6
Programa Nacional de Direitos
Humanos (Brasil), 222, 238
Programa Nacional para Mulheres
(México), 195-6
Programa Venezuelano para a Ação e
Educação dos Direitos Humanos
(PROVEA), 61, 275
programa de Mentores Judiciais (Haiti),
256
programas de assistência legal, 307-9,
310-5, 315-6
programas de construção institucional,
271-5
programas de educação clínica
(assistência legal), 312, 314
programas de ombudsman, 81, 91,
120
programas de proteção à testemunha, 82
Projeto de Acesso a Justiça de Florença,
318
Proposição 209 (Califórnia), 239
propriedade, função social, 112-3, 117-
8, 122-3

Q

Quinín Layme, 150

# R

radicalismo de camponeses, 119
Rawls, John, 97
Raz, Joseph, 351-2
Reconhecimento dos índios no Brasil, 148-9
reconhecimento de locais sagrados, recursos naturais em territórios indígenas, 149, 150, 155, 164, 165
reforma agrária, 105-9, 113-9
reforma da lei de propriedade, 320
reforma da lei familiar, 320
reforma da terra. *Veja* reforma agrária
reforma das leis trabalhistas, 320
reforma econômica, 111-119, 255, 263-64
reforma institucional, 23-8
reforma judiciária, 281, 282, 285, 286; seqüestro, 79;
reforma judiciária, 281, 286;
sistema judiciário, 175-6; condições penitenciárias, 47, 48, 51-2; justiças de paz, 175; práticas de custódia policial, 40; tortura, 41, 68, 69; violência sexual, 203-4
reforma judiciária: abordagem de cima para baixo, 258; acesso à justiça, 316-22, 351; assistência internacional, 277-30; assistência USAID, 256-8; comunidade internacional, 177, 267, 268-9, 275-6, 282; governo de ramificações judiciais, 281-3; histórico, 289-90; importância, 267; introdução, 23-5; na transição para a democracia, 285-7; orientação aos setores dominantes, 354; pobres, 293-7; prioridades, 258; programas de assistência legal, 309; reforma econômica, 275-6, 294, 307; resolução de questões, 283-5
renda, 184-6, 356
representação legal pro-bono, 312
República Dominicana, 68, 74
Republicanismo, 358

resolução de conflito, 289-90
responsabilidade dos juízes, 245, 246, 281, 286
responsabilidade: do governo, 350, 352, 355
Retuerto, Margarita, 136
réus, serviços legais para, 312, 313;
revolucionários, foco sobre a justiça social, 284
Ribeiro, Luciano, 207-8, 233-34
Ribelli, Juan, 80-1
Rodley, Nigel, 15, 16, 57-63
Rodríguez, Claudia, 195
ROTA, 66
Ruiz Harrell, Rafael, 186
Ruiz Massieu, Jose F., 68-69, 77

# S

salário mínimo, 113, 114,, 196
Salazar Tetzaguic, Manuel, 158-9
Samuels, David, 314
Sansone, Lívio, 209-10
saúde, 158, 187, 192
Saurí, Dulce María, 195
Schiffrin, Leopoldo, 25
Schumpeter, Joseph, 338
Secretaria de Supervisão Judicial (Haiti), 256
Seminário de Notre Dame, 19, 22, 25
Sen, Amartaya, 340
Sendero Luminoso, 41, 52
seqüestro, colaboração da polícia, 79-80
serviços de saúde para povos indígenas, 139
serviços legais para minorias, 312
Sherrif, Robin, 220, 237
sindicatos trabalhistas, 186
Singer, Paulo, 218, 226, 237
sistema de classificação racial, 220-1, 221-4, 238
sistemas de justiça: corrupção, 208-9; credibilidade; 244-5; desigualdade; 237; discriminação de gênero, 173; discriminação racial, 210-5, 222, 234;

estágios de melhoria, 246, 272-3, 288-9; preconceito de classe, 251, 235; recursos financeiros, 289

sistemas judiciários, 311, 312-3

sistemas municipais de justiça, 320

sistemas tradicionais legais, 173-5. *Veja também* leis de costume

Skidmore, Thomas, 224, 225

Stolcke, Verena, 216

Stroessner, Alfredo, 152

suborno, 78-81

suspeitos de crime comuns, 43-4, 62, 69

## T

Teixeira, Moema, 210

Telleldin, Carlos, 80

terra (*veja também* terras comunitárias indígenas): Índios, 148-9; limitação da posse privada, 112-3; povos indígenas, 139-40, 147, 150-2, 154-5, 164; significação cultural, 122, 139

terras comunitárias indígenas, 106-7, 111-3, 121-2, 149-50, 151, 153

Thomas, Dorothy, 21, 128

Tilly, Charles, 67

Tiririca, 207, 222, 233

tortura: antes do século XVII, 95; exemplos, 34-5; introdução, 15-6; pelos militares, 60; permissividade, 68-9; recente reaparecimento, 95-6; sob interrogatório, 42-4; tendência de diminuição, 39, 40; visualização máxima como meio de intimidação, 96

trabalhadores migrantes, 108-9, 122, 141

trabalhadores rurais, 103, 120; terras comunitárias de origem, 153, 168-9. *Veja também* transição da guerra para a paz, 269-71

trabalhadores, serviços legais, 311, 312

trabalho infantil, 97

tradições, 140, 147-9, 153, 173, 291

tribunais de pequenas causas, 320;

Trinidad Tobago, 314

Turner, Henry McNeal, 215

## U

União das Nações Indígenas. 148

União Européia, 255

união de reivindicações, 319

Unidade Revolucionária Nacional Guatemalteca (URNG), 147-8, 157, 271

urbanização, 183

Uruguai, 52, 281, 282, 345, 356

USAID (Agência Americana para o Desenvolvimento Internacional): reforma judiciária, 256-8, 282

## V

Venezuela: direitos civis, 345; golpe de estado, 292; leis sobre detenção, 73; reforma agrária, 106; reforma judiciária, 286; super população carcerária, 48; tortura, 42-3, 68;

vigilantismo, 21, 76-77, 78

violência doméstica 191-4, 203

violência não policial, 33-4

violência política, 77-8

violência sem lei, 15-20, 34-5

violência sexual, 188-91, 202, 203-4; vítimas, direitos, 34

violência, 75-81, 119-20, 188-95, 201

Viveiros de Castro, Flávia, 207

Voltaire, 95

## W

Wagner Alfredo, 9

Washington, Booker T., 215

Weber, Max, 95, 220, 343

## Z

Zaffaroni, E. R. 67

Zapatistas, 120, 163-6

Zumbi, 226

Zweig, Stefan, 215